高等院校经济管理类规划教材

管理会计

主　编　王玉梅
副主编　张伟华　王美英

北京邮电大学出版社
www.buptpress.com

内 容 简 介

本书主要以管理会计职能理论体系为主线,在阐述管理会计基本内涵和变动成本法、本量利分析基本理论的基础上,系统地阐述了预测、决策、预算、控制和业绩综合评价等理论及方法的应用,并进一步将其细化为预测分析、短期经营决策、长期投资决策、全面预算、成本控制、存货控制、责任会计等具体内容,在此基础上,从财务分析与非财务分析相结合的角度,阐述了业绩综合评价等问题。

图书在版编目(CIP)数据

管理会计 / 王玉梅主编. -- 北京:北京邮电大学出版社,2022.12
ISBN 978-7-5635-6821-5

Ⅰ.①管… Ⅱ.①王… Ⅲ.①管理会计 Ⅳ.①F234.3

中国版本图书馆 CIP 数据核字(2022)第 236387 号

策划编辑:彭 楠　　责任编辑:王晓丹　耿 欢　　责任校对:张会良　　封面设计:七星博纳

出版发行	北京邮电大学出版社
社　　址	北京市海淀区西土城路 10 号
邮政编码	100876
发 行 部	电话:010-62282185　传真:010-62283578
E-mail	publish@bupt.edu.cn
经　　销	各地新华书店
印　　刷	唐山玺诚印务有限公司
开　　本	787 mm×1 092 mm　1/16
印　　张	18.25
字　　数	473 千字
版　　次	2022 年 12 月第 1 版
印　　次	2022 年 12 月第 1 次印刷

ISBN 978-7-5635-6821-5　　　　　　　　　　　　　　　　　　定价:46.00 元

・如有印装质量问题,请与北京邮电大学出版社发行部联系・

前　　言

"管理会计"不仅是会计学的专业核心课程,也是管理学、经济学等经济管理专业的基础课程或者选修课程。本教材主要以管理会计职能理论体系为主线,在阐述管理会计基本内涵和变动成本法、本量利分析基本理论的基础上,系统地阐述了预测、决策、预算、控制和业绩综合评价等理论及方法的应用,并进一步将其细化为预测分析、短期经营决策、长期投资决策、全面预算、成本控制、存货控制、责任会计等具体内容,在此基础上,从财务分析与非财务分析相结合的角度,阐述了业绩综合评价等问题。

本教材的主要特点体现在以下方面。

1. 编写团队的组织方面

本教材是北京邮电大学"双一流"精品教材教改建设(含继续教育)立项项目的成果。根据学校打造一批高水平、高质量教材的要求,本项目负责人组织并汇聚了兄弟院校的一线教师通力合作,组建了颇具实力的教材编写团队。编写本教材的教师在一线讲授"管理会计"课程多年,在充分研究管理会计理论架构和实践能力培养途径的基础上,将自身多年的授课经验和知识积累融于教材之中。

2. 框架体系设计方面

本教材依据管理会计职能理论体系,在阐述管理会计基本内涵和变动成本法、本量利分析基本理论的基础上,系统地阐述了预测、决策、预算、控制等理论及方法的应用,并进一步阐述了责任会计和业绩综合评价等内容。为了让学生对每章的知识脉络有一个总体把握,在学习具体的知识之前,先掌握知识的理论框架,教材在每章的开头均设置了"知识框架体系",帮助学生在头脑中建立"知识树"。

3. 教学活动设计方面

本教材突出管理会计理论与实践应用结合的路径,在核心理论方法的设计上,归纳并突出讲解核心理论方法的实践应用步骤和预测、决策、控制、评价等理论标准,同时给出案例,使学生有一个清晰的理论脉络。该思路遵循学生认知的规律,化繁为简,将复杂晦涩的知识点转化为清晰的步骤,在帮助学生理解理论的同时,也培养了学生的实践能力。

4. 实践技能培养方面

本教材在重点章的最后一节,运用案例驱动法设计了"应用案例"的教学活动,侧重从学习的思维规律方面进行编排,将枯燥的理论转化为实践应用的操作程序,使学生在掌握理论知识的前提下尽快切入实践的应用层面,从而达到使学生既掌握了理论知识又训练了实践能力的培养目标。

本教材共11章,第1章、第4章、第7章、第8章和第11章由北京邮电大学王玉梅编写;第5章、第6章和第9章由北京工商大学张伟华编写;第2章、第3章和第10章由北京物资学院王美英和孙旭编写;全书由王玉梅总纂定稿。另外,项目组成员苏静、何帅和李香业在项目进行过程中也做了诸多工作。

本教材既可作为高等院校本科会计学、财务管理、审计学等专业核心课程的教材,也可作为管理学、经济学等专业基础课程或选修课程的教材。同时,需要特别强调的是,本教材重在把理论与实践相结合,充分考虑本科生的学习特点,突出培养实践技能内容的设计,除了适用于各高等院校全日制本科教学之外,也适合作为成人高等教育本科(继续教育)的教材,同时也适合作为从事实务的财会人员和经济管理人员的参考书。

作者在本教材的编写过程中,参考、借鉴并融合了许多学者和权威专家的最新研究成果,在此深表感谢!

由于时间仓促,加之编者的理论水平有限,虽竭尽全力,书中也难免有不当之处,恳请读者批评指正。

编 者

2022年6月

目　　录

第1章　管理会计概述 ………………………………………………………………………… 1

　1.1　管理会计的产生与发展 ………………………………………………………………… 1

　　1.1.1　管理会计的源起 ……………………………………………………………………… 2

　　1.1.2　管理会计的形成 ……………………………………………………………………… 2

　　1.1.3　管理会计的发展 ……………………………………………………………………… 3

　　1.1.4　管理会计在中国的探索和实践 ……………………………………………………… 4

　1.2　管理会计的基本概念框架 ……………………………………………………………… 4

　　1.2.1　管理会计的定义 ……………………………………………………………………… 5

　　1.2.2　管理会计的目标 ……………………………………………………………………… 5

　　1.2.3　管理会计的内容 ……………………………………………………………………… 6

　　1.2.4　管理会计的职能 ……………………………………………………………………… 7

　　1.2.5　管理会计的应用原则 ………………………………………………………………… 9

　1.3　管理会计、财务会计和成本会计 ……………………………………………………… 9

　　1.3.1　现代会计学的基本体系 ……………………………………………………………… 9

　　1.3.2　管理会计与财务会计 ………………………………………………………………… 10

　　1.3.3　管理会计与成本会计 ………………………………………………………………… 13

　1.4　管理会计师职业道德与新技术环境下管理会计的机遇和挑战 ……………………… 14

　　1.4.1　管理会计师及其组织 ………………………………………………………………… 14

　　1.4.2　管理会计师职业道德 ………………………………………………………………… 15

　　1.4.3　新技术环境下管理会计的机遇和挑战 ……………………………………………… 17

　思考与练习题 …………………………………………………………………………………… 18

第2章　变动成本法 …………………………………………………………………………… 20

　2.1　成本及其分类 …………………………………………………………………………… 20

　　2.1.1　按实际发生的时态分类 ……………………………………………………………… 21

　　2.1.2　按相关性分类 ………………………………………………………………………… 21

　　2.1.3　按可控性分类 ………………………………………………………………………… 21

  2.1.4 按与受益对象的密切关系分类 ·· 21
  2.1.5 按经济用途分类 ·· 22
 2.2 成本性态分析 ··· 22
  2.2.1 成本性态的含义 ·· 23
  2.2.2 固定成本 ··· 23
  2.2.3 变动成本 ··· 26
  2.2.4 混合成本 ··· 28
 2.3 变动成本法的内涵 ·· 32
  2.3.1 完全成本法 ·· 33
  2.3.2 变动成本法 ·· 33
  2.3.3 变动成本法的理论依据 ·· 33
 2.4 变动成本法与完全成本法的区别 ·· 34
  2.4.1 产品成本的构成内容不同 ··· 34
  2.4.2 存货成本的构成内容不同 ··· 35
  2.4.3 各期盈亏不同 ·· 36
  2.4.4 对变动成本法和完全成本法的比较和评价 ··························· 40
 2.5 变动成本法的应用案例 ·· 41
 思考与练习题 ··· 43

第3章 本量利分析 ·· 45

 3.1 本量利分析概述 ·· 45
  3.1.1 本量利分析的含义 ··· 46
  3.1.2 本量利分析的基本假设 ·· 46
 3.2 盈亏平衡点分析 ·· 47
  3.2.1 盈亏平衡点概述 ·· 47
  3.2.2 盈亏平衡点公式法与图解法分析 ······································ 48
  3.2.3 盈亏平衡点的影响因素 ·· 51
 3.3 目标利润实现分析 ·· 55
  3.3.1 税前保利量和保利额的计算模型 ······································ 55
  3.3.2 税后保利量和保利额的计算模型 ······································ 56
  3.3.3 目标利润影响因素的实例分析 ··· 57
 3.4 利润的敏感性分析 ·· 58
  3.4.1 各因素变化对利润的影响程度 ··· 58
  3.4.2 各因素变化对利润影响程度的应用 ··································· 59
 3.5 本量利分析应用案例 ·· 61
 思考与练习题 ··· 64

第4章 预测分析 66

4.1 预测分析概述 67
4.1.1 预测分析的概念 67
4.1.2 预测分析的内容 68
4.1.3 预测分析的程序 69
4.1.4 预测分析的方法 70

4.2 销售预测 71
4.2.1 销售预测概述 71
4.2.2 算术平均法 73
4.2.3 加权平均法 74
4.2.4 指数平滑法 76
4.2.5 因果预测法 77
4.2.6 修正时间序列回归法 79

4.3 成本预测 81
4.3.1 成本预测概述 81
4.3.2 高低点法 83
4.3.3 目标成本预测法 84
4.3.4 线性回归分析法 86

4.4 利润预测 87
4.4.1 利润预测概述 87
4.4.2 直接预测法 89
4.4.3 经营杠杆系数法 90
4.4.4 比例预测法 91

4.5 资金需要量预测 92
4.5.1 资金需要量预测概述 92
4.5.2 资金增长趋势预测法 92
4.5.3 预计资产负债表法 94

4.6 预测分析应用案例 98

思考与练习题 101

第5章 短期经营决策 104

5.1 短期经营决策概述 104
5.1.1 短期经营决策的概念及种类 105
5.1.2 短期经营决策的程序 105
5.1.3 短期经营决策的依据 106

	5.1.4 短期经营决策中典型的相关成本和无关成本	106
5.2	产品规划与生产决策	108
	5.2.1 零部件自制与外购决策	109
	5.2.2 限制性资源的最优利用决策	111
	5.2.3 亏损产品处理决策	112
5.3	产品定价决策	114
	5.3.1 产品定价的基本策略	114
	5.3.2 成本加成定价法	115
	5.3.3 特殊订单定价决策	116
5.4	短期经营决策应用案例	119
思考与练习题		123

第 6 章 长期投资决策 … 125

6.1	长期投资决策的关键因素	125
	6.1.1 货币时间价值	126
	6.1.2 现金流量	126
	6.1.3 折现率	134
6.2	货币时间价值及其计算	135
	6.2.1 单利和复利	135
	6.2.2 复利终值与复利现值	136
	6.2.3 年金终值与年金现值	136
6.3	长期投资决策的基本方法	140
	6.3.1 净现值法	140
	6.3.2 现值指数法	142
	6.3.3 内涵报酬率法	143
	6.3.4 投资回收期法	145
	6.3.5 会计收益率法	147
6.4	长期投资决策应用案例	148
思考与练习题		149

第 7 章 全面预算 … 151

7.1	全面预算概述	152
	7.1.1 全面预算的内涵	152
	7.1.2 全面预算体系	152
	7.1.3 全面预算的作用	154
	7.1.4 全面预算的编制步骤	154

	7.1.5 全面预算工作的组织	155

- 7.2 全面预算的编制方法 ·········· 156
  - 7.2.1 零基预算法与增量预算法 ·········· 156
  - 7.2.2 固定预算法与弹性预算法 ·········· 157
  - 7.2.3 定期预算法与滚动预算法 ·········· 160
- 7.3 业务预算和资本预算的编制 ·········· 162
  - 7.3.1 业务预算 ·········· 162
  - 7.3.2 资本预算 ·········· 171
- 7.4 现金预算的编制 ·········· 172
  - 7.4.1 现金预算的编制方法 ·········· 172
  - 7.4.2 现金预算的应用举例 ·········· 173
- 7.5 预计财务报表的编制 ·········· 175
- 7.6 全面预算编制案例 ·········· 184
- 思考与练习题 ·········· 186

第8章 成本控制 ·········· 189

- 8.1 成本控制概述 ·········· 190
  - 8.1.1 控制的含义 ·········· 190
  - 8.1.2 成本控制的内涵 ·········· 190
  - 8.1.3 成本控制的分类 ·········· 191
  - 8.1.4 成本控制的原则 ·········· 192
  - 8.1.5 成本控制的方法 ·········· 193
- 8.2 标准成本控制法 ·········· 193
  - 8.2.1 标准成本的内涵 ·········· 193
  - 8.2.2 标准成本的分类 ·········· 194
  - 8.2.3 标准成本的作用 ·········· 195
  - 8.2.4 标准成本控制法的程序 ·········· 195
- 8.3 成本标准的制定 ·········· 196
  - 8.3.1 成本标准制定的步骤 ·········· 196
  - 8.3.2 直接材料成本标准的制定 ·········· 197
  - 8.3.3 直接人工成本标准的制定 ·········· 198
  - 8.3.4 制造费用成本标准的制定 ·········· 199
  - 8.3.5 单位产品成本标准的制定 ·········· 201
- 8.4 成本差异的计算与分析 ·········· 202
  - 8.4.1 成本差异的通用理论模式 ·········· 202
  - 8.4.2 直接材料成本差异 ·········· 203

	8.4.3 直接人工成本差异	205
	8.4.4 变动制造费用差异	206
	8.4.5 固定制造费用差异	208
8.5	成本控制应用案例	211
思考与练习题		213

第9章 存货控制 — 215

9.1	存货控制概述	215
	9.1.1 存货及其储存原因	215
	9.1.2 存货控制的作用	216
9.2	存货控制基本模型——经济订货批量	216
	9.2.1 经济订货批量的有关概念	217
	9.2.2 经济订货批量基本模型的建立	217
9.3	存货控制基本模型的扩展	220
	9.3.1 考虑缺货问题	220
	9.3.2 考虑数量折扣问题	222
	9.3.3 经济订货批量在生产中的应用	223
9.4	存货控制应用案例	224
思考与练习题		225

第10章 责任会计 — 227

10.1	责任会计概述	227
	10.1.1 责任会计的产生及发展	227
	10.1.2 责任会计的基本内容	228
	10.1.3 责任会计的基本原则	229
10.2	分权与责任中心	230
	10.2.1 企业组织结构	230
	10.2.2 责任中心的分类	231
	10.2.3 成本中心	231
	10.2.4 利润中心	234
	10.2.5 投资中心	236
10.3	内部转移定价	238
	10.3.1 内部转移价格概述	238
	10.3.2 内部转移价格的类型	239
10.4	责任会计应用案例	242
思考与练习题		244

第11章 业绩综合评价 ··· 246

11.1 业绩评价概述 ··· 246
11.1.1 业绩评价的概念 ··· 247
11.1.2 业绩评价的功能 ··· 247
11.1.3 业绩评价的分类 ··· 247
11.1.4 业绩评价体系要素 ·· 248

11.2 基于杜邦财务分析法的业绩综合评价 ·· 250
11.2.1 杜邦财务分析法的含义 ··· 250
11.2.2 杜邦财务分析体系框架 ··· 250
11.2.3 杜邦财务分析法的思路 ··· 252
11.2.4 杜邦财务分析法的应用 ··· 252

11.3 基于沃尔评分法的业绩综合评价 ··· 253
11.3.1 沃尔评分法的含义 ·· 253
11.3.2 沃尔评分法的体系框架 ··· 254
11.3.3 沃尔评分法的分析程序 ··· 255
11.3.4 沃尔评分法的应用 ·· 256

11.4 基于平衡计分卡法的业绩综合评价 ·· 257
11.4.1 平衡计分卡法的含义 ··· 257
11.4.2 平衡计分卡法的体系框架 ··· 258
11.4.3 平衡计分卡法的分析程序 ··· 261

思考与练习题 ·· 262

参考文献 ·· 264

附录1 思考与练习题答案 ··· 265

附录2 常用系数表 ·· 274

第1章 管理会计概述

知识框架体系

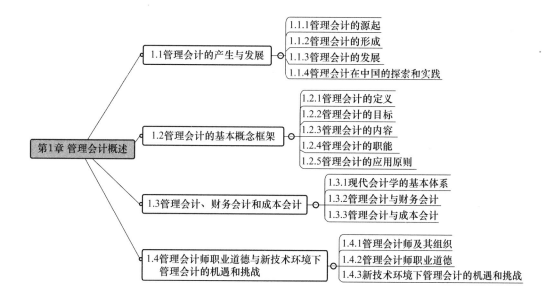

【学习目标】

本章在介绍管理会计产生和发展的基础上,重点讲解了管理会计的基本概念框架、管理会计与财务会计及成本会计的关系,管理会计师职业道德与新技术环境下管理会计的机遇和挑战。通过本章的学习,需要达到以下学习目标:

1. 管理会计的产生和发展(了解);
2. 管理会计的基本概念框架,包括管理会计的定义、目标、内容、职能和应用原则(掌握);
3. 管理会计与财务会计、成本会计的联系和区别(理解);
4. 管理会计师职业道德(掌握)、新技术环境下管理会计面临的机遇和挑战(了解)。

1.1 管理会计的产生与发展

对于管理会计的产生与发展,因为研究角度的不同,学术界有多种不同分析阐述和阶段划分的方法。有的学者从生命周期理论角度,将管理会计的发展阶段分为萌芽期、形成期和发展期;有的学者从管理会计内涵的角度,将管理会计的发展阶段分为狭义发展阶段和广义发展阶段;有的学者从管理职能角度,将管理会计的发展阶段分为执行性管理阶段、决策性管理阶段和管理会计最新发展阶段;有的学者则将管理会计的发展阶段分为传统管理会计阶段和现代管理会计阶段。

本书根据以往学者的研究并结合相关教材的体系和内容,从管理会计理论的演化发展以及管理会计的外延职能角度,对国外和国内管理会计的产生与发展过程进行简要梳理和阐述。

1.1.1 管理会计的源起

管理会计是伴随着社会经济的发展和科学管理方法的产生而出现的。19世纪的英国工业革命,使得企业的生产规模迅速扩大,股份公司等各种企业组织形式相继出现,所有权与经营权开始分离,为适应发展,满足各利益相关者对公司财务状况和经营成果的了解需求,就需要编制会计报表,于是形成了从填制和审核凭证、登记账簿到编制会计报表的近代会计。

20世纪初,随着社会化大生产程度的提高,企业的粗放经营使得资源浪费,生产效率低下的情况出现,这使大机器工业的矛盾越来越尖锐。企业开始强烈地意识到,要想在竞争中生存和发展,必须加强内部管理,提高生产效率,以降低成本和费用,获取最大的利润,于是科学管理理论应运而生,在企业的管理实践中,定额数据的确定技术、差别工资制和计划与职能相分离的预算管理、差异分析和日常成本控制先后出现了,这些都属于标准化、制度化的新技术、新方法。为适应科学管理模式的发展,企业会计必须突破传统单一的事后核算,采取对经济过程实施事前规划和事中控制的技术方法,由此,伴随着企业管理方式的变革,会计开始了由近代会计向现代会计转变的进程,原始的管理会计初见端倪,在会计实务中以差异分析为主要内容的"标准成本计算制度"和"预算控制"开始出现,这标志着管理会计的原始雏形已经形成。

从学者研究的角度看,"管理会计"这个术语最早被提出的时间是1922年,是由美国会计学者H. W. 奎因坦斯(H. W. Quaintance)在他写的《管理的会计:财务管理入门》一书中提出的概念。之后陆续有学者进行了相应的阐述,1924年,詹姆斯·奥斯卡·麦肯锡(James Oscar Mckinsey)出版了名为《管理的会计》的专著,此外,布利斯(Bliss)也在同期发表过一本名为《通过会计进行管理》的著作,这些书被西方公认为早期管理会计学的代表作。

1.1.2 管理会计的形成

管理会计的发展与演进同企业管理理论的发展密切相关。一般认为,管理会计大致形成于20世纪40年代至50年代。在这个阶段,科学技术快速发展,社会生产力迅速提高,跨国公司不断涌现,市场的竞争日益激烈,同时伴随着通货膨胀和筹资困难,经济危机的出现也越来越频繁,这些都在客观上要求企业必须加强内部经营管理。于是以赫伯特·亚历山大·西蒙(Herbert Alexander Simon)为代表的管理科学理论以及行为科学、数量管理等现代管理科学的理论和方法开始被大量应用于企业管理实践,这些现代管理科学的发展推动着管理会计从原始萌芽状态迅速发展到相对成熟的阶段,为管理会计的形成奠定了理论和方法基础。

一方面,这些管理会计的技术方法,推动了以目标管理的标准成本制度的形成;另一方面,管理科学理论也进一步拓展了会计的管理职能,开始从解释过去转向控制现在和筹划未来,并建立了经营决策会计、投资决策会计和责任会计的方法体系。至此,一个以强化内部管理、提高经济效益为目的的管理会计体系逐步形成了。

会计学术界1952年在伦敦举行的会计师国际代表大会上正式提出了"管理会计（management accounting）"这个术语。此后，美、英等发达国家陆续将管理会计学课程作为高等院校会计专业和其他财经管理专业的主干课程，西方的会计学者撰写了大量的管理会计教材、专著和论文，其内容广泛，涉及预测决策会计、规划控制会计和责任会计。会计自此被细分为财务会计和管理会计两大领域。

1.1.3 管理会计的发展

自1952年会计学术界正式提出管理会计概念之后的阶段，即从20世纪50年代末至今，大致可称作管理会计的发展时期。

20世纪50年代起，管理会计首先在西方得到迅速发展。随着世界经济进入战后发展的新时期，技术革命迅速推动社会生产力的进步和发展，新兴产业部门层出不穷，资本开始集中，规模也越来越大，大批的跨国公司开始出现，生产经营的社会化程度得到了空前提高，传统的营销手段失灵，竞争越演越烈。这种情况迫使人们为适应市场需要，尽快实现管理现代化，开始采用以开发市场、调动各方面积极性和取得最大可能经济效益为中心的经营决策型的管理模式。在这个阶段，管理会计界为满足现代经济管理的要求，不仅完善并发展了规划控制会计的理论与实践，而且还逐步充实了以"管理科学学派"理论为依据的预测决策会计和以"行为科学"为指导思想的责任会计等内容。

进入20世纪70年代，国外会计学界对管理会计的定义出现了新的变化：管理会计的外延开始扩大，内容更加丰富，广义管理会计的概念开始出现。广义管理会计的核心内容为：明确管理会计以企业为主体开展其管理活动；管理会计既为企业管理者的管理目标服务，同时也为股东、债权人、政府部门等各利益相关者服务；管理会计所提供的财务信息不仅包括解释实际和计划所必需的货币性信息，也包括非货币性信息；管理会计的外延不仅包括财务会计，也包括成本会计和财务管理。

20世纪80年代中期以来，管理会计进一步发展，其范围扩展到除审计以外的会计的各个组成部分，包括制定方针政策，对企业的各项活动进行计划和控制，向企业股东和员工等反映财务状况，以及通过一些技术方法对各个行动的备选方案做出决策等内容。1986年，美国全国会计师协会（National Association of Accountants，NAA）下设的管理会计实务委员会（Management Accounting Practice Committee，MAPC）对管理会计的定义为：管理会计是向管理者提供企业内部计划、评价、控制以及确保企业资源的合理使用和经管责任的履行所需的财务信息，并确认、计量、归集、分析、编报、解释和传递的过程。

20世纪90年代起，管理会计进入强调价值创造阶段。随着经济全球化的推进，世界各国之间的经济联系日益紧密，依赖程度日益增强，企业自动化程度越来越高，加上以计算机技术为代表的信息技术广泛应用，企业之间的分工合作日趋频繁，如何准确把握市场定位、了解客户需求等显得尤为重要。由此，管理会计越来越容易受到外部信息以及非财务信息对决策相关性的冲击，需要在管理控制、战略经营决策、商业运营等各个层面掌握并有效利用所需的管理信息，为此管理会计界以强调价值创造为核心，发展了一系列新的决策工具和管理工具。一些国家还相继成立了专业的管理会计团体，这标志着现代管理会计进入了成熟期。

进入21世纪以来，越来越多的研究成果被应用到管理实践之中，国际会计标准委员会

(International Accounting Standard Committee, IASC)和国际会计师联合会(International Federation of Accountants, IFAC)等国际性组织也成立了专门的机构,尝试制定国际管理会计准则,颁布了有关管理会计师的职业道德规范等文件。越来越多的国家也加大了推广管理会计的力度,成立了管理会计师的职业管理机构,相继颁布了管理会计的工作规范和执业标准。同时,随着新公共管理运动在世界范围内的蓬勃发展,各国政府及非政府部门也在管理过程中进一步运用管理会计的理念、技术与方法。尤其近几年来,战略管理会计和环境管理会计逐渐成为管理会计发展的新领域,风险控制和战略决策成为管理会计研究的重点。可见,管理会计先后经历了侧重制造成本、预算与绩效考核、作业管理、战略管理、环境管理、公共管理等几个阶段。

1.1.4 管理会计在中国的探索和实践

20世纪70年代末,伴随着管理会计理论的研究,中国的企业以及政府部门开始了管理会计的实践。

1979年,机械工业部组织翻译并出版了第一部《管理会计》。国家有关部门也委托相关学者编写管理会计的教材,相关部门也出版管理会计的普及性读物,有关大学也开始举办全国性的管理会计师资格培训班和有关讲座,同时聘请外国学者来华主讲管理会计教程。

20世纪80年代初期,管理会计的一些方法如全面预算、责任会计制度、标准成本制度等被引入企业管理的实践中,对企业内部管理发挥了一定的作用。

20世纪90年代,管理会计在中国的发展有了新的契机。1993年,财务会计管理体制转轨变型,会计界开始与国际惯例接轨,财政部将管理会计列入会计改革发展的重点方向,并印发了《企业产品成本核算制度》,该制度是财政部门加强管理会计工作的先行探索。

进入21世纪以来,管理会计在我国得到全面推进,相关理论研究与推广进入了黄金期,会计领域全面贯彻落实大力加强管理会计工作的深化改革要求,并取得了一系列的成果。财政部作为国家的会计主管部门,在总结我国管理会计理论发展与实践经验的基础上,大力推进管理会计的实践应用和加强管理会计体系建设,于2016年6月正式发布了《管理会计基本指引》,并于2017年10月开始陆续发布了"管理会计应用指引"系列公告。

《管理会计基本指引》明确了企业管理会计的目标、原则、要素等概念体系,在管理会计框架结构中居于统领地位,是《管理会计应用指引》和《管理会计案例库》的理论支撑,并对构建中国特色的管理会计理论与方法体系起着引领方向和统御全局的作用。

《管理会计基本指引》规定的四项原则包括战略导向、融合性、适应性、成本效益等;四个要素包括应用环境、管理会计活动、工具方法、信息与报告等。四项原则和四个要素构成了《管理会计基本指引》的核心内容。

1.2 管理会计的基本概念框架

管理会计的基本概念框架是指管理会计的定义、目标、内容、职能、应用原则等相关概念的有机组合,是构建管理会计学的基础。

1.2.1 管理会计的定义

根据管理会计产生和发展的过程可以看出,在不同的发展阶段,管理会计所涵盖的内容不同,功能也不同。对于什么是管理会计,国内外的会计学界有着不同的定义。综合国内外会计学者所给出的管理会计的定义,管理会计分为狭义管理会计和广义管理会计。

狭义管理会计认为:管理会计以企业为主体展开其管理活动;管理会计是为企业管理者的管理目标服务的;管理会计是一个信息系统。

广义管理会计认为:管理会计以企业为主体展开其管理活动;管理会计既为企业管理者的管理目标服务,同时也为股东、债权人、政府部门等各利益相关者服务;管理会计作为一个信息系统,它所提供的财务信息包括解释实际和计划所必需的货币性和非货币性信息;管理会计既包括财务会计,又包括成本会计等。

本书从广义管理会计定义的角度,采用2014年10月27日财政部印发的《财政部关于全面推进管理会计体系建设的指导意见》中的定义:管理会计是会计的重要分支,主要服务于单位(包括企业和行政事业单位)内部管理需要,是通过利用相关信息,有机融合财务与业务活动,在单位规划、决策、控制和评价等方面发挥重要作用的管理活动。

正确研究和理解管理会计应注意以下四点。

第一,管理会计是会计的重要分支。管理会计属于管理学中会计学科的边缘学科,是会计与管理的结合,是利用会计特有的概念、方法和思维进行的管理活动。

第二,管理会计的服务范围既包括企业单位,也包括行政事业单位。需要注意的是,管理会计不仅服务于企业和行政单位本身,同时也为与企业或行政事业单位有关的股东、债权人、规章制度制定机构及税务部门等非管理机构服务。

第三,管理会计是通过利用相关信息,有机融合财务与业务的活动。管理会计应基于信息流,以使用价值管理为基础进行价值最大化管理,以体现业务与财务、技术融合的管理要求。

第四,管理会计是在单位规划、决策、控制和评价等方面发挥重要作用的管理活动。这体现了管理会计的职能,意味着管理会计需要运用一系列专门的方法和技术工具,为预算编制、过程控制、报告和考核提供信息,并参与企业经营管理。

通俗地讲,管理会计就是基于管理的会计,或者说是主要服务于管理活动的会计。作为会计的一个分支或者子系统,管理会计是从传统的企业会计中逐步分化出来的,在这一分化的过程中,既有社会经济发展和企业经营管理实践对会计进化发展的需求影响,也有管理学等理论的直接影响和推动。

1.2.2 管理会计的目标

美国会计学会(American Accounting Association,AAA)所属的"管理会计学科委员会"认为,确定管理会计的目标是建立管理会计理论结构的一项基础工作,管理会计的基本目标是向企业管理人员提供经营决策所需要的会计信息,可以从以下两个方面理解。

(1) 为管理和决策提供信息

第一,基于企业历史信息和未来信息等生产经营活动并与预算管理、过程控制、报告和考核相结合,为各级管理人员提供最佳经营管理的建设性信息。

第二,及时了解和维护与企业资产安全和资源有效利用有关的各类信息。了解和掌握影响决策的各利益相关者包括股东、债权人、政府部门和社会公众等的有关信息,这些信息将有利于投资、借贷及有关法规的实施。

(2) 参与企业的经营管理

第一,对企业日常经营活动进行指导和控制,确定目标利润、目标销售量或销售额、目标成本、目标资金需要量的预测等各项经济目标。

第二,协助管理部门对重大经济问题做出短期经营决策或长期投资决策,并在此基础上编制资源最佳配置与流动的全面预算与责任预算;

第三,制定相关措施,合理使用经济资源,制定适合本企业具体情况的责任会计制度,并利用行为科学的原理与策略,充分调动职工的主观能动性,促使员工以最少的资源消耗来完成计划所规定的各项目标。

第四,调节控制经济活动。通过制定事前的成本控制制度等,以及日常根据各责任单位定期编制的业绩报告的数据进行差异分析,以进行预防性或反馈性的控制与调节,从而保证各项经济目标的实现。

第五,评价考核经济业绩。通过对日常发生的经济活动进行追踪、收集和计算,定期进行业绩评价,确定各部门和员工履行经管责任的情况,挖掘增产节约、增收节支的潜力点,并及时提出合理化建议。

1.2.3 管理会计的内容

从与管理会计职能相适应的工作内容角度来看,管理会计的内容分为预测决策会计、规划控制会计和责任会计三部分。其中:预测决策会计包括预测分析和决策分析两个方面;规划控制会计包括全面预算和成本控制两个方面。预测决策会计、规划控制会计和责任会计三者既相对独立,又相辅相成,共同构成了现代管理会计的基本内容。

1. 预测决策会计

预测决策会计是指侧重于发挥预测经济前景和实施经营决策职能的会计,是管理会计中最具有能动作用的子系统,处于现代管理会计的核心地位,也是现代管理会计形成的关键标志之一,具体包括经营预测、短期经营决策和长期投资决策三个方面。

(1) 经营预测

经营预测包括销售预测、利润预测、成本预测和资金需要量预测,是根据企业现有的经济条件和历史资料以及客观事物之间的内在联系,对企业生产经营未来的发展趋势进行的预计和测算,以确定企业未来一定期间的各项具体经营目标。

(2) 短期经营决策

短期经营决策主要是在特定期间生产能力相对固定的情景下,对产品或服务的生产和定价等相关问题进行决策。短期经营决策分析的核心是对相关性信息的辨别和分析,其核心观点是:只有那些在不同的方案中有区别的成本和收益才是相关的。

(3) 长期投资决策

长期投资决策是指那些需要企业投入大量资金,获取报酬或收益的持续时间超过一年,能在今后相当长的一段时间内影响企业经营能力的投资决策。进行正确的企业长期投资,对企业的生产经营具有长远的意义。它从总体上确定了企业未来的经营方向、规模、资源配备以及长期发展目标等重大问题。

2. 规划控制会计

规划控制会计是确保企业的预期奋斗目标能够顺利实现的管理会计子系统,是在决策目标和经营方针已经明确的前提下,为执行既定的决策方案而进行的有关规划和控制,具体包括全面预算和成本控制两个方面。

(1) 全面预算

全面预算一般是由业务预算、资本预算和财务预算组成的预算体系。业务预算也称为经营预算,是指与企业日常经营活动直接相关的,具有实质性基本活动的经营业务的各种预算;资本预算又称专门决策预算,是指企业不经常发生的、直接反映相关决策结果的一次性业务的重要决策预算,是实际中选方案的进一步规划;财务预算亦称总预算,是指运用科学的技术手段和数量方法,对未来财务活动的内容及指标所进行的具体规划,是专门反映企业未来一定期限内的预计财务状况和经营成果以及现金收支等价值指标的各种预算的总称,是全面预算体系的最后环节。

(2) 成本控制

成本控制是指企业在一定时期内的生产经营活动中,以预先建立的成本管理制度和目标为依据,及时发现实际发生的成本与目标成本的差异并对其进行分析,找出影响成本的各种因素并采取一系列的预防和调节措施,尽可能以最少的耗费完成预定的目标,以达到不断降低成本和提高经济效益的目的。

3. 责任会计

通常认为,责任会计是指以企业内部的各个责任中心为会计主体,以责任中心可控的资金运动为对象,对责任中心进行控制与考核的一种会计制度。它主要利用价值形式,通过建立各级责任中心,编制责任预算,进行差异分析、责任核算、业绩评价和责任报告编制,对企业内部各部门生产经营过程中的价值运动进行连续、系统、全面的反映和控制,以期达到设定的目标。

对于预测决策会计,预测的目标是决策,决策是企业的关键;规划控制会计以全面预算为依据,通过标准成本制度,实施有效的成本控制;责任会计通过划分责任中心,对企业内部各单位实施控制考核和评价,以保证企业的各个环节和各项经营活动朝着既定的目标前进。三者共同构成了管理会计的统一整体。

1.2.4 管理会计的职能

管理会计是管理学与会计学相结合的产物,目标是为企业管理服务,其职能也应当与企业管理的职能相匹配。《管理会计基本指引》将管理会计活动明确为管理会计的"信息支持"与"管理控制"两个方面,即要求企业合理利用管理会计信息,科学选择管理会计工具方法,在规划、决策、控制、评价等方面,为服务企业管理实践发挥积极作用。具体来说,管理会计的主要职能可归纳为预测、决策、规划、控制和考核评价。

1. 预测职能

预测是人们对未来状况做出的估计,即根据过去的历史资料和现在所能取得的信息,运用已有的科学知识和实践经验,遵循事物发展的规律,有目的地由已知推断未知和由现在推测未来的过程。管理会计发挥预测职能,就需要根据企业总目标和经营方针,充分考虑经济条件和经济规律,选择合理的量化模型来预测企业未来的销售、利润、成本及资金的变动趋势和水平,为企业经营决策提供第一手信息。

2. 决策职能

所谓决策就是在充分考虑各种可能的前提下，人们基于对客观规律的认识，对未来实践的方向、目标、原则和方法做出决定的过程。管理会计发挥决策职能，就是参与经济决策，主要体现在根据企业决策目标收集、整理有关信息资料，选择科学的方法计算有关长短期决策方案的评价指标，并做出正确的财务评价，最终筛选出最优的行动方案。

管理会计发挥参与经营决策职能，主要体现在根据企业决策目标收集和整理相关信息资料，通过采用各种科学决策方法来选择最优方案。在进行短期决策时，通过管理会计中的本量利分析法、变动成本法以及差量分析等分析原理，对影响企业利润的相关成本与收入进行分析。在进行长期决策时，依据时间价值，对现金流量进行分析、归集和考察，据此对长期投资进行合理决策。

3. 规划职能

规划是指企业未来经济活动的计划，即在预测和最终决策方案的基础上，将事先确定的有关经济目标通过预算的形式层层分解并落实到各责任单位和个人，从而合理有效地组织、协调企业各部门的生产，量化并说明未来经济活动对企业的影响。

管理会计的规划职能就是规划经营目标，是通过编制各种计划和预算实现规划经营目标的职能。它在预测、决策的基础上，运用预算工具将事先确定的有关经济目标分解落实到各有关预算中去，以分配协调和控制各单位经济活动，根据目标运用计划和预算来考核各单位的工作业绩，从而合理有效地组织、协调企业各生产部门之间的关系，为最终的控制和考核评价创造条件。

4. 控制职能

控制职能就是按照全面预算的完成情况纠正预算执行过程中的偏差，最终确保预算目标的实现。决策目标和预算的实施都依赖于实际与计划的执行过程中的控制。管理会计发挥控制职能就是控制经济过程，即在经营过程中将事前控制和事中控制有机结合，通过事前确定的各种标准，对执行过程中实际与计划发生的偏差进行分析，找出差异产生的原因，并及时采取措施进行调整和改进，以确保经济活动的正常进行。为实现控制职能，企业应建立完善的控制体系，通过对企业预算执行的跟踪来完成经营活动中的多方面数据资料的归集、比较和分析，对预算实施过程中的差异进行合理的控制，以完成经营活动的原定目标。

5. 考核评价职能

管理会计的考核评价职能是通过建立责任会计制度来实现的。责任会计制度的建立主要体现在事后根据各责任单位定期编制的业绩报告，将实际发生数与预算数进行对比，进而评价和考核各责任单位的业绩，找出成绩与不足，从而为奖惩制度的实施和未来工作改进措施的形成提供必要的依据，保证经济责任制的贯彻执行。在进行考核和评价时，需要注意的是，管理会计工作要做到长计划短安排，并把计划指标层层分解，落实到各部门，形成责任预算体系，这样才便于进行有效的控制与考核。

管理会计的上述预测、决策、规划、控制和考核评价的职能，可以概括为分析过去、控制现在、筹划未来，因此各职能之间并不是相互独立的，而是相互联系、相互渗透的，这样才能在实践中综合发挥作用。

1.2.5 管理会计的应用原则

《管理会计基本指引》强调单位在管理会计理论与实务工作中,需要遵循的原则是战略导向原则、融合性原则、适应性原则、成本效益原则等。

(1) 战略导向原则

战略导向原则在管理会计中的呈现是全方位、全过程和全面的。要求管理会计用战略的眼光来观察企业整体的经营与投资活动,要根据可持续发展的规律,以能够实现企业的价值增值为基本目标,从战略上进行企业总体的规划和布局。

(2) 融合性原则

融合性原则的典型体现是实现"业财融合"。管理会计本质上就是一种"业财融合"的管理活动,作为市场经济主体的企业,其经营和投资活动本身就是"业财融合"的。

(3) 适应性原则

企业结合自身的内部条件,选择适合的管理会计工具和方法,并在企业管理中将其合理地加以推广应用,这样才能使企业获得最佳的效率与效益。

(4) 成本效益原则

成本效益原则贯彻的前提是在控制或降低成本水平的前提下,实现销售收入的增长或获得收益,即管理会计提供的信息所获得的收益必须大于为取得或处理该信息所花费的信息成本,这就要求企业一方面要控制成本,另一方面要扩大销售量,积极防范和化解企业面临的各种风险,以确保获得高质量的收益。

1.3 管理会计、财务会计和成本会计

传统财务会计的产生是社会经济发展的结果。随着社会经济的不断发展,会计管理的职能从传统的财务会计中分离出来,产生了管理会计。同时,由于成本管理是企业非常重要的一部分,而且核算复杂,这样财务会计中成本的核算职能部分与管理会计中成本的管理部分共同构成了成本会计。在实践教学中,由于成本会计核算的复杂性,成本会计教学更侧重于成本核算,管理会计中的成本部分更侧重于控制。因此,管理会计、财务会计和成本会计共同构成了现代会计学的基本体系。

1.3.1 现代会计学的基本体系

企业的会计信息系统具有两个主要的子系统:管理会计信息系统和财务会计信息系统。管理会计信息系统主要面向企业的内部,财务会计信息系统主要面向企业的外部,但内外部的区分也并不严格,只是有所侧重。管理会计从传统的会计中分离出来之后,在预测、分析、控制、决策、计划、评价、考核中除了成本会计那一部分,剩下的部分就是管理会计,而会计中涉及日常会计核算和对外报告的那一部分就是财务会计。管理会计、财务会计和成本会计从不同的方面运用不同的方法,最终都反映企业的生产经营过程和结果,向企业内部和外部管理者提供信息,实现价值的最大增值。可以说,三者之间既相互联系,又相互区别,从不同角度为企业

的内部管理和外部决策服务,共同构成了现代会计学基本体系。现代会计学基本体系如图 1-1 所示。

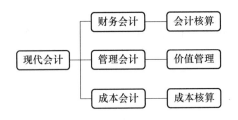

图 1-1　现代会计学基本体系

1.3.2　管理会计与财务会计

管理会计是从传统财务会计中派生出来的一门独立的新兴学科,它运用科学管理理论将会计与管理直接结合,形成了与财务会计不同的方法体系。管理会计与财务会计之间既有不能分割的联系,也有明显的区别。

1. 管理会计与财务会计的联系

(1) 起源相同,共同组成现代会计体系

管理会计、财务会计都是随着传统会计的发展从传统会计中分离出来的:现代公司会计核算的需要产生了财务会计,现代公司内部成本管理与控制的需要产生了管理会计。管理会计与财务会计都属于现代企业会计,共同构成了现代企业会计系统的有机整体。两者相互依存、相互制约、相互补充。

(2) 目标一致,都是为企业管理目标服务

管理会计和财务会计都为现代经济条件下的企业服务,都必须服从现代会计的总体要求,共同为实现企业管理目标服务。两者所处的工作环境相同,都以特定企业为工作对象,关注的都是特定企业的经营资金运动,都以企业经营活动及其价值表现为对象,同为经济管理的重要内容,提供的会计报告都是为有关方面提供决策服务,都是为了改善企业经营管理,提高经济效益,最终目的都是使企业能够获得更多的利润,提高经济效益,增加企业价值。

(3) 基本信息同源,都来源于企业的财务会计系统

管理会计和财务会计的原始资料大多相同,都以企业的经营信息作为主要的信息源。财务会计从原始凭证入手,全面记录、计算、入账,形成系统的核算资料和财务信息。但管理会计一般不涉及填制凭证和按复式记账法登记账簿等会计核算的专门方法和固定程序,它的主要工作内容是对财务会计信息进行深加工和再利用,再结合其他有关信息进行计算、对比和分析,以各种管理会计报表的形式向企业管理者提供信息。由于管理会计的信息源于财务会计系统,因而管理会计受到财务会计工作质量的约束。因此,管理会计的资料从本质上说,也属于原始凭证,其和财务会计资料的来源相同。

(4) 服务对象有部分相同,都为企业的内外部信息使用者提供信息

虽然管理会计与财务会计有内外之分,但服务对象并不严格。在许多情况下,管理会计的盈利预测等信息可以为外部利益集团所利用,而财务会计的信息对企业内部决策也至关重要。同时,管理会计的信息更多会服务于企业内部的经营管理部门,而财务会计的信息,尤其是上市公司的财务报告也为投资者提供信息。

(5) 某些概念相同，都使用成本、收益、利润等概念

管理会计使用的某些概念，如边际成本、边际收益、机会成本等是根据财务会计的概念引申出来的，而成本、收益、利润等概念则与财务会计完全相同。其原因是管理会计的信息来源于财务会计系统的信息，是对财务会计信息的进一步深加工和分析，所以在财务会计的成本、收益和利润等概念的基础上，属于管理会计范畴的边际成本、边际收益和机会成本等概念被进一步引申出来。

2. 管理会计与财务会计的区别

管理会计与财务会计同为现代会计的重要分支，它们之间有联系，也有区别。管理会计与财务会计的区别可归纳为以下几个方面。

(1) 具体内容不同

管理会计和财务会计研究的具体内容不同。从时间点来看，财务会计反映和监督的是已经发生或已经完成的经济活动和资金运动等事项，管理会计则基于历史或现在的数据信息，侧重规划和控制企业未来和现在经济活动中的资金运动。从范围上来看，财务会计以资产、负债、所有者权益、收入、费用、利润为核算对象，以记账、算账、报账为基本方法，以凭证、账簿、报表为基本载体，通过确认和计量，反映的是企业的财务状况、经营成果和现金流动情况等历史数据。管理会计则通过计量和估值，以价值转移和增值过程为管理对象，以使用价值生产和交换过程的优化为手段来实现企业价值的最大增值。

(2) 主体范围不同

管理会计更突出以人为中心的行为管理，既要提供反映企业整体情况的资料，又要提供反映企业内部各责任单位经营活动情况的资料，其工作主体可分为投资中心、利润中心、成本中心和费用中心等多个层次，既可以整个企业为主体，也可以企业内部各层次的责任单位为主体，或者以企业内部的局部区域或个别部门甚至某一管理环节为主体，因而其会计主体是多层次的。而财务会计的工作主体往往只有一个层次，财务会计反映的是整个企业的财务状况、经营成果和现金流量的会计资料，通常不以企业内部的各部门、非独立核算的各单位为会计主体提供相关资料，往往只以整个企业为工作主体，从而能够满足财务会计所特别强调的完整反映、监督整个经济过程的要求，因此其会计主体具有唯一性。

(3) 服务对象各有侧重

虽然管理会计和财务会计的服务对象有交叉，但两者的服务对象也有区别。财务会计虽然也对内提供会计信息，但更多的是通过定期提供反映财务状况、经营成果和现金流量信息的财务报表，为企业外部的股东、潜在投资人、债权人、税务机关、证券监管机关等各利益相关者提供服务。财务会计侧重向外部使用者提供信息，故也称其为外部会计或对外报告会计。

管理会计虽然也对外提供信息，但更侧重为强化企业内部管理、提高经济效益服务，为企业内部各级管理人员提供有效经营和优化决策方面的信息，使企业内部的管理者更好地做出有关企业人力、物力、财力资源以及产品、服务、渠道、供应商和消费者的决策。侧重于直接为企业内部各级管理人员服务是管理会计的一个主要特点，故也称其为内部会计或对内报告会计。

(4) 信息特征和信息载体不同

从信息特征上来看，管理会计信息跨越过去、现在和未来，所提供的信息既包括定量资料，也包括定性资料，计量单位既可以使用货币单位，也可以选择实物量等单位，因不向社会公开发表，故预测未来的信息也不要求过于精确，这些信息往往是为了满足内部管理的特定要求。

而财务会计信息则大多为过去时态,主要以货币为计量单位向企业外部利益关系集团提供全面、连续、真实和合法的信息。

从信息的载体来看,管理会计大多没有统一格式,也没有固定报告的日期,因而以不对外公开的内部报告为信息载体;财务会计则具有固定的格式和固定的报告日期,需要定期编制财务报表披露相关信息,因而其载体有固定的格式和要求,必须按照财务会计准则和法规等进行提供。

(5) 遵循的原则不同

虽然管理会计会利用一些传统会计的概念,但更多地会超出传统会计要素的基本概念框架,灵活应用预测学、控制论、决策原理、目标管理原则和行为科学等现代管理理论并将其作为指导,因而只是在一定程度上考虑公认的会计原则或企业会计准则的要求,并不受它们的严格约束和完全限制。财务会计工作则必须严格遵守公认会计原则,如在我国必须遵守《企业会计准则》和《统一会计制度》,其基本概念的框架结构相对稳定,以保证其所提供的财务信息报表在空间上的可比性和时间上的前后期一致性。

(6) 核算程序不同

管理会计工作的程序性较弱,企业可根据实际情况自行设计其管理会计工作流程,灵活应用其他现代管理科学理论并将其作为指导原则,由于没有固定的工作程序可以遵循,有较大的回旋余地,因此在实务中各个单位的管理会计程序及输出的结果格式往往差异较大。而财务会计从凭证传递到登记账簿,直至编报财务报告,必须执行固定的会计循环程序,通常情况下不得随意变更工作内容或颠倒工作顺序,因而具有一定的强制性和程序性。在实务中,同类企业的财务会计工作程序和输出结果的格式往往大同小异。

(7) 履行的职能不同

管理会计需要履行预测、决策、规划、控制以及考核评价等职能,通过对过去的分析,运用一定的方法对现在进行控制,以实现对未来更好的预测和做出更好的决策,因此管理会计主要面向未来,是控制现在与筹划未来的有机结合,属于经营型会计。财务会计的职能是通过确认、计量、记录和报告等程序来反映和报告企业过去实际已经发生的经济业务,所反映的信息是历史信息,主要侧重过去和已经发生的经济业务,属于报账型会计。

(8) 所运用的方法不同

管理会计在进行预测、决策等分析时,针对不同的业务需求可以选择灵活多样的方法对不同的问题进行分析处理,在信息处理过程中大量运用现代数学方法。比如,在进行销售预测分析时,既可以使用定量分析方法,也可以使用定性分析方法,而定量分析方法不仅包括简单的算术平均法和移动平均法,还包括比较复杂的直线回归分析法等。而财务会计的方法比较稳定,核算时往往只需运用加、减、乘、除等简单的算术方法。

(9) 对会计人员素质的要求不同

管理会计对会计人员的要求较高,不仅要求其具备较强的会计核算能力,更需要其知识面较广和具有较深厚的专业功底,熟悉国家的法律法规,了解相关经济活动的宏观背景和微观进程,以便对遇到的问题具有较强的分析和解决的能力。同时,由于管理会计没有固定的工作程序可以遵循,体系缺乏统一性和规范性,方法可以灵活选择,这就决定了管理会计的会计人员必须具有较高的专业素养和较强的各方面的应变能力。一般情况下,管理会计的会计人员需要由复合型高级会计人才来承担,可见管理会计对会计人员素质的要求比较高。而由于财务会计有固定和规范的会计制度、准则以及会计处理流程,因此财务会计人员只需掌握会计核算的专业知识,操作能力较强、工作认真负责的会计人员就可以胜任。

(10) 核算的要求时间不同

管理会计可以不按固定的会计期间编制报告,而是根据管理的需要随时编制反映不同期间经济活动的各种报告,面向的是未来的预测、决策,因此其报告的编制不受固定会计期间的限制。而财务会计需要遵守会计制度和会计准则,应按规定的会计期间编制报告,以对过去的经济业务进行核算和监督,反映一定期间的财务状况、经营成果和现金流量情况,这样财务报告才可以向社会公开发布,故具有一定的法律效能。

1.3.3 管理会计与成本会计

1. 管理会计与成本会计的联系

成本会计的内容包括两大部分：一部分是成本核算,就是运用一定的成本计算方法把成本计算出来;另一部分是成本的管理控制,也就是怎样控制和降低成本,以便使企业以较低的成本获取较高的收益。正因如此,成本会计与管理会计有着不可分割的联系。

(1) 成本会计是财务会计和管理会计的桥梁

从财务会计的核算职能角度来看,成本核算的内容属于财务会计,因为财务会计必须先计算产品的成本,才能够对外进行销售,才能够在提供对外财务报告之前确定利润表中各项成本的数据以及资产负债表中期末存货的价值,否则无法编制利润表和资产负债表。由于在实际工作中计算成本的工作很复杂,企业拥有不同的组织形式和不同的生产工艺特点与管理要求,因此不同企业成本的计算有很大的不同。例如,有的企业适合采用品种法,有的适合采用分批法或者分步法,辅助部门则适合采用成本分配计算方法等,因此财务会计中的成本核算部分从财务会计中分离出来,成了成本会计的一部分。而财务会计中依据成本会计核算形成的成本会计信息,也是管理会计中成本管理部分的重要信息来源。

(2) 成本会计是管理会计的组成部分

从管理控制的职能角度看,成本管理控制内容属于管理会计的内容,因此早期的执行性管理会计的基本内容是成本会计的内容,随着管理会计的不断发展,其外延才逐步扩大。因此,现在的成本会计学内容涵盖了原属于财务会计的一部分核算内容,也包括管理会计中的成本控制内容。在具体的教学实践中,管理会计和成本会计的部分内容有所交叉,需要在教学方案的设计中根据实际情况分别予以侧重。因此,为了便于学习和讲解,"成本会计学"就成了会计学专业的 门专业课。

2. 管理会计与成本会计的区别

(1) 两者的对象不同

成本会计主要以企业的成本作为核算对象,主要核算成本项目中的直接材料、直接人工和制造费用,并运用约当产量比例法、定额消耗量比例法等进一步归集产成品和半成品的生产成本,以便为企业销售产品提供产品的成本信息,为企业的后续定价提供依据,并进一步核算企业的销售利润等,因此成本会计所有的工作均围绕成本费用的归集和分配展开。而管理会计的核算对象比较宽泛,更注重从成本控制角度来研究企业的成本,以便以最小的成本获得最大的收益,除此以外,管理会计还研究企业生产经营活动的预测、决策、预算和考核评价等方面的内容。因此,成本会计和管理会计的研究内容虽然有必然的相同交叉点,但具体的研究对象不同,因此才会形成两门课程。

(2) 两者所研究的时态不同

成本会计不仅包含成本会计核算,也包含成本控制。由于成本核算是从财务会计中分离出来的,因此成本核算主要依据企业已经发生的经济业务,其成本属于历史成本。而管理会计所涉及的成本计算多为对未来的预测或者决策,属于预算成本,虽然有一些是从财务会计中引申出来的成本概念,如边际成本、沉没成本等,但这些成本也都是预测和决策时所发生的成本。因此,管理会计和成本会计所研究的时态不同。

1.4 管理会计师职业道德与新技术环境下管理会计的机遇和挑战

进入21世纪,计算机科学以及信息技术不断发展,管理会计面临挑战的同时也面临着诸多发展机遇。同时,随着管理会计的发展,各国开始认证管理会计从业资格,并规定了管理会计人员需要承担的责任和义务,管理会计师的职业道德也成为管理会计领域需要重视的问题。

1.4.1 管理会计师及其组织

管理会计自身的发展和管理会计在管理中的作用,促进了管理会计的职业化发展。在一些发达国家,管理会计师同注册会计师一样,成为专业化的职业队伍,相应地,也就有了管理会计师的职业证书和相应的管理机构。职业证书为管理会计师的经验、培训和业绩提供了一个具体的衡量指标,也是管理会计师显示专业业绩和成果的一种途径。

1. 国外管理会计师及其组织

(1) 美国的管理会计师及其组织

美国管理会计师协会(The Institute of Management Accountants,IMA)是美国最主要的管理会计师组织。它由美国成本会计师协会(National Association of Cost Accountants,NACA)衍生而来,是一个全球领先的国际管理会计师组织,也是全球最大的会计师协会之一,主要负责管理会计师资格考试和相应的业务培训与管理,指导管理会计的研究与实务,在管理会计、公司内部规划与控制、风险管理等诸多领域参与了全球的最前沿实践,出版了《管理会计》月刊和《管理会计研究》季刊,陆续发表了包括管理会计的目标、术语、概念、实务和方法、会计活动的管理等方面的公告,这些公告为解决管理会计问题提供了指导性原则并有助于建立管理会计体系。

在美国,与管理会计师相关的证书主要有三种。

第一,注册管理会计师(Certified Management Accountant,CMA)证书。CMA证书是美国管理会计师协会的专业资格证书,这一证书在会计师通过资格考试并拥有一定背景和经验后由IMA颁发。CMA证书成为管理会计师求职就业有力的敲门砖,因为它客观地评估了管理会计师在管理会计和财务管理知识体系方面的能力,不仅涉及财会方面的知识,也涵盖整个财务管理知识体系,这些知识在帮助管理层决策分析方面,能够起到非常好的指导作用。

第二,注册财务经理(Certified Financial Manager,CFM)证书。CFM证书由IMA注册,这种证书要求财务经理承担包括一些财务总监的责任在内的更广泛的责任,其中取得这种证书的考试除了CMA的内容之外,还涉及企业财务管理的相关内容。

第三,注册会计师(Certified Public Accountant,CPA)证书。CPA证书由美国注册会计

师协会(American Institute of Certified Public Accountants,AICPA)颁发。该协会以新闻简报、杂志、专业研讨会和技能讲座的形式为执业会计师提供教育机会,为财务报告实务制定准则。CPA与CMA和CFM一样,也必须通过资格考试,并需要满足一定的背景、工作经验和后续教育的要求才能认定,但不像CMA一样需国际认定,CPA是由美国各州根据自己的标准进行认定和监督的。

总体来说,IMA在美国财务会计准则委员会(Financial Accounting Standards Board,FASB)和美国证券交易委员会(Securities and Exchange Commission,SEC)等组织中都起着非常重要的作用。CMA、特许注册金融分析师(Chartered Financial Analyst,CFA)和AICPA一起被称为全球财经领域最权威的三大黄金认证。

(2) 英国的管理会计师及其组织

英国主要的管理会计师组织是英国特许管理会计师协会。英国的管理会计师职业资格被称作特许管理会计师(Chartered Management Accountant,CMA)。英国特许管理会计师协会在世界各地设有40个定点考试中心,协会规定参加考试的成员必须至少达到大学毕业标准或相当学历,考试科目包括管理会计、财务会计、成本会计、财务管理、管理学、公司发展战略及市场学、法律、税收及经济学、定量分析技术与信息技术处理等,考生在通过以上科目考试并具有3年管理会计工作经验后,才可以申请成为非正式会员;在担任财务经理或财务主任等高层次岗位3年后,方可获得特许管理会计师资格证书。在获得了特许管理会计师资格证书,成为特许管理会计师协会的正式成员后,就会有较好的职业生涯。

2. 我国的管理会计师及其组织

我国的管理会计是20世纪80年代从国外引进而来的,在理论和实践应用上都获得了一些成功的经验。由于当时我国大多数企业会计只注重反映企业过去的交易事项,还处在事后核算的传统阶段,对于未来交易事项的反映还显得很苍白,没有进入实质性的管理阶段,不能为管理者的决策提供强有力的数据支持,因此不少管理会计学家指出,中国当时最需要的其实是管理会计而非财务会计,这就需要我国管理会计学者在借鉴国外管理会计经验的基础上,立足我国的实际情况,研究和发展中国特色的管理会计实务,进而推动我国管理会计师在提升企业核心竞争能力等方面发挥作用,这也是社会发展和我国会计发展的强烈要求。

在这样的发展形势下,中国注册管理会计师应运而生。中国注册管理会计师是根据我国《国家中长期人才发展规划纲要(2010—2020年)》的总体要求,根据《会计行业中长期人才发展规划(2010—2020年)》的具体指导,配合财政部、审计署等部门关于印发《企业内部控制基本规范》的精神要求,在人力资源和社会保障部等相关部门的指导与支持下开展起来的。

财政部会计资格评价中心曾与上海国家会计学院课题项目组进行调研,对企业会计人员的情况进行了问卷调查。调查结果表明,由于企业经营管理面临着向科学化、精细化管理转型的巨大挑战,管理会计的需求在中国已超过财务会计,管理会计知识成为企业高级会计人才最需要具备的专业知识。因此,在我国推行管理会计的职业化,培养职业的管理会计师势在必行。

1.4.2 管理会计师职业道德

1.《管理会计及财务管理人员之道德执行准则》

管理会计人员的工作内容和性质决定了他们必须了解企业的核心信息,因此管理会计师和注册会计师一样,对大众、专业团体、服务机构及其本身,有维持最崇高道德准则的义务,需要遵循管理会计师工作和职业中的职业道德,履行管理会计人员应承担的责任和义务。美国最大的管理会计机构(美国管理会计师协会)颁布了《管理会计及财务管理人员之道德执行准则》(以下简称《准则》)。《准则》的内容如下。

(1) 能力

《准则》规定了管理会计及财务管理人员应当履行"能力"的义务。这些义务的内容包括:第一,通过持续地提高自身知识和技能,以保持合适的专业技术水平;第二,按照相关的法律、规则及技术标准,履行管理会计及财务管理人员的专业责任;第三,通过适当地分析相关及可靠性资料之后,编制并提供完整、清晰的报告和意见。

(2) 保密性

《准则》规定了保密性义务。其具体内容包括:第一,除非法律强制要求或者得到授权,不得披露在工作过程中获得的机密信息;第二,告知下属要考虑对工作中所获取信息的保密要求,并监督他们的行为以保证保守机密;第三,禁止将工作中获取的机密资料通过个人或第三方,去获取不道德的或非法的利益。

(3) 正直性

《准则》规定了正直性义务。其具体内容包括:第一,避免事实上发生或即将可能引起的利益冲突,并通知相关各方协调可能存在的各种潜在的冲突;第二,禁止从事那些可能会影响正常履行职责的各项活动;第三,拒绝接受任何可能影响其履行职责的各种馈赠、礼品或款待;第四,不得以任何理由妨碍企业实现其合法的、符合道德的目标;第五,认识到自身的职业限制并把这种限制告诉相关人员,以防其影响项目的正确评价和顺利实施;第六,禁止交流不利及有利的信息以及职业判断或意见;第七,禁止从事或支持各种有损管理会计专业团体的活动的行为。

(4) 客观性

《准则》规定了客观性义务。其具体内容包括:第一,公正客观地反映信息;第二,充分披露那些呈送的可合理预见会影响潜在用户理解的报告、意见和建议书的所有相关信息。

2. 道德行为冲突问题的解决方案

除了前文介绍的能力、保密性、正直性和客观性四点之外,《准则》所规定的义务还给出了道德行为冲突的解决方案。

在实际工作中,由于个人和组织存在不同的利益追求,这些利益追求有时会产生冲突,这些冲突包括:管理会计职业组织道德要求与管理会计师所服务的组织利益之间的冲突;管理会计人员的个人利益与其所服务组织的整体利益的冲突;自己所在部门的利益与组织的整体利益冲突;等等。

面对以上这些道德冲突,《准则》给出了如下原则:对于重大的道德行为问题,管理会计师应遵循权威机构已经制定的方针政策中的有关条款来解决。如果这些政策仍不能解决道德行为冲突问题,《准则》给出了解决道德冲突问题的具体指导原则。

第一,若上司没有卷入冲突,可以同直接上司商讨来解决这些问题;若上司卷入了冲突,则应将问题向高一级管理部门反映。若仍然没有找到满意的解决办法,则可向更高一级管理部门呈报。需要注意的是,如果上司没有卷入纠纷,越级反映需要在呈报直接上司后方可进行。

第二,如果直接上级是首席执行官或者同级别的领导,可将问题提交审计委员会、董事会、信托委员会或业主等某个机构审议。

第三,向客观公正的建议者,如道德建议委员会或者自己的律师询问有关道德冲突的法律责任与义务,以获得对各种可能出现情况的更好理解,以便澄清问题。

第四,如果经过各种尝试仍不能解决问题,道德冲突依旧存在,且道德冲突发生在关键事项上,管理会计师只有提出辞职,并向机构中合适的领导提交一份详细的备忘录,以适时地提醒有关冲突的各方。

无论在国内还是在国外,管理会计和财务管理人员都应遵守准则,这是实现管理会计目标的重要保证。管理会计和财务管理人员不能允许自身违背这些准则,也不能允许其他管理会计和财务管理人员违背这些准则。

1.4.3 新技术环境下管理会计的机遇和挑战

新技术环境就是指现代的数字经济浪潮席卷了各行各业,数联网、智联网、信联网等诸多新概念不断涌现,学者们从不同角度研究数字经济带来的影响和未来的发展趋势。国家为应对新形势,把握数字化发展的新机遇,拓展经济发展的新空间,进一步推动数字经济的健康发展,2021年12月,国务院印发的《"十四五"数字经济发展规划》提出:"到2025年,数字经济迈向全面扩展期,数字经济核心产业增加值占GDP比重达到10%,数字化创新引领发展能力大幅提升,智能化水平明显增强,数字技术与实体经济融合取得显著成效,数字经济治理体系更加完善,我国数字经济竞争力和影响力稳步提升。"这充分说明以计算机技术和现代网络技术为代表的信息革命正逐步向大范围、深层次的社会生活中渗透,科技在经济发展中的贡献大幅提高,数字经济已开始影响国家经济发展的方方面面。

近几年,会计领域的研究聚焦于大数据、智能会计以及区块链等对会计的影响。从管理会计的角度来说,其同样面临着挑战和发展的机遇。在新技术环境条件下,如何运用现代电子计算机技术进行管理会计的企业内部价值管理,如何变革管理模式,如何在外部环境不确定的情况下,运用大数据等技术识别和规避风险,做出正确的长短期投资和经营的决策,为单位提供更多财务信息系统不能提供的、更高层次的信息支持,以更好地发挥价值创造的作用,这些都是管理会计面临的机遇和挑战。

现代管理会计逐渐发展为一门跨学科、综合性强、融合生产管理和信息技术等新知识的管理技术,需要高素质、复合型的管理会计人员。美国管理会计师协会认为,一名成功的管理会计人员需要具备良好的教育背景和丰富的知识体系,同时需要具有沟通能力、数学分析能力、计算机操作能力和团队协作能力等。

本章知识点小结

本章主要讲解管理会计的基本理论知识,核心知识点包括以下几点。

第一,管理会计的基本概念框架。①管理会计的定义。②管理会计的目标:为管理和决策提供信息;参与企业的经营管理。③管理会计的内容:预测决策会计、规划控制会计和责任会计。④管理会计的职能:预测、决策、规划、控制和考核评价。⑤管理会计的应用原则:战略导向、融合性、适应性、成本效益。

第二,管理会计、财务会计和成本会计。①管理会计与财务会计的联系和区别。②管理会计与成本会计的联系和区别。

第三，管理会计师的职业道德。①管理会计师的职业道德内容：能力、保密性、正直性、客观性。②道德行为冲突问题的解决方案。

思考与练习题

一、单项选择题

1. （ ）是指侧重于发挥预测经济前景和实施经营决策职能的会计，是管理会计中最具有能动作用的子系统。
   A. 预测决策会计　　　　　　　　B. 规划控制会计
   C. 责任会计　　　　　　　　　　D. 成本会计

2. （ ）是确保企业的预期奋斗目标能够顺利实现的管理会计子系统，是在决策目标和经营方针已经明确的前提下，为执行既定的决策方案而进行的有关规划和控制。
   A. 预测决策会计　　　　　　　　B. 规划控制会计
   C. 责任会计　　　　　　　　　　D. 成本会计

3. （ ）是财务会计和管理会计的桥梁。
   A. 预测决策会计　　　　　　　　B. 规划控制会计
   C. 责任会计　　　　　　　　　　D. 成本会计

4. （ ）在管理会计中的呈现是全方位、全过程和全面的。
   A. 适应性原则　　　　　　　　　B. 融合性原则
   C. 战略导向原则　　　　　　　　D. 成本效益原则

5. （ ）是人们对未来状况做出的估计，即根据过去的历史资料和现在所能取得的信息，运用已有的科学知识和实践经验，遵循事物发展的规律，有目的地由已知推断未知和由现在推测未来的过程。
   A. 预测　　　　B. 决策　　　　C. 规划和控制　　　　D. 考核与评价

二、多项选择题

1. 管理会计的目标包括（ ）。
   A. 为管理和决策提供信息　　　　B. 参与企业的经营管理
   C. 利润目标最大化　　　　　　　D. 企业价值最大化

2. 管理会计的内容包括（ ）。
   A. 预测决策会计　　　　　　　　B. 规划控制会计
   C. 责任会计　　　　　　　　　　D. 财务会计

3. 预测决策会计包括（ ）。
   A. 全面预算　　　　　　　　　　B. 经营预测
   C. 短期经营决策　　　　　　　　D. 长期投资决策

4. 规划控制会计由（ ）构成。
   A. 短期经营决策　　　　　　　　B. 长期投资决策
   C. 全面预算　　　　　　　　　　D. 成本控制

5. 管理会计的主要职能可归纳为(　　)。

A. 预测　　　　　B. 决策　　　　　C. 规划　　　　　D. 控制

E. 考核评价

三、简答题

1. 管理会计的基本概念框架包括哪些内容？
2. 管理会计与财务会计的联系与区别有哪些？

第 2 章 变动成本法

知识框架体系

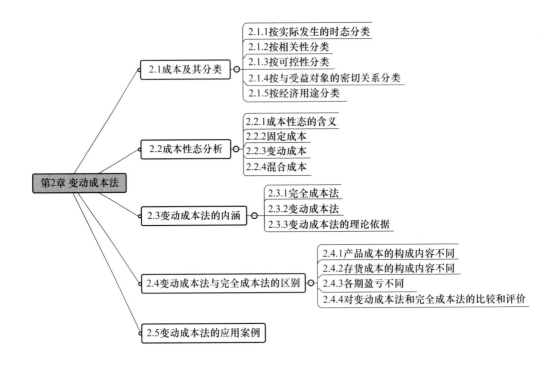

【学习目标】

本章在讲解变动成本法理论的基础上,重点介绍了成本性态分析的含义和内容、变动成本法的理念和计算过程。通过本章的学习,需要达到以下学习目标:

1. 经营决策中的成本概念(理解);
2. 成本按性态分类的特点和混合成本的分解(掌握);
3. 区分变动成本法与完全成本法的特点,明白它们在核算上的差异及其产生的原因,思考它们对未来成本核算的影响(掌握和应用)。

2.1 成本及其分类

成本是企业生产经营过程中的一项重要指标,它在企业管理决策和内部控制过程中担任重要角色。成本通常是指企业为生产产品所形成消耗的货币化体现,随着经济的发展和业财融合的需要,成本在管理会计领域又衍生出了新的含义和内容,它不再局限于财务会计领域中的成本或费用的范围。从管理会计角度来看,成本是指以货币形式表现的,能够在生产经营过程中对象化的,为达到一定目标而发生的经济资源的牺牲或代价。从该表述中我们可以发现,管理会计中的成本重视成本形成的目的性和发生的必要性,并没有对成本发生的时间做出严格规定,这和财务会计中特别强调历史成本概念有很大区别。

在实际生产经营过程中,出于预测、规划、控制、决策和考核评价等方面的需要,我们可以按照不同的标准对成本进行分类。

2.1.1 按实际发生的时态分类

成本按其时态可分为历史成本和未来成本两类。

历史成本是指以前期间已经发生或本期刚刚发生的成本,也是财务会计中的实际成本。未来成本是指预先测算的成本,又称预计成本,如估算成本、计划成本、预算成本和标准成本等。未来成本实际上是一种目标成本和控制成本。

区分历史成本和未来成本有助于合理组织事前成本的决策,事中成本的控制,事后成本的计算、分析和考核。

2.1.2 按相关性分类

成本的相关性是指成本的发生与特定决策方案是否有关的性质。成本据此可分为相关成本和无关成本两类。

相关成本与某一特定决策有关,受到管理者决策的影响;无关成本与某一决策方案无关,管理者无法通过决策来规定和改变。

这种分类有助于成本预测和成本决策,有利于规划企业未来的生产经营。

2.1.3 按可控性分类

成本的可控性是指责任单位对其成本的发生是否可以在事先预计并落实责任、在事中施加影响以及在事后进行考核的性质。以此为标志,成本可分为可控成本和不可控成本两类。

可控成本是指在特定时间和范围内,由特定部门的主管人员直接确定和掌握的有关成本费用。例如,采购部门对于直接材料的价格是可以控制的,生产部门对于直接材料的消耗量也是可以控制的。

不可控成本是指特定部门的主管人员无法直接掌握,或不受特定部门的业务活动直接影响的成本费用。例如,采购部门对于直接材料的消耗量是不能控制的,生产部门对于直接材料的价格也是不能控制的。利用这种分类可以分清各部门的责任,确定其相应的责任成本,考核其工作业绩。

2.1.4 按与受益对象的密切关系分类

成本按其与受益对象的密切关系可分为直接成本和间接成本。

直接成本专门为某一特定的生产经营业务发生,成本和受益者之间形成对应的关系,成本被完整、准确地分配给受益者。

间接成本为多个生产经营业务共同发生,成本与受益者之间形成一对多的关系,成本需按一定比例且经过分解计算后,分配给相应的受益者。

区别直接成本和间接成本能够更清晰、准确地确定产品成本和产品定价。

2.1.5 按经济用途分类

按照成本的经济用途,成本主要分为生产成本和非生产成本两类。成本按照经济用途进行分类,是财务会计按照完全成本法进行成本核算的基础,也是计算企业期间损益的必要前提。

(1) 生产成本

生产成本又称制造成本,是指企业在生产过程中为制造产品所发生的成本,通常包含直接材料、直接人工和制造费用三个方面。

第一,直接材料是指在制造过程中直接用以构成产品主要实体的各种材料成本,可以准确地计入某一产品中去。它既包括未经加工的初级材料,也包括经过简单加工的半成品等。

第二,直接人工是指在制造过程中直接对制造对象施加影响以改变其性质或形态所耗费的人工成本,它和直接材料一样都能够准确地将发生的成本计入某一产品中去。通常可以用会计中生产工人的工资进行核算。直接人工与直接材料的共同特征是,都可以将其成本准确、直接地归属于某一种产品,都能体现成本"对象性"这一传统的本质属性。

第三,制造费用是指为制造产品或提供劳务而发生的各项间接费用,主要包括间接材料、间接人工和其他制造费用。其中,间接材料是指在生产制造产品过程中被耗用但又不容易直接归入某一特定产品中去的材料成本,如各种机物料的消耗等。间接人工是指在整个生产经营过程中提供劳务但又不直接进行产品加工制造的人工成本,如维修养护人员的工资等。其他制造费用是指不属于上述两类的其他间接费用,如车间固定资产折旧费、设备保险费等。

值得注意的是,科学技术的进步和自动化水平的提高,将会直接影响企业生产成本的内部结构,可能会使制造费用在生产成本总量中的比例增大、直接人工的比例缩小。另外,当制造费用按照一定的标准在各受益对象中被分配后,制造成本也就间接形成了产品生产成本。

(2) 非生产成本

非生产成本也称为期间成本或期间费用,一般包括销售费用、管理费用和财务费用。

销售费用指为销售产品而发生的各项成本,包括广告宣传费、销售人员的薪金福利、运输费用等。

管理费用指企业行政管理部门为计划、组织、生产、销售等活动所发生的费用,如办公费、管理人员的工资、差旅费、行政管理部门固定资产折旧费等。

财务费用则是企业在资金融通过程中发生的各种费用,如利息支出、汇兑损益、现金折扣等。

虽然销售费用、管理费用和财务费用的支出可以使企业整体受益,但很难确定这些支出与特定产品之间的因果关系。因此,它们在财务上被处理为期间成本,直接计入了当期损益。

2.2 成本性态分析

管理会计中的成本内涵十分丰富,出于内部控制和管理决策的需要,可以将成本按照不同的标准进行划分。其中从成本性态的角度进行分析是管理会计运用最为广泛的一种分类,它是企业探索成本变化规律的重要工具,也是学习变动成本法和本量利分析的重要理论前提。本节主要介绍每类成本的含义、特征、内容及其性态模型。

2.2.1 成本性态的含义

成本性态也称成本习性,主要研究的是成本总额和业务量在相关范围内的依存关系。其中,成本总额是指企业在生产经营过程中为获取利润所消耗的资源总和;业务量是指企业在一定经营周期内完成的工作量的统称,通常包括生产量、销售量和作业量等;相关范围是指各类成本呈现出规律性变化的区间范围,相关范围的存在使成本性态的研究更具合理性和科学性,能够有针对性地指导企业的日常经营规划。

成本按照性态可以分为3类:固定成本、变动成本以及兼具固定成本和变动成本特征的混合成本。

2.2.2 固定成本

1. 固定成本的含义

固定成本是指在一定期间范围和数量范围内,其成本总额不随业务量的变动而变动,始终保持固定常数值的一种成本。企业在经营过程中常见的固定成本包括:行政管理人员的工资、按年限平均法计提的折旧费等。

2. 固定成本的特点及模型

固定成本的特点主要包括以下两个方面。

(1) 固定成本总额(用常数 a 表示)的不变性。这一特点是固定成本概念的再现,其固定成本性态模型为 $y=a$,在平面直角坐标系上,固定成本线就是一条平行于 x 轴的直线,如图 2-1 所示。

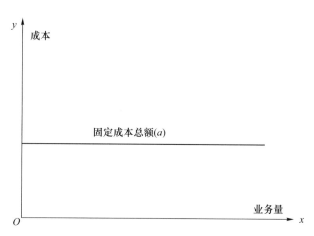

图 2-1 固定成本的性态模型

(2) 单位固定成本(用 a/x 表示)的反比例变动性。由于上一个特点,单位产品负担的固定成本必然随着业务量的变动呈反比例变动,其单位固定成本性态模型为 $y=a/x$,反映在平面直角坐标系上是一条反比例曲线,如图 2-2 所示。

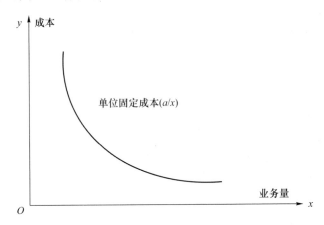

图 2-2 单位固定成本性态模型

【例 2-1】 已知北方公司生产 A 产品,该产品专用设备的折旧额按照年限平均法的计算结果为 20 000 元/月,该设备每月最大生产能力为 500 件,该公司上半年各月产量、折旧额、单位产品负担的折旧额如表 2-1 所示。

表 2-1 产量、折旧额、单位产品应负担的折旧额

月份	产量/件	折旧额/元	单位产品应负担的折旧额(元/件)
1	250	20 000	80.00
2	300	20 000	66.67
3	320	20 000	62.50
4	350	20 000	57.14
5	400	20 000	50.00
6	500	20 000	40.00

由此可见,该公司每月的折旧额(20 000 元)不受 A 产品每月产量的影响。单位产品应负担的折旧额与产量呈反比关系,即随着 A 产品产量的增加,单位产品应负担的折旧额随之下降。

3. 固定成本的进一步分类

进一步研究发现,固定成本的固定性不仅需要限定一定的时间和数量范围,同时不同种类的固定成本在固定性上表现的强弱也是有差别的。根据其受到管理当局短期决策影响的不同,固定成本还可以细分为约束性固定成本和酌量性固定成本两类,区分这两类成本有利于帮助企业探索降低固定成本的最佳途径。

(1) 约束性固定成本

约束性固定成本是指管理者的决策无法改变其数额的固定成本,如按年限平均法计提的折旧费、保险费、管理人员的工资、房屋建筑物的租金等。约束性固定成本是企业在生产经营过程中必不可少的支出,是维持企业正常经营能力的最低成本,是企业着眼于长期规划、实现长远目标的基础。

约束性固定成本的大小主要取决于企业生产经营的规模与水平,该成本一经形成,将伴随着企业当前的生命周期和技术水平等因素长期存在,短时间内很难发生改变,因而具有很强的约束性。所以,如果想降低约束性固定成本,只有不断地对企业的生产经营能力进行经济合理的优化。

(2) 酌量性固定成本

酌量性固定成本是指管理者的决策可以改变其数额的固定成本,其发生与否、需要支出多少可由管理当局控制和调整,如广告费、新产品研发费、员工教育培训费等。由此可见,酌量性固定成本的大小直接取决于管理当局依据企业实际经营情况和经营方向所作出的决策。本质上,该类成本是企业为了创造良好的生产经营条件所发生的资源消耗,而非直接参与产品生产的成本。

对于酌量性固定成本的控制,我们可以从两方面进行考虑。首先,在制定年度预算时,管理当局应结合市场、技术和企业实际等因素综合判断,并组织各相关部门认真分析、科学论证,从而决定每一项支出的数额以及新增或取消某项支出。其次,在实际执行中,管理当局要严格控制年初预算,在保证正常、健康的生产经营基础上,合理、有效地降低执行过程的支出数额。

综上所述,从短期决策的角度看,酌量性固定成本及约束性固定成本与企业的业务量水平均无直接关系。

4. 固定成本相关范围

成本性态分析必须结合相关范围进行综合考虑,前面对固定成本特点的介绍都设置了"在相关范围内"这一必要条件。相关范围有广义和狭义概念的区分,广义的相关范围是指不会改变固定成本和变动成本性态的期间、业务量的变动区间。其中,业务量因素的特定变动区间称为狭义的相关范围。因此,对固定成本的研究应从以下两方面展开。

首先,在时间范围上,固定成本的"固定性"是在某一特定期间内的固定性。因为从长期来看,所有成本都是可变的。企业在一个很长的时间范围内会历经不同的生命周期,其生产经营的规模和水平必然会发生改变。例如,从初创期到成长期,市场份额的增长必然会要求生产规模的扩大,进而会导致新厂房的扩建、生产设备的更新、管理人员的增加,相应的费用也会随之增加。

其次,在业务量范围上,固定成本的"固定性"是在某一特定业务量水平内的固定性。因为业务量一旦超出这一水平,同样会面临扩大厂房、更新设备和增加管理人员的需求,相应的费用也同样会增加。

对比固定成本的时间范围限定和业务量范围限定,长时间的跨度我们很难把控,因而,业务量水平的限定更具有实践指导意义。

假设某制造企业原先最大业务量为 b,专用设备的月折旧额为 a。现为了扩大生产规模,最大业务量提高到 $2b$,相应地,企业为扩大生产添购了相关专用设备,月折旧额由原先的 a 增加到了 c,具体变化如图 2-3 所示。这说明原有的相关范围被打破,固定成本有了新的相关范围和水平。

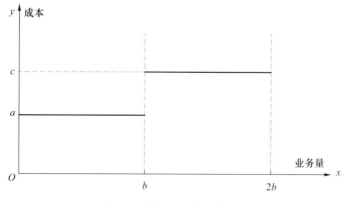

图 2-3 固定成本的相关范围

2.2.3 变动成本

1. 变动成本的含义

变动成本是指在相关范围内,其成本总额随着业务量的变动而呈正比例变动的成本,如生产产品所耗用的直接材料、直接人工、产品包装费用、按件计酬的工人薪资以及按照产量标准计算的固定资产折旧费等。

2. 变动成本的特点及模型

变动成本具有以下两个特点。

(1)变动成本总额(用 bx 表示)的正比例变动性,即随着业务量的增加,变动成本总额也随之增加。在平面直角坐标系上,变动成本是一条以单位变动成本为斜率的直线。单位变动成本越大,其斜率也就越大,坐标系上的直线坡度越陡。其性态模型为 $y=bx$,如图 2-4 所示。

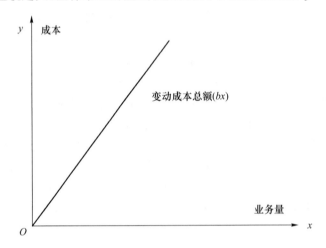

图 2-4 变动成本总额性态模型

(2)单位变动成本(用常数 b 表示)的不变性,即单位成本保持不变,不会受到业务量增减变动的影响。因而在平面直角坐标系上,单位变动成本是一条平行于 x 轴的直线,其性态模型为 $y=b$,如图 2-5 所示。

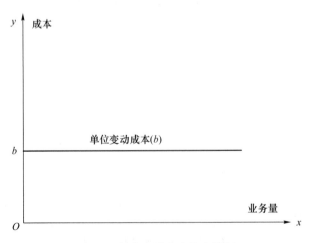

图 2-5 单位变动成本性态模型

【例 2-2】 假设例 2-1 中每生产一件 A 产品需要消耗一个 B 零件,已知 B 零件的单价为 10 元。相关数据资料如表 2-2 所示。

表 2-2　产量、B 零件总成本、单位产品消耗的 B 零件成本

月份	产量/件	B 零件总成本/元	单位产品消耗的 B 零件成本(元/件)
1	250	2 500	10
2	300	3 000	10
3	320	3 200	10
4	350	3 500	10
5	400	4 000	10
6	500	5 000	10

由此可见,该公司每月消耗的 B 零件总成本和 A 产品产量呈正相关变动,单位产品消耗的 B 零件成本不受 A 产品产量变化的影响。

3. 变动成本的进一步分类

类比固定成本的分类标准,变动成本按照其发生的原因可进一步细分为约束性变动成本和酌量性变动成本。

(1) 约束性变动成本

约束性变动成本是指管理当局的决策无法对其支出数额产生影响的变动成本,产品的消耗量主要受到技术因素的影响。这类成本通常表现为企业所生产产品的直接物耗成本,其中,以直接材料成本最为典型。当企业产品的大小、形状、颜色、重量、性能等方面已经定型并被消费者广泛接受后,该类成本支出数额的大小在很大程度上不会受到管理者决策的影响。

如果想要降低约束性变动成本,一方面可以通过改进产品生产工艺、重新设计产品方案等措施使产品更新换代;另一方面,也可以通过加强生产控制、降低单位产品的消耗以及提高劳动生产率等措施来实现。

(2) 酌量性变动成本

酌量性变动成本是指管理当局的决策可以对其支出数额产生影响的变动成本,即单位产品的消耗受到主观因素的影响。例如,按件计酬的工人薪资,每生产一件产品需要支付工人多少报酬?该单件的给付价不仅取决于当地的劳动力市场供给情况,同时还受到公司规章制度、企业文化、成本预算等方面的影响,而后者在很大程度上受制于管理层的决策。

要想降低这类成本,应当通过提高管理人员的能力素质、优化人力资源组合、合理确定成本-效益关系等措施来实现。

4. 变动成本的相关范围

与固定成本类似,变动成本也存在相关范围的限制。只有在相关范围内,变动成本总额与业务量之间的这种正比例线性相关关系才会出现;一旦超出这一业务量范围,两者之间就不一定存在着正比例关系,而是非线性关系。

在某些行业中,当企业处于初创期时,新产品投产批量较小,劳动工人缺乏必要的经验积累,熟练程度不高,从而导致单位材料成本和单位人工成本都比较高。当企业处于成长期时,随着业务量的增长以及劳动工人生产经验的积累,由于规模效益和学习效益的叠加,企业的单位材料成本和人工成本将会慢慢降低。当企业处于成熟期时,业务量增长到一定程度后,单位产品的消耗、劳动生产效率等指标会处于一个相对稳定的水平,在一定范围内,单位变动成本

不再随着业务量的变动而变动,变动成本总额与业务量之间呈现完全的正比例线性关系。当企业处于衰退期,业务量突破原有范围继续增长时,则可能会出现新的不经济的因素,如加班加点、废品率上升等,进而使得单位变动成本又逐渐上升。上述情况变化可以用图2-6来表示。另外,在相关范围外,单位成本额的变化趋势也不尽相同,图2-6只给出了其中的一种情况。

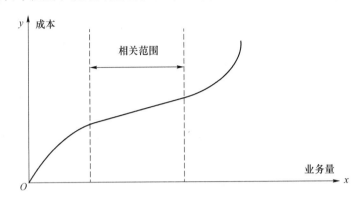

图2-6 变动成本相关范围

图2-6表明:当业务量开始上升时,变动成本总额不一定总根据业务量的变动呈正比例变化,而通常是前者的增长幅度小于后者的增长幅度,表现在图2-6中就是变动成本总额线为一凸形曲线;当业务量上升到图2-6的中间阶段时,变动成本总额线弯曲程度平缓,基本呈直线状态,变动成本的相关范围指的就是这个中间阶段;当业务量继续上升,突破相关范围时,变动成本总额的增长幅度又会大于业务量的增长幅度,表现在图2-6中就是变动成本总额线为一凹形曲线。

2.2.4 混合成本

1. 混合成本的含义

我们在将成本按照其性态进行分类时,通常从"是否变动"和"是否成正比例关系"两个方面考虑。"是否变动"判断的是该类成本是否随着业务量发生变化,由此条标准我们可以界定固定成本和非固定成本。根据"是否成正比例关系"的标准对非固定成本进行二次判断,我们可以界定变动成本。

那么,混合成本就是指处于固定成本和变动成本之间,兼具固定成本和变动成本两种属性的成本。混合成本总额随着业务量的变动而变动,但在性态模型上却没有保持完全的正比例关系。在现实经济过程中,有很多项目的成本属性符合混合成本的定义。

2. 混合成本的进一步分类

混合成本和业务量之间的关系较为复杂,按照其变动部分与业务量的依存关系,可分为半变动成本、半固定成本、延期变动成本、曲线型混合成本。

(1) 半变动成本

半变动成本也称标准混合成本,该类成本表现为在一定初始基数(大于零)的基础上与业务量呈正比例变动。半变动成本性态模型如图2-7所示,由图2-7可知,半变动成本显然由变动成本和固定成本两部分组成。其中,初始基数部分不受业务量变化的影响,体现固定成本的性态;初始基数以上的部分随着业务量的变动呈正比例变动,体现变动成本的性态。

企业的基本支出费用,如电费、水费、电话费等都是半变动成本,企业支付的上述费用通常都有月租费用,实际使用时按相关标准单独计价。半变动成本可以直接用线性函数 $y=a+bx$ 来表示。

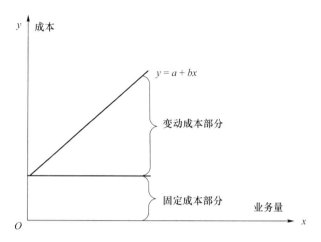

图 2-7 半变动成本性态模型

【例 2-3】 假设北方公司租赁了一台专用设备,合同上约定租金支付方式如下:按年支付租金 5 000 元,另外,该设备每运转一小时需支付 0.5 元,当年该设备共运转了 1 200 小时。那么当年应支付的租金是多少?

根据上述资料,设备运转的小时数和租金之间的关系可以表示为

$$y=5\,000+0.5x$$

设备运转了 1 200 小时,计算出的租金总额为

$$y=5\,000+0.5x=5\,000+0.5\times1\,200=5\,600\,元$$

(2) 半固定成本

半固定成本又被称为阶梯式混合成本,该类成本表现为随着业务量的变动呈现阶梯形的变化趋势。半固定成本性态模型如图 2-8 所示,在图 2-8 中,当业务量在一定范围内时,其成本总额是不变的,体现固定成本性态,但当业务量突破一定范围后,成本会立马跃升到一个新的水平,然后在业务量增长的一定限度内,即新的相关范围内,其成本总额又保持不变,直到另一个新的跃升出现为止。在实际经济生活中,企业的化验员、质检员、保养工等的工资就属于该类型的成本。

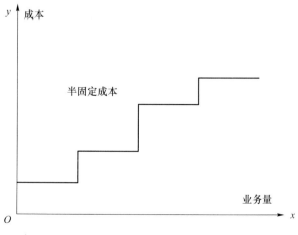

图 2-8 半固定成本性态模型

半固定成本性态模型可以用下面的分段函数来表示：

$$y=\begin{cases} a_1, & 0 \leqslant x < x_1 \\ a_2, & x_1 \leqslant x < x_2 \\ a_3, & x_2 \leqslant x < x_3 \\ \cdots \\ a_n, & x_{n-1} \leqslant x < x_n \end{cases}$$

【例 2-4】 北方公司生产线上的 A 产品完工后，需要经过相应的质量检验程序才能入库。已知每个质检员每月最多只能检验 6 000 件产品。该公司质检员的工资标准如表 2-3 所示。

表 2-3　工资标准

质检数量/件	每月工资标准/元
0～<1 000	500
1 000～<2 000	1 500
2 000～<3 000	2 500
3 000～<4 000	3 500
4 000～<5 000	5 000
5 000～<6 000	6 000

质检员张三第一季度检验的产品数量分别为：1 月份检验 A 产品 2 500 件；2 月份检验 A 产品 3 500 件；3 月份检验 A 产品 4 800 件。计算张三各月的工资。

根据上述资料，质检员工资和质检数量的关系可以表示如下：

$$y=\begin{cases} 500, & 0 \leqslant x < 1\,000 \\ 1\,500, & 1\,000 \leqslant x < 2\,000 \\ 2\,500, & 2\,000 \leqslant x < 3\,000 \\ 3\,500, & 3\,000 \leqslant x < 4\,000 \\ 5\,000, & 4\,000 \leqslant x < 5\,000 \\ 6\,000, & 5\,000 \leqslant x < 6\,000 \end{cases}$$

那么，根据上述关系式，第一季度质检员张三的工资为

$$\text{质检员张三的工资}=\begin{cases} 2\,500, & 2\,000 < 2\,500 < 3\,000 \\ 3\,500, & 3\,000 < 3\,500 < 4\,000 \\ 5\,000, & 4\,000 < 4\,800 < 5\,000 \end{cases}$$

(3) 延期变动成本

延期变动成本也称为低坡式混合成本，该类成本的特点是：当业务量在某一范围内时，表现为固定成本，超过这一业务范围，则表现为变动成本，如图 2-9 所示。

在实际生产经营过程中，最常见的例子就是计时工资制。在该种工作制下，在约定的正常工作时间内的工资总额是固定不变的，一旦工作时间超过了正常水平，企业需按规定支付加班工资，并且加班工资的多少与加班时间的长短存在正比例关系。因此，加班工资与加班时间的关系可表示如下：

$$y=\begin{cases} a_1, & 0 \leqslant x < x_1 \\ a_1+b(x-x_1), & x \geqslant x_1 \end{cases}$$

第2章 变动成本法

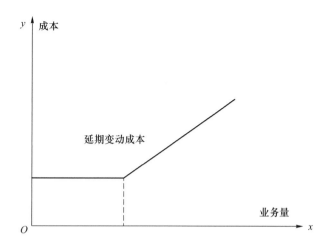

图 2-9 延期变动成本性态模型

【**例 2-5**】 兴旺电商公司为提高产品销售量,邀请人气主播进行网络推广,合同中约定产品销售量在 50 件以内,该主播的基础工资为 1 000 元/天。在销售量超过 50 件的基础上,每多销售一件产品,主播可获得 25 元的提成。该主播 5 天的销售量及工资如表 2-4 所示。

表 2-4 主播 5 天的销售量及工资

销售量/件	工资总额/元
50	1 000
55	1 125
58	1 200
60	1 250
70	1 500

根据上述资料,可以得到延期变动成本的数学模型为

$$\text{主播的工资总额} = \begin{cases} 1\,000, & 0 \leqslant x \leqslant 50 \\ 1\,000 + 25(x-50), & x > 50 \end{cases}$$

(4) 曲线型混合成本

曲线型混合成本是指成本总额与业务量之间表现为非线性关系的成本。这类成本一般存在一个初始基数,通常不随业务量的变化而变化,表现为固定成本性态。在这个初始基数的基础上,随着业务量的增长,其成本总额将逐步增加或减少,体现了变动成本的性态。另外,业务量和成本之间的增减幅度并不一致,从而使得性态模型呈曲线式的上升或下降趋势。因此,按照曲线斜率的不同变动趋势,可将曲线型混合成本进一步细分为递增型混合成本和递减型混合成本。

① 递增型混合成本

递增型混合成本的特点是其成本总额的增长幅度大于业务量的增长幅度,成本的斜率随业务量的增加而递增,在平面直角坐标系上表现为一条向上凹的曲线。如累计制工资、各种违约罚金等。此类成本随业务量的增加而增加,而且比业务量增加得还要快,其变化率是递增的,如图 2-10 所示。

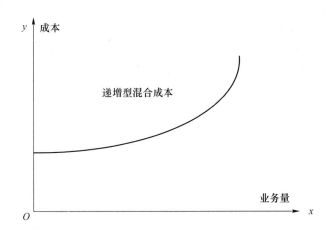

图 2-10　递增型混合成本性态模型

② 递减型混合成本

递减型混合成本的特点是其成本总额的增长幅度小于业务量的增长幅度,成本的斜率随业务量的增加而递减,在平面直角坐标系中表现为一条向下凸的曲线。例如,钢厂的炼钢炉设备每班都需要预热,这部分预热成本体现固定成本的特性,预热后的耗用成本虽然会随着业务量的增加而逐步呈抛物线上升,但上升速度越来越慢,其变化率是递减的,如图 2-11 所示。

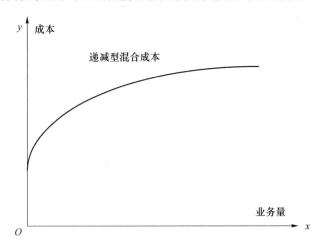

图 2-11　递减型混合成本性态模型

2.3　变动成本法的内涵

在现代管理会计的发展过程中,以成本性态为基础,将复杂的生产经营过程中的成本分解为固定成本和变动成本,能够为经营决策提供重大的指导意义。在归集、分配企业成本费用时,产品成本只包含变动成本性态的核算方法即变动成本法。传统会计核算不仅包含生产过程中消耗的直接材料、直接人工,还包括全部的制造费用,其中对制造费用的成本性态未作进一步的细分,我们称这种核算方法为完全成本法。

2.3.1 完全成本法

与变动成本法相对应,完全成本法在成本按经济用途进行分类的基础上,将全部的生产成本作为产品成本的构成内容,即包括生产中所消耗的直接材料、直接人工和全部制造费用,只将非生产成本作为期间成本。

完全成本法又被称为"吸收成本法"、"全部成本法"、"归纳成本法"和"制造成本法",它是一种按照传统式损益确定程序计量损益的成本计算模式。

2.3.2 变动成本法

所谓变动成本法,是指在组织常规生产过程中,只将变动成本作为产品成本的构成内容,即只包括生产中所消耗的直接材料、直接人工和制造费用中的变动部分,而不包括制造费用中的固定部分。固定成本及非生产成本在变动成本法下被视作期间成本。变动成本法是按照贡献式损益确定计量损益的成本计算模式,它为改革传统成本计算模式提供了新模式、新思路。

关于变动成本法的起源,国内外表述不一。有学者指出,早在1836年,英国的曼彻斯特工厂就出现了它的雏形;也有学者认为,1876年,法国的斯特劳斯·别尔格在其著作中提出了变动成本法的初步设想;英国学者则认为1904年在英国出版的《会计百科全书》记载了与变动成本法相关的内容。随着科学技术的发展和市场环境的日新月异,企业的计划、组织、生产、控制和决策越发重要,这就需要财务会计工作能够提供更为深入、广泛和有效的信息,尤其是企业成本方面的信息。与完全成本法相比,变动成本法以成本性态为基础,对生产成本进行分析和分解,更适用于企业的内部控制和经营决策。

2.3.3 变动成本法的理论依据

通过对完全成本法和变动成本法的概念介绍,可以发现变动成本法更适用于企业的成本核算,那么其内在的理论和逻辑是什么呢?下面针对此问题进行具体分析。

首先,变动成本法下的产品成本只包括变动生产成本。在管理会计中,我们认为产品成本是在生产过程中发生的,随产品实体的流动而流动,随产量的变动而变动。即构成产品的价值要素最终要在广义产品的各种实体性态上得以实现,包括本期销货、本期存货和在产品。因此,产品成本只有在产品实现销售时才能转化为与收入相配比的费用,企业本期发生的产品成本要么在当期实现收入时以销售成本的形式直接计入损益表中去,要么以在产品、产成品等存货的形式计入期末资产负债表,然后递延至下期,与以后实现的销售收入相配比。从定性的角度来看,产品是产品成本的物质承担者,若不存在产品成本的物质承担者,就不应存在产品成本。从定量的角度来看,产品成本必然与产品产量密切相关,在生产工艺没有发生实质性变化、成本水平不变的情况下,所发生的产品成本总额应当随所完成的产品产量呈正比例变动。显然,这比完全成本法仅从生产过程与产品之间的因果关系出发,将全部生产成本作为产品成本,将全部非生产成本作为期间成本的做法更加合理。

其次,将变动成本法下的固定生产成本归类为期间成本。在管理会计中,我们认为期间成本不随产品的流动而流动,但会受到企业生产经营期间长短的影响。期间成本一经发生,其效益会随着时间的推移慢慢消逝,无法递延到下期,因而只能在发生时计入当期损益。由此可见,这类成本的归属期间只有一个,即在发生的当期直接转入本期费用,与产品的实体流动无直接联系。

因此,从上述分析来看,生产领域内发生的所有成本并不都是产品成本,如制造费用中的固定制造费用,在一定范围内,它的发生与各期实际产量的多少无关,它只是定期创造了可供企业利用的生产能量,因而与期间的关系更为密切。在这一点上,它与销售费用、管理费用和财务费用等非生产成本只是定期地创造了维持企业经营的必要条件一样具有时效性。因此,固定制造费用应当与非生产成本同样作为期间成本处理。

2.4 变动成本法与完全成本法的区别

为了更深刻地认识变动成本法的特点和计算方法,我们将变动成本法和完全成本法进行横向比较。二者的不同主要表现在产品成本的构成内容、存货成本的构成内容以及各期盈亏等三个方面。

2.4.1 产品成本的构成内容不同

完全成本法将所有成本分为生产成本(包括直接材料、直接人工和制造费用)和非生产成本(包括管理费用、销售费用和财务费用)两大类,将生产成本完全计入产品成本,而将非生产成本作为期间成本,全额计入当期损益。

变动成本法则先将生产成本中的制造费用按成本性态划分为变动制造费用和固定制造费用两类,再将变动制造费用和直接材料、直接人工一起计入产品成本,而将固定制造费用与非生产成本一起列为期间成本。另外,变动成本法将非生产成本也划分为固定与变动两部分,均计入期间成本。

完全成本法与变动成本法在产品成本构成内容上的差异如表 2-5 所示。

表 2-5 两种方法在产品成本构成内容方面的区别

成本的构成内容	变动成本法	完全成本法
产品成本	生产成本 { 直接材料 / 直接人工 / 变动制造费用	生产成本 { 直接材料 / 直接人工 / 制造费用
期间成本	固定制造费用 非生产成本 { 销售费用(包括固定、变动销售费用) / 管理费用(包括固定、变动管理费用) / 财务费用(包括固定、变动财务费用)	非生产成本 { 销售费用 / 管理费用 / 财务费用

【例 2-6】 海通生产一批 A 产品,假设月初没有在产品和产成品库存。当月共生产 A 产品 100 件,销售 90 件,月末结存 10 件。A 产品的生产成本和非生产成本资料如表 2-6 所示。

表 2-6 生产成本和非生产成本资料

成本类别	单位 A 产品成本消耗/元	A 产品总成本/元
直接材料	200	20 000
直接人工	50	5 000
变动制造费用	25	2 500
固定制造费用		4 000
管理费用		6 000
销售费用		2 500
合计		30 000

根据完全成本法和变动成本法构成内容的不同,两种方法下的产品成本和期间成本计算结果如表 2-7 所示。

表 2-7 产品成本、期间成本计算结果

成本类别		完全成本法		变动成本法	
		总成本/元	单位成本/元	总成本/元	单位成本/元
产品成本	直接材料	20 000	200	20 000	200
	直接人工	5 000	50	5 000	50
	变动制造费用	2 500	25	2 500	25
	固定制造费用	4 000	40		
	合计	31 500	315	27 500	275
期间成本	固定制造费用			4 000	
	管理费用	6 000		6 000	
	销售费用	2 500		2 500	
	合计	8 500		12 500	

由计算结果可知,完全成本法下的总成本和单位成本要高于变动成本法下的总成本和单位成本,完全成本法下的期间成本要低于变动成本法下的期间成本。这种差异的形成主要由于两种方法对固定制造费用的不同处理。

2.4.2 存货成本的构成内容不同

因为变动成本法与完全成本法下的产品成本构成内容不同,所以产成品和在产品存货的成本构成内容也不同。在变动成本法下,无论是产成品、在产品,还是已经销售的产品,其成本均只包括制造费用中的变动部分,期末存货计价也只是这一部分。在完全成本法下,无论是产成品、在产品,还是已经销售的产品,其成本均包括一定的固定制造费用,期末存货计价相应地也包括这一份额。

由此可见,变动成本法下的期末存货计价必然小于完全成本法下的期末存货计价。假设例 2-6 中该月月末无在产品,当按变动成本法计算时,期末存货的成本为 $275 \times 10 = 2750$ 元;而按完全成本法计算,期末存货的成本则为 $315 \times 10 = 3150$ 元。

变动成本法与完全成本法下产品成本的构成内容不同与存货成本的构成内容不同是相关联的两个问题,也可以说是同一个问题的两个方面。产品成本的构成内容不同,其存货成本的构成内容自然也就不同,而存货成本上的差异又会影响各期盈亏的计算。

2.4.3 各期盈亏不同

若采用变动成本法,则将固定制造费用计入期间成本,抵减当期损益;若采用完全成本法,则将固定制造费用计入产品成本,当产品实现销售收入时会随着直接材料、直接人工一并结转为当期损益。因此,两种方法对各期盈亏的主要影响在于当期生产的产品能否销售完毕,即产销是否平衡。

根据变动成本法理论逻辑计算营业利润。首先用销售收入补偿销售产品相关的变动成本,从而确定边际贡献总额,再用边际贡献总额补偿固定成本。公式如下:

$$
\begin{aligned}
\text{边际贡献总额} &= \text{销售收入} - \text{变动成本} \\
&= \text{销售收入} - (\text{变动生产成本} + \text{变动销售费用} + \\
&\quad \text{变动管理费用} + \text{变动财务费用})
\end{aligned} \tag{2-1}
$$

$$
\begin{aligned}
\text{营业利润} &= \text{边际贡献总额} - \text{固定成本} \\
&= \text{边际贡献总额} - (\text{固定制造费用} + \text{固定销售费用} + \\
&\quad \text{固定管理费用} + \text{固定财务费用})
\end{aligned} \tag{2-2}
$$

在完全成本法下计算营业利润时,首先用销售收入减去当期销售成本,确定销售毛利,然后再用销售毛利减去期间成本,确定当期营业利润。公式如下:

$$
\begin{aligned}
\text{销售毛利} &= \text{销售收入} - \text{销售成本} \\
&= \text{销售收入} - (\text{期初存货成本} + \text{本期生产成本} - \\
&\quad \text{期末存货成本})
\end{aligned} \tag{2-3}
$$

$$
\begin{aligned}
\text{营业利润} &= \text{销售毛利} - \text{期间成本} \\
&= \text{销售毛利} - (\text{销售费用} + \text{管理费用} + \text{财务费用})
\end{aligned} \tag{2-4}
$$

下面举例说明不同情形下两种成本法对各期盈亏的影响。

(1) 产量相同、销售量变动的情况下,两种成本法对盈亏的影响

【例 2-7】 北方公司从事 A 产品的生产,连续 3 个会计年度的产量均为 1 000 件,销售量第 1 年为 1 000 件,第 2 年为 800 件,第 3 年为 1 200 件。具体生产数据如表 2-8 所示。

表 2-8 北方公司 3 年的生产数据资料

项目		第 1 年	第 2 年	第 3 年
销售量/件		1 000	800	1 200
售价(元/件)		200	200	200
销售收入/元		200 000	160 000	240 000
生产成本数据	直接材料/元	60 000	60 000	60 000
	直接人工/元	24 000	24 000	24 000
	变动制造费用/元	12 000	12 000	12 000
	固定制造费用/元	36 000	36 000	36 000
	合计	132 000	132 000	132 000

续表

	项目	第1年	第2年	第3年
期间成本数据	产量/件	1 000	1 000	1 000
	变动管理费用/元	8 000	6 400	9 600
	变动销售费用/元	12 000	9 600	14 400
	固定管理费用/元	7 000	7 000	7 000
	固定销售费用/元	10 000	10 000	10 000
期末存货/件		0	200	0

根据资料,两种成本法的营业利润比较如表2-9所示。

表2-9 变动成本法和完全成本法下的营业利润比较(一)　　　　单位:元

		盈亏计算	第1年	第2年	第3年
变动成本法下		销售收入	200 000	160 000	240 000
	变动成本	变动生产成本	96 000	76 800	115 200
		变动管理费用	8 000	6 400	9 600
		变动销售费用	12 000	9 600	14 400
		变动成本合计	116 000	92 800	139 200
		边际贡献总额	84 000	67 200	100 800
	固定成本	固定制造费用	36 000	36 000	36 000
		固定管理费用	7 000	7 000	7 000
		固定销售费用	10 000	10 000	10 000
		固定成本合计	53 000	53 000	53 000
		营业利润	31 000	14 200	47 800
完全成本法下		销售收入	200 000	160 000	240 000
	销售成本	期初存货成本	0	0	26 400
		本期生产成本	132 000	132 000	132 000
		减:期末存货成本	0	26 400	0
		销售成本合计	132 000	105 600	158 400
		销售毛利	68 000	54 400	81 600
	期间成本	管理费用	15 000	13 400	16 600
		销售费用	22 000	19 600	24 400
		期间成本合计	37 000	33 000	41 000
		营业利润	31 000	21 400	40 600

从表2-9中可以看出,由产量与销售量的相互关系所导致的两种成本法下营业利润的变化规律如下。

第1年,由于产量等于销售量,所以两种成本法下的营业利润均为31 000元。这是因为固定制造费用无论作为期间成本(变动成本法下),还是作为产品成本(完全成本法下),都计入了当年损益。

第2年,由于产量大于销售量,所以按变动成本法计算的营业利润比按完全成本法计算的营业利润少了7 200元。这是因为在变动成本法下,固定制造费用36 000元全部计入了当年损益;而在完全成本法下,只将已销售的产品所负担的固定制造费用28 800元(36 000/1 000×800元)计入了当年损益,余下的固定制造费用7 200元则作为存货成本列入了资产负债表。

第3年,由于产量小于销售量,所以按变动成本法计算的营业利润比按完全成本法计算的营业利润多7 200元。这是因为在变动成本法下计入第3年损益的固定制造费用仍为36 000元;而在完全成本法下,第2年年末存货成本中的7 200元固定制造费用随着存货的销售计入了第3年的销售成本中,从而导致营业利润少了7 200元。

对于第3年产量小于销售量的情形,变动成本法与完全成本法产生的期间损益的差别在于,本期销售的期初存货部分包含的固定制造费用。

(2)销售量相同、产量变动的情况下,两种成本法对盈亏的影响

【例2-8】 南方公司从事B产品的生产,连续3个会计年度的销售量均为1 000件,第1年产量为1 000件,第2年产量为1 200件,第3年产量为800件。具体如表2-10所示。

表2-10 南方公司3年的生产数据资料

项目		第1年	第2年	第3年
销售量/件		1 000	1 000	1 000
售价(元/件)		200	200	200
销售收入/元		200 000	200 000	200 000
生产成本数据	直接材料/元	60 000	72 000	48 000
	直接人工/元	24 000	28 800	19 200
	变动制造费用/元	12 000	14 400	9 600
	固定制造费用/元	36 000	36 000	36 000
	合计	132 000	151 200	112 800
产量/件		1 000	1 200	800
期间成本数据	变动管理费用/元	8 000	8 000	8 000
	变动销售费用/元	12 000	12 000	12 000
	固定管理费用/元	7 000	7 000	7 000
	固定销售费用/元	10 000	10 000	10 000
期末存货/件		0	200	0

根据资料,两种成本法的营业利润比较如表2-11所示。

表 2-11 变动成本法和完全成本法下的营业利润比较(二)　　　　单位:元

	盈亏计算		第1年	第2年	第3年
变动成本法下		销售收入	200 000	200 000	200 000
	变动成本	变动生产成本	96 000	96 000	96 000
		变动管理费用	8 000	8 000	8 000
		变动销售费用	12 000	12 000	12 000
		变动成本合计	116 000	116 000	116 000
	边际贡献总额		84 000	84 000	84 000
	固定成本	固定制造费用	36 000	36 000	36 000
		固定管理费用	7 000	7 000	7 000
		固定销售费用	10 000	10 000	10 000
		固定成本合计	53 000	53 000	53 000
	营业利润		31 000	31 000	31 000
完全成本法下		销售收入	200 000	200 000	200 000
	销售成本	期初存货成本	0	0	25 200
		本期生产成本	132 000	151 200	112 800
		减:期末存货成本	0	25 200	0
		销售成本合计	132 000	126 000	138 000
	销售毛利		68 000	74 000	62 000
	期间成本	管理费用	15 000	15 000	15 000
		销售费用	22 000	22 000	22 000
		期间成本合计	37 000	37 000	37 000
	营业利润		31 000	37 000	25 000

由表 2-11 可以得出以下结论。

第一,当销售量不变而产量变化时,采用变动成本法计算的各期营业利润是相等的,本例均为 31 000 元。这是因为每年的销售量、销售收入相同,而且每年的成本费用水平都一致,所以营业利润相同。

第二,由于各年的产量发生了变化,所以按完全成本法计算的各年的营业利润完全不同。这其中的原因就在于,固定制造费用需要在所生产的产品中进行分摊。在本例中,第 2 年的营业利润最多,这是因为第 2 年的产量大于当年的销售量,期末 200 件产成品存货成本负担了相应份额的固定制造费用 6 000 元,从而使当期的销售成本减少了 6 000 元,营业利润比第 1 年增加了 6 000 元。第 3 年的情况则正好相反,由于第 3 年的销售成本不仅包括当年产品所负担的固定制造费用,还包括伴随着年初存货的销售而递延到本期的固定制造费用,所以第 3 年的营业利润比第 1 年减少了 6 000 元。

第三,在完全成本法下,若将第 3 年的营业利润与第 2 年的营业利润进行比较,则两者相差 12 000 元。这是因为产量大于销售量对于营业利润的影响与销售量大于产量对于营业利润的影响是数额相同而方向相反的。

2.4.4 对变动成本法和完全成本法的比较和评价

从两种方法的比较分析中可以发现,变动成本法在确定成本和损益方面更具有优势,能够为企业内部经营决策提供更有用的信息。而完全成本法在对外报告财务信息时更具有优势,它符合会计准则的要求,符合会计监管的规定。因此,两种成本计算方法各有其优势和劣势。

1. 变动成本法的特点与利弊

变动成本法的特点有以下几个方面。

(1) 从成本性态的角度计算产品成本,真正符合收益与费用相配比的原则。变动成本法将当期所确认的费用按照成本性态分为两类。一类是与产品数量直接相关的成本,即变动成本,包括直接材料、直接人工和变动制造费用。当产品实现销售时,这部分成本需要和已实现的收入相配比,未实现销售的产品成本则由产品未来收益与其相配比。另外一类是与产品数量无直接联系的成本,即固定制造费用。该成本既与企业生产能力的利用程度无关,也和产品的销售量无关,它只与企业是否生产相关。固定制造费用会随着时间的推移而丧失,因此应作为期间成本与当期收益相配比。

(2) 有利于促进企业重视市场销售,防止盲目生产,做到以销定产。扩大市场份额,提高产品销售量是企业获取利润的重要途径,但在完全成本法下,却会出现销售量下降、利润反而上涨的情况,这主要是由企业盲目生产导致的。这就容易在企业内部滋生重生产、轻销售的风气,进而造成产品积压、资金占用、损耗增加、管理成本上升等问题。在变动成本法下,企业将固定制造费用作为期间成本,产品成本只包括变动成本,因而利润与销售量成正比,和产品的产量、存货的多少无关,利润真正成为反映企业经营成果优劣的晴雨表。这就使得管理当局转变管理思路,树立市场观念,重视产品销售,努力提高市场占有率,把注意力集中于开拓市场渠道、做好市场营销、完善售后服务等方面。

(3) 变动成本法是本量利分析的基础,有利于强化企业成本管理,厘清各部门的责任。产品销售收入与变动成本的差额对应本量利分析中的一个重要概念,即边际贡献,这也是后续学习的基础。企业采用变动成本法,将固定制造费用作为期间成本,从边际贡献中直接扣除,不仅简化了完全成本法下对间接成本的分配过程,同时也降低了由于分配标准的多样性而产生的主观随意性,从而提高了产品成本核算的效率和准确度。另外,采用变动成本法有利于将固定成本和变动成本分解落实到各个责任部门,调动各部门降低成本的积极性,从而推动企业成本的全面降低。

当然,变动成本法也有一定的局限性,主要表现为以下几点。

(1) 按变动成本法计算的产品成本不满足对外发布财务报告和税法的有关要求。在传统观念上,产品成本是指为生产产品而发生的全部费用,包括固定生产成本。这种观念在世界范围内得到了广泛的认可,并被写进了企业会计准则中,作为对外报告的标准。另外,变动成本法和完全成本法下的企业营业利润计算结果不同,可能会造成所得税上的时间性差异,影响国家税收部门和投资者及时获取收益。

(2) 变动成本法不能满足长期决策的需要。变动成本法按成本性态确定产品成本的构成,在很大程度上依赖成本按性态分解的合理性与可靠性,而且必须以相关范围假设为存在前提。而长期决策作为一个长期规划,不仅涉及的时间跨度较长,还要解决生产能力是否提升和经营规模是否扩张的问题,因此,必然要突破相关范围的限制。

2. 完全成本法的特点与利弊

与变动成本法相比,完全成本法最主要的特点是不区分成本的性态,产品成本既包含变动成本部分,也包含固定成本部分。

完全成本法鼓励管理当局提高产品生产量。该方法提供的损益信息是产量大则利润高,客观上有刺激产量提升的作用。另外,完全成本法满足对外报告会计准则的要求,即成本核算应当反映企业全部的资源耗费。固定制造费用作为生产环节的重要消耗,应该按照相关性原则和权责发生制及时准确地计入产品成本。所以,完全成本法核算的成本可以直接用于对外报告,弥补了变动成本法只能满足对内决策需要的不足。

当然,完全成本法也有其不足之处。首先,该方法不利于成本控制和考核,完全成本法下的单位产品成本包含变动成本和固定成本两部分,因此单位产品成本不仅受到成本控制好坏的影响,还受到产量多少的影响。其次,该方法提供的成本资料不利于企业进行预测和决策分析。完全成本法提供的产销信息不能将本量利有机地结合起来,不便于编制预算、生产规划和决策。这就使得管理人员在控制和分析企业经营活动时,需要对该方法下的成本信息进行二次加工。

由此可见,变动成本法和完全成本法各有优劣,二者是互补的关系,变动成本法的优点对应着完全成本法的缺点,变动成本法的不足恰好是完全成本法的优势。因此,企业应根据实际需要,将两种方法结合使用。

2.5 变动成本法的应用案例

【案例资料】

利民公司属于加工制造业且只生产一种产品,有关该产品近两年的产销基本情况以及按完全成本法编制的营业利润数据分别如表 2-12 和表 2-13 所示。

表 2-12 产销基本情况

项目	第 1 年	第 2 年
产量/件	1 000	1 200
销售量/件	1 000	1 000
单价(元/件)	80	80
单位变动生产成本/元	40	40
固定制造费用/元	6 000	6 000

表 2-13 完全成本法下的营业利润　　　　　　　　　单位:元

项目	第 1 年	第 2 年
销售收入	80 000	80 000
销售成本	①	②
销售毛利	③	④
销售费用	15 000	15 000
管理费用	16 000	16 000
营业利润	⑤	⑥

已知:利民公司的固定制造费用以生产量为基准分摊到产品中;另外,每件产品分摊的变动管理费用为8元,变动销售费用为10元。

【案例要求】

根据以上资料,分析讨论以下问题。

(1) 按完全成本法分别计算第1年、第2年该产品的单位成本,并将表2-13补充完整。

(2) 根据(1)中的计算结果,第1年和第2年的营业利润是否相等?如果不相等,请解释为什么在第1年和第2年销售量相同、销售单价和成本水平均无变动的情况下,营业利润会出现差异。

(3) 按变动成本法编制第1年和第2年的营业利润表。

【案例解析】

(1) 完全成本法下:
  第1年产品单位成本＝单位变动生产成本＋单位固定制造费用
  　　　　　　　　　＝40＋6 000/1 000＝46元/件
  第2年产品单位成本＝40＋6 000/1 200＝45元/件
  销售成本①＝第1年产品单位成本×销售量＝46×1 000＝46 000元
  销售成本②＝第2年产品单位成本×销售量＝45×1 000＝45 000元
  销售毛利③＝销售收入－销售成本①＝80 000－46 000＝34 000元
  销售毛利④＝销售收入－销售成本②＝80 000－45 000＝35 000元
  营业利润⑤＝销售毛利③－销售费用－管理费用＝34 000－15 000－16 000＝3 000元
  营业利润⑥＝销售毛利④－销售费用－管理费用＝35 000－15 000－16 000＝4 000元

(2) 第1年营业利润为3 000元,第2年营业利润为4 000元,二者不等。

原因:第2年的产量比第1年增加了200件,使得第2年的单位产品固定制造费用比第1年的低了1元,进而导致第2年的单位产品成本也比第1年的低了1元。因此,第2年的产品销售成本要比第1年的低1 000×1＝1 000元,第2年的营业利润比第1年的增加了1 000元。

(3) 根据资料编制营业利润表,如表2-14所示。
  固定销售费用＝销售费用－变动销售费用＝15 000－10×1 000＝5 000元
  固定管理费用＝管理费用－变动管理费用＝16 000－8×1 000＝8 000元

表2-14 变动成本法下的营业利润　　　　　　　　　　　单位:元

项目	第1年	第2年
销售收入	80 000	80 000
变动生产成本	40 000	40 000
变动销售费用	10 000	10 000
变动管理费用	8 000	8 000
贡献毛利	22 000	22 000

续表

	项目	第1年	第2年
固定成本	固定制造费用	6 000	6 000
	固定销售费用	5 000	5 000
	固定管理费用	8 000	8 000
	合计	19 000	19 000
营业利润		3 000	3 000

本章知识点小结

本章主要介绍了成本性态分析以及变动成本法的应用，核心知识点包括以下几点。

第一，成本及其分类。①成本的含义。②按照不同标准将成本进行分类，分类的标准包括实际发生的时态、相关性、可控性、与受益对象的密切关系、经济用途。

第二，成本性态分析。①成本性态的含义。②固定成本：含义、特点、模型、进一步分类、相关范围。③变动成本：含义、特点、模型、进一步分类、相关范围。④混合成本包括：半变动成本、半固定成本、延期变动成本、曲线型混合成本。

第三，变动成本法的内涵。①变动成本法的概念：变动成本法指在组织常规生产过程中，只将变动成本作为产品成本的构成内容，即只包括生产中所消耗的直接材料、直接人工和制造费用中的变动部分，而不包括制造费用中的固定部分。②变动成本法的理论依据。

第四，变动成本法与完全成本法的区别。①产品成本的构成内容不同。②存货成本的构成内容不同。③变动成本法和完全成本法的利弊分析。

思考与练习题

一、单项选择题

1. 下列各项成本和费用中，属于约束性固定成本的是（　　）。
   A. 研究开发费用　　　　　　　　B. 员工培训费
   C. 管理人员的工资　　　　　　　D. 广告宣传费

2. 若企业采用变动成本法测算产品成本，那么产品生产成本应包括（　　）。
   A. 直接材料、直接人工　　　　　B. 直接材料、直接人工、制造费用
   C. 直接材料、直接人工、期间成本　　D. 直接材料、直接人工、变动制造费用

3. 下面各项中，属于酌量性变动成本的是（　　）。
   A. 企业所得税费　　　　　　　　B. 直接材料成本
   C. 按销售额一定比例提取的销售佣金　D. 固定资产折旧费

4. 某电信运营商推出一份手机套餐：月租29元可以享有免费国内通话500分钟，超出部分按每分钟0.2元计费。选用该套餐的手机用户每月的通话费用属于（　　）。
   A. 固定成本　　　　　　　　　　B. 阶梯式成本
   C. 半变动成本　　　　　　　　　D. 延期变动成本

5. 下列成本性态模型可以用 $y=a+bx$ 表示的是(　　)。
A. 半变动成本　　　　　　　　B. 延期变动成本
C. 变动成本　　　　　　　　　D. 阶梯式成本

二、多项选择题

1. 下面各项属于变动成本的是(　　)。
A. 产品的研发费用　　　　　　B. 随同产品销售的包装物的成本
C. 按销售收入 10% 支付的技术转让费　　D. 按照产量计提的固定资产折旧费
2. 下列各选项属于酌量性固定成本的是(　　)。
A. 管理人员的工资　　　　　　B. 员工培训费
C. 产品研发费用　　　　　　　D. 折旧费
3. 下列关于固定成本的说法正确的是(　　)。
A. 固定成本不管业务量如何变动,始终保持某一常数值不变
B. 单位固定成本会随着产量的增加而降低
C. 固定成本总是相对于某一相关范围而言的
D. 约束性固定成本受到管理人员某一决策的影响
4. 下列各项在相关范围内保持不变的是(　　)。
A. 固定成本　　　　　　　　　B. 单位产品固定成本
C. 固定制造费用　　　　　　　D. 单位变动成本
E. 相关成本
5. 在完全成本法下,产品成本包括(　　)。
A. 直接材料　　　　　　　　　B. 直接人工
C. 变动制造费用　　　　　　　D. 固定制造费用
E. 管理费用

三、计算分析题

甲公司生产并销售单一产品 A,2021 年共生产 2 000 件,对外销售 1 500 件,无期初存货。已知该产品单价为 80 元,直接材料为 20 元/件,直接人工为 15 元/件,变动制造费用为 10 元/件,固定制造费用总额为 10 000 元,销售及管理费用为 20 000 元且全部为固定成本。

要求:
(1) 分别计算变动成本法和完全成本法下的产品单位成本;
(2) 分别计算两种成本法下的营业利润;
(3) 针对两种成本法的不同营业利润,分析产生差异的原因。

第3章 本量利分析

知识框架体系

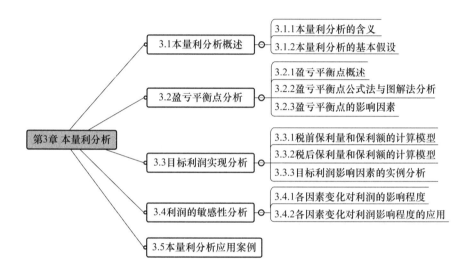

【学习目标】

本章在讲解本量利分析理论的基础上,重点介绍了盈亏平衡点分析的特点及模型、目标利润的实现和敏感性分析。通过本章的学习,需要达到以下学习目标:

1. 本量利分析的含义和基本假设(理解);
2. 本量利分析的基本模型(掌握);
3. 各因素对盈亏平衡点的影响(理解);
4. 盈亏平衡点和经营安全程度的分析方法(掌握和应用)。

3.1 本量利分析概述

本量利分析研究的是成本、业务量和利润之间的关系,是管理会计中最基本的理论,它结合了数学模型和图式,对各因素之间的依存关系进行了具体分析并对其中的变动规律进行了研究。本量利分析能够为企业的经营决策和目标控制提供有效的信息,是管理会计在决策分析过程中常用的方法之一。另外,由于市场环境是复杂的、动态的,企业在生产经营过程中往往会受到多种因素的交叉影响,为此,在本量利分析时,需要在理论上进行一系列的基本假设,以简化和概括现实。本节主要阐述本量利分析的含义、基本假设等内容。

3.1.1 本量利分析的含义

本量利分析(Cost Volume Profit Analysis)主要研究成本、业务量和利润三者之间的关系,并通过定量分析的方法对企业的生产经营活动进行预测、规划和控制。

本量利分析的应用十分广泛,最初在美国通用、杜邦等公司应用,后来成为世界范围内工商企业标准的分析程序。依托本量利分析,我们可以计算保本、保利目标下的销售量或销售额。本量利分析与风险分析相结合,可以促进企业识别风险,降低风险发生的可能性;本量利分析与决策分析相结合,可以用于企业的生产、运营、投资的不确定性分析;本量利分析与预算相结合,可以用于企业生产预算、销售预算和现金预算等的编制。本量利分析是管理会计中重要的分析方法,为后续章节的学习提供了基本理论和基本方法。

3.1.2 本量利分析的基本假设

1. 相关范围假设

第 2 章在分析一项成本究竟是变动成本还是固定成本时,均限定在一定的相关范围内,这个相关范围就是成本按性态划分的基本假设,同时,它也构成了本量利分析的基本假设之一。更确切地说,所谓的相关范围,就是"在一定期间和一定业务量范围内",包含期间假设和业务量范围假设两层含义。

(1) 期间假设。无论是固定成本还是变动成本,其固定性与变动性均体现在特定的期间内。随着时间的推移,固定成本的总额及其内容会发生变化,单位变动成本的数额及其内容也会发生变化。所以,成本性态和以此为基础的本量利分析也是基于一定期间展开分析的。

(2) 业务量范围假设。同样,对成本按性态进行划分得到的固定成本和变动成本,是在一定业务量范围内分析和计量的结果,当业务量发生较大变化时,成本性态是有可能变化的,所以,成本性态和以此为基础的本量利分析也是基于一定业务量范围展开分析的。

2. 模型线性假设

考虑本量利分析是在成本性态划分基础上发展起来的,利润是收入减去成本的结果,而混合成本的分解更多依赖于回归直线法等分析技术,所以本量利分析将通过一系列与线性关系有关的假设限定整个分析的范畴。

(1) 固定成本不变假设。本量利分析中的模型线性假设首先是固定成本不变,用模型来表示就是 $a=a'$(a 为固定成本,a' 为常数)。也就是说,在企业经营能力的相关范围内,固定成本保持不变,即在一定期间和业务量范围内,固定成本曲线为一条水平线。

(2) 单位变动成本不变假设。这一假设与固定成本的假设近似,变动成本的假设是在一定的相关范围内假设单位变动成本不变,或者说假设变动成本总额呈完全线性。变动成本总额与业务量之间的完全线性关系用模型来表示就是 $b=b'x$(b 为变动成本总额,b' 为单位变动成本,x 为业务量)。基于完全线性假设,变动成本的曲线表现为一条从原点出发的直线,该直线的斜率就是单位变动成本。

(3) 销售单价不变假设。这一假设等价于假设销售价格不变。在本量利分析中,通常假设销售价格为一个常数,这样销售收入与销售数量之间就呈现一种完全线性关系,用数学模型来表示就是 $I=I'x$(I 为销售收入,I' 为销售单价,x 为销售数量),该模型的曲线表现为一条过原点的直线,其斜率就是销售单价。

3. 产销平衡假设

假设当企业只生产一种产品时,该产品总能找到适销的市场,即产量和销售量保持对等关系。保持产销平衡,可以在已知条件下计算出为达到既定营业利润所需的销售量,从而以销定产,制订企业的生产计划。如果产销不平衡,在进行利润分析时就需要考虑跨期存货等因素带来的复杂影响。

4. 产品构成稳定假设

本假设是指当企业生产销售多种产品时,假定各类产品的销售收入占总收入的比例保持稳定状态。在多种产品的情形下,各类产品的盈利能力会存在差别,如果产品品种收入比例发生变化,将会导致预计利润和实际利润出现"非预计性"差异。因此,保持产品构成稳定有利于企业将利润分析的重点放在成本、价格和业务量上。

3.2 盈亏平衡点分析

盈亏平衡点研究的是收入和成本相等时的特殊状态。通过盈亏平衡点分析能够对经营的风险情况以及企业对各因素不确定性的承受能力进行科学的判断,进而为企业提供决策依据。盈亏平衡点的分析方法有多种分类标准,按照分析模式的不同,可将其分为公式法和图解法;按照产品的多少,可将其分为单一产品和多产品盈亏平衡分析;按照是否考虑时间价值,可将其分为静态和动态盈亏平衡分析;按照函数关系的不同,可将其分为线性和非线性盈亏平衡分析。本节主要阐述盈亏平衡点的含义、盈亏平衡点的公式法和图解法,以及盈亏平衡点的影响因素等内容。

3.2.1 盈亏平衡点概述

盈亏平衡点分析也叫保本点分析或损益两平点分析,指的是当收入和成本相等时的特殊经营状态。首先,它为企业提供了在多少业务量下将会赢利,在多少业务量下将会亏损的总括性信息。其次,它也可以在业务量既定的情况下对成本和收入展开分析,即企业降低多少成本或增加多少收入才能达到盈利的状态。同时,它也可以为企业经济责任的划分和管理绩效的考核提供依据和标准。

根据盈亏平衡点的定义,盈亏平衡点分析首先涉及的是收入与成本的关系,即当成本和收入相抵时业务量处于何种特定状态。进一步研究显示,盈亏平衡点分析的关键在于收入与变动成本和固定成本之间的关系情况。因此,管理会计领域引入了边际贡献和边际贡献率的概念,具体计算公式如下:

$$边际贡献 = 销售收入 - 变动成本 \tag{3-1}$$

$$边际贡献率 = \frac{(销售收入 - 变动成本)}{销售收入} = \frac{(销售单价 - 单位变动成本)}{销售单价} \tag{3-2}$$

由此可见,边际贡献是指销售收入扣除变动成本后为企业做的盈利贡献,它也是可供补偿固定成本的剩余数额。在变动成本法下,变动成本即企业产品的全部成本,所以销售收入减去产品的变动成本得到的边际贡献就是产品利润。

广义上的变动成本不仅包括产品生产过程中的变动成本,还包括产品非生产过程中的变动成本。因此,边际贡献又可以进一步细分为制造边际贡献和营业边际贡献。前者是指销售收入扣除生产过程中的变动成本后为企业带来的盈利贡献,后者是指企业的销售收入扣除生产过程中的变动成本和非生产过程的变动成本后为企业带来的盈利贡献。在本章中,如无特殊说明,边际贡献主要指的是制造边际贡献。

3.2.2 盈亏平衡点公式法与图解法分析

1. 盈亏平衡点公式法

公式法是根据盈亏平衡点的含义和本量利分析的基本原理来确定盈亏平衡点销售量和销售额的一种方法。根据变动成本法下利润的计算公式:

$$利润 = 销售收入 - 变动成本 - 固定成本 \tag{3-3}$$

当利润为零时,有

$$销售收入 = 变动成本 + 固定成本$$

$$销售量 \times 单价 = 销售量 \times 单位变动成本 + 固定成本$$

那么,盈亏平衡时的销售量和销售额分别为

$$盈亏平衡点销售量 = \frac{固定成本}{单价 - 单位变动成本} \tag{3-4}$$

$$盈亏平衡点销售量 = \frac{固定成本}{单位边际贡献} \tag{3-5}$$

$$盈亏平衡点销售额 = 盈亏平衡点销售量 \times 单价 \tag{3-6}$$

盈亏平衡点销售额还可以用以下公式进行计算:

$$盈亏平衡点销售额 = \frac{固定成本}{(单价 - 单位变动成本)/单价} \tag{3-7}$$

$$盈亏平衡点销售额 = \frac{固定成本}{边际贡献率} = \frac{固定成本}{1 - 变动成本率} \tag{3-8}$$

当企业只生产并销售单一产品时,可利用式(3-6)~式(3-8)计算盈亏平衡点的销售额;当企业生产并销售多种产品时,式(3-6)~式(3-8)具有一定的局限性。为此这里引入综合边际贡献率,具体计算如下:

$$综合边际贡献率 = \sum(单个产品的边际贡献率 \times 单个产品收入占总收入的比重) \tag{3-9}$$

那么,多品种下的盈亏平衡点销售额如下:

$$多品种下的盈亏平衡点销售额 = \frac{固定成本}{综合边际贡献率} \tag{3-10}$$

为便于理解上述公式,这里假设 π 表示利润;R 表示盈亏平衡点销售额;C 表示总成本;V 表示单位变动成本;FC 表示固定成本;P 表示单价;Q 表示盈亏平衡点销售量。当 $\pi = 0$ 时,

$$QP - QV - FC = 0$$

$$Q = \frac{FC}{P - V} \tag{3-11}$$

式(3-11)两边同时乘以价格 P,可以得到 R 的表达式:

$$R=QP=\text{FC}\cdot\frac{P}{P-V}$$

$$R=QP=\frac{\text{FC}}{\left(\frac{P-V}{P}\right)} \tag{3-12}$$

其中，$\frac{P-V}{P}$即边际贡献率。

【例 3-1】 大胜公司生产并销售 A 产品，已知该产品的市场价为每件 100 元，其中单位变动成本为 50 元，固定成本总额为 80 000 元，假定产销平衡。

(1) 计算盈亏平衡点销售量。

$$Q=\frac{80\,000}{100-50}=1\,600\text{ 件}$$

(2) 计算盈亏平衡点销售额。

首先，计算边际贡献率：

$$\text{边际贡献率}=\frac{100-50}{100}\times100\%=50\%$$

那么，盈亏平衡点销售额为

$$R=\frac{80\,000}{50\%}=160\,000\text{ 元}$$

2. 盈亏平衡相关概念

由盈亏平衡的基本原理可知，只有在产品销售量高于盈亏平衡点的销售量时，企业才能获取利润。从盈利的角度来看，产品销售量相对于盈亏平衡点销售量越高，企业获取的利润越多，反之，获取的利润就越少，甚至出现亏损。从生产经营的角度来看，产品销售量相对于盈亏平衡点销售量越高，经营就越安全。在盈亏平衡分析中，用于分析企业经营安全的指标有盈亏平衡点作业率和安全边际两种。

(1) 盈亏平衡点作业率

盈亏平衡点作业率又称保本作业率或危险率，是盈亏平衡点销售量或销售额占实际(正常)销售量或销售额的百分比。该指标反映了企业在保本状态下对生产能力的利用程度，盈亏平衡点作业率可表示为

$$\text{盈亏平衡点作业率}=\frac{\text{盈亏平衡点销售量}}{\text{实际(正常)销售量}}\times100\% \tag{3-13}$$

或者

$$\text{盈亏平衡点作业率}=\frac{\text{盈亏平衡点销售额}}{\text{实际(正常)销售额}}\times100\% \tag{3-14}$$

由此可知，盈亏平衡点作业率是一个反方向指标，指标越小，说明企业生产经营的安全空间越大。

(2) 安全边际

安全边际是一个与盈亏平衡点相对应的概念。安全边际可以用绝对数来表示，其中，安全边际量是指实际(正常)销售量与盈亏平衡点销售量的差额；安全边际额则是指实际(正常)销售额与盈亏平衡点销售额的差额。安全边际还可以用相对数来表示，即安全边际率，具体是指安全边际量或安全边际额与实际(正常)销售量或销售额的比值。

$$\text{安全边际量}=\text{实际(正常)销售量}-\text{盈亏平衡点销售量} \tag{3-15}$$

$$\text{安全边际额} = \text{实际(正常)销售额} - \text{盈亏平衡点销售额} \tag{3-16}$$

$$\text{安全边际率} = \frac{\text{安全边际量}}{\text{实际(正常)销售量}} \times 100\% \tag{3-17}$$

$$\text{安全边际率} = \frac{\text{安全边际额}}{\text{实际(正常)销售额}} \times 100\% \tag{3-18}$$

与盈亏平衡点作业率相比,安全边际率是一个正向指标。安全边际率越大,说明企业经营的安全性就越高,发生亏损的可能性越小;反之则说明企业经营的安全程度越低,发生亏损的可能性越大。企业安全边际率的检测标准如表 3-1 所示。

表 3-1　企业安全边际率的检测标准

安全边际率	>40%	>30%~40%	>20%~30%	10%~20%	<10%
安全性	非常安全	安全	值得注意	危险	非常危险

另外,由上述公式,我们可以进一步推出盈亏平衡点作业率和安全边际率之间的关系,即

$$\text{盈亏平衡点作业率} + \text{安全边际率} = 1 \tag{3-19}$$

(3) 利润影响因素的演变

利润是企业销售收入扣除变动成本和固定成本后的剩余部分,盈亏平衡点的销售量只能等额弥补企业的变动成本和固定成本总额。企业要想获取利润,首先,销售量要达到盈亏平衡点以上,即安全边际部分;其次,要存在有效的单位边际贡献,即单位边际贡献为正值。因此,利润的影响因素可以演变如下:

$$\text{利润} = \text{安全边际量} \times \text{单位边际贡献} \tag{3-20}$$

将等式右边进行如下拆分:

$$\text{利润} = \text{安全边际量} \times \text{销售单价} \times \frac{\text{单位边际贡献}}{\text{销售单价}} \times 100\%$$

即

$$\text{利润} = \text{安全边际额} \times \text{边际贡献率} \tag{3-21}$$

式(3-21)两边同时除以销售收入,则有

$$\text{销售利润率} = \text{安全边际率} \times \text{边际贡献率} \tag{3-22}$$

$$\text{销售利润率} = \text{安全边际率} \times (1 - \text{变动成本率}) \tag{3-23}$$

由此可知,企业的销售利润率受到安全边际率和变动成本率两个因素的共同影响。企业要想增加利润,可以采取措施提高安全边际率或降低变动成本率,例如,拓宽产品销售渠道,提高原材料的使用率,研发先进的生产技术等。

3. 盈亏平衡点图解法

除了可以用公式法进行盈亏平衡分析外,还可以通过绘制形象化的盈亏平衡分析图,也就是下面介绍的盈亏平衡图(如图 3-1 所示),来表达有关因素之间的相互关系。与公式法相比,盈亏平衡点图解法更加形象直观、简明扼要、易于理解,盈亏平衡图主要包括以下几个方面。

首先,建立直角坐标系,其中横轴表示业务量,如销售量、机器工时、服务量等,纵轴表示成本与销售收入。

其次,在直角坐标系中按照成本收入特征绘制三条线。其中,固定成本线是一条与横轴平行的直线,与纵轴的交点即固定成本总额;总成本线是以单位变动成本为斜率,以固定成本总额为纵轴截距的直线;销售收入线则是一条过原点的直线,其斜率为单位产品的售价。

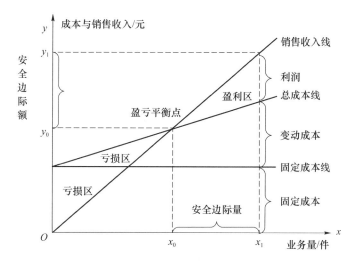

图 3-1 盈亏平衡图

由图 3-1 可以得到以下结论。

(1) 在相关范围内,固定成本表现为一个常数值,其大小不随业务量的增减而变动。固定成本线与总成本线的间距为变动成本,其大小与业务量同方向变动。

(2) 总成本线与销售收入线的交点即盈亏平衡点,该点对应的横轴和纵轴就是保本量 x_0 和保本额 y_0,当销售量等于 x_0 时,利润为零。当销售量大于 x_0 时,销售收入线位于总成本线上方,形成盈利区,在此区间内,利润为正值。当销售量小于 x_0 时,销售收入线位于总成本线下方,形成亏损区,在此区间内,利润为负值。

(3) 当实际(正常)销售量为 x_1 时,x_1-x_0 即企业的安全边际量,相应地,y_1-y_0 则为安全边际额,该点与盈亏平衡点的间距可以用来判断生产经营的安全程度,并用于指导生产决策。

(4) 图 3-1 中的盈亏平衡点并不是固定不变的,它的具体位置会受到固定成本、单位变动成本、销售价格的影响。三者中的任一因素出现变化,都可能使盈亏平衡点的位置发生改变。

3.2.3 盈亏平衡点的影响因素

在进行盈亏平衡点分析时,我们在前文假设产品的销售价格、单位变动成本、固定成本以及品种构成等因素保持不变。但实际上这种静态平衡维持不了多久,相关因素很有可能会发生改变,如产品的市场价格发生变动,企业成本升高或降低,产品结构收缩和多元化等。这些因素都会影响盈亏平衡点在直角坐标系中的位置,下面将对具体影响因素逐一展开分析。

1. 固定成本变动对盈亏平衡点的影响

在相关范围内,企业的固定成本不会受到业务量的影响,但随着相关范围的改变以及企业的经营能力和管理模式的变化,固定成本的数额势必会升高或降低,尤其是固定成本中的酌量性成本,很容易受到管理层决策的影响。

从公式法的角度分析,固定成本发生变化后,新盈亏平衡点的销售量和销售额分别为

$$新盈亏平衡点销售量 = \frac{固定成本 \pm 固定成本变动额}{单位边际贡献} \quad (3\text{-}24)$$

$$新盈亏平衡点销售额 = \frac{固定成本 \pm 固定成本变动额}{边际贡献率} \quad (3\text{-}25)$$

由此可知,在其他因素保持不变的情况下,新盈亏平衡点销售量和新盈亏平衡点销售额与固定成本同方向变动。即随着固定成本的升高,新盈亏平衡点销售量和新盈亏平衡点销售额也随之升高,反之则相反。

固定成本变动对盈亏平衡点的影响如图 3-2 所示。从图解法的角度分析,图 3-2 中的粗线表示固定成本下降后相关成本线的位置。

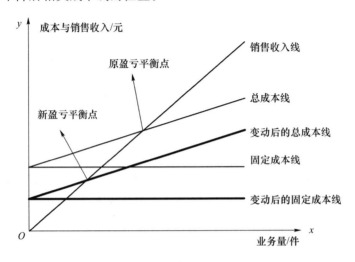

图 3-2　固定成本变动对盈亏平衡点的影响

由图 3-2 可知,固定成本的下降导致总成本线随之下移,相应地,其与销售收入线的交点在直角坐标系中也出现下移的趋势,进而使得盈利区扩大而亏损区缩小,这与公式法的分析是一致的。

2. 单位变动成本变动对盈亏平衡点的影响

同样,我们从两方面分析单位变动成本变动对盈亏平衡点的影响。

首先,在公式法下,单位变动成本发生变化后,新盈亏平衡点的销售量和销售额计算如下:

$$新盈亏平衡点销售量 = \frac{固定成本}{单价 - (单位变动成本 \pm 单位变动成本变动额)} \quad (3\text{-}26)$$

$$新盈亏平衡点销售额 = \frac{固定成本}{1 - \dfrac{单位变动成本 \pm 单位变动成本变动额}{单价}} \quad (3\text{-}27)$$

由式(3-26)和式(3-27)可知,当单位变动成本上升时,单位边际贡献将降低,从而导致新盈亏平衡点销售量和新盈亏平衡点销售额的增加。因此,新盈亏平衡点销售量和新盈亏平衡点销售额与单位变动成本依旧呈同方向变动。

然后,我们再通过图解法将盈亏平衡点的变化直观地展示出来。假定其他因素保持不变,单位变动成本下降,盈亏平衡点的变化如图 3-3 所示。

由图 3-3 可知,随着单位变动成本下降,总成本线下移,总成本线与固定成本线的夹角变小,且与销售收入线的交点也出现了下移,同样也使得盈利区扩大而亏损区缩小,图解法与公式法的分析验证一致。

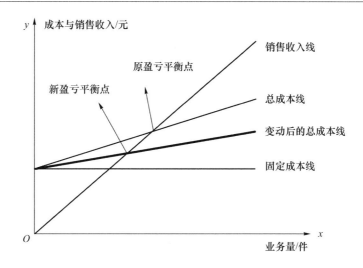

图 3-3 单位变动成本变动对盈亏平衡点的影响

3. 销售价格变动对盈亏平衡点的影响

在公式法下,当销售价格出现变动时,新盈亏平衡点的销售量和销售额计算如下:

$$新盈亏平衡点销售量 = \frac{固定成本}{单价 \pm 单价变动额 - 单位变动成本} \quad (3-28)$$

$$新盈亏平衡点销售额 = \frac{固定成本}{1 - \dfrac{单位变动成本}{单价 \pm 单价变动额}} \quad (3-29)$$

由此可见,在其他因素保持不变的情况下,销售价格的提高会带来单位边际贡献和边际贡献率的增长,这就使得同样的销售量实现的利润会更高,从而导致新盈亏平衡点销售量和新盈亏平衡点销售额的降低。因此,新盈亏平衡点销售量和新盈亏平衡点销售额与销售价格呈反方向变动。

需要注意的是,提高销售价格一方面会让企业单位产品获取更多的利润,另一方面会在一定程度上影响企业产品的市场占有率。因此,综合这两方面的分析才能做出对企业最有利的决策。

在图解法下,当销售价格提高时,盈亏平衡点的变动如图 3-4 所示。

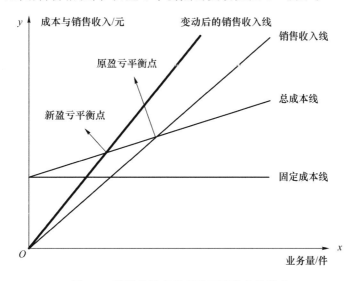

图 3-4 销售价格变动对盈亏平衡点的影响

当产品的销售价格提高后,销售收入线的斜率会变大,表现在直角坐标系中即向左偏移,其与总成本线的交点向下偏移,进而导致盈利区扩大而亏损区缩小,这与公式法的分析是一致的。

4. 多因素变动对盈亏平衡点的影响

上文假定其他因素保持不变,分项逐一计算各因素对盈亏平衡点的影响。而在实际生产经营过程中,上述影响因素并不是单独发生变化的,而是相互制约、相互影响的。因此,我们下面分析各因素同时发生变动对盈亏平衡点的影响。

在公式法下,新盈亏平衡点的销售量和销售额计算如下:

$$新盈亏平衡点销售量 = \frac{固定成本 \pm 固定成本变动额}{(单价 \pm 单价变动额) - (单位变动成本 \pm 单位变动成本变动额)} \tag{3-30}$$

$$新盈亏平衡点销售额 = \frac{固定成本 \pm 固定成本变动额}{1 - \frac{单位变动成本 \pm 单位变动成本变动额}{单价 \pm 单价变动额}} \tag{3-31}$$

如果采用图解法进行分析,那么直角坐标系中的销售收入线、总成本线、固定成本线都将发生偏移,必将导致盈亏平衡点的位置发生改变,而该位置移动的方向和距离则取决于各因素共同作用的结果。

5. 产品品种构成变动对盈亏平衡点的影响

所谓产品品种构成即各产品销售收入占总收入的比重。当企业生产并销售多种产品时,每种产品的边际贡献率不尽相同,而多种产品下的综合边际贡献率是计算盈亏平衡点的重要指标,若产品构成发生变化,势必会对盈亏平衡点产生影响。

当企业提高边际贡献率高的产品的比重或降低边际贡献率低的产品的比重时,综合边际贡献率也将随之提高,从而导致新盈亏平衡点销售量和新盈亏平衡点销售额的减少,盈亏平衡点在直角坐标系中表现为向下偏移的趋势。

【例3-2】 飞腾公司生产 A、B、C 三种产品,假定固定成本总额为 50 000 元,且三种产品的产量等于销售量,具体产品数据如表 3-2 所示。

表 3-2 产品数据

产品	A	B	C
产销量/件	6 200	5 800	4 600
单价/元	30	25	23
单位变动成本/元	20	12	8

根据表 3-2 中的数据计算得到的 A、B、C 三种产品的品种构成及各自的边际贡献率如表 3-3 所示。

表 3-3 A、B、C 三种产品的品种构成和边际贡献率

产品	销售量/件	单价/元	单位变动成本/元	销售收入/元	占总收入的百分比/%	边际贡献/元	边际贡献率/%
A	6 200	30	20	186 000	42.58	62 000	33.33
B	5 800	25	12	145 000	33.20	75 400	52.00
C	4 600	23	8	105 800	24.22	69 000	65.22
合计				436 800	100.00		

以各种产品的销售收入占总收入的比例(即产品的品种构成)为权数,计算该企业产品的加权平均边际贡献率,具体如下:

加权平均边际贡献率 = 33.33% × 42.58% + 52.00% × 33.20% + 65.22% × 24.22%
≈ 47.25%

根据加权平均边际贡献率可以计算出该企业全部产品盈亏平衡点的销售额为

$$盈亏平衡点销售额 = \frac{固定成本}{加权平均边际贡献率} = \frac{50\,000}{47.25\%} ≈ 105\,820.11 \text{ 元}$$

在既定的品种构成条件下,当销售额为 105 820.11 元时,该企业处于不盈不亏的状态。设 A 产品的销售量为 x,B、C 两种产品按品种构成既有比例销售时,企业可以达到不盈不亏的状态,则有

$$(30-20)x + (25-12) \times \frac{5\,800}{6\,200}x + (23-8) \times \frac{4\,600}{6\,200}x = 50\,000$$

解得

$$x ≈ 1\,502 \text{ 件}$$

在保证既定品种构成的条件下,B、C 两种产品按照既定比例销售,则 B 产品销售 1 406 件,C 产品销售 1 115 件时,企业处于不盈不亏的状态。

当产品的品种构成发生变化时,势必改变全部产品加权平均的边际贡献率,企业的盈亏平衡点也会发生相应的变化。假定例 3-2 中的其他条件不变,只是企业产品的品种构成由原来的 43∶33∶24 变为 20∶30∶50,则加权平均的边际贡献率也由原来的 47.25% 变为 54.88% (33.33% × 20% + 52.00% × 30% + 65.22% × 50%),在该加权平均边际贡献率下的企业全部产品盈亏平衡点的销售额为

$$盈亏平衡点销售额 = \frac{50\,000}{54.88\%} ≈ 91\,107.87 \text{ 元}$$

由此可见,产品品种构成的改变,会引起盈亏平衡点的改变。在 A、B、C 三种产品中,C 产品的边际贡献率最高(65.22%),B 产品次之(52.00%),A 产品最低(33.33%)。在上述产品品种构成的变动中,边际贡献率最低的 A 产品的比重有所下降,而边际贡献率最高的 C 产品的比重有所上升,所以全部产品加权平均的边际贡献率有所提高,盈亏平衡点也就相应地降低了。从结果上看,提高边际贡献率较高的产品在品种构成中的比重与提高产品的销售价格有相似之处。

3.3 目标利润实现分析

以上分析基于盈亏平衡的角度,即目标利润为零时的特殊状态。但在市场经济条件下,企业生产经营最重要的目标就是盈利,获取利润是企业生存发展的前提,合理、合规、合法地取得盈利既符合社会主义生产的目的,又是经济发展的具体体现。因此,在本量利分析中考虑目标利润这一要素能够更好地帮助我们理解收入、成本和业务量之间的关系。

3.3.1 税前保利量和保利额的计算模型

参照 3.2.2 节中定义的模型变量,假设 π 表示目标利润;Q 表示实现目标利润的销售量,那么

$$\pi = Q(P-V) - FC$$

$$Q = \frac{\pi + FC}{P - V}$$

$$税前保利量 = \frac{目标利润 + 固定成本}{单位产品边际贡献} \quad (3\text{-}32)$$

两边同时乘以单价,可得

$$税前保利额 = \frac{目标利润 + 固定成本}{产品边际贡献率} \quad (3\text{-}33)$$

上述计算模型表示企业的产品边际贡献在弥补固定成本之后,还需要获取合理的利润,可以用销售量和销售额两种方式表示。

3.3.2 税后保利量和保利额的计算模型

上述内容是从税前利润的角度进行分析的,而企业所得税作为一项必要扣除,对企业利润的分析、决策具有重要影响,因此,从税后利润的角度进行分析对企业生产经营而言更具有实际意义。具体计算如下:

$$税后利润 = 税前利润 \times (1 - 所得税税率)$$

$$税前利润 = \frac{税后利润}{1 - 所得税税率}$$

$$税后保利量 = \frac{\frac{税后利润}{1 - 所得税税率} + 固定成本}{单位产品边际贡献} \quad (3\text{-}34)$$

$$税后保利额 = \frac{\frac{税后利润}{1 - 所得税税率} + 固定成本}{产品边际贡献率} \quad (3\text{-}35)$$

【例3-3】 益讯公司生产一批A产品,市场价格为80元/件,单位变动成本为40元,固定总成本为10 000元,假定公司所得税税率为20%。

(1) 若目标利润为20 000元,计算销售量和销售额。
(2) 若税后目标利润为20 000元,计算销售量和销售额。

根据资料:

(1) 因为

$$单位产品边际贡献 = 80 - 40 = 40 \text{ 元}$$

$$产品边际贡献率 = 40/80 = 50\%$$

所以

$$实现目标利润的销售量 = (10\,000 + 20\,000)/40 = 750 \text{ 件}$$

$$实现目标利润的销售额 = (10\,000 + 20\,000)/50\% = 60\,000 \text{ 元}$$

(2) 因为

$$税前利润 = 20\,000/(1 - 20\%) = 25\,000 \text{ 元}$$

所以

$$实现目标利润的销售量 = (10\,000 + 25\,000)/40 = 875 \text{ 件}$$

$$实现目标利润的销售额 = (10\,000 + 25\,000)/50\% = 70\,000 \text{ 元}$$

3.3.3 目标利润影响因素的实例分析

根据上述计算模型,从以下几个方面具体举例。

1. 固定成本变动的影响

在其他因素保持不变的情况下,固定成本与目标利润呈反方向变动,即当固定成本提高时,目标利润的数额会降低,反之则相反。

【例 3-4】 路海公司生产单一产品 A,该产品市场单价为 80 元,单位变动成本为 30 元。预计年度销售量为 5 000 件,全年固定成本为 100 000 元。那么,年度产品的目标利润为

$$目标利润 = 5\,000 \times (80-30) - 100\,000 = 150\,000\ 元$$

如果例 3-4 中的固定成本降为 80 000 元,其他条件保持不变,那么目标利润以及原目标利润下的销售量将会受到怎样的影响呢?

因为固定成本变为 80 000 元,比原来减少了 20 000 元,所以目标利润相应地也比原目标利润增加 20 000 元。

如果路海公司保持原目标利润 150 000 元不变,则年度保利销售量会有所降低,即

$$保利销售量 = (150\,000 + 80\,000)/(80-30) = 4\,600\ 件$$

2. 单位变动成本变动的影响

接例 3-4,若单位变动成本由 30 元降到 25 元,其他条件保持不变,那么,

$$预计可实现的目标利润 = 5\,000 \times (80-25) - 100\,000 = 175\,000\ 元$$

若保持原目标利润 150 000 元不变,则年度保利销售量会有所降低,即

$$保利销售量 = (150\,000 + 80\,000)/(80-25) \approx 4\,182\ 件$$

3. 单位售价变动的影响

接例 3-4,若产品市场单价由 80 元降到 70 元,其他条件保持不变,那么,

$$预计可实现的目标利润 = 5\,000 \times (70-30) - 100\,000 = 100\,000\ 元$$

若保持原目标利润 150 000 元不变,则年度保利销售量会有所增长,即

$$保利销售量 = (150\,000 + 80\,000)/(70-30) = 5\,750\ 件$$

此时,路海公司需要通过扩大产量才能实现原目标利润。

4. 多种因素同时变动的影响

在实际的经济运行过程中,上述各影响因子并不是独立存在、互不相关的,它们彼此之间相互影响、相互制约。因此,我们要获取目标利润往往需要采取综合措施,经过反复的权衡和分析。

仍接例 3-4,其他条件保持不变,假定年度目标利润为 200 000 元,那么,为实现计划的目标利润,假设该公司采取了如下步骤。

第一步,经生产部门研究,考虑成本开支方面仍有压缩的空间且单位变动成本最低可以降到 28 元。那么,

$$可实现的目标利润 = 5\,000 \times (80-28) - 100\,000 = 160\,000\ 元$$

显然,距离年度目标利润还差 40 000 元。

第二步,经过生产部门充分论证,他们认为,目前的生产车间尚有增加产量的潜力,但产量最多只能增加到 6 000 件,超过 6 000 件将会对生产设备产生不可逆的损害。同时销售部门也指出,为保证 6 000 件 A 产品顺利销售,销售价格需要下降 5%。那么,

可实现的目标利润＝6 000×[80×(1－5％)－28]－100 000＝188 000 元

同样,在增加产量之后,距离年度目标利润仍差 12 000 元。

第三步,在产量增加 1 000 件,售价下降 5％以及单位变动成本降低 2 元之后,该公司仍没有达到年度目标利润的要求。此时,如果生产部门确认固定成本可以向下压缩 15 000 元,那么公司可以实现年度目标利润 200 000 元(15 000 元＞12 000 元);如果固定成本最多只能压缩 10 000 元或不能压缩,那么公司无法实现目标利润(10 000 元＜12 000 元),需要再寻找增收节支的办法并再次测算。

当然,在进行多因素综合分析时,上述的分析次序和视角并不是唯一的。企业应当结合实际情况,综合市场行情和生产能力等相关因素做出对自身最有利的决策。

3.4 利润的敏感性分析

所谓敏感性分析是指项目中各种不确定因素变化至一定幅度时,计算相关经济指标变化率及敏感程度的一种方法。本节主要研究销售量、单价、单位变动成本、固定成本等发生微小变化对利润的影响方向和影响程度。

敏感性分析是本量利分析中的重要组成部分,能够促使管理者将关注点集中于非常敏感的因素上,有利于抓住生产经营的关键,从而为确定目标利润,安排生产计划,加强成本管理提供重要依据。

3.4.1 各因素变化对利润的影响程度

销售量、单价、单位变动成本和固定成本等因素的变化,会对利润产生影响,但影响方向和影响程度有所不同。假设各影响因素都按照相同的方向发生变化,那么有些因素会对利润产生积极影响,有些因素则会对利润产生消极影响。有些因素虽然只发生了微小的变化,但会使利润发生很大的变化,我们称这类因素为敏感因素。反之,有些因素虽然自身变化很大,但对利润造成的影响却很小,我们称这类因素为非敏感因素。反映敏感程度的指标称为敏感系数,其计算公式如下:

$$\text{敏感系数}=\frac{\text{因变量变化率}}{\text{自变量变化率}} \tag{3-36}$$

当敏感系数大于零时,说明该因素与利润同方向变动;当敏感系数小于零时,说明该因素与利润反方向变动。

根据一阶微分原理,利润对各因素的敏感系数的推演如下。

假设自变量为 x,变化量为 Δx,那么利润对各因素的敏感系数为

$$\text{敏感系数}=\frac{\frac{\Delta \pi}{\pi}}{\frac{\Delta x}{x}}=\frac{\Delta \pi}{\Delta x} \cdot \frac{x}{\pi}$$

也就是说,

$$\text{敏感系数}=\text{利润对该因素的一阶偏导}\times\frac{\text{该因素的原值}}{\text{利润的原值}}$$

那么,按照前面对相关变量的约定,利润对各因素的敏感系数的公式如下:

$$销售量敏感系数 = (P-V)\frac{Q}{\pi} \tag{3-37}$$

$$单价敏感系数 = Q\frac{P}{\pi} \tag{3-38}$$

$$单位变动成本敏感系数 = -Q\frac{V}{\pi} \tag{3-39}$$

$$固定成本敏感系数 = -\frac{FC}{\pi} \tag{3-40}$$

当上述因素的变化率逐渐达到一定程度时,就会对利润产生由量变到质变的影响。企业的利润可能从正值逐渐降低到盈亏平衡点的状态,敏感性分析的主要目的就是为了确定上述各因素在使企业经营不亏损情况下的最大允许值和最小允许值。

由利润模型 $\pi = Q(P-V) - FC$,可以推导出当 π 为零时有关因素最大、最小允许值的相关公式:

$$Q = \frac{FC}{P-V} \tag{3-41}$$

$$P = \frac{FC}{Q} + V \tag{3-42}$$

$$V = P - \frac{FC}{Q} \tag{3-43}$$

$$FC = Q(P-V) \tag{3-44}$$

3.4.2 各因素变化对利润影响程度的应用

【例 3-5】 方大公司生产并销售单一产品 B,产品的市场售价为 50 元,单位变动成本为 20 元,固定成本为 30 000 元,预计年度销售量为 2 000 件。

(1) 计算销售量的临界值(最小值)。
(2) 计算单价的临界值(最小值)。
(3) 计算单位变动成本的临界值(最大值)。
(4) 计算固定成本的临界值(最大值)。

根据产品数据资料,目标利润 $= 2\,000 \times (50-20) - 30\,000 = 30\,000$ 元,各个因素的临界值就是当企业处于盈亏平衡状态下各因素的最大、最小允许值,具体计算结果如下。

(1) 销售量的临界值为

$$Q = \frac{FC}{P-V} = \frac{30\,000}{50-20} = 1\,000 \text{ 件}$$

即产品销售量的最小允许值(盈亏平衡点销售量)为 1 000 件,低于 1 000 件则会发生亏损,或者说,实际销售量只要达到计划年度预计销售量的 50%(1 000/2 000),企业就可以保本。

(2) 单价的临界值为

$$P = \frac{FC}{Q} + V = \frac{30\,000}{2\,000} + 20 = 35 \text{ 元}$$

即产品的单价不能低于 35 元这个最小值,或者说,单价降低的幅度不能超过 30%(15/50),否则便会发生亏损。

(3) 单位变动成本的临界值为

$$V = P - \frac{FC}{Q} = 50 - \frac{30\,000}{2\,000} = 35 \text{ 元}$$

这意味着当单位变动成本由 20 元上升到 35 元时,企业的利润将由 30 000 元变为 0 元。35 元为企业所能承受的单位变动成本的最大值,此时其变动率为 75%(15/20)。

(4) 固定成本的临界值为

$$FC = Q(P-V) = 2\,000 \times (50-20) = 60\,000 \text{ 元}$$

固定成本的临界值也可以通过直接将原固定成本与目标利润相加得到,即由固定成本将目标利润简单地"吃掉",此时的固定成本总额增加了 100%。

接例 3-5,假设该企业的销售量、单价、单位变动成本、固定成本都增长了 10%,那么利润对各因素的敏感系数是多少?

(1) 利润对销售量的敏感系数

根据定义公式,有

$$\pi = 2\,000 \times (1+10\%) \times (50-20) - 30\,000 = 36\,000 \text{ 元}$$

$$\frac{\Delta \pi}{\pi} = \frac{36\,000 - 30\,000}{30\,000} = 20\%$$

$$\text{销售量敏感系数} = \frac{20\%}{10\%} = 2$$

或者直接代入式(3-37)可得:

$$\text{销售量敏感系数} = (P-V)\frac{Q}{\pi} = (50-20) \times \frac{2\,000}{30\,000} = 2$$

(2) 利润对单价的敏感系数

根据定义公式,有

$$\pi = 2\,000 \times [50 \times (1+10\%) - 20] - 30\,000 = 40\,000 \text{ 元}$$

$$\frac{\Delta \pi}{\pi} = \frac{40\,000 - 30\,000}{30\,000} \approx 33\%$$

$$\text{单价敏感系数} \approx \frac{33\%}{10\%} = 3.3$$

或者直接代入式(3-38)可得:

$$\text{单价敏感系数} = Q\frac{P}{\pi} = 2\,000 \times \frac{50}{30\,000} \approx 3.3$$

(3) 利润对单位变动成本的敏感系数

根据定义公式,有

$$\pi = 2\,000 \times [50 - 20 \times (1+10\%)] - 30\,000 = 26\,000 \text{ 元}$$

$$\frac{\Delta \pi}{\pi} = \frac{26\,000 - 30\,000}{30\,000} \approx -13\%$$

$$\text{单位变动成本敏感系数} \approx \frac{-13\%}{10\%} = -1.3$$

或者直接代入式(3-39)可得:

$$\text{单位变动成本敏感系数} = -Q\frac{V}{\pi} = -2\,000 \times \frac{20}{30\,000} \approx -1.3$$

(4) 利润对固定成本的敏感系数

根据定义公式,有

$$\pi = 2\,000 \times (50-20) - 30\,000 \times (1+10\%) = 27\,000 \text{ 元}$$

$$\frac{\Delta \pi}{\pi} = \frac{27\,000 - 30\,000}{30\,000} = -10\%$$

$$\text{固定成本敏感系数} = \frac{-10\%}{10\%} = -1$$

或者直接代入式(3-40)可得:

$$\text{固定成本敏感系数} = -\frac{\text{FC}}{\pi} = -\frac{30\,000}{30\,000} = -1$$

根据计算结果,从以下两个方面来进行分析。

首先,从正负性角度来看,利润对单位变动成本和固定成本的敏感系数小于零,说明利润和这两个因素反方向变动;而单价和数量的敏感系数大于零,意味着这两个影响因素和利润同方向变动。

其次,从绝对值大小来看,在4个影响因素中,利润对单价最敏感,单价每变动1个百分点,利润将会同方向变动3.3个百分点;而利润对固定成本最不敏感,固定成本的变动对利润影响最小。

值得注意的是,上述敏感系数的排序是在所设定条件的基础上得到的,若条件发生了变化,则各因素敏感系数之间的排序也可能发生变化。

3.5 本量利分析应用案例

【案例资料】

大华公司生产甲、乙、丙三种产品,2022年该公司销售部门根据市场需求进行预测,计划部门会同生产部门初步估算了年度生产能力,编制了2022年的产品生产计划,财务部门通过整理相关数据编制了年度销售利润测算表,如表3-4所示。

公司生产多年的成熟产品甲,因为面临产品老化、创新不足的问题而长期处于亏损状态。虽然甲是亏损产品,但在市场上仍然有一定的需求量,公司多年来仍坚持生产。

表 3-4 年度销售利润测算表   单位:万元

项目	甲	乙	丙	合计
销售收入	1 000	1 200	800	3 000
销售成本	1 100	700	600	2 400
销售利润	−100	500	200	600

公司领导看过年度销售利润测算表后,认为2022年预计实现的销售利润总额较低,基于此,领导提出了以下两个问题。

问题一:2022年度的目标利润能否增长到800万元?
问题二:既然甲产品长期亏损,影响企业的财务报表利润,能否考虑停产?

根据领导提出的问题,财务部门会同生产、销售等部门共同研究,寻找对策,提出以下三个方案以供选择,并邀请相关专家确定其中的最优方案。

方案 A:停止生产老产品甲,按照原计划生产乙产品和丙产品,此时固定成本总额为 580 万元。

方案 B:停止生产老产品甲后,考虑生产设备的限制条件,乙产品产量最多增加 50%,丙产品产量最多增加 30%,此时固定成本总额为 580 万元。

方案 C:调整产品的生产计划。乙产品作为公司近年来开发的新产品,由于质量好、功能全面而广受客户青睐。所以,乙产品产量在原计划的基础上增加 45%,并压缩 40% 的甲产品的产量。

另外,在 2021 年成本资料的基础上,考虑原材料上涨等因素,财务部门编制了各产品变动成本占销售收入的比例表,如表 3-5 所示。

表 3-5　各产品变动成本占销售收入的比例表

项目	甲	乙	丙
变动成本占销售收入的比例	60%	40%	70%

【案例要求】

如果你作为专家组成员,你会选择哪个方案?请说明理由。

【案例解析】

根据上述资料,具体分析如下。

第一步,计算各产品的变动成本、边际贡献和营业利润,具体结果如表 3-6 所示。

表 3-6　各产品的营业利润　　　　　　　　　　单位:万元

产品	甲	乙	丙	合计
销售收入	1 000	1 200	800	3 000
变动成本	600	480	560	1 640
边际贡献	400	720	240	1 360
固定成本	500	220	40	760
营业利润	−100	500	200	600

第二步,对各方案进行分析。

(1) A 方案的营业利润如表 3-7 所示。

表 3-7　A 方案的营业利润　　　　　　　　　　单位:万元

产品	乙	丙	合计
销售收入	1 200	800	2 000
变动成本	480	560	1 040
边际贡献	720	240	960
固定成本	580		580
营业利润	380		380

由此可见,甲产品停产后,按照原计划产量进行生产,企业营业利润总额不仅没有提升,反而有所下降。这是因为虽然甲产品的营业利润为-100万元,但是甲产品的边际贡献为400万元,因此,甲产品的生产有利于企业弥补固定成本总额。

(2) B方案的营业利润如表3-8所示。

表3-8　B方案的营业利润　　　　　　　　　　　　　　　　　　单位:万元

产品	乙	丙	合计
销售收入	1 800	1 040	2 840
变动成本	720	728	1 448
边际贡献	1 080	312	1 392
固定成本	580		580
营业利润	812		812

根据计算结果,B方案的营业利润为812万元,满足目标利润800万元的要求。因为乙产品的边际贡献最大,所以在固定成本不变的情况下,增加乙产品的产销量能够极大提高营业利润。

(3) C方案的营业利润如表3-9所示。

表3-9　C方案的营业利润　　　　　　　　　　　　　　　　　　单位:万元

产品	甲	乙	丙	合计
销售收入	600	1 740	800	3 140
变动成本	360	696	560	1 616
边际贡献	240	1 044	240	1 524
固定成本	500	220	40	760
营业利润	-260	824	200	764

C方案的营业利润为764万元,大于原生产计划可实现的目标利润600万元,但小于目标利润800万元。

综上所述,最终应选择B方案。

本章知识点小结

本章主要介绍本量利分析的相关内容,核心知识点包括以下几点。

第一,本量利分析的概述。①本量利分析的概念:主要研究成本、业务量和利润三者之间的关系,并通过定量分析的方法对企业的生产经营活动进行预测、规划和控制。②本量利分析的基本假设:相关范围假设、模型线性假设、产销平衡假设、产品构成稳定假设。

第二,盈亏平衡点分析。①盈亏平衡点公式法。②盈亏平衡点图解法。③不同因素变动对盈亏平衡点的影响,包括:单因素变动(固定成本变动、单位变动成本变动、销售价格变动);多因素变动;产品构成变动。

第三,目标利润实现分析。①税前保利量和保利额的计算模型。②税后保利量和保利额的计算模型。③不同因素变动对目标利润的影响。

第四,利润的敏感性分析。①敏感性的含义:敏感性是指自变量每变动一个百分点所带来的因变量变动的比例;②利润对各因素的敏感系数:销售量敏感系数、单价敏感系数、单位变动成本敏感系数和固定成本敏感系数。

思考与练习题

一、单项选择题

1. 北方公司生产并销售单一产品 A,单价为 10 元,单位变动成本为 5 元,单位变动销售及管理费用为 3 元,固定成本为 1 000 元,销售量为 1 000 件,则该产品的边际贡献总额为（　　）元。
   A. 1 000　　　　B. 2 000　　　　C. 3 000　　　　D. 4 000

2. 北方公司生产并销售单一产品,当处于盈亏平衡状态时,销售额的计算公式为（　　）。
   A. 固定成本总额/综合边际贡献率
   B. 固定成本总额/边际贡献率
   C. 固定成本总额/安全边际率
   D. 固定成本/单位边际贡献

3. 在正常销售水平一定的条件下,盈亏平衡点的销售量越大,表明企业的（　　）。
   A. 财务风险越小　　　　　　　B. 财务风险越大
   C. 经营风险越小　　　　　　　D. 经营风险越大

4. 北方公司生产并销售单一产品 A,目前处于盈利状态,销售单价为 20 元,利润对价格的敏感系数为 4。假定其他条件不变,当公司盈亏平衡时,销售单价为（　　）元。
   A. 10　　　　　B. 15　　　　　C. 20　　　　　D. 25

5. 甲公司 A 产品的销售收入为 80 万元,边际贡献率为 50%,则变动成本总额为（　　）万元。
   A. 30　　　　　B. 40　　　　　C. 50　　　　　D. 60

二、多项选择题

1. 某产品单价为 10 元,单位变动成本为 5 元,固定成本为 5 000 元,计划年度销售量为 2 000 件。假设产销平衡,目标利润为 6 000 元,则以下说法正确的是（　　）。
   A. 单价提高 0.5 元
   B. 单位变动成本降低 0.5 元
   C. 产销量提高 200 件
   D. 固定成本降低 1 000 元

2. 下列各选项中是盈亏平衡状态的有（　　）。
   A. 销售收入总额等于成本总额
   B. 变动成本总额等于固定成本总额
   C. 边际贡献总额等于固定成本总额
   D. 边际贡献总额等于变动成本总额

3. 下列各选项中关于安全边际的表述正确的有（　　）。
   A. 安全边际大于 1,表明企业经营状况的安全程度高

B. 安全边际部分的销售额即企业的销售利润
C. 安全边际额是正常销售额超出盈亏平衡状态下销售额的差额
D. 安全边际额表示企业销售额下降多少仍不至于亏损

4. 某产品单位变动成本上涨了 2 元,为抵消其不利影响,该产品的售价同样上涨 2 元,其他因素保持不变,则下列说法正确的有(　　)。

A. 该产品的变动成本率保持不变
B. 该产品的单位边际贡献增加 2 元
C. 该产品的安全边际额变大
D. 该产品盈亏平衡状态下的销售额变大

5. 下列各选项中关于边际贡献率的计算公式正确的有(　　)。

A. 单位边际贡献/单价　　　　　　B. 1－变动成本率
C. 边际贡献总额/销售收入　　　　D. 固定成本/保本销售额

三、计算分析题

1. 某企业生产并销售甲产品,正常销售量为 3 000 件,已知市场单价为 50 元,边际贡献率为 60%,固定成本总额为 24 000 元,所得税税率为 25%。

要求:
(1) 甲产品的保本销售量是多少?当要求税后利润为 75 000 元时,销售量是多少?
(2) 计算甲产品的安全边际量和安全边际率。

2. 甲公司 2021 年生产并销售 A 产品 5 000 件,市场单价为 60 元,单位变动成本为 20 元,固定成本总额为 50 000 元。经过充分的市场调研,预计 2022 年市场需求持续旺盛,为提高公司利润,生产和销售部门制定了以下两种方案。

方案一:为充分调动生产潜能,产销量增加 15%,其他条件保持不变。
方案二:目前市场处于供不应求的状态,产品单价适当提高 15%,其他条件保持不变。

要求:
(1) 根据方案一,计算利润增长的百分比和产销量的敏感系数。
(2) 根据方案二,计算利润增长的百分比和单价的敏感系数。
(3) 判断甲公司更倾向于哪个方案。

3. 甲商户丁 2021 年 12 月 31 日正式加盟某网红奶茶餐饮集团乙,目前正对 2022 年度的盈亏情况进行测算。具体情况如下。

(1) 加盟期限为 5 年,一次性支付 80 万加盟费。经营期内每年按照销售额的 8% 支付乙集团特许经营费及品牌宣传费。
(2) 该奶茶店位于人流密集的闹市区,每年的租金为 20 万元。
(3) 为优化奶茶制作工艺、提升口感,甲商户新增一项专用设备。该设备原价为 40 万元,按年限平均法计提折旧,折旧年限为 10 年且不考虑残值。
(4) 奶茶的平均单价为 20 元,变动制造成本率为 15%,每年正常销售量可达 3 万杯。

要求:
(1) 计算每年的固定成本总额和单位变动成本。
(2) 计算盈亏平衡销售额及安全边际率。
(3) 如果计划税前目标利润为 10 万元且奶茶销售量达到 4 万杯,求甲商户可接受的奶茶的最低销售价格。

第4章 预测分析

知识框架体系

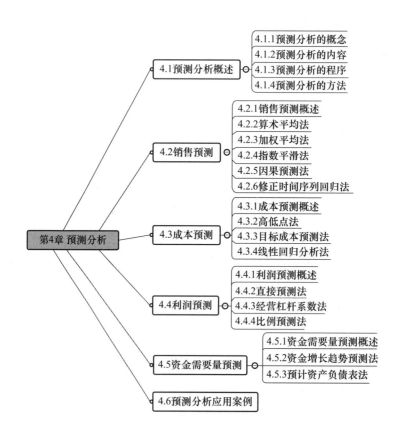

【学习目标】

本章在讲解预测分析基本理论的基础上,重点讲授了销售预测、成本预测、利润预测、资金需要量预测的基本理论及预测方法。通过本章的学习,需要达到以下学习目标:

1. 预测分析的概念、内容、程序和方法(识记);

2. 销售预测的含义和预测方法,包括算术平均法、加权平均法、指数平滑法、因果预测法、修正时间序列回归法(理解和应用);

3. 成本预测的含义和预测方法,包括高低点法、目标成本预测法、线性回归分析法(理解和应用);

4. 利润预测的含义和预测方法,包括直接预测法、经营杠杆系数法、比例预测法(理解和应用);

5. 资金需要量预测的含义和预测方法,包括资金增长趋势预测法、预计资产负债表法(理解和应用)。

4.1 预测分析概述

预测分析包括销售预测、成本预测、利润预测和资金需要量预测。因为不同预测类型的内容不同,所采取的预测方法不一样,所以在进行预测时,需要遵循预测的基本程序,根据不同预测类型采取不同的预测方法。本节主要介绍预测分析的概念、预测分析的内容、预测分析的程序以及预测分析的方法等基本理论知识。

4.1.1 预测分析的概念

1. 预测的含义

预测是人们对未来状况做出的估计,即根据过去的历史资料和现在所能取得的信息,运用已有的科学知识和实践经验,遵循事物发展的规律,有目的地由已知推断未知和由现在推测未来的过程。

预测的真正目的在于应变。任何类型的决策,都有可能在信息量不足、随机因素较多以及不确定性较大的条件下进行,要控制和降低由此带来的风险,必须提高应变能力。由于预测能给人们展现未来的各种可能,并促使人们制订相应的应急计划,因此预测是超前思考的过程,是决策的先导,为决策服务。

2. 预测分析的含义

预测分析就是根据企业有关经济活动的历史资料和现在状况,同时结合未来可能发生的各种变化要求,通过采用一系列科学的计算方法和技术方法,对所预测对象的未来状况或发展趋势进行的预计和推测。

预测分析是进行经营决策的主要依据,因为预测分析所要解决的问题是如何科学准确地预见或描述未来,为最终的决策提出行动方案、提供支撑。预测分析也是编制全面预算的前提,因为预测分析所提供的诸多数据会被纳入预算,成为编制预算的基础。

需要说明的是,预测分析不可能完全准确,但即使如此,由于预测分析可以提高企业对不确定事件的应变能力,因此预测分析能够减少不利事件给企业带来的损失,增加有利机会给企业带来的收益。

3. 管理学上预测分析内涵的界定

管理会计中的预测分析是指运用专门的方法进行经营预测的过程。经营预测是指企业根据现有的经济条件和历史资料以及客观事物之间的内在联系,对企业生产经营活动的未来发展状况和趋势进行预计和测算。

预测分析在诸多领域均有所应用,不同领域内的预测分析的侧重点不同。与市场营销、企业管理等领域的经营预测相比,管理会计领域内的经营预测更加注重企业未来的收入、成本以及资金需要量的变化,因此从管理学角度上,经营预测可以分为销售预测、成本预测、利润预测和资金需要量预测等内容,这也是本书所界定的预测分析的内容框架。

需要特别强调的是，在进行预测分析时，必须以占有充分信息资料为前提，预测的模式要根据经济现象的变化做出相应的改变，预测的时间不能过长。同时，预测必须以客观准确的历史资料和合乎实际的经验为依据，预测分析也应充分估计预测的可能误差。

4.1.2 预测分析的内容

预测分析的内容包括销售预测、利润预测、成本预测和资金需要量预测。

1. 销售预测

销售预测是其他各项预测的前提，是正确编制销售预算的基础。销售预测是指在市场调查的基础上，结合企业自身的历史销售资料和外部市场需求的变化，对影响销售的相关因素进行分析，预测企业某种产品在未来一定时期和区域内的销售发展变化趋势的过程。销售预测包括销售量的预测和销售收入的预测。

市场调查是销售预测的基础。市场调查是指企业通过对与特定产品有关的市场需求、供给情况以及竞争者的市场份额情况等进行分析，判断该特定产品现实和潜在市场的大小，从而决定是否进入该市场的过程。

需要说明的是，此处的销售预测指的是销售量和销售收入的预测。

2. 利润预测

利润预测是编制利润预算的重要依据。利润预测是指在销售预测的基础上，根据企业经营目标的要求，通过分析影响利润变动的各种因素，预测企业未来一定时期内可能实现的利润水平及其变动趋势的过程。

销售预测是利润预测的基础，因为进行利润预测时，需要综合分析影响利润变动的产品销售价格、产品变动成本、产品销售量、固定成本等因素，而这些变量都是通过销售预测获得的。因此只有科学进行销售预测，才能更好地进行利润预测，才能进一步为预测企业的资金需要量等提供预测信息。

3. 成本预测

成本预测是正确编制成本预算的重要依据。成本预测是指根据企业的发展目标和历史上的成本资料以及当前所处的经济技术环境等，运用预测分析方法，对企业未来一定时期内的成本水平以及变动趋势进行科学预计和推测的过程。

企业经营的各项历史成本资料是成本预测的基础。只有在掌握历史成本资料的基础上，才能进一步揭示企业经营的各个方面与产品成本之间的内在联系，同时结合企业要实现的目标，并充分考虑当前所处的内外部环境，才能更好地进行成本预测，提高管理工作的预见性，降低成本水平，提高企业的经济效益。

4. 资金需要量预测

资金需要量预测是科学合理筹集和使用资金的保证。资金需要量预测是指在企业未来的生产经营规模扩大和资金利用效果提升的前提下，根据企业未来经营发展目标和历史资料，通过考虑影响资金的各项因素并运用一定方法，对企业未来一定时期内或一定项目所需要的资金需要量及其相关因素进行科学预计和推测的过程。

销售预测、利润预测和成本预测是资金需要量预测的基础。销售预测会得到未来企业经营收入的预测数据，成本预测会预测未来经营收入所花费的成本，利润预测会确定未来经营所获得的利润。这些预测数据的确定是资金需要量预测的前提，无论是流动资金需要量的预测，还是资金需要总量的预测,都离不开上述预测数据。科学的资金需要量预测不仅能使企业的资金满足生产经营的需要,还不会产生闲置的多余资金,造成资金的浪费。

4.1.3 预测分析的程序

预测分析需要遵循一定的程序,预测分析的程序一般包括以下步骤。

1. 确定预测对象和目标

在进行预测分析之前,需要根据企业经营的总体目标来设计和选择预测的对象和目标。预测对象的确定需要先明确预测的内容和范围,然后根据预测的内容和范围,确定预测的目标。需要注意的是,在确定预测目标时,需要考虑预测内容和项目需要收集的资料,以保证预测分析的顺利进行。

2. 收集预测分析资料

确定了预测的对象和目标后,下一步就应着手收集与预测项目和目标有关的各种相关资料,包括宏观经济技术和市场方面的资料,也包括企业内部的相关的历史计划资料和实际资料等。资料的收集要完整、准确和全面,只有在占有大量资料的基础上,才能按照一定的预测分析方法对资料进行加工整理以及数据分析,进而从中发现与预测对象有关的各相关因素之间的逻辑因果关系等,因此收集资料是预测分析中一个很重要的基础环节。

3. 归纳和整理资料

收集预测分析资料后,需要对收集到的资料进行加工、归纳和整理,这一过程也是预测分析中重要的一个环节。如果这一项工作做不好,不仅会浪费收集来的资料,更会影响后续预测方法的选择和预测结果的准确性,因此,归纳和整理资料这一环节显得尤为重要。在归纳和整理资料时,要紧紧围绕预测分析的对象和目标,剔除与预测分析对象和目标相关性不大甚至无关的资料,提炼、归纳与预测对象和目标契合的重要资料。

4. 选择预测方法

预测分析的方法有定性分析方法和定量分析方法,两种方法各有优缺点。选择预测方法时,需要根据不同的预测对象和内容确定采用何种方法更为准确。对于那些存在数量关系且能够建立数量模型的预测对象,可以采用定量分析方法,根据预测目的和历史数据的变化选择数学模型,确定各变量之间可能存在的联系,求得预测值。但由于定量分析不能涵盖非定量因素,因此还需要充分考虑影响预测项目的一些非定量因素,并结合以往的历史经验等进行定性分析,这样才能使预测结果更为准确、可靠。

5. 分析、预测误差并修正

选定的预测方法所得出的结果需要经过反复的验证和修正过程。首先,考虑预测时所掌握的未来信息是否发生变化,是否能够揭示事物的变化趋势;其次,检查前期的预测结论是否仍符合当前的实际情况,尤其是中长期的预测项目,其外部环境和内部因素会发生相关变化;最后,关注定量分析没有考虑的非计量因素的变化,并在前期的预测结果出来时对其进行修正,使预测值能够更加准确,更加切合实际。

6. 得出预测结论并撰写报告

上述步骤完成之后,需要形成预测结论,并以一定的形式向相关部门报告。报告需要阐明预测的对象目标、预测所采用的方法和修正的过程等内容,并重点阐明预测分析的结论和依据,为企业的经营决策提供参考和依据。

4.1.4 预测分析的方法

一般来说,常用的预测分析方法按照是否建立变量关系进行数据处理,可分为定量分析法和定性分析法两大类。这两种方法各有优缺点,在实际工作中,为提高预测的精确度和科学性,两种方法往往结合使用,从而形成一个相对完整的预测分析方法体系。

1. 定性分析法

定性分析法又称非数量分析法,是指由专业人员根据丰富的实践经验,综合考虑政治经济的政策与形势,并结合市场变化和消费者倾向等对企业经营的影响,对预测对象进行综合分析,进而对事物未来的发展状况和趋势进行预测及推测的一种预测方法。

常见的定性分析法一般包括判断分析法和调查分析法两类。

(1) 判断分析法

判断分析法是通过聘请知识渊博的经济专家或具有丰富经验的市场营销人员和经营管理人员,对企业一定期间特定产品的销售情况进行综合研究,进而做出判断和预测的一种方法。

按照具体运行方式的不同,判断分析法可分为相关人员判断法、专家小组法和德尔菲法等。

相关人员判断法:分别向本企业熟悉销售业务、拥有多年实践经验,对未来市场发展的变化趋势等信息反应敏锐的领导、主管人员和业务人员等,征求关于本企业产品未来销售情况的个人意见,然后将这些意见加以综合分析,从而确定预测值。

专家小组法:由企业组织销售领域内的各专家组成预测小组,通过召开座谈会等各种"面对面"的方式进行充分的集体讨论和研究,然后通过专家们的集体智慧做出最后的预测和判断。此方法的最大缺点在于预测小组中的专家可能会受到权威专家的影响,从而导致每一个专家的作用得不到充分的发挥。

德尔菲法:与专家小组法正好相反,德尔菲法通过函询等"背靠背"的方式向若干销售领域内的专家分别征求意见,使得各个专家只根据自己的方法和观点进行预测,各个专家之间不进行直接交流,而是由企业将各个专家的意见进行集中并综合各种预测结果,并将汇集后的预测结果以不记名的方式反馈给各个专家,请他们参考别人的意见并修正本人原来的判断,如此反复数次,专家小组的预测意见趋于集中,使企业最终做出符合市场未来发展趋势的决策。

判断分析法一般适用于不具备完整可靠的历史资料、无法进行定量分析的企业。

(2) 调查分析法

调查分析法是指在充分考虑调查要求和目的基础上确定调查项目、调查对象和调查方法,并对调查结果所取得的数据与资料进行科学的分析,了解调查项目的变化趋势,从而进行预测的方法。在运用调查分析法时,调查对象的选择要具有普遍性和代表性,调查方法要简便易行,这样所获得的资料才具有真实性、代表性,才能作为预测的依据。

调查分析法一般在被调查对象具有普遍性和代表性、调查者的调查意向明确、调查费用不高的情况下使用。调查分析法通常采用走访用户、召开有关人员会议、电话咨询等形式进行调查。

定性分析法的优点是:计算量通常较小,不需要复杂的定量分析,主要根据专家积累的科学知识和实际经验进行判断,可以加快预测速度。定性分析法的缺点是科学依据不足,准确性和可靠性较差。因而定性分析法的适用条件为:所预测的对象缺乏变量间明显的数量关系和完备的历史资料等。

2. 定量分析法

定量分析法又称数量分析法,是指根据预测对象较为完善的历史资料,在确定有关要素定量资料的基础上,采用统计推断或建立数学模型等现代数学方法进行数据处理,建立反映各有关变量之间规律性联系的预测模型,据此对事物的未来发展趋势进行预测的方法。

常见的定量分析法可分为时间序列法和因果预测法两类。

(1) 时间序列法

时间序列法是指假设在过去和现在的发展条件适用于未来的前提下,企业过去和现在的某种发展趋势会随着时间的推移延续下去,在预测时应用一定的数学方法将时间作为自变量,根据预测指标发生的时间先后顺序排列历史数据,以某项指标过去的变化趋势为预测的依据,找出随时间变化的趋势,从而预测未来发展趋势的一种动态分析方法。时间序列法又称趋势分析法,一般包括算术平均法、移动平均法、趋势平均法、加权平均法、指数平滑法等。

(2) 因果预测法

因果预测法是指根据预测对象与其他相关指标之间相互依存、相互制约的联系,找出变量之间存在的规律性的因果函数关系并进行分析研究,并以此作为预测的依据,建立相应的因果数学模型进行预测的分析方法。常见的因果预测法有回归分析法、投入产出法和经济计量法等。

定量分析法的优点是预测结果较为精确。定量分析法的缺点是计算量较大,需要运用现代数学知识和统计学知识,而且许多非计量因素无法予以量化,无法加入预测因素当中,这些都会使预测结果出现偏差。

特别需要说明的是,因为定性分析法与定量分析法各有优缺点,所以在实际工作中,预测者只有根据企业所处的内外部环境和企业经营的实际情况,将两种方法结合起来运用,才能取长补短,提高预测分析的准确性和预测结论的可信度,取得良好的预测效果。因此,在实际应用中,两种方法是相互补充、相辅相成的。

4.2 销售预测

销售预测是企业经营预测的起点,在企业的整个预测链条中起着先导作用。销售预测的内涵分为广义和狭义两个方面,狭义的销售预测仅指销售量或销售额预测,这也是本书所界定的内涵。只有做好销售预测,正确编制销售预算,才能为企业的经营决策提供科学合理的依据。本节在介绍销售预测基本理论概念的基础上,重点介绍销售预测的定量分析方法和应用。

4.2.1 销售预测概述

1. 销售预测的概念

销售预测的内涵分为广义和狭义两个方面。

广义的销售预测包括市场调查和销售量或销售额预测。市场调查是销售预测的基础,是指通过了解与特定产品有关的市场需求状况和产品所处的市场环境,得出该特定产品有无现实市场或潜在市场以及市场大小的结论的过程。

狭义的销售预测又称产品需求量预测,专指销售量或销售额预测,是指在对过去和现在的销售资料进行分析的基础上,经过充分的市场调查,运用一定的方法,对企业某种产品在一定区域和期间内的销售量或销售额的发展变化趋势所进行的科学预测。本书所指的销售预测为狭义的销售预测。

理解销售预测的概念,需要考虑销售预测的内外部影响因素,包括国民经济的发展规律及速度、当前的市场环境、政策和制度的变化、人口增长的速度、居民的消费水平、企业的市场占有率、经济的发展趋势、竞争对手的情况等外部因素,产品的价格、产品的功能和质量、广告手段的应用、企业提供的配套服务等内部因素,并且在预测时充分考虑这些因素所带来的影响,以便选择适当的方法进行科学的预测。

2. 销售预测的地位

企业的生存和发展取决于企业的经营情况,取决于企业销售的产品能否被市场接纳,取决于企业能否生产满足市场需求的产品,因此在市场经济条件下,市场决定着企业的生存和发展,因而销售预测处于先导地位。

(1) 销售预测是企业经营预测的起点和基础

企业的经营预测不仅包括销售预测,还包括成本预测、利润预测和资金需要量预测等,这些经营活动都与产品的销售密切相关,都不可避免地与销售预测的内容和结果紧密相连。企业在研究市场的基础上,需要确定未来一定时期内市场需要哪些产品、哪些产品能够适销对路,这些商品能在市场上占有多大份额以及能获取多少利润等。在企业的预测系统中,销售预测处于先导地位,它对于指导利润预测、成本预测和资金需要量预测等都起着重要的作用,只有在做好销售预测的前提下,才能开展其他各项经营预测。

(2) 销售预测是正确编制销售预算的前提

企业在生产经营过程中,为了对各项经营活动进行事先的控制,需要编制各项预算。企业的各项预算的编制需要依据销售预算,而能否正确编制销售预算,销售预测显得尤为重要。只有在了解市场需求的基础上,对企业各项产品的销售量等进行科学合理的预测,才能使企业合理地编制销售预算,否则预算的数据便没有依据,不能起到事先控制的作用。

(3) 销售预测为企业经营决策提供最重要的依据

销售预测正确与否直接或间接地关系到其他各项经营预测的质量,同时也对企业正确进行经营决策、投资决策,提高经济效益具有重要意义。由于销售预测建立在企业的历史数据和市场调查的基础上,可以为企业的生产经营提供可靠的信息和数据,使企业组织生产时的目标明确合理,同时能够防止因信息不对称而导致的盲目生产和产品的积压滞销,因此销售预测能够使企业了解市场的供求状况和发展趋势,能够使企业的生产经营决策更加切合实际。

3. 销售预测的方法

销售预测的方法有很多种,归纳起来有两大类:定性销售预测法和定量销售预测法。

(1) 定性销售预测法

定性销售预测法是指借助于有关专业人员的政策水平、知识技能、实践经验和综合分析能力,在考虑政治经济形势、市场变化、经济政策、消费倾向等相关调查研究的基础上,对企业产品的销售量或销售额的发展趋势做出判断和预测。

定性销售预测法一般包括个别专家意见法、专家集合意见法及德尔菲法等。

① 个别专家意见法。这种方法又称主观判断法,是指对企业的销售业务、市场的未来发展变化等比较熟悉的主管人员或业务人员,根据其多年的实践经验对企业的销售情况等进行综合分析评价,然后再将综合分析评价所得意见加以综合分析,从而确定预测值。

② 专家集合意见法。这是一种由企业组织专家组成预测小组,通过召开各种座谈会的方式,根据专家们多年的实践经验和判断能力对特定产品的未来销售量进行判断和预测的方法。这种方法可以使专家们相互启发,使预测的问题更加全面深入,避免各专家之间因信息资料不全而形成片面性,但也需要专家们从企业的整体利益出发,不受权威人士意见的影响和约束。

③ 德尔菲法。德尔菲法在第4.1.4节有详细介绍,其最显著的特征就是各专家之间应尽量互不通气,避免因为观点不同、地位不同等原因而对各专家产生干扰和影响,同时还要重视少数人的意见,以使各专家在重复预测时做出较全面的分析和判断。

除上述方法外,销售预测的定性销售预测法还有全面调查法、产品寿命周期分析法等。定性销售预测法的特点是以经验为基础,简便易行,但缺乏具有说服力的数学依据,且主观因素较多、偏差较大,因而多在不必要或无法取得定量分析数据的时候应用。

(2) 定量销售预测法

定量销售预测法又称数量分析法,是一种主要应用数学工具对与销售有关的各种信息和数据进行科学的加工处理,根据各因素之间的关系建立数学模型,充分揭示各有关变量之间的规律性联系并得出相应的预测结论的方法。

由于定量分析不能概括所有复杂的经济变化情况,如果不结合预测期间的政治、经济、市场以及政策方面的变化情况,可能会导致预测结果脱离客观实际,因此在实践中,应该根据具体情况,把定量分析与定性分析方法结合起来使用,如此才能取得良好的效果。

常用的定量销售预测法有算术平均法、加权平均法、指数平滑法、因果预测法和修正时间序列回归法等。下面逐一进行介绍。

4.2.2 算术平均法

算术平均法是一种把企业若干历史时期的销售量或销售额作为观察值,然后将观察值按时间顺序进行排列,并将其平均数作为下期销售预测值的预测方法。

算术平均法的计算公式为

$$\text{预测期销售量(额)}(Y) = \frac{\text{历史各期销售量(额)之和}}{\text{期数}} = \frac{\sum X_i}{n} \quad (4\text{-}1)$$

在采用算术平均法时,需要注意以下几点。

第一,算术平均法假设将来的发展是过去的延续,每个观察值都同等重要。

第二,当销售额或销售量在选定的历史时期中呈现上升或者下降的趋势时,则不能简单地采用这种方法。

第三,算术平均法通常适用于比较稳定的产品销售量或销售额的预测。

算术平均法的优点是计算比较简单,易于掌握;缺点是没有考虑不同时期实际销售量或销售额的发展趋势,把近远期不同时间的差异平均化,可能会使预测结果产生较大的误差。

【例4-1】 宜婴公司是一家生产儿童玩具的企业,由于该公司不断提升产品的性能,其产品销售量逐月上升。该公司2021年1月到6月的销售情况如表4-1所示。

表 4-1 宜婴公司的销售情况(一)

月份	销售量/万个	销售单价/元	销售额/万元
1月	100	10	1 000
2月	200	10	2 000
3月	300	10	3 000
4月	350	10	3 500
5月	400	10	4 000
6月	450	10	4 500

要求:运用算术平均法预测 7 月的销售量和销售额。

7 月销售量预测数=(100+200+300+350+400+450)/6=300 万个

7 月销售额预测数=(1 000+2 000+3 000+3 500+4 000+4 500)/6=3 000 万元

在销售单价相同的情况下,还可用以下方法计算 7 月的销售额:

7 月销售额预测数=300×10=3 000 万元

4.2.3 加权平均法

加权平均法是指将企业过去各期历史的销售量或者销售额数据作为观察值,按照近期权数大、远期权数小的原则,以及各个观察值与预测值的相关程度分别确定各期历史数据的不同权数,计算出销售量或销售额的加权平均数,并以此作为未来销售量或销售额预测值的预测方法。

加权平均法权数的确定,有三种权数的取值方法,即取相对数权数、取小数权数、取绝对数权数。因为取相对数权数和取小数权数的原理相同,计算公式也相同,所以加权平均法的权数取值方法可以归为两类:一类是取相对数或小数权数;另一类是取绝对数权数。

1. 取相对数或小数权数

取相对数或小数权数是指按照相对数或小数确定权重的方法。取相对数或小数权数的加权平均法的计算公式为

$$\text{预测期销售量(额)}(Y) = \sum_{i=1}^{n} X_i W_i \tag{4-2}$$

其中,Y 为加权平均数下的预测期销售量(额);W_i 为第 i 个观察值的权数;X_i 为第 i 个观察值;n 为观察值个数。

在确定各期的权数时,需要遵循以下原则。

第一,根据历史各期的增减趋势确定权数远近的大小。当历史时期的各期销售量呈现增减趋势时,需要将近期观察值的权数规定得大一些,远期观察值的权数规定得小一些,使预测值更接近近期的观察值,即

$$W_1 \leqslant W_2 \leqslant W_3 \leqslant \cdots \leqslant W_n$$

第二,历史各期的权数总和应该等于 1,即

$$\sum W_i = 1$$

【例 4-2】 续例 4-1,假设宜婴公司采用取小数权数的加权平均法,相关资料如表 4-2 所示。

表 4-2 宜婴公司的销售情况(二)

月份	销售量/万个	销售单价/元	销售额/万元	小数权数
1月	100	10	1 000	0.1
2月	200	10	2 000	0.1
3月	300	10	3 000	0.1
4月	350	10	3 500	0.2
5月	400	10	4 000	0.2
6月	450	10	4 500	0.3

要求:运用取小数权数的加权平均法预测7月的销售量和销售额。

7月销售量预测数=100×0.1+200×0.1+300×0.1+350×0.2+400×0.2+450×0.3
       =345 万个

7月销售额预测数=1 000×0.1+2 000×0.1+3 000×0.1+3 500×0.2+4 000×0.2+
       4 500×0.3
       =3 450 万元

需要说明的是,在上述销售单价相同的情况下,预测的销售额即预测的销售量与销售单价的乘积,销售额的预测值也可用以下方法计算:

7月销售额预测数=345×10=3 450 万元

2. 取绝对数权数

取绝对数权数的加权平均法是指按自然数序列 $1,2,3,\cdots,n$ 为各期销售量或销售额确定权数,例如,第一期权数为1,第二期权数为2,…,以此类推,则第 n 期权数为 n。取绝对数权数的加权平均法的计算公式为

$$\text{预测期销售量(额)}(Y) = \frac{\sum \text{历史某期销售量(额)} \times \text{该期权数}}{\text{各期权数之和}} = \frac{\sum X_i W_i}{\sum W_i} \quad (4\text{-}3)$$

【**例 4-3**】 续例 4-1,假设宜婴公司采用取绝对数权数的加权平均法,相关资料如表 4-3 所示。

表 4-3 宜婴公司的销售情况(三)

月份	销售量/万个	销售单价/元	销售额/万元	绝对数权数
1月	100	10	1 000	1
2月	200	10	2 000	2
3月	300	10	3 000	3
4月	350	10	3 500	4
5月	400	10	4 000	5
6月	450	10	4 500	6

要求:运用取绝对数权数的加权平均法预测7月的销售量和销售额。

$$7\text{月销售量预测数} = \frac{100 \times 1 + 200 \times 2 + 300 \times 3 + 350 \times 4 + 400 \times 5 + 450 \times 6}{1 + 2 + 3 + 4 + 5 + 6}$$

$$= \frac{7\,500}{21} \approx 357.1 \text{ 万个}$$

$$7 月销售额预测数 = \frac{1\,000 \times 1 + 2\,000 \times 2 + 3\,000 \times 3 + 3\,500 \times 4 + 4\,000 \times 5 + 4\,500 \times 6}{1 + 2 + 3 + 4 + 5 + 6}$$

$$= \frac{75\,000}{21} \approx 3\,571 \text{ 万元}$$

在上述销售单价相同的前提下,还可用如下方法计算 7 月的销售额:

$$7 月销售额预测数 \approx 357.1 \times 10 = 3\,571 \text{ 万元}$$

3. 加权平均法的特点

与算术平均法相比,加权平均法考虑了距离预测期时间远近数据对预测值的不同影响,按照近大远小的原则为不同历史时期的资料确定权数,使得预测更加科学合理,在实践中应用较多。但由于权数的确定存在主观因素,因而预测中可能会出现人为差异。

4.2.4 指数平滑法

指数平滑法是在加权平均法基础上发展起来的一种方法。指数平滑法是在前期销售量的实际值和预测值的基础上,用平滑指数为权数预测未来销售量或销售额的一种方法。

在运用指数平滑法时,需要遵循以下原则。

第一,平滑指数 α 的取值在 0 与 1 之间,即 $0 \leqslant \alpha \leqslant 1$。常见 α 的取值范围一般是 $0.3 \sim 0.7$,需要根据实际情况进行调整。

第二,根据预测值与实际值的差别大小调整 α 值。在预测销售量的过程中,若预测值与实际值之间的差别较大,可适当增大平滑指数 α 的值,以相应强化近期实际销售量对预测的影响;反之,则适当缩小平滑指数。

第三,根据预测的期限调整 α 值。一般情况下,若销售量波动较大或要求进行短期预测,则应选择较大的平滑指数;若销售量的波动较小或要求进行长期预测,则应选择较小的平滑指数。

指数平滑法实质上也是一种加权平均法,具有如下优点:第一,α 值可以任意设定,灵活方便;第二,对不同时期的资料取不同的平滑指数,更符合客观实际;第三,在不同程度上考虑了以往各期的观察值,比较全面,避免了前后各个时期无差别对待的情况。

指数平滑法的缺点是,在实际应用中,企业往往会根据过去实际值和预测值的比较选择平滑指数的大小,带有一定的主观随意性。因此,为达到预测值和实际值之间差异的最小化,得到最佳的销售预测值,企业应充分考虑近期预测值和实际值对未来预测值的影响,随时调整平滑指数,并利用不同的平滑指数进行反复的验证。

指数平滑法的计算公式为

$$Y_t = \alpha X_{t-1} + (1-\alpha) Y_{t-1} \tag{4-4}$$

其中,Y_t 代表预测期的预测值;Y_{t-1} 代表上一期的预测值;X_{t-1} 代表上一期的实际销售值;α 代表平滑指数;t 代表期数。

【例 4-4】 续例 4-1,假设宜婴公司采用指数平滑法,且 α 为 0.4。设上年度 12 月销售量的预测值为 50 万个,实际预测值为 300 万个,其他资料如表 4-4 所示。

表 4-4　宜婴公司的销售情况(四)

月份	实际销售量/万个	销售单价/元	实际销售额/万元
1 月	100	10	1 000
2 月	200	10	2 000
3 月	300	10	3 000
4 月	350	10	3 500
5 月	400	10	4 000
6 月	450	10	4 500

要求：用指数平滑法预测 1 月至 7 月的销售量。

1 月销售量的预测值＝0.4×300＋(1－0.4)×50＝150 万个

2 月销售量的预测值＝0.4×100＋(1－0.4)×150＝130 万个

3 月销售量的预测值＝0.4×200＋(1－0.4)×130＝158 万个

4 月销售量的预测值＝0.4×300＋(1－0.4)×158＝214.80 万个

5 月销售量的预测值＝0.4×350＋(1－0.4)×214.80＝268.88 万个

6 月销售量的预测值＝0.4×400＋(1－0.4)×268.88≈321.33 万个

7 月销售量的预测值≈0.4×450＋(1－0.4)×321.33≈372.80 万个

4.2.5　因果预测法

因果预测法是指在企业的销售量或者销售额受到外部或内部、主观或客观等多种因素影响的前提下，对这些影响因素进行检测，找出影响企业销售情况的关键因素，并将这些相关因素作为自变量，把销售量或者销售额作为因变量，建立因变量与自变量之间的函数关系，最后利用此函数对销售量进行预测。

因果预测法最常用的工具是回归分析法。回归分析法又包括一元直线回归法和多元线性回归法等。一元直线回归法也称简单线性回归模式，该方法假定影响预测销售量的变量只有一个；而多元线性回归法则必须采用多个自变量，通过建立多元回归方程来进行预测。本书主要介绍一元直线回归法。

因果预测法的一元直线回归的预测理论框架如下。

第一步，建立回归分析预测模型如下：

$$y=a+bx \tag{4-5}$$

其中，y 为预测对象的销售量或销售额；x 为预测对象的相关因素变量；a 和 b 为回归系数。

第二步，应用相关系数 r 确定影响销售量或销售额的主要因素。产品销售量的影响因素有很多，既有企业内部的因素，也有企业外部的因素；既有客观因素，也有主观因素。在这些因素中，有的对销售量具有决定性作用，有的则与销售量不相关。在运用因果预测法时，需要找到与销售量或者销售额密切相关的影响因素，这就需要运用相关系数 r 进行判定。

相关系数的计算方法为

$$r = \frac{\sum_{i=1}^{n}(x_i - \bar{x})-(y_i - \bar{y})}{\sqrt{\sum_{i=1}^{n}(x_i - \bar{x})^2 \sum_{i=1}^{n}(y_i - \bar{y})^2}}$$

$$= \frac{n\sum_{i=1}^{n}(xy)_i - \sum_{i=1}^{n}x_i \sum_{i=1}^{n}y_i}{\sqrt{\left[n\sum_{i=1}^{n}x_i^2 - (\sum_{i=1}^{n}x_i)^2\right]\left[n\sum_{i=1}^{n}y_i^2 - (\sum_{i=1}^{n}y_i)^2\right]}} \quad (4-6)$$

相关系数 r 的值介于 -1 与 $+1$ 之间,即 $-1 \leqslant r \leqslant +1$,判定标准如下:

当 $r=-1$ 时,说明 x 与 y 完全负相关;

当 $r=+1$ 时,说明 x 与 y 完全正相关,即 $y=a+bx$;

当 $r \to +1$ 时,说明 x 与 y 基本正相关,可近似写成 $y=a+bx$。

第三步,计算回归系数 a 和 b 的值。确定 x 与 y 的相关性后,再确定 x 与 y 是基本正相关还是完全正相关,这样才会使得研究有意义,这时可以计算回归系数 a 和 b 的值。

回归系数 b 和 a 可以用以下公式计算:

$$b = \frac{n\sum xy - \sum x \sum y}{n\sum x^2 - (\sum x)^2} \quad (4-7)$$

$$a = \frac{\sum y - b\sum x}{n} \quad (4-8)$$

第四步,计算预测值。将 a 和 b 的值代入回归分析预测模型 $y=a+bx$ 中,计算出预测的销售量或者销售额的值。

【例 4-5】 续例 4-1,若宜婴公司产品的销售量与人口出生的数量关系密切,且经过调查,影响该公司销售的 1 月至 6 月的人口出生数量如表 4-5 所示。预计 7 月的人口出生数量为 230 万人,其他资料如表 4-5 所示。

表 4-5 宜婴公司的销售情况(五)

月份	人口出生数量 x/万人	销售量 y/万个	销售单价/元	销售额/万元
1月	80	100	10	1 000
2月	90	200	10	2 000
3月	140	300	10	3 000
4月	160	350	10	3 500
5月	200	400	10	4 000
6月	220	450	10	4 500

要求:运用因果预测法预测该公司 7 月份的销售量。

根据表 4-5 的相关数据,可以得出因果预测计算表,如表 4-6 所示。

表 4-6 宜婴公司的因果预测计算表

月份	x	y	xy	x^2	y^2
1月	80	100	8 000	6 400	10 000
2月	90	200	18 000	8 100	40 000

续 表

月份	x	y	xy	x^2	y^2
3 月	140	300	42 000	19 600	90 000
4 月	160	350	56 000	25 600	122 500
5 月	200	400	80 000	40 000	160 000
6 月	220	450	99 000	48 400	202 500
总计	890	1 800	303 000	148 100	625 000

$$r = \frac{n\sum_{i=1}^{n}(xy)_i - \sum_{i=1}^{n}x_i\sum_{i=1}^{n}y_i}{\sqrt{[n\sum_{i=1}^{n}x_i^2 - (\sum_{i=1}^{n}x_i)^2][n\sum_{i=1}^{n}y_i^2 - (\sum_{i=1}^{n}y_i)^2]}}$$

$$= \frac{6 \times 303\,000 - 890 \times 1\,800}{\sqrt{(6 \times 148\,100 - 890^2) \times (6 \times 625\,000 - 1\,800^2)}}$$

$$= \frac{216\,000}{221\,844} \approx 0.97$$

从计算结果可知,r 值为 0.97,趋近于 1,表明 x 与 y 之间基本正相关,可以建立回归模型并计算回归系数 a 和 b,从而进行预测。

$$b = \frac{n\sum xy - \sum x \sum y}{n\sum x^2 - (\sum x)^2} = \frac{6 \times 303\,000 - 890 \times 1\,800}{6 \times 148\,100 - 890^2} = \frac{216\,000}{96\,500} \approx 2$$

$$a = \frac{\sum y - b\sum x}{n} = \frac{1\,800 - 2 \times 890}{6} = \frac{20}{6} \approx 3$$

将 a 与 b 的值代入 $y = a + bx$,得出 7 月份的预测销售量为

$$y = a + bx \approx 3 + 2 \times 230 = 463 \text{ 万个}$$

4.2.6 修正时间序列回归法

修正时间序列回归法实际上也是一种直线回归法,只不过这时的自变量 t 为时间变量,需要根据时间变量的值单调递增形成等差数列的特点,对时间值进行修正,使 $\sum x = 0$,以简化直线回归法的计算,因此自变量 t 为时间变量的直线回归法也被称为修正时间序列回归法。

修正时间序列回归法的应用步骤如下。

第一步,建立回归分析预测模型:

$$Q = a + bt \tag{4-9}$$

第二步,根据时间变量的值单调递增形成等差数列的特点,对时间值进行修正,使 $\sum t = 0$。在进行修正时,为了使 $\sum t = 0$,需要分以下两种情况。

当期数 n 为奇数时,令第 $(n+1)/2$ 项的 t 值为 0,以 1 为间隔,确定前后各期的 t 值。

当期数 n 为偶数时,令第 $n/2$ 项和第 $n/2+1$ 项的 t 值分别为 $+1$ 和 -1,以 2 为间隔,确定前后各期的 t 值。

第三步,根据直线回归系数公式,令 $\sum t = 0$,重新简化回归系数的公式,具体如下:

$$b = \frac{\sum Qt}{\sum t^2} \qquad (4\text{-}10)$$

$$a = \frac{\sum Q}{n} \qquad (4\text{-}11)$$

第四步,计算 a、b 的值。

第五步,计算预测值。将 a 和 b 的值代入回归分析预测模型 $y = a + bt$ 中,计算出预测的销售量或者销售额的值。

【例 4-6】 续例 4-1,若宜婴公司的销售量和销售额受每个月份的影响。具体数据资料如表 4-7 所示。

表 4-7 宜婴公司的销售情况(六)

月份	销售量/万个	销售单价/元	销售额/万元
1月	100	10	1 000
2月	200	10	2 000
3月	300	10	3 000
4月	350	10	3 500
5月	400	10	4 000
6月	450	10	4 500

要求:请运用修正时间序列回归法预测该公司 7 月份的销售量。

根据表 4-7 的相关数据,运用修正时间序列回归法计算的结果如表 4-8 所示。

表 4-8 宜婴公司的修正时间序列回归法计算表

月份	t	Q	tQ	t^2
1月	−5	100	−500	25
2月	−3	200	−600	9
3月	−1	300	−300	1
4月	+1	350	+350	1
5月	+3	400	+1 200	9
6月	+5	450	+2 250	25
总计	0	1 800	2 400	70

将表 4-8 的结果代入回归系数公式,得

$$a = \frac{\sum Q}{n} = \frac{1\,800}{6} = 300$$

$$b = \frac{\sum tQ}{\sum t^2} = \frac{2\,400}{70} \approx 34$$

则 7 月份的销售量,即 $t = +7$ 时的销售量为

$$Q = a + bt \approx 300 + 34 \times 7 = 538 \text{ 万个}$$

4.3 成 本 预 测

企业在生产经营过程中,需要根据外部和内部环境的变化,采用一定的预测方法和管理理念预测企业成本动因和成本数额的变化,以应对面临的经营风险,这就需要企业做好成本预测的工作。

4.3.1 成本预测概述

1. 成本预测的含义

成本预测就是根据企业未来的经营和发展目标及其他有关资料和数据,运用定量和定性分析等专门方法,对未来一定时期内的成本水平和目标成本进行预计和测算,以判断企业未来成本水平及发展趋势的过程。

在理解成本预测的内涵时,需要注意以下几点:一是各部门和单位的成本预测应该以企业经营目标为基准,应该服从企业总的经营目标,以保证企业整体成本预测的协调和一致;二是成本预测的方案应该切实可行,不论在技术方面还是产品质量方面都要有所保证,并在此前提下降低成本,同时满足国家有关法律及社会道德的要求;三是成本预测必须考虑可能发生的因素变化并拟定应变措施,使成本预测方案具有一定的弹性和应变能力。

2. 成本预测的作用

成本预测是企业经营预测中重要的一环,做好成本预测对于企业的成本管理、科学决策以及控制和降低成本等都有着重要的作用。

(1) 成本预测是成本管理的重要环节,是进行成本管理的起点

由于成本预测在编制成本预算之前,根据企业的经营目标,在调查研究的基础上掌握有关数据,对企业将来的生产产品或提供劳务的成本进行预计和测算,因此没有成本预测,企业的成本预算就无从谈起,就不能进一步科学合理地确定目标成本、预计成本水平和变动趋势等,因此成本预测是成本管理的起点。

(2) 成本预测是企业正确进行成本决策的依据

当前,国际市场和国内市场千变万化,企业的竞争十分激烈,企业想在复杂多变的环境中求得生存和发展,就需要正确地做出成本决策。通过成本预测,企业可以掌握未来的成本水平及其变化趋势,这可以为企业科学编制成本计划、进行成本控制、挖掘降低成本的途径以及进行成本分析等提供依据。没有成本预测,企业的成本决策就失去了基础。

(3) 成本预测是控制和降低成本,提高经济效益的重要途径

成本预测是有计划降低产品成本和提高经济效益的重要手段,可以为成本计划提供依据。社会经济发展的趋势要求会计人员不能只停留在烦琐的成本计算和事后的成本分析上,更要着眼于反映实际生产耗费和成本升降的原因,争取在经济活动前进行成本控制。要做到这一点,首先就要进行事前的成本预测,做好成本的规划,据此制定目标成本,尽量避免在事中和事后出现超标浪费的情况。因此,成本预测是企业控制和降低成本,提高经济效益的重要途径。

3. 成本预测的内容

成本预测的内容从不同的角度可以有不同的分类。

(1) 从预测的具体目标来看,成本预测主要包括成本变动趋势预测和目标成本预测。

成本变动趋势预测是成本预测的重要内容,它按照成本的性态,根据成本的历史数据并运用数学的方法来预测计划年度可能实现的成本水平,以便使预测者掌握成本增减变动的基本规律。目标成本预测是为了最终确定目标成本,确定目标成本是为了控制劳动消耗及降低产品成本,实现企业的目标利润,一般是在企业综合考察未来一定期间内产品的各项因素的基础上进行的。

(2) 从动态成本预测的全过程来看,成本预测包括新产品设计、计划期成本、期中成本、新技术和新工艺成本以及产品质量成本等方面的预测。

第一,新产品设计成本测算。新产品在正式投产之前,需要测算产品的设计成本以及若投产按正常批量生产的成本水平,并以此作为选取最优产品设计方案的重要依据。第二,计划期成本预测。新产品确定投产后,在正式编制生产经营计划之前,需要对计划生产的新产品成本进行成本预测。第三,期中成本预测。在成本计划执行过程中,需要对已发生的成本进行期中成本预测,以预计和推测成本计划能否按期完成。第四,新技术和新工艺的成本预测。企业在生产过程中,若采用新技术、新工艺,则需要对成本重新进行预测,以保证成本水平科学合理;第五,产品质量成本的预测。质量成本包括由于未达到质量标准而发生的费用以及为保证和提高产品质量而支出的各种成本,是指在产品质量上所发生的一切费用支出。

(3) 从成本预测的侧重点来看,成本预测包括成本预测对象、成本预测期间和成本预测的参照标准。

成本预测对象具体包括各成本项目总额的预测和成本动因的预测,通常是指企业运营流程中的产品成本预测、材料成本预测、人工成本预测等各成本管理对象。成本预测按期间通常可分为近期成本预测和远期成本预测。近期成本预测通常是年度成本预测或半年、季度成本预测,远期成本预测通常用于战略成本管理。成本预测需要注意近远期的侧重点:近期成本预测着重分析影响成本的各个因素的变动,侧重点是年度成本预测;远期成本预测通常用于分析经济结构变动、生产力布局变动等宏观经济变动对企业成本的影响,侧重为企业确定中长期预算和年度预算提供资料。成本预测的参照标准是指企业进行成本预测所参照的标准,一般包括企业的历史成本趋势、同行业的成本趋势、主要竞争对手的成本趋势等。

4. 成本预测的步骤

成本预测应该有计划、有步骤地完成,以提高预测的科学水平,使预测目标更接近于实际。一般来说,成本预测包括以下步骤。

(1) 确定目标成本

目标成本是指企业为实现经营目标所应达到的成本水平,也是企业未来期间成本管理所达到的目标水平,企业应根据其经营总目标,测算企业在现有条件下能够达到的目标水平,提出目标成本草案。

(2) 确定成本的预测对象和预测期限

确定成本要实现的目标后,则需要确定成本的预测对象和预测期限。从成本项目方面看,成本的预测对象包括直接材料、直接人工和制造费用。在确定成本预测对象时,需要根据每个具体的成本项目,找到降低成本的关键点。在确定成本预测的期限时,需要根据企业生产经营周期的长短,确定成本预测是按季度还是按年,是近期成本预测还是远期成本预测,从而确定成本预测的侧重点。

(3) 收集和分析历史数据,并对数据进行整理加工

确定成本预测的目标和对象后,需要收集和分析大量历史资料并对其加以整理,从而对成

本进行初步预测。初步预测可以结合预测对象的特点采用定性分析法和定量分析法进行。在进行初步预测时,需要剔除成本中数额较大的因自然灾害造成的损失、因产品设计和工艺改变造成的价格的重大变化、因意外事故造成的停工损失等,这样才能保证预测的科学性和合理性。

(4) 提出可行的成本预测降低最优方案

根据所收集的资料和分析处理的结果,提出可行的成本预测降低最优方案。降低成本的途径可以从以下几方面考虑:一是产品结构设计是否先进合理;二是生产经营的效率是否可以提高;三是期间费用的控制是否到位。在制订成本预测降低最优方案时,要综合考虑上述几方面对产品成本的影响程度,以便最终选出成本预测降低最优方案。

(5) 修正预测数值并确定目标成本

通过比较和分析初选的目标成本、初步预测的成本以及可降低的成本,找出其中的差异并以此修改、制定目标成本,最终形成最佳成本预测值,使预测结果更加符合实际。

5. 成本预测的方法

成本预测的方法有很多,包括技术测定法、产值成本法、线性回归分析法、高低点法、因素变动预测法、目标成本预测法等。

技术测定法是指在充分挖掘生产潜力的基础上,根据产品的设计结构、生产技术条件和工艺方法,对影响人力和物力消耗的各项因素进行技术测试以及分析计算,从而确定产品成本的一种方法。

产值成本法是指根据产品成本与产品产值之间客观存在的一定比例关系,按工业总产值的一定比例确定产品成本的一种方法。因为产品成本体现为生产过程中的资金耗费,而产值则反映生产过程中的成果,所以比例越大说明成本越高,比例越小说明成本越低。

因素变动预测法,是指根据影响产品成本变动的直接材料消耗数量、价格等因素,事先测定这些因素变动对产品成本的影响,进而测算出这些因素对产品成本的影响金额和程度的一种方法。

此外,常用的成本预测的方法还有高低点法、目标成本预测法和线性回归分析法。本书重点介绍高低点法、目标成本预测法、线性回归分析法的原理和应用。

4.3.2 高低点法

高低点法是按照成本习性分为固定成本和变动成本的特点,依据某一时期成本的历史资料,将最高业务量和最低业务量的成本进行对比,建立成本预测方程式,从而预测总成本和变动成本的一种方法。高低点法简单方便,但由于仅使用了历史数据中的个别成本资料,因而其计算结果不够精确,难以准确反映成本未来的变动趋势。

高低点法预测总成本的方程式为

$$y = a + bx \tag{4-12}$$

其中,y 为总成本;a 为固定成本总额;b 为单位变动成本;x 为产品产量。

高低点法的预测步骤如下

第一步,收集所要预测对象的历史业务量和成本数据,从而分别确定业务量和成本的最高点和最低点的历史数据。

第二步,根据业务量和成本的最高点和最低点的历史数据,计算单位变动成本 b。单位变

动成本的计算公式如下:

$$b = \frac{y_{高点} - y_{低点}}{x_{高点} - x_{低点}} \tag{4-13}$$

第三步,计算固定成本总额 a,公式如下:

$$a = y_{高点} - bx_{高点} \tag{4-14}$$

或

$$a = y_{低点} - bx_{低点} \tag{4-15}$$

第四步,根据总方程式计算预测期的成本总额。

【例 4-7】 续例 4-1,宜婴公司 7 月份的产量预计为 500 万个,其他资料如表 4-9 所示。

表 4-9 宜婴公司的成本资料

月份	产量 x/万个	总成本 y/万元
1 月	50	600
2 月	150	900
3 月	250	1 500
4 月	300	1 800
5 月	350	2 100
6 月	400	2 800

要求:用高低点法预测该公司 7 月份产量为 500 万个时的成本总额。

第一步,找出高点和低点。根据表 4-9,总成本 y 的高点为 2 800 万元,低点为 400 万元;产量 x 的高点为 400 万个,低点为 50 万个。

第二步,计算单位变动成本 b:

$$b = \frac{y_{高点} - y_{低点}}{x_{高点} - x_{低点}} = \frac{2\,800 - 600}{400 - 50} \approx 6 \text{ 元/个}$$

第三步,计算固定成本 a:

$$a = y_{高点} - bx_{高点} = 2\,800 - 6 \times 400 = 400 \text{ 万元}$$

第四步,建立模型 $y = a + bx$,计算 7 月份产量为 500 万个时的成本总额预测值:

$$y = a + bx = 400 + 6 \times 500 = 3\,400 \text{ 万元}$$

4.3.3 目标成本预测法

目标成本预测法,是指在销售预测和利润预测的基础上,运用一定方法预测企业在一定时期内为达到目标利润所应控制的成本限额。该成本限额或成本水平就是目标成本,是企业进行成本控制的依据和未来一定时期成本管理工作的目标。用这种方法确定的目标成本,能够与企业的目标利润联系起来,有利于目标利润的实现。

目标成本预测法一般有以下两种。

1. 根据目标利润制定目标成本

目标利润可以是通过销售预测和利润预测得出的直接数据,也可以通过资金利润率和销售利润率等指标预测得出。

目标成本的计算公式如下：
$$目标成本＝预计销售收入－目标利润 \quad (4-16)$$
需要注意以下两点：

若目标利润通过销售利润率计算得出，则计算公式为
$$目标成本＝预计销售收入\times(1-销售利润率) \quad (4-17)$$
若目标利润通过资金利润率计算得出，则计算公式为
$$目标成本＝预计销售收入－平均资金占用额\times预计资金利润率 \quad (4-18)$$

需要说明的是，由于企业受到内部诸多因素的制约，采用目标利润确定目标成本的方法不一定符合企业的经营管理现状，因此，企业在具体应用该方法时，需要评估实现目标成本的有利因素和不利因素，最终确定是否需要对目标成本进行调整。

【例 4-8】 飞达公司购进一套生产线，资金占用成本为 30 000 元。该公司主要生产经营 A 产品，预计 2022 年的产销量为 1 500 件，预计销售单价为 40 元。

要求：根据目标利润预测该公司 2022 年的目标成本。

（1）若预计目标利润为 20 000 元，则预测目标成本为
$$\begin{aligned}目标成本&＝预计销售收入－目标利润\\&＝1500\times40-20\,000\\&＝40\,000\ 元\end{aligned}$$

（2）若预计销售利润率为 20%，则预测目标成本为
$$\begin{aligned}目标成本&＝预计销售收入\times(1-销售利润率)\\&＝1\,500\times40\times(1-20\%)\\&＝48\,000\ 元\end{aligned}$$

（3）若预计资金利润率为 15%，则预测目标成本为
$$\begin{aligned}目标成本&＝预计销售收入－平均资金占用额\times预计资金利润率\\&＝1\,500\times40-30\,000\times15\%\\&＝55\,500\ 元\end{aligned}$$

2. 以历史成本水平为目标成本

当以历史成本水平作为目标成本时，目标成本的确定有以下 3 种方法。

（1）以本企业历史上最好的成本水平为目标成本。

（2）以国内外同行业同类产品的先进成本水平为基础，结合本企业的实际情况，分析确定目标成本。

（3）以本企业上一年实际成本水平扣除行业或主管单位下达的成本降低率的差额为目标成本。

目标成本的计算公式如下：
$$目标成本＝单位产品目标成本\times预计销售量 \quad (4-19)$$
其中，
$$单位产品目标成本＝上一年实际平均单位成本\times(1-计划期预计成本降低率)$$

采用这种方法的缺点是没有将目标成本和目标利润联系起来，故目标成本与企业的实际成本水平有一定的差距，因此这种方法仅适用于可比产品。

【例 4-9】 续例 4-8，飞达公司上一年的平均成本水平为 35 000 元。企业管理部门要求降低成本水平，计划成本降低率为 10%，以实现较高的利润。

要求:根据以上资料预测该公司 2022 年的目标成本。

目标成本＝上一年实际平均单位成本×(1－计划期预计成本降低率)
     ＝35 000－(1－10%)
     ＝31 500 元

4.3.4 线性回归分析法

线性回归分析法是指利用最小二乘法原理,根据若干期的产量、成本及其相互间的回归关系,分析成本在一定条件下增减变动的趋势和基本规律,确定成本预测方程,并据以进行成本预测的方法。线性回归分析法分为一元线性回归分析法和多元线性回归分析法,适用范围较广,可以用于各期成本波动较大的情况,预测结果也比较科学。

这里重点介绍一元线性回归分析法。一元线性回归分析法比较简单,它是在影响成本的因素只有一个的条件下,根据若干时期的成本资料,按最小二乘法原理,分析确定能反映成本变动趋势的直线以测算计划期成本的方法。

一元线性回归分析法的具体计算过程如下。

第一,确立线性方程式。假设 y 代表总成本,a 代表固定成本总额,b 代表单位变动成本,x 代表产品产量,n 代表历史资料的期数,则它们之间基本呈线性关系,根据 $y=a+bx$ 求得 a、b 值后,代入方程式即可预测未来时期的成本。

第二,计算相关系数 r。运用一元线性回归分析法,需要测量相关系数 r。相关系数 r 是反映总成本 y 与产量 x 之间线性关联程度的一个量,其绝对值在 0 与 1 之间。相关系数的绝对值越接近 1,表明线性关联程度越高;而趋近于 0,则表明无线性关系,不能用线性回归分析法预测。r 值可根据式(4-6)进行计算。

第三,计算回归系数 a 和 b。a 和 b 是一元线性回归方程中的待定回归系数,可根据式(4-7)和式(4-8)进行计算。

第四,预测计划期成本额。将 a 与 b 的值代入 $y=a+bx$,计算计划期的成本额。

【例 4-10】 续例 4-1,若宜婴公司 7 月份的总成本数据如表 4-10 所示,7 月份预计产量为 500 万个。

表 4-10 宜婴公司的总成本数据

月份	产量 x/万个	总成本 y/万元
1 月	50	600
2 月	150	900
3 月	250	1 500
4 月	300	1 800
5 月	350	2 100
6 月	400	2 800

要求:运用一元线性回归分析法预测该公司 7 月份的总成本。

根据表 4-10 的资料,运用一元线性回归分析法计算的结果如表 4-11 所示。

表 4-11 宜婴公司一元线性回归分析法的计算结果

月份	x	y	xy	x^2	y^2
1月	50	600	30 000	2 500	360 000
2月	150	900	135 000	22 500	810 000
3月	250	1 500	375 000	62 500	2 250 000
4月	300	1 800	540 000	90 000	3 240 000
5月	350	2 100	735 000	122 500	4 410 000
6月	400	2 800	1 120 000	160 000	7 840 000
总计	1 500	9 700	2 935 000	460 000	18 910 000

根据表 4-11，计算 r 值如下：

$$r = \frac{n\sum_{i=1}^{n}(xy)_i - \sum_{i=1}^{n}x_i \sum_{i=1}^{n}y_i}{\sqrt{[n\sum_{i=1}^{n}x_i^2 - (\sum_{i=1}^{n}x_i)^2][n\sum_{i=1}^{n}y_i^2 - (\sum_{i=1}^{n}y_i)^2]}}$$

$$= \frac{6 \times 2\,935\,000 - 1\,500 \times 9\,700}{\sqrt{(6 \times 460\,000 - 1\,500^2) \times (6 \times 18\,910\,000 - 9\,700^2)}}$$

$$= \frac{3\,060\,000}{\sqrt{9\,878\,700\,000\,000}} = \frac{3\,060\,000}{3\,143\,040} \approx 0.97$$

从计算结果可知，r 值接近 1，这表明 x 与 y 之间的线性关联程度很高，可以建立回归模型 $y=a+bx$，并根据该模型计算回归系数 a 和 b，从而将 a 和 b 的值代入 $y=a+bx$ 进行预测。

a 和 b 分别为

$$a = \frac{\sum y - b\sum x}{n} = \frac{9\,700 - 6 \times 1\,500}{6} = \frac{700}{6} \approx 117$$

$$b = \frac{n\sum xy - \sum x \sum y}{n\sum x^2 - (\sum x)^2} = \frac{6 \times 2\,935\,000 - 1\,500 \times 9\,700}{6 \times 460\,000 - 1\,500^2} = \frac{3\,060\,000}{510\,000} = 6$$

将 a 与 b 的值代入 $y=a+bx$，则 7 月份产量为 500 万个时的总成本为

$$y = a + bx = 117 + 6 \times 500 = 3\,117 \text{ 万元}$$

4.4 利润预测

企业在一定时期内生产经营的好坏、管理水平的高低，最后都要在利润这一指标上得以反映。因此企业只有在生产经营过程中做好利润预测，才能合理确定目标利润，提高企业的经济效益。利润预测是企业经营预测的重要内容。

4.4.1 利润预测概述

1. 利润预测的含义

利润预测是企业根据未来的发展目标和经营目标的要求，通过对成本、产销量等影响利润变化的因素综合分析，预计、推测或估算企业未来一定时间内可能达到的利润水平及变化趋势

的过程。利润是企业在一定会计期间所取得的经营成果,是营业利润、投资净收益与营业外收支净额之和。企业利润的预测最主要是在销售预测和成本预测基础上对营业利润的预测。

在理解利润预测内涵的同时,要理解目标利润的含义。目标利润是指企业在计划期间所要取得的最优化利润指标,是利润预测的结果呈现。利润预测是规划目标利润的重要前提。

2. 目标利润的预测步骤

测算利润不是利润预测的重点和终点。利润预测应以预测目标利润为中心,要为预测目标利润服务。目标利润预测是以市场调查为基础,根据企业总体经营目标的要求和本企业的具体情况,在广泛听取意见的基础上,使用一定的预测技术方法,科学合理地测定目标利润的过程。目标利润的预测步骤大致如下。

第一,确定利润率标准。在确定利润率标准时,可以依据销售利润率、产值利润率和资金利润率等指标,同时参考近期平均利润率、历史最高水平的利润率以及国际、全国、同行业、本地区和本企业的利润率等指标。利润率标准不宜定得过高或过低,否则会影响企业各方面的积极性和主动性。

第二,计算目标利润基数。确定利润率标准后,将选定的利润率标准与企业预测的计划期的业务量或资金指标相乘,即可得出目标利润基数。

第三,对目标利润进行修正。对影响利润的成本、费用等各项因素进行分析,形成目标利润预测值,比较目标利润基数与目标利润预测值,修正目标利润,直到各项因素期望值均具有现实可能性为止。

第四,下达目标利润。目标利润的最终值是目标利润基数和修正值的和,一经确定应立即纳入预算执行体系,按归属部门层层分解落实,并以此作为采取相应措施的依据。

3. 利润预测的方法

利润总额包括营业利润、投资净收益和营业外收支净额。预测时可分别预测营业利润、投资净收益、营业外收支净额,各部分预测结果的加和即利润预测数额。利润预测的方法包括销售额增长比率法、资金利润率法、利润增长率法、因素分析法、直接预测法、经营杠杆系数法、比例预测法等。

(1)销售额增长比率法。这是一种在假定利润额与销售额同步增长的前提下,以基期实际的销售利润与销售额预计增长比率为依据计算目标利润的方法。

(2)资金利润率法。这是一种根据企业预定的资金利润率水平,结合基期实际占用状况与未来计划投资额来确定目标利润的方法。

(3)利润增长率法。这是一种通过确定相应的预计利润增长率来确定未来目标利润的方法。预计利润增长率的确定基于企业的基期利润水平,需要考虑利润增长率连续若干年的变动趋势以及影响利润的有关因素等。

(4)因素分析法。这是一种在本期已实现的利润水平的基础上,充分考虑计划期内产品销售量、产品品种构成、产品成本、产品销售价格及产品销售税率等各因素增减变动对产品销售利润的影响,进而预测企业计划期内产品销售利润的方法。

在其他因素不变的情况下,计划期产品的销售量增加,利润额也会随之增加。如果产品品种的构成发生变化,即计划期不同的利润率产品在全部产品中的销售比重发生变化,那么全部产品的平均利润率会发生变动,从而影响利润额。在产品价格不变的情况下,降低产品成本会使利润额相应增加;如果计划期产品价格提高,则利润额增加。若产品销售税率提高,则利润额减少;反之,若产品销售税率降低,则利润额增加。

除了以上方法之外,实践中常用的方法还有直接预测法、经营杠杆系数法、比例预测法等,下面逐一进行介绍。

4.4.2 直接预测法

直接预测法就是根据利润表中各项目的勾稽关系,在本期实际数据的基础上,根据销售预测确定的预测期的销售情况,对预测期各产品的利润进行预测,并进而预测营业利润、利润总额和净利润的方法。

具体公式如下:

$$预测净利润 = 预测利润总额 - 预测所得税 \quad (4-20)$$

其中,

$$预测所得税 = 预测利润总额 \times 所得税税率$$

$$预测利润总额 = 预测营业利润 + 预测营业外收入 - 预测营业外支出$$

$$\begin{aligned}预测营业利润 &= 预测销售利润 + 预测其他业务利润\\ &= 预测营业收入(预测主营业务收入 + 预测其他业务收入) -\\ &\quad 预测营业成本(预测主营业务成本 + 预测其他业务成本) -\\ &\quad 预测税金及附加 - 预测销售费用 - 预测管理费用 - 预测财务费用 -\\ &\quad 预测资产减值损失 + 预测公允价值变动收益 + 预测投资收益\end{aligned}$$

直接预测法的缺点是预测的结果不够精确,因为预测结果是基于已有数据和未来一定期间的初步测算,没有考虑环境变化等客观因素,所以预测的结果会有一定的偏差。但是运用该方法预测的利润数据,可以运用到企业编制利润预算等预测中,是编制预计利润表的依据。

【例 4-11】 迅达公司生产甲、乙、丙、丁四种产品,其产品资料如表 4-12 所示,其他业务及营业外收支如表 4-13 所示。企业所得税税率为 25%。

表 4-12 迅达公司的产品资料

产品	销售单价/元	单位销售成本/元	单位产品销售税金/元	预测的下期产品销售量/台
甲	100	60	8	1 500
乙	150	90	12	2 000
丙	120	80	11	2 200
丁	180	110	15	1 000

表 4-13 迅达公司其他业务及营业外收支

项目	金额/元
其他业务收入	50 000
其他业务支出	20 000
营业外收入	5 800
营业外支出	800

要求:运用直接预测法预测该公司的营业利润、利润总额和净利润。

第一步,预测各产品的销售利润额。

$$预测销售利润(甲) = (100 - 60 - 8) \times 1\,500 = 48\,000 \text{ 元}$$

预测销售利润(乙)＝(150－90－12)×2 000＝96 000 元
预测销售利润(丙)＝(120－80－11)×2 200＝63 800 元
预测销售利润(丁)＝(180－110－15)×1 000＝55 000 元

第二步,预测下期的其他业务利润。

预测其他业务利润＝50 000－20 000＝30 000 元

第三步,预测下期的营业利润。

预测营业利润＝预测销售利润＋预测其他业务利润
　　　　　　＝(48 000＋96 000＋63 800＋55 000)＋30 000
　　　　　　＝292 800 元

第四步,预测下期的利润总额。

预测利润总额＝预测营业利润＋预测营业外收入－预测营业外支出
　　　　　　＝292 800＋5 800－800
　　　　　　＝297 800 元

第五步,预测下期的净利润。

预测所得税＝预测利润总额×所得税税率
　　　　　＝297 800×25％
　　　　　＝74 450 元

预测净利润＝预测利润总额－预测所得税
　　　　　＝297 800－74 450
　　　　　＝223 350 元

4.4.3　经营杠杆系数法

经营杠杆系数(Degree of Operating Leverage,DOL)法是一种在影响企业产品的其他因素保持不变,只有销售业务量一项因素变动时,利用产销量和利润之间的相互关系,计算经营杠杆系数并预测企业未来一定期间内利润的方法。

经营杠杆是指由于固定成本的存在而导致利润变动率大于产销量变动率的一种经济现象。企业在生产经营过程中,若固定成本在一定时期和相关范围内保持不变,当产销量变动时,单位固定成本会呈反比例变动,从而导致单位产品利润变动,最终使得产品的利润变动率大于其产销量变动率,这种经济现象被称为经营杠杆效应。

利用经营杠杆系数法预测利润的公式如下:

$$利润预测额＝基期利润×(1＋产销量变动率×经营杠杆系数) \quad (4\text{-}21)$$

其中,

$$经营杠杆系数(DOL)＝\frac{利润变动率}{产销量变动率} \quad (4\text{-}22)$$

经营杠杆系数具有以下特点:第一,只要固定成本大于零,经营杠杆系数恒大于1;第二,在销售水平相同的情况下,经营杠杆系数越大,利润变动幅度就越大,因而风险也就越大;第三,在单价、单位变动成本和固定成本不变的情况下,一定时期内的产销量的变动方向与经营杠杆系数的变动方向相反,即产销量越大,经营杠杆系数越小,产销量越小,经营杠杆系数越大。

需要强调的是,由于经营杠杆系数是根据销售业务量计算的,因此在利润预测中,只有当销售业务量一项因素变动时,利用经营杠杆系数进行预测才相对准确。

【例 4-12】 续例 4-11,迅达公司预计第 3 季度销售额增长 30%,销售单价为 10 元,产品变动成本为 3 元/台,具体数据如表 4-14 所示。

表 4-14　迅达公司的产品数据

季度	销售量/台	销售额/元	产品变动成本/元	固定成本/元	利润/元
1	1 000	10 000	3 000	2 000	5 000
2	1 500	15 000	4 500	2 000	8 500

要求:运用经营杠杆系数法预测第 3 季度的利润。

第 2 季度的利润变动率=(8 500−5 000)/5 000=70%
第 2 季度的产销量变动率=(15 000−10 000)/10 000=50%
第 2 季度的经营杠杆系数=70%/50%=1.4
第 3 季度的利润=基期利润×(1+产销量变动率×经营杠杆系数)
　　　　　　　=8 500×(1+30%×1.4)=12 070 元

4.4.4　比例预测法

比例预测法是一种根据能够反映利润的各种利润率指标来预测一定期间内产品销售利润的方法。比例预测法使用的指标有销售增长率、资金利润率、利润增长率、产值利润率等。

(1) 销售增长率。运用销售增长率进行预测,就是以基期的销售利润与预测的销售增长率为依据预测目标利润。计算公式如下:

$$目标利润=基期销售利润×(1+预测的销售增长率) \tag{4-23}$$

(2) 资金利润率。运用资金利润率进行预测,就是结合企业基期的实际资金占用状况和未来的计划投资额来确定目标利润。计算公式如下:

$$目标利润=(基期占用资金额+计划投资额)×预测的资金利润率 \tag{4-24}$$

(3) 利润增长率。运用利润增长率进行预测,就是在企业基期利润额的基础上,结合企业过去若干年的利润增长变动趋势以及影响利润的有关因素在未来可能发生变动的情况,确定一个预测的利润增长率,并以此确定目标利润。过去若干年的时间窗口一般为 3 年。计算公式如下:

$$目标利润=基期实际利润×(1+预测的利润增长率) \tag{4-25}$$

【例 4-13】 续 4-11,迅达公司生产经营甲、乙、丙、丁四种产品。其中,甲产品本年度的销售利润为 3 000 万元。

(1) 若该产品下一年度的销售增长率为 25%,则运用该比率预测的目标利润为

目标利润=基期销售利润×(1+预测的销售增长率)
　　　　=3 000×(1+25%)=3 750 万元

(2) 若生产该产品当前的资金平均占用额为 5 600 万元,下一年度计划再投资 1 400 万元,预计的资金利润率为 40%,则运用该比率预测的目标利润为

目标利润=(基期占用资金额+计划投资额)×预测的资金利润率
　　　　=(5 600+1 400)×40%=2 800 万元

（3）若该产品本年度的利润总额为 2 600 万元，根据过去历史资料预测的利润增长率为 15%，则运用该比率预测的目标利润为

目标利润＝基期实际利润×(1＋预测的利润增长率)
＝2 600×(1＋15%)＝2 990 万元

4.5 资金需要量预测

资金需要量预测是在销售预测的基础上进行的，科学合理地预测资金需要量是企业正常经营的前提。本节主要介绍资金需要量预测的基本内涵、基本方法的原理和实践应用。

4.5.1 资金需要量预测概述

资金需要量预测是以预测期企业的生产经营规模和资金利用效果等为依据，以企业资金占用的历史资料间相关因素的变动规律为基础，结合企业未来的发展规划，运用科学合理的方法，对预测期的资金需要量进行科学预计和测算的过程。

资金需要量预测是在销售预测的基础上进行的，是资金预算编制的重要一环，可以为企业安排运营资金以及进行筹资决策提供重要依据，同时科学合理的资金需要量预测也是企业优化资金配置、提高经济效益的重要手段，对企业的生存和发展有着决定性的影响，因此，科学合理地预测资金需要量显得尤为重要。

资金需要量预测的方法比较多，在经营比较稳定的情况下，可以采用加权平均法或时间序列分析法等；在经营环境相对动态的条件下，可以围绕销售收入与资金需要量之间的影响因素来预测，所采用的方法有资金增长趋势预测法和预计资产负债表法等。

需要说明的是，资金需要量预测包括资金需要量的总体预测以及分类的固定资产和流动资金的需要量预测。本节主要阐述资金需要量的总体预测，并重点介绍资金增长趋势预测法和预计资产负债表法。

4.5.2 资金增长趋势预测法

1. 资金增长趋势预测法的含义

资金增长趋势预测法是从资金习性的角度进行预测的，也被称为资金习性预测法。它是一种根据资金总额与销售额之间的关系来进行预测的方法。在实践中，资金增长趋势预测法的运用根据企业经营情况的不同而采用不同的方法：经营稳定时，可以采用加权平均法或时间序列分析法对过去几年的资金总体使用量进行趋势分析；经营变化时，可以围绕与资金总体使用量相关的经营因素进行回归分析。本节重点介绍如何运用回归分析法来预测资金增长趋势。

2. 资金增长趋势预测法的原理

运用回归分析法预测资金增长趋势的关键是判断影响资金需求量变动的因素。

（1）销售规模与资金需要量存在线性关系

从经营决策角度看，在其他因素不变的情况下，引起资金发生增减变动的最直接、最重要

的因素是销售规模。销售收入增加意味着企业生产的规模正在扩大或者需要扩大,从而资金需要量增加。根据资金需要量与销售收入之间存在的这种内在联系,可以建立数学模型,并通过预测未来期间的销售收入预测资金需要量。

(2) 区分随销售变动而变动的资金和不变的资金

建立销售收入与资金需要量之间数学模型的关键在于区分哪些是随着销售变动而变动的资金,哪些是不随销售变动而变动的资金。

在一定的产销量范围内,维持营业而占用的最低数额的现金,原材料的保险储备,厂房、机器设备等固定资产占用的资金等,一般不会随产销量变动;构成产品实体的原材料、外构件等占用的资金,最低储备以外的现金、存货和应收账款等则会随着销售量的变动而同比例变动;还有一些辅助材料占用的资金等,会随销售量变动但不呈比例变动,需要采用一定的方法对这部分资金进行区分,最终使企业的资金划分为随着销售量呈比例变动和不随销售量变动的两部分,从数量上掌握资金与产销量之间的规律性,从而正确地预测资金的需要量。

(3) 根据销售量和资金需要量的线性关系,建立回归模型进行预测

区分清楚随销售变动和不随销售变动的资金后,就可以确定影响销售收入的相关因素了,这样就可以确定影响销售收入的资金量,从而根据销售收入和资金量之间的线性关系建立回归模型,运用数学的方法计算出随着销售收入增加所需要的资金需要量。

具体方法如下。

第一步,建立回归模型。在预测资金需要量时,以销售额 x 为自变量,以资金总额 y 为因变量,根据一定数量的自变量与因变量的对应资料以及式(4-5),建立直线回归方程如下:

$$y = a + bx$$

其中,a 为资金中的固定部分,即不受销售额增减变动影响而能保持不变的部分;b 为变动资金率,即每增加一元销售额所需要增加的资金。

第二步,根据式(4-6)计算 r 值,通过判断所确定的资金总额 y 与 x 之间是否存在线性关系,来判断所确定的资金需要量的准确性。

第三步,根据式(4-7)和式(4-8)计算 a、b 值。根据过去若干期 n 的销售额 x 和资金总额 y 的资料,可计算出 a、b 值。

第四步,计算资金需要量。根据销售预测出的预测期的销售收入值和直线回归方程 $y = a + bx$,将相关数据代入,就可预测未来一定时期为完成预计销售额所需要的资金需要量。

3. 资金增长趋势预测法的应用举例

【例 4-14】 昌益公司是一家生产农机具的中型制造企业,该公司近 5 个月的销售收入和资金总量的数据如表 4-15 所示。根据该公司销售收入的预测,6 月份的销售收入为 550 万元。

要求:预测该公司 6 月份的资金需要量。

表 4-15 昌益公司近 5 个月的销售收入和资金总量

月份	销售收入 x/万元	资金总量 y/万元
1 月	290	150
2 月	320	160
3 月	330	170
4 月	340	180
5 月	400	190

根据表 4-15 的相关数据,可以列出该公司的因果预测计算表,如表 4-16 所示。

表 4-16 昌益公司的因果预测计算表

月份	销售收入 x/万元	资金总量 y/万元	xy	x^2	y^2
1月	290	150	43 500	84 100	22 500
2月	320	160	51 200	102 400	25 600
3月	330	170	56 100	108 900	28 900
4月	340	180	61 200	115 600	32 400
5月	400	190	76 000	160 000	36 100
总计	1 680	850	288 000	571 000	145 500

$$r = \frac{n\sum_{i=1}^{n}(xy)_i - \sum_{i=1}^{n}x_i\sum_{i=1}^{n}y_i}{\sqrt{\left[n\sum_{i=1}^{n}x_i^2 - \left(\sum_{i=1}^{n}x_i\right)^2\right]\left[n\sum_{i=1}^{n}y_i^2 - \left(\sum_{i=1}^{n}y_i\right)^2\right]}}$$

$$= \frac{5 \times 288\,000 - 1\,680 \times 850}{\sqrt{(5 \times 571\,000 - 1\,680^2) \times (5 \times 145\,500 - 850^2)}}$$

$$= \frac{1\,440\,000 - 1\,428\,000}{\sqrt{32\,600 \times 5\,000}} \approx \frac{12\,000}{12\,767} \approx 0.94$$

从计算结果可知,r 值为 0.94,趋近于 1,表明 x 与 y 之间基本正相关,可以建立回归模型并计算回归系数 a 和 b,从而进行预测。

$$b = \frac{n\sum xy - \sum x\sum y}{n\sum x^2 - (\sum x)^2} = \frac{5 \times 288\,000 - 1\,680 \times 850}{5 \times 571\,000 - 1\,680^2} = \frac{12\,000}{32\,600} \approx 0.37$$

$$a = \frac{\sum y - b\sum x}{n} \approx \frac{850 - 0.37 \times 1\,680}{5} = \frac{228.4}{5} \approx 45.68$$

将 a 与 b 的值代入 $y = a + bx$,可得出以下预测模型:

$$y = a + bx \approx 45.68 + 0.37 \times 550 \approx 249.18 \text{ 万元}$$

在实际工作中,运用回归分析法进行资金预测需要注意以下几点:资料数据的稳定性;销售额和资金需要量两个变量之间线性关系的假定要符合实际情况;计算 a、b 的值时应利用预测年度前连续若干期的历史资料;充分考虑市场价格等因素变动对资金需要量的影响,以减少预测误差,提高预测质量。

4.5.3 预计资产负债表法

1. 预计资产负债表法的内涵

资产负债表是反映企业某一时点财务状况的财务报表。根据会计的"有借必有贷,借贷必相等"的记账原理,企业增加的资产必然会通过增加负债或者所有者权益来解决。预计资产负债表法从销售收入的角度进行预测,也被称为销售百分比法。它是一种借助于编制预计资产负债表的原理来预测未来资产规模所需占用的资金量以及可筹集的资金来源,进而测算资金需要量的方法。

由于制造业企业资金的来源主要是销售活动,销售的规模决定了企业的生产规模和运营资金占用的规模,因此可以利用企业主要的资产负债项目与销售收入的比例关系(假定此比例关系在短期内不会发生重大改变),推断企业为达到下一期销售收入目标,其对应的资产、负债应达到的数额,进而确定资金需要量。因此,通过预计资产负债表法预计下一期资产、负债、所有者权益在经营中的增减变动,是预计资金占用量、可筹集资金、预测期资金缺口的重要方法。

2. 预计资产负债表法的预测步骤

预计资产负债表法预计企业资金需要量的预测步骤如下。

第一步,判断资产负债表中随销售变动而变动的敏感项目。

在资产项目中,由于较多的销售不仅会增加货币资金、应收账款,还会占用较多的存货,产量若超出日常的生产能力,还会增加一部分固定资产。因此,资产中除了预付款项等项目外,均属于与销售变动密切相关的项目。

在负债和所有者权益项目中,应付账款、应付票据均会随着销售量的增加而增加,而短期借款、长期负债、实收资本、未分配利润等项目与销售的关系并不紧密。

留存收益的确定需要特别注意。留存收益是随着企业利润的增加而增加的项目,而利润的来源是销售收入,所以留存收益也属于随着销售的变动而变动的项目,但是与其他变动项目的计算方法不同,留存收益需要单独计算。

第二步,计算各敏感项目占基年销售百分比。

某敏感项目占基年销售百分比的计算公式如下:

$$某敏感项目占基年销售百分比 = \frac{基年敏感项目金额}{基年销售收入} \times 100\% \quad (4-26)$$

第三步,计算预计销售额下各敏感项目的预计金额。

敏感项目金额的计算公式如下:

$$预测期敏感项目金额 = 预测期销售额 \times 某敏感项目占基年销售百分比 \quad (4-27)$$

第四步,计算预测期的资产和负债。

资产和负债的计算公式如下:

$$预计资产 = 预测期敏感资产项目金额 + 不随销售额变动的资产项目的金额 \quad (4-28)$$

$$预计负债 = 预测期敏感负债项目金额 + 不随销售额变动的负债项目的金额 \quad (4-29)$$

第五步,计算预计留存收益。

留存收益是企业内部的融资来源,可以满足或部分满足企业的资金需求,只要企业有盈利,并且不是全部支付股利,留存收益就会使所有者权益自然增长。计算公式如下:

$$留存收益增加额 = 预计销售额 \times 计划销售净利率 \times (1 - 股利支付率) \quad (4-30)$$

$$预计留存收益额 = 留存收益增加额 + 基年留存收益额 \quad (4-31)$$

第六步,编制预计资产负债表。

将计算出来的预测期的各项资产、负债和所有者权益项目填列在资产负债表中,并计算各项合计数。

第七步,计算追加资金需要量。

追加资金需要量的计算公式如下:

$$追加资金需要量 = 预计资产 - 预计负债 - 预计所有者权益 \quad (4-32)$$

需要说明的是,在实际工作中,运用预计资产负债表法进行资金需要量预测时,要充分考虑市场价格因素以及资产的实际运营状况,根据企业内外部的各种因素对预测结果进行修正,以提高预测的准确性。

3. 预计资产负债表法的应用举例

【例4-15】 振兴公司是一家生产小型家用电器的生产企业。因外界经营环境的变化,该公司特别注重资金需要量的预测工作。该公司2021年12月31日的资产负债表如表4-17所示。该公司2021年度实现销售收入5 000万元,扣除所得税后可获5%的销售净利润。预计2022年度销售收入将增加到7 000万元。

表4-17 振兴公司的资产负债表

2021年12月31日　　　　　　　　　　　　　　　　　　单位:万元

资　产		负　债	
现金	150	应付账款	300
应收账款	300	应付费用	300
存货	900	短期借款	600
预付账款	350	长期负债	300
固定资产	700	普通股	650
		留用利润	250
合　计	2 400	合　计	2 400

根据已知资料,要求:

(1) 判断上述资产负债表中,哪些报表项目属于预计随销售变动而变动的敏感资产和敏感负债,并说明原因;

(2) 根据(1)的判断,计算各敏感项目2021年度的销售百分比(留用利润除外);

(3) 根据(2)的结果,计算各敏感项目2022年度的预测值和留用利润值;

(4) 根据(2)、(3)的计算结果,填写表4-18中的空白处,编制2022年度的预计资产负债表;

表4-18 振兴公司的预计资产负债表(一)　　　　　　　　单位:万元

项目	2021年年末资产负债表	2021年销售百分比/%	2022年年末预计资产负债表
一、资产	—	—	—
现金	150		
应收账款	300		
存货	900		
预付账款	350	不变动	350
固定资产	700		
资产总额	2 400		
二、负债	—	—	—
应付账款	300		
应付费用	300		
短期借款	600	不变动	600
长期负债	300	不变动	300
负债合计	1 500		

续表

项目	2021年年末资产负债表	2021年销售百分比/%	2022年年末预计资产负债表
三、所有者权益	—	—	
普通股	650	不变动	650
留用利润	250	变动	
所有者权益合计	900	—	
负债和所有者权益总额	2 400	—	

(5) 根据(4)的预计资产负债表,计算2022年度该公司的可用资金总额、需要筹措的资金数额,并进行分析。

解:(1) 从资产负债表中可以看出,资产中除预付账款外均属于敏感资产,这些资产将随销售的增加而增加,因为较多的销售不仅会增加现金、应收账款,占用较多的存货,还会相应增加一部分固定资产。而负债与所有者权益中只有应付账款、应付费用属于敏感负债,它们将随着销售的增加而增加;短期借款、长期负债、普通股等不随销售的增加而增加;当企业税后利润不全部分配给投资者时,留用利润也将增加。

(2) 计算各敏感项目2021年度的销售百分比如下:

现金销售百分比 $= 150/5000 \times 100\% = 3\%$

应收账款销售百分比 $= 300/5000 \times 100\% = 6\%$

存货销售百分比 $= 900/5000 \times 100\% = 18\%$

固定资产销售百分比 $= 700/5000 \times 100\% = 14\%$

应付账款销售百分比 $= 300/5000 \times 100\% = 6\%$

应付费用销售百分比 $= 300/5000 \times 100\% = 6\%$

(3) 根据已知资料,2022年度的预计销售收入为7 000万元,因此,计算得出的各敏感项目2022年度的预测值和留用利润值如下:

预计现金 $= 7\,000 \times 3\% = 210$ 万元

预计应收账款 $= 7\,000 \times 6\% = 420$ 万元

预计存货 $= 7\,000 \times 18\% = 1\,260$ 万元

预计固定资产 $= 7\,000 \times 14\% = 980$ 万元

预计应付账款 $= 7\,000 \times 6\% = 420$ 万元

预计应付费用 $= 7\,000 \times 6\% = 420$ 万元

预计留用利润 $= 250 + 7\,000 \times 5\% = 600$ 万元

(4) 编制的2022年度振兴公司的预计资产负债表如表4-19所示。

表4-19 振兴公司的预计资产负债表(二)　　　　　　　　　单位:万元

项目	2021年年末资产负债表	2021年销售百分比/%	2022年年末预计资产负债表
一、资产	—	—	—
现金	150	3	210
应收账款	300	6	420
存货	900	18	1 260
预付账款	350	不变动	350

续表

项目	2021年年末资产负债表	2021年销售百分比/%	2022年年末预计资产负债表
固定资产	700	14	980
资产总额	2 400		3 220
二、负债	—	—	—
应付账款	300	6	420
应付费用	300	6	420
短期借款	600	不变动	600
长期负债	300	不变动	300
负债合计	1 500		1 740
三、所有者权益	—	—	—
普通股	650	不变动	650
留用利润	250	变动	600
所有者权益合计	900	—	1 250
负债和所有者权益总额	2 400	—	2 990

(5) 根据振兴公司的预计资产负债表（二），计算得出的2022年度该公司的可用资金总额、需要筹措的资金数额如下：

可用资金总额＝预计负债总额＋预计所有者权益总额
　　　　　　＝1 740＋1 250
　　　　　　＝2 990 万元

公司需要筹措的资金总额＝预计资产总额－可用资金总额
　　　　　　　　　　　＝3 220－2 990
　　　　　　　　　　　＝230 万元

因此，该公司2022年度的资金需要量为230万元。

4.6 预测分析应用案例

【案例资料】

通达公司2021年12月31日的资产负债表如表4-20所示。2021年度实现销售收入300 000元，扣除所得税后可获5%的销售净利润。预计2022年度销售收入将增加到400 000元。

表4-20　通达公司的资产负债表

2021年12月31日　　　　　　　　　　　　　　　　　　　　单位：元

资　产		负　债	
现金	15 000	应付账款	30 000
应收账款	30 000	应付费用	30 000
存货	90 000	短期借款	60 000

续表

资　产		负　债	
预付账款	35 000	长期负债	30 000
固定资产	70 000	普通股	60 000
		留用利润	30 000
合　计	240 000	合　计	240 000

【案例要求】

根据以上案例,分析讨论以下问题。

(1) 判断上述资产负债表中,哪些报表项目属于预计随销售变动而变动的敏感资产和敏感负债,并说明原因;

(2) 根据(1)的判断,计算各敏感项目2021年度的销售百分比(留用利润除外);

(3) 根据(2)的结果,计算各敏感项目2022年度的预测值和留用利润值;

(4) 根据(2)、(3)的计算结果,填写表4-21中的空白处,编制2022年度的预计资产负债表;

表4-21　通达公司的预计资产负债表(一)　　　　　　　　　　　单位:元

项目	2021年年末资产负债表	2021年销售百分比/%	2022年年末预计资产负债表
一、资产	—	—	—
现金	15 000		
应收账款	30 000		
存货	90 000		
预付账款	35 000	不变动	35 000
固定资产	70 000		
资产总额	240 000		
二、负债	—	—	—
应付账款	30 000		
应付费用	30 000		
短期借款	60 000	不变动	60 000
长期负债	30 000	不变动	30 000
负债合计	150 000		
三、所有者权益	—	—	—
普通股	60 000	不变动	60 000
留用利润	30 000	变动	
所有者权益合计	90 000		
负债和所有者权益总额	240 000		

(5) 根据(4)的预计资产负债表,计算2022年度该公司的可用资金总额、需要筹措的资金

数额,并进行分析。

【案例解析】

(1) 从资产负债表中可以看出,资产中除预付账款外均属于敏感资产,这些资产将随销售的增加而增加,因为较多的销售不仅会增加现金、应收账款,占用较多的存货,还会相应增加一部分固定资产。而负债与所有者权益中只有应付账款、应付费用属于敏感负债,它们将随着销售的增加而增加;短期借款、长期负债、普通股等将不随销售的增加而增加;当企业税后利润不全部分配给投资者时,留用利润也将增加。

(2) 计算得出的各敏感项目2021年度的销售百分比如下:

现金销售百分比 $=15\,000/300\,000\times100\%=5\%$

应收账款销售百分比 $=30\,000/300\,000\times100\%=10\%$

存货销售百分比 $=90\,000/300\,000\times100\%=30\%$

固定资产销售百分比 $=70\,000/300\,000\times100\%\approx23.33\%$

应付账款销售百分比 $=30\,000/300\,000\times100\%=10\%$

应付费用销售百分比 $=30\,000/300\,000\times100\%=10\%$

(3) 根据已知资料,2022年度预计的销售收入为400 000元,因此,计算得出的各敏感项目2022年度的预测值和留用利润值如下:

预计现金 $=400\,000\times5\%=20\,000$ 元

预计应收账款 $=400\,000\times10\%=40\,000$ 元

预计存货 $=400\,000\times30\%=120\,000$ 元

预计固定资产 $\approx400\,000\times23.33\%=93\,320$ 元

预计应付账款 $=400\,000\times10\%=40\,000$ 元

预计应付费用 $=400\,000\times10\%=40\,000$ 元

预计留用利润 $=30\,000+400\,000\times5\%=50\,000$ 元

(4) 编制的2022年度通达公司的预计资产负债表如表4-22所示。

表4-22 通达公司的预计资产负债表(二)　　　　　　　单位:元

项目	2021年年末资产负债表	2021年销售百分比/%	2022年年末预计资产负债表
一、资产	—	—	—
现金	15 000	5	20 000
应收账款	30 000	10	40 000
存货	90 000	30	120 000
预付账款	35 000	不变动	35 000
固定资产	70 000	23.33	93 320
资产总额	240 000		308 320
二、负债	—	—	—
应付账款	30 000	10	40 000
应付费用	30 000	10	40 000
短期借款	60 000	不变动	60 000

续表

项目	2021年年末资产负债表	2021年销售百分比/%	2022年年末预计资产负债表
长期负债	30 000	不变动	30 000
负债合计	150 000	—	170 000
三、所有者权益	—	—	—
普通股	60 000	不变动	60 000
留用利润	30 000	变动	50 000
所有者权益合计	90 000	—	110 000
负债和所有者权益总额	240 000	—	280 000

(5) 根据预计资产负债表，计算得出的2022年度该公司的可用资金总额、需要筹措的资金数额如下：

可用资金总额＝预计负债总额＋预计所有者权益总额
＝170 000＋110 000＝280 000元

公司需要筹措的资金总额＝预计资产总额－可用资金总额
＝308 320－280 000＝28 320元

因此，该公司2022年度的资金需要量为28 320元。

本章知识点小结

本章主要讲解预测分析的基本理论和方法，核心知识点包括以下几点。

第一，预测分析概述：预测分析的概念、内容、程序和方法。

第二，销售预测：销售预测的含义；销售预测的方法（算术平均法、加权平均法、指数平滑法、因果预测法、修正时间序列回归法）。

第三，成本预测：成本预测的含义；成本预测的方法（高低点法、目标成本预测法）。

第四，利润预测：利润预测的含义；利润预测的方法（直接预测法、经营杠杆系数法、比例预测法）。

第五，资金需要量预测：资金需要量预测的含义；资金需要量预测的方法（资金增长趋势预测法、预计资产负债表法）。

思考与练习题

一、单项选择题

1. (　　)是其他各项预测的前提，是正确编制销售预算的基础。
   A. 销售预测　　　　　　　　B. 成本预测
   C. 利润预测　　　　　　　　D. 资金需要量预测

2. (　　)就是根据企业未来的经营和发展目标及其他有关资料和数据，运用定量和定性分析等专门方法，对未来一定时期内的成本水平和目标成本进行预计和测算，以判断企业未来成本水平及发展趋势的过程。

A. 销售预测　　　　　　　　　　B. 成本预测
C. 利润预测　　　　　　　　　　D. 资金需要量预测

3. (　　)是编制利润预算的重要依据。

A. 销售预测　　　　　　　　　　B. 成本预测
C. 利润预测　　　　　　　　　　D. 资金需要量预测

4. (　　)是企业根据未来的发展目标和经营目标的要求,通过对成本、产销量等影响利润变化的因素综合分析,预计、推测或估算企业未来一定时间内可能达到的利润水平及变化趋势的过程。

A. 销售预测　　　　　　　　　　B. 成本预测
C. 利润预测　　　　　　　　　　D. 资金需要量预测

5. (　　)是以预测期企业的生产经营规模和资金利用效果等为依据,以企业资金占用的历史资料间相关因素的变动规律为基础,结合企业未来的发展规划,运用科学合理的方法,对预测期的资金需要量进行科学预计和测算的过程。

A. 销售预测　　　　　　　　　　B. 成本预测
C. 利润预测　　　　　　　　　　D. 资金需要量预测

二、多项选择题

1. 预测分析的内容包括(　　)。

A. 销售预测　　　　　　　　　　B. 成本预测
C. 利润预测　　　　　　　　　　D. 资金需要量预测

2. 常见的定性销售预测法包括(　　)。

A. 时间序列法　　　　　　　　　B. 专家集合意见法
C. 个别专家意见法　　　　　　　D. 因果预测法

3. 常见的定量分析法分为(　　)。

A. 时间序列法　　　　　　　　　B. 专家集合意见法
C. 个别专家意见法　　　　　　　D. 因果预测法

4. 常用的定量销售预测法包括(　　)。

A. 算术平均法　　　　　　　　　B. 加权平均法
C. 指数平滑法　　　　　　　　　D. 因果预测法

5. 目标利润的预测步骤包括(　　)。

A. 确定利润率标准　　　　　　　B. 计算目标利润基数
C. 对目标利润进行修正　　　　　D. 下达目标利润

三、综合案例题

兴隆公司 2021 年 12 月 31 日的资产负债表如表 4-23 所示。2021 年度实现销售收入 500 000 元,扣除所得税后可获 6% 的销售净利润。该公司预计 2022 年度销售收入将增加到 700 000 元。

表 4-23 兴隆公司的资产负债表
2021 年 12 月 31 日　　　　　　　　　　　　　　　　　　　　　　　　单位：元

资　　产		负　　债	
现金	15 000	应付账款	30 000
应收账款	30 000	应付费用	30 000
存货	90 000	短期借款	60 000
预付账款	35 000	长期负债	30 000
固定资产	70 000	普通股	60 000
		留用利润	30 000
合　　计	240 000	合　　计	240 000

根据已知资料，要求：

(1) 判断上述资产负债表中，哪些报表项目属于预计随销售变动而变动的敏感资产和敏感负债，并说明原因；

(2) 根据(1)的判断，计算各敏感项目 2021 年度的销售百分比(留用利润除外)；

(3) 根据(2)的结果，计算各敏感项目 2022 年度的预测值和留用利润值；

(4) 根据(2)、(3)的计算结果，填写表 4-24 中的空白处，编制 2022 年度的预计资产负债表；

表 4-24 兴隆公司的预计资产负债表
单位：元

项目	2021 年年末资产负债表	2021 年销售百分比/%	2022 年年末预计资产负债表
一、资产	—	—	
现金	15 000		
应收账款	30 000		
存货	90 000		
预付账款	35 000	不变动	35 000
固定资产	70 000		
资产总额	240 000		
二、负债	—	—	—
应付账款	30 000		
应付费用	30 000		
短期借款	60 000	不变动	60 000
长期负债	30 000	不变动	30 000
负债合计	150 000		
三、所有者权益	—	—	—
普通股	60 000	不变动	60 000
留用利润	30 000	变动	
所有者权益合计	90 000	—	
负债和所有者权益总额	240 000	—	

(5) 根据(4)的预计资产负债表，计算 2022 年度该公司的可用资金总额、需要筹措的资金数额，并进行分析。

第5章 短期经营决策

知识框架体系

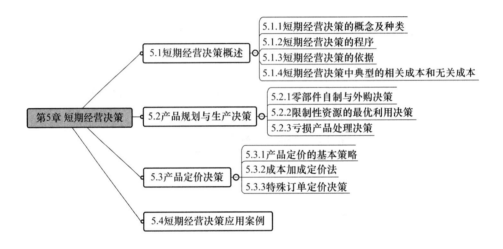

【学习目标】

本章重点讲解包括产品定价决策和生产决策在内的短期经营决策,通过本章学习,需要达到以下学习目标:

1. 短期决策的基本概念、程序和依据(理解);
2. 短期经营决策中所用到的各种成本概念及其在各种经营决策中的应用(掌握);
3. 典型的产品规划与生产决策(理解和应用);
4. 产品定价决策的方法及其应用(理解和应用)。

5.1 短期经营决策概述

所谓决策就是在充分考虑各种可能的前提下,人们基于对客观规律的认识,对未来实践的方向、目标、原则和方法做出决定的过程。简而言之,决策通常表现为对多种备选方案所做出的选择。决策是企业的经营管理人员经常需要做出的选择,小到每天流水线上人员及生产产品品种的安排、产品定价策略的选择、亏损产品是否停产的决策、遇到特殊订单接受或拒绝的抉择以及零部件是自制还是外购的决策;大到企业未来发展方向的确定,重大投资、兼并收购以及生产经营计划的制订。管理会计中的决策是指企业的经营管理人员在企业生产经营过程中,对所面临的各种直接或间接影响企业经营业绩和经济效益的问题,在充分考虑了各种备选方案后所做出的最优选择。本节主要介绍企业短期经营决策的概念及种类、短期经营决策的程序及决策依据,以及短期经营决策中常用的成本概念。

5.1.1 短期经营决策的概念及种类

短期经营决策,主要是指在特定期间生产能力相对固定的情景下,对产品或服务的生产和定价等相关问题进行决策。短期经营决策分析的核心是对相关性信息的辨别和分析,其核心观点是:只有那些在不同的方案中有区别的成本和收益才是相关的。这一观点可以用于多种不同的决策情景,包括自制或外购的决策、增加或撤销生产线的决策、定价决策、约束性资源的最佳利用决策等。

5.1.2 短期经营决策的程序

无论是短期决策还是长期决策,一般都遵循以下程序。

1. 明确决策问题和目标

企业日常需要面对的决策问题非常多,具体来说,企业是否继续生产还是停产、生产什么产品、生产多少产品、采取什么定价策略和投资战略等问题,都关系到企业的生存和发展,经营管理者需要本着重要性和紧迫性的原则做出科学的判断。根据管理会计决策对象的成本与收益,决策要达到的目标应是对决策问题进行综合分析,根据收益最大或成本最小原则做出最优选择。

2. 提出备选方案

针对决策目标,结合企业实际情况,根据资源和机会,设计决策的备选方案。相比理论讨论,企业的实际决策环境更为复杂,许多影响决策的因素可能会发生变化。所以,管理层在制定决策备选方案时,要尽可能考虑各种可变因素,从而制定多套备选方案,以备不时之需。

3. 收集相关信息

收集与备选方案相关的各种信息,包括财务信息和非财务信息。所谓财务信息是指与特定决策相关的、能够用货币计量的因素。例如,在零部件是自制还是外购的决策中,因为自制的成本和外购的价格能用货币进行计量,所以它们属于财务信息。尽管管理会计主要关注的是决策方案的财务信息,但非财务信息(或称定性因素)对成本效益分析以及决策的重要性绝不亚于定量因素或可用货币计量的因素。大多数备选方案都隐含着非财务性因素。这些非财务性因素包括决策中的战略因素和人际因素,如雇员士气、公共关系、人员素质以及不能用货币确切计量的长远影响等。

4. 分析评价方案

运用各种定性和定量的方法分析各备选方案。对于财务信息,可以采用适当的方法计算其经济效益影响指标;同时不要忽略非财务信息对最终结果的影响。

5. 做出最优选择

在比较各备选方案的基础上,根据最优化原则,确定其中最优的方案。

6. 执行最优方案

实施最优方案,并建立信息跟踪、反馈系统,便于管理人员随时了解、监控实施过程。

7. 分析执行结果

针对最优方案的执行结果编制内部报告,分析、检查决策的合理性。

5.1.3 短期经营决策的依据

管理人员在做出决策前必须权衡各个备选方案,收集对备选方案有用的信息,并对其进行定性和定量的比较和分析,如此才能做出最优决策。有用的信息首先必须是与决策相关的信息,那么,什么样的信息才是与决策相关的呢?

"相关"是指对短期经营决策具有影响或对预期产生的结果有作用。所谓相关信息有两个鉴别标准:(1)信息必须是预计的未来收益或成本;(2)它必须在不同方案之间有差别。因此,与决策相关的信息是指在各个备选方案中预期不同的未来收益和成本,即相关收益与相关成本。

上述的相关信息包含两层含义:首先,相关信息必须是对未来的预测,无论是成本还是收益,相关信息都是面向未来的,那些反映过去或历史的信息,不会因为当前的决策而发生改变,进而也不会对当前或未来的决策产生影响;其次,在预期未来数据中,只有那些会随所选方案的不同而改变的数据才是与决策相关的。那些无论选择哪个方案都保持相同的项目,对决策来说是不相关的。

经济活动效益的好坏取决于收入与成本的比较,在收入一定的情况下,成本的高低对经济效益有决定性的影响。因此,企业不但要在内部管理中加强成本控制,而且在经济活动开始前的决策阶段就要高度重视成本问题。在决策分析中区分相关成本和无关成本,有利于分清影响可供选择方案效益的相关因素和无关因素,抓住主要矛盾,做出正确选择。

所谓相关成本是指会受某一决策事项影响而变动的成本,或者说,在不同决策选项之间存在差异的成本;而无关成本是指不受决策事项影响的、在不同决策选项之间保持不变的成本。上述原则同样适用于相关收入与无关收入的划分。相关成本能够帮助决策者分析备选方案的利弊,而无关成本则会干扰决策者做出选择。

5.1.4 短期经营决策中典型的相关成本和无关成本

以下成本类型是在日常经营决策中常见的成本,我们按照相关成本的标准进行分析与区分。

1. 沉没成本和重置成本

沉没成本是过去已经支付,无法再收回或得到补偿的成本。这一类成本的存在与否和数额的大小都不会改变目前和未来的决策结果。沉没成本由之前的活动产生且无法恢复,因而它是与决策无关的成本。例如,HDL公司正在对是否在某地开设一家新的分店进行立项论证,该公司2年前曾经聘请外部一家咨询公司进行可行性研究以及经营预测分析,并支付其10万元,但是因为各种不确定原因,项目一度停滞。后来,随着餐饮市场的升温,这个项目又被重新提上议事日程,那么之前支付给咨询公司的10万元则是与现在投资分析无关的沉没成本。

重置成本是指按照现在的市场价格购买与目前拥有的、相同的或类似的资产所需支付的成本。重置成本是与决策相关的成本,管理会计的决策分析要考虑资产的重置价值,立足现在、面向未来。

2. 付现成本与非付现成本

付现成本亦称"现金支出成本",是指由于某项决策所引起的需要在未来动用现金支付的成本。非付现成本是指企业在经营期不以现金支付的成本费用,包括固定资产的折旧、无形资产的摊销等。

3. 机会成本

在使用有限资源时,由于选择一个方案而放弃(或错过)另一个方案所失去的最大可能收益就是所选择方案的机会成本。

机会成本是一个比较特殊的成本概念,它不是一项现实的成本支出,只用于计量各决策方案潜在的经济影响,因而不用在财务会计核算中入账,但它是决策分析时必须考虑的重要因素。因为机会成本的产生基于资源的"稀缺性",管理决策的目标就是通过不同方案之间的比较和选择来实现有限资源效益最大化,所以使用这一资源所获得的收益必须能够弥补因此而放弃的其他利益。若忽视机会成本,可能会造成决策失误。

例如:美嘉公司有一栋位于闹市区的楼房,此前一直作为公司的销售店面,负责销售公司生产的产品,每年可获得收益 120 万元。目前公司考虑将销售店面撤出,利用该楼房在闹市区的优势将其重新装修为酒店。同时有客户愿意以每年 900 万元的价格整体承租该店面。若装修为快捷酒店自主经营,预计每年可实现收入 2 000 万元,每年各种税费成本合计 1 200 万元,即公司转做酒店自主经营后,每年可能获得收益 800 万元。按照机会成本的概念,由于选择一个方案而放弃(或错过)另一个方案所失去的最大可能收益就是所选择方案的机会成本,那么装修后自主经营的机会成本是 900 万元,大于其取得的收益 800 万元。因此装修后自主经营不是最佳选择,而应该考虑整体出租这一方案。

在某些情况下,机会成本很难被量化,往往需要对其进行估计。例如,企业把一笔资金投资于某一个项目,如果是借入资金,则需要支付利息,这是一项现实的成本而不是机会成本;但如果是自有资金,就不会有现实的利息支出,但会发生由于不能将资金用于其他领域而产生的机会成本,其具体数额要用特定方法估算,因此,机会成本是决策中不容忽视的因素。

机会成本在决策分析中的应用有助于企业全面考虑可能采用的各种方案,能够为有限资源寻求最有利的使用途径。但由于机会成本产生于未发生的交易,不会在企业的以历史成本为基础的财务会计系统或其他信息系统中得以反映,因此,要取得该项数据,就必须充分认识企业资源的多种可供选择的用途,全面、细致地分析所有的机会。

4. 共同成本与专属成本

共同成本是需要由几种(批)产品(服务)等成本对象共同负担的成本,如同时为所有产品生产服务而发生的管理费用等。共同成本的发生同时使几种(批)产品受益,其中任何一种(批)产品的存在与否对其是否发生以及其发生额的改变不产生影响,所以在进行和其中任何一种(批)产品有关的决策时,不用考虑共同成本。

专属成本是指可以明确归属于某种(批)产品或某一部门等特定对象的成本。例如,专门生产某种(批)产品的设备折旧费、专门租用某批产品的库房租金等。专属成本是由于某一特定对象的存在而发生的,如果这一特定对象不存在,就不会发生相应的专属成本。所以,在进行和特定对象有关的决策分析时必须考虑专属成本。一般情况下,变动成本都和具体分析对象直接相关,都属于专属成本,所以没有必要对变动成本的这一属性专门进行分析与研究,因此专属成本分析主要针对的是固定成本。

5. 差量成本与边际成本

差量成本是可供选择的方案之间预期成本的差额。它一般是经营决策的相关成本，因为它是预计的未来现金流出量，会对未来收益产生影响。例如，在决定零部件是自制还是外购时，零件自制成本和外购成本的差额就是该生产决策的差量成本。

在同一决策方案下，由于产量不同或者生产能力利用程度不同所引起的差量成本，叫作增量成本，它在定价决策中有重要用途。在分析增量成本时，需要注意它和变动成本的关系。一般地，在相关范围内，增量成本等于变动成本的差异额，但若超出相关范围，增量成本就是变动成本差异和固定成本差异之和。所以，增量成本和变动成本之间不能简单地画等号。

和差量成本相对应的概念还有差量收益，差量收益是可供选择的方案之间预期收益的差额。决策分析中常用的分析方法（差量分析法）通过比较差量收益和差量成本来判断方案的优劣。

从理论上说，边际成本是产量无限小变化所引起的成本总额的变动。由于在实际经济生活中，产量的变化小于一个单位就失去了实际意义，因此，边际成本的实际计量是产量每增减一个单位所引起的成本总额的变动，在一定范围内，边际成本即单位变动成本。同时，增量成本也可以看作边际成本的一种具体表现形式。

与边际成本相对应的收益概念是边际收益，它是产量每增减一个单位所引起的收益总额的变动，在一定范围内，边际收益就是单价。"当某一项目的边际收益等于边际成本时，这一项目的收益总额最大"，这一经济学原理在管理会计的生产决策和定价决策中有着重要作用。例如，当企业采用薄利多销的方式扩大销售量时，其价格降低的最低限度是边际收益等于边际成本。

6. 可避免成本与不可避免成本

如果某一项成本在某一特定方案被选定且实施时会随之发生；而当这一方案不被选择时，这项成本也不会发生，那么，这项成本就是可避免成本。可避免成本与可供选择方案直接相关，其发生与否完全取决于该项方案是否实施。例如，HDL公司的一家分店正在决定是否要在现有基础上扩大经营面积，假设经营面积每扩大一百平方米，需要多雇佣5个服务员，但是在扩店计划中，分店管理人员的数量和工资不发生变化。那么，因经营面积扩大所增加的服务员人工成本是可避免成本，而管理人员人工成本则不是可避免成本。这是因为增加的服务员人工成本与扩大经营面积决策直接相关，其发生与否取决于是否扩大经营面积。

不可避免成本是指与各种可供选择的方案没有直接联系，发生与否及数额大小都不受某一特定决策结果影响的成本。在上述可避免成本的例子中，无论经营面积是否扩大，分店管理人员人工成本都会发生，所以它是不可避免成本。无论做出什么选择，不可避免成本都会如数发生，故它属于决策无关成本。

在决策分析中区分相关成本和无关成本，有利于分清影响可供选择方案效益的相关因素和无关因素，抓住主要矛盾，做出正确选择。

5.2　产品规划与生产决策

本节主要介绍与企业产品规划和生产相关的决策，主要包括零部件自制与外购决策、限制性资源的最优利用决策、亏损产品处理决策等三种典型的短期经营决策。

5.2.1 零部件自制与外购决策

通常,制造业为生产产品需要多种零部件,这些零部件可以外购,也可以自制。从定性分析的角度看,外购零部件可以发挥供应商规模化生产的成本优势和技术优势,可以减少投资、降低风险;而自制零部件则可以控制零部件质量,保证及时供货等,因此,二者各有长处。从定量分析的角度看,无论是自制还是外购,其收益都是相同的,因此,只要比较成本的高低就可以做出适当决策了。在这里还有一点需要强调,如果自制零件需要购买新设备,这就变成了一个长期投资决策问题,此时新设备的折旧不能作为影响决策的专属成本,否则会造成决策失误。生产决策中的零部件自制或外购决策是在现有设备闲置且没有更好用途的情况下进行的,因此,自制或外购决策的本质是剩余生产能力的利用问题。

1. 零部件的需求量确定

一般地,如果企业能预测、确定一定时期内的零部件需求量,则可用相关成本分析法比较自制和外购方案的相关成本,成本较低的为较优方案。自制方案的相关成本包括制造过程中的变动成本、可能发生的专属成本和机会成本以及未来可避免的固定成本;外购方案的相关成本即为此而支付的外购价格、运费等。在零部件需求量确定的情况下,企业可以采用相关成本分析法进行自制与外购决策。相关成本分析法是指在短期经营决策中,当各备选方案的相关收入均为零时,通过比较各方案的相关成本指标,从而做出方案选择的一种方法。该方法实质上是相关损益分析法的特殊形式。相关成本是个反指标,根据它做出决策的判断标准是:哪个方案的相关成本最低,则哪个方案最优。此方法可以同时用于两个方案以上的决策,如业务量确定的零部件自制或外购的决策。

【例 5-1】 美嘉公司是一家制造企业,需要多种零部件。其中,765 号零部件的月需求量为 2 000 件,自制成本为 22 元/件,有关资料如表 5-1 所示。

表 5-1 美嘉公司 765 号零部件的数据资料

成本项目	2 000 件的总成本/元	单位成本/元
直接材料	16 000	8
直接人工	4 000	2
变动制造费用	8 000	4
固定制造费用	16 000	8
总成本	44 000	22

另一家制造商欲卖给美嘉公司同样的零部件,每个售价为 20 元。试问:美嘉公司应该自制还是外购这种零部件呢?

从表面上看,美嘉公司似乎应该购买制造商提供的 765 号零部件,但问题远没有这么简单。其中的关键在于计量各种备选方案预计的未来成本并进行比较。如果构成成本的 8 元单位固定制造费用不受决策影响而继续发生的话,这 8 元就是不相关的。这类成本的例子包括折旧、广告费用、财产税、保险和分摊的行政管理人员工资。

那么,只有变动成本是相关的吗?答案是否定的。如果用外购零部件代替自制零部件,也许会减少固定成本 4 000 元。例如,工资为 4 000 元的生产主管可能会下岗。换句话说,未来可避免的固定成本是相关的。

假设美嘉公司选择购买零部件,那么现在闲置下来的设备可获得租金2 000元,并且生产主管人员的工资4 000元也会因此而减少。相关成本计算如表5-2所示。通过比较相关成本可以看出,自制比外购更合算。

表 5-2 相关成本计算表

	自 制		外 购	
	总计/元	单位成本/元	总计/元	单价/元
购买成本			40 000	20
直接材料	16 000	8		
直接人工	4 000	2		
变动制造费用	8 000	4		
不自制时可以避免的固定制造费用(如生产主管人员工资)	4 000	2		
机会成本	2 000	1		
相关成本总额	34 000	17	40 000	20
差量成本	6 000	3		

2. 零部件的需求量不确定

按本量利分析的基本假定,成本可以分为变动成本和固定成本,固定成本不受业务量的影响,但变动成本总额将随业务量的变动而变动。在零部件的需求量未知的情况下,由于各方案有不同的固定成本总额和单位变动成本,且成本变化规律各不相同,因此各方案总的相关成本的高低会受业务量大小的影响,其优劣就不能通过相关成本分析法来决定了,而是要通过成本平衡点分析法来确定。

【例 5-2】 北方公司需要一种零部件,这种零部件可以由公司自制,也可以由公司外购。若自制,则单位变动成本为60元/件,每年将有专属固定成本20 000元。如果外购,且数量在1 800件以内,则价格为80元/件;若数量超过1 800件,则价格为70元/件。要求:分析什么情况下应外购,什么情况下应自制。

因为这项决策分析中零部件的年需求量是未知的,所以只能通过成本平衡点来分析。由于外购价格视采购量大小有两种,因此这时可以计算两个成本平衡点:

$$X_1 = \frac{20\ 000}{80-60} = 1\ 000 \text{ 件}$$

$$X_2 = \frac{20\ 000}{70-60} = 2\ 000 \text{ 件}$$

本例中的成本平衡点可以表示在坐标图中,如图5-1所示。在图5-1中,Y_1为自制成本线,Y_2是单价为80元时的外购成本线,Y_3是单价为70元时的外购成本线。显然,当年需求量低于1 000件时,应采用外购方案;年需求量在1 000~1 800件之间时,应采用自制方案;若年需求量超过1 800件,由于可以获得数量折扣优惠,则当年需求量在1 800件到2 000件之间时,应采用外购方案;若年需求量超过2 000件,则采用自制方案较为有利。

企业在进行零部件自制还是外购的决策时,除了要考虑成本、选择成本较低者之外,还需要考虑一些定性因素。例如,企业运用价值链分析可以发现,企业价值链上的某项作业由外部企业承担能获取更大的利润。企业选择由外部企业提供一项基本服务性职能的行为称为外包(Outsourcing)。自制-外购分析在外包决策中起到了关键作用。对于其他决策,相关成本分析及战略因素为我们的研究提供了恰当的分析方法。其他的战略因素包括企业的战略定位、市场供给的充足程度、企业与供应商之间的战略合作关系、价格的变化趋势等,这些因素往往会成为决策的关键。

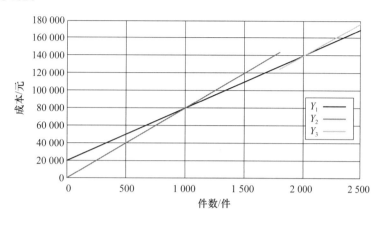

图 5-1　成本平衡点

5.2.2　限制性资源的最优利用决策

在企业的生产能力或业务能力提供多种产品或服务时,企业面临着产品品种的规划问题。而企业的经营总是面临着一项或多项资源的限制,这些限制因素可以是人工、材料、机器、技术条件、市场规模等。根据本量利分析的基本原理,在面临单一资源限制时,企业可以根据"单位限制性资源边际贡献"大小来进行品种规划。

【例5-3】　长信钢铁厂的产能上限为10 000小时,可生产产品A,也可生产产品B;生产每件产品A需1/3小时,生产每件产品B需1小时。这两种产品的有关资料如表5-3所示,请据以确定以该厂现有的生产能力适宜生产产品A还是产品B?

表 5-3　A、B两种产品的相关资料　　　　　　　　　　单位:元

	产品 A	产品 B
单位售价	20	30
单位变动成本	16	21
单位边际贡献	4	9
单位小时边际贡献	12	9

根据上述资料,A、B两种产品与总生产能力之间的关系如下:

$$\frac{1}{3}X + 1Y = 10\ 000$$

这意味着如果只生产 A 产品,最多可以生产 30 000 件;如果只生产 B 产品,最多可以生产 10 000 件。考虑企业只有 10 000 小时的产能,生产能力有限,又 A 产品的单位小时边际贡献高于 B 产品的单位小时边际贡献,则在经营决策时应该优先选择生产 A 产品,若还有剩余产能再考虑生产 B 产品。比较两种产品的边际贡献总额:

　　　　A 产品边际贡献总额=10 000×3×(20−16)=120 000 元
　　　　B 产品边际贡献总额=10 000×1×(30−21)=90 000 元

因为A产品边际贡献总额大于B产品边际贡献总额,因此适宜生产A产品。但是,如果企业产能充裕,生产A、B两种产品的数量不受产能约束,A、B两种产品的销售也不受市场影响,那么,由于B产品的单位边际贡献较高,则应全部生产B产品。

我们上面讨论了一种约束因素的决策,但在实际工作中,企业的经营都是在多种因素约束下进行的。当企业在几个约束因素下生产多种产品时,同样面临着如何将有限资源分配给不同产品,以使企业利润最大化的决策。线性规划法可以解决这一问题。线性规划法是一种数学方法,用于帮助企业管理当局在几种约束因素下,将有限资源分配给不同的产品或劳务。在多因素约束下,如果只生产两种产品,可运用图示法来解决;若生产两种以上的产品,则需要采用单纯形法。关于图示法和单纯形法的运用,请参考有关数学或运筹学的书籍,此处不再举例。

5.2.3 亏损产品处理决策

对于生产多种产品或者提供多种服务的企业,总会有一些产品或者服务的盈利能力较强,而另一些则盈利能力较弱,甚至亏损。这些微利或者亏损的产品或者服务是应该继续生产还是停产或转产,是企业管理当局较难做出的决策。从以利润最大为目标的短期经营决策分析的角度考虑,如果亏损产品或者服务仍然提供边际贡献,而有关设备或者部门即使停产也无其他用途,那么,仍应保留该产品或服务;若亏损产品或服务停产后,有关设备、人员有其他用途,则应具体分析。

【例5-4】 智通公司生产甲、乙、丙三种产品,其各自每月的成本收益情况如表5-4所示。显然,丙产品属于亏损产品。要求:在以下两种假设条件下分别分析是否应该停止生产丙产品。

(1)假设即使停止生产丙产品,剩余的生产能力也无其他用途。

(2)假设停止生产丙产品后,剩余的生产能力可以用于增产甲产品2 500件,且不会引起专属成本的追加。

表5-4 甲、乙、丙三种产品的成本收益

产品	甲产品	乙产品	丙产品	合计
产销量/件	4 000	5 000	4 000	
销售单价(元/件)	30	40	20	
销售收入/元	120 000	200 000	80 000	400 000
变动成本总额/元	64 000	115 000	52 000	231 000
固定成本总额/元	48 000	80 000	32 000	160 000
税前利润/元	8 000	5 000	−4 000	9 000

在该公司所生产的三种产品中,甲产品盈利8 000元,乙产品盈利5 000元,而丙产品亏损4 000元,因此企业最终的总利润为9 000元。那么,停止生产亏损的丙产品会不会使企业的总利润增加4 000元呢?

(1)在第一种假设下,由于丙产品的边际贡献大于零,而该产品的停产并不能带来企业总固定成本的降低,因此丙产品的停产会导致企业全面亏损。甲、乙、丙三种产品的边际贡献以及甲、乙两种产品的收益分别如表5-5、表5-6所示。

表 5-5　甲、乙、丙三种产品的边际贡献　　　　　　　　　　　　单位:元

产品	甲产品	乙产品	丙产品	合计
销售收入总额	120 000	200 000	80 000	400 000
变动成本总额	64 000	115 000	52 000	231 000
边际贡献总额	56 000	85 000	28 000	169 000

表 5-6　甲、乙两种产品的收益　　　　　　　　　　　　单位:元

产品	甲产品	乙产品	合计
销售收入总额	120 000	200 000	320 000
变动成本总额	64 000	115 000	179 000
边际贡献总额	56 000	85 000	141 000
固定成本总额	60 000	100 000	160 000
税前利润	−4 000	−15 000	−19 000

对于第一种假设,也可以用差量分析法进行分析。

根据案例,可以将生产甲、乙、丙三种产品的方案(继续生产亏损产品)和只生产甲、乙产品的方案(停止生产亏损产品)进行比较。由于固定成本在两个方案中数额相等,属于无关成本,因此两种方案的差量收入和差量成本如下:

差量收入 =(120 000+200 000+80 000)−(120 000+200 000)
　　　　 = 80 000 元
差量成本 =(64 000+115 000+52 000)−(64 000+115 000)
　　　　 = 52 000 元
差量损益 = 80 000−52 000 = 28 000 元

因为差量损益大于零,所以前一种方案较优,即应继续生产亏损产品。

(2) 在第二种假设下,亏损产品停产后,有关的生产能力可以用于增产甲产品,因为这样不会引起固定成本的增加,所以增加的甲产品的边际贡献就是继续生产亏损产品丙的机会成本。与此类似的还有生产能力出租的租金收入。在这种情况下,可以用相关损益法进行分析;或者将生产亏损产品的边际贡献和停产后产能其他用途的边际贡献进行比较,用差量损益分析法进行分析。

在本例中,原由丙产品负担的固定成本属于决策无关成本,将继续生产丙产品提供的边际贡献 28 000 元与增产甲产品提供的边际贡献进行对比,便可得出相应的决策。

增产甲产品提供的边际贡献如下:

增产甲产品提供的边际贡献 =(30−64 000/4 000)×2 500 = 35 000 元

由此可见,停止生产丙产品、增产甲产品比较合算。

上述决策分析只是根据利润最大的原则所进行的经济效益分析,维持或停产某一产品的决策还应考虑相关的战略因素,以及一种产品的亏损是否会影响其他产品的销售。例如,一些鲜花店为了提供更好的服务,将卡片、花瓶及其他相关物品以成本价甚至低于成本价的价格出售,并以此吸引顾客购买利润率更高的产品——花束及插花;百货公司要考虑货物品种齐全与否对客流量多少的影响;工业企业要考虑企业内部对产品的使用情况、员工的分流情况等。有时候是否停产还与管理人员的行为意识有关,例如,负责开发该产品的主管人员总是倾向于保

留这种产品;又如,取消某一产品的生产会对全体职工的职业道德及企业组织的有效性产生潜在影响。此外,管理者还应考虑各种产品在销售方面的增长潜力。

5.3　产品定价决策

定价决策是企业经营管理者经常面临的一个重要决策。产品的定价决策就是确定产品的价格,以使企业的经济效益最大化。在销售量一定的情况下,产品的单位售价越高,能实现的销售收入也越多,如其他条件不变,可实现的利润也越高。但产品售价提高,销售量可能会随之减少,而且随着产品总销售量的减少,产品的单价成本会相应地提高,这些因素将导致利润的降低。产品定价受很多因素的影响,如市场需求、产品成本、企业战略、营销策略、竞争对手、国际环境、宏观政策等。所以,以市场为导向,在考虑各种影响因素的前提下,采取正确的定价策略与方法确定最优价格是非常重要的。本节主要介绍产品定价的基本策略、成本加成定价法以及与产品定价决策相关的特殊订单定价决策。

5.3.1　产品定价的基本策略

在企业中,产品定价的基本策略可归纳如下。

1. 经济定价模型

产品的价格与销售量、利润之间有着错综复杂的消长关系,定价决策的中心问题就是弄清其中的关系,而后确定价格-数量的最优组合,使企业利润最大化的目标得以实现。根据经济学理论,公司的边际收入等于边际成本时,企业的利润最大,此时对应的生产价格就是最优售价,这就是经济定价模型,如图 5-2 所示。

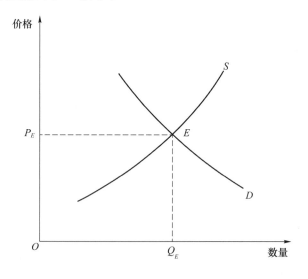

图 5-2　经济定价模型示意图

经济定价模型以经济学的供求关系理论为基础,以利润最大化为目标来制定价格。在其他条件不变时,供应量一般会随价格的上升而增加,随价格的下降而减少;而需求量则相反。供给和需求的力量通过市场发挥作用,从而产生了市场均衡的价格和均衡的产量,如图 5-2 所示。经济定价模型是一种理想的状态,运用到现实生活有很多局限性。例如,经济定价模型假设需求只受价格因素的影响,但现实生活中很多因素会对需求产生影响,制定价格时不可能只考虑需求这一单一因素。此外,确定某种产品的边际成本和需求也不是一件容易的事情。尽管如此,经济定价模型对于指导企业根据不同价格弹性调整定价策略仍然很有帮助。

2. 以成本为导向的定价策略

由于边际成本和边际收入难以取得,所以在现实生活中,许多企业依赖会计提供的成本信息进行定价。企业生产最终的目标是获得利润,即销售收入要大于成本。那么,成本必然会成为定价时要考虑的重要因素。以成本为导向的定价策略以成本为主,结合具体的市场情况进行定价,其主要方法包括:成本利润加成定价法、资金利润加成定价法、目标利润加成定价法等。

3. 以竞争为导向的定价策略

市场竞争一直是企业面临的重要问题,企业的决策要考虑市场竞争者的反应。这与企业在市场中的地位和在行业中的位置有关,如果企业在市场竞争中处于强势位置,那么它在制定产品价格时就有话语权,其他企业的价格制定要以它为参照,例如,一些价格垄断企业生产的垄断产品,其市场定价很高,但因该产品稀缺或没有竞争对手,企业就会拥有绝对的价格话语权;如果企业在竞争中处于弱势位置,没有制定价格的话语权,则应采取价格跟随策略。

此外,在激烈竞争的市场环境下,如果企业的产品具有差异化、特色化的特点或性价比较高,那么在制定价格时,企业也有话语权。例如,手机市场的一些产品价格远远高于其他产品,但其新产品上市依然供不应求,这是因为其产品质量高、产品差异化程度高。

企业为了应对竞争,在价格制定上会采取各种办法,如降价策略、折扣和分期付款策略、尾数价格策略、捆绑价格策略、单一价格策略等。

5.3.2 成本加成定价法

成本是企业生产和销售产品所发生的各项费用的总和,是构成产品价格的基本因素,也是价格的最低经济界限。以成本为基础制定产品价格,不仅能保证生产中的耗费得到补偿,还能保证企业获得必要的利润。

成本加成定价法是以产品的单位成本为基础,再按一定比例加成来确定产品价格的方法。其中,产品的单位成本既可以是根据完全成本法计算的完全成本加成定价,也可以是以变动成本法计算的变动成本加成定价。计算公式如下:

$$单位产品价格 = 单位产品的完全成本 \times (1 + 加成率) \qquad (5\text{-}1)$$
$$单位产品成本 = 单位产品的变动成本 \times (1 + 加成率) \qquad (5\text{-}2)$$

其中,完全成本法以单位制造成本为基础,加成率的确定以企业预计的利润和非制造成本的补偿为依据。变动成本法以单位变动成本为基础,加成率的确定以企业预计的利润和固定成本的补偿为依据。以变动成本法为基础的定价法适用于企业利用剩余生产能力接受追加订货时的定价,因为此时固定成本属于共同成本,是与决策无关的成本,只要追加订单的价格高于变动成本就可以实现利润的增加。

【例 5-5】 华夏公司正在考虑对其生产的甲产品进行定价。该产品的预计单位成本资料如表 5-7 所示。

表 5-7　产品的预计单位成本　　　　　单位:元

项目	单位成本
直接材料	30
直接人工	18
变动制造费用	12
变动制造成本合计	60
固定制造费用	20
制造成本合计	80
变动销售费用和管理费用	6
固定销售费用和管理费用	4
单位总成本合计	90

其中:年固定制造费用为400 000元,预计产量为20 000件,则单位固定制造费用为20元/件;年固定销售费用和管理费用为80 000元,则单位固定销售费用和管理费用为4元/件。要求:

(1) 计算完全成本法下的成本加成价格(加成率为20%);

(2) 计算变动成本法下的成本加成价格(加成率为30%)。

解:

(1) 单位产品价格＝单位产品的完全成本×(1＋加成率)
　　　　　　　　＝80×(1＋20%)＝96元/件

(2) 单位产品价格＝单位产品的变动成本×(1＋加成率)
　　　　　　　　＝66×(1＋30%)＝85.8元/件

在变动成本法下,假设固定制造费用、固定销售费用和管理费用为共同成本,故在定价时只需考虑变动成本的部分。

成本加成定价法下有一个非常重要的假定,即产销量已知。这一假定与现实不符,很难与企业实际运营过程相吻合。因为在企业现实生产的过程中,很多假设的条件会发生变化,相应的产品的各项成本也会发生变化。此外,对于共同成本,企业在决策中采取的分摊方法不同,也会导致产品的单位成本不同,从而影响产品定价。

5.3.3　特殊订单定价决策

对于标准产品或新产品的定价,企业较为看重的是长期利益,但企业的经营往往面临复杂多变的市场环境和激烈的竞争,所以企业必须灵活应变。因此,企业的定价决策也必须具有一定的灵活性。比较典型的定价决策场景包括:企业有剩余能力时追加订货的定价、面对竞争对手的削价竞争时应如何定价。

特殊订单定价也是以成本为基础的,只要特殊订单的价格超过相关成本,就可以接受该订单。

1. 变动成本法下的特殊订单定价决策

根据本量利分析的基本原理,企业在尚有剩余生产能力的情况下,特殊追加订货在增加销售收入、变动成本总额的同时,并不增加固定成本,因此,我们可以根据成本、业务量和利润之间的依存关系,以利润最大化为目标,制定追加订货可以接受的最低价格。

(1) 简单条件下的追加订货定价决策

所谓简单条件，即追加订货不会引起固定成本的变动；而不接受追加订货时，相应的剩余生产能力也不能转移，因此，不会产生机会成本。在这种情况下，任何数额的边际贡献的增加都会带来利润的增加，因此，定价的下限是追加订货的边际贡献大于零，转化为单位产品价格的话，即追加订货的价格不低于单位变动成本。

【例 5-6】 安庆公司现有年产 A 产品 200 000 件的生产能力，根据过去的销售情况和未来的趋势，该公司制订的未来一年的批量生产计划为 140 000 件，预计每件按 100 元的价格通过其原有销售渠道销售。会计部门提供了该产品的成本资料，如表 5-8 所示。

表 5-8 A 产品的成本资料

成本项目	金额/元
直接材料	35
直接人工	15
变动制造费用	10
固定制造费用	20
单位产品成本	80

假设现有一个客户要求订货 30 000 件，每件价格为 70 元，且该客户愿意承担所有运费，那么，安庆公司是否应该接受该订货呢？

由于订货的数量 30 000 件没有超出可以利用的剩余生产能力 60 000 件，如果不接受订货，剩余生产能力也没有其他用途，所以，接受订货的价格下限就是单位变动成本：35+15+10＝60 元/件。只要订货价格高于 60 元/件，接受订货就可以使公司利润增加；而如果订货价格低于 60 元/件，接受订货会使公司利润降低。现客户愿以每件 70 元的价格订货，单价大于 60 元，接受订货能给公司带来 300 000 元（30 000×10 元）的收益，所以应该接受订货。

(2) 有专属成本或机会成本情况下的追加订货定价决策

在追加订货带来专属固定成本增加（如专用设备的租金、特聘技术主管的工资、专业工人的培训支出等）或者由于剩余生产能力有其他用途而产生机会成本的情况下，追加订货可以接受的价格下限为

$$价格下限 = 单位变动成本 + \frac{专属成本 + 机会成本}{追加订货量} \tag{5-3}$$

接例 5-6，如果安庆公司接受该订货需要另外购置一台价值 33 000 元的专用设备，且该专用设备除此之外没有其他用途。在这种情况下，安庆公司是否应该接受该特殊订货呢？

在有专属成本追加的情况下，订单价格下限为 60+(360 000/30 000)＝72 元/件，而订货商只愿出 70 元的价格，所以不应该接受订单。因为接受这批特殊订单不仅不会给公司带来额外收益，还会使收益减少 60 000 元（30 000×10 元－360 000 元）。

仍接例 5-6，如果安庆公司以 70 元的价格接受了这批 30 000 件的特殊订货，将使正常销售量减少 10%，即销售量减少 14 000 件（140 000×10%件）。这时，该公司是否应该接受该特殊订货呢？

因为接受特殊订单而减少的正常销售量可以被视作机会成本，在机会成本发生的情况下，订单价格的下限价格为 60+(14 000×30/30 000)＝74 元/件，而订货商只愿出 70 元的价格，所以不应该接受订单。因为接受这批特殊订单不仅不会给公司带来额外收益，还会使收益减少 120 000 元（30 000×10 元－420 000 元）。

2. 作业成本法下的特殊订单定价决策

一个企业的成本动因多种多样,仅以数量动因确定相关成本,很可能会导致决策错误。作业成本法在特殊订单定价决策中扮演了一个重要角色,它提供了准确的成本信息。作业成本法表明了成本如何随各种作业量(如产量、批量、工序次数等)及产品的变动而变动,由此我们可以对相关成本信息进行更充分的分析。

【例 5-7】 美佳公司是一家特制服装的小型生产商,主要生产印有标语及品牌名称的T恤衫和圆领长袖运动衫。某文化公司向美佳公司订购了1 000件印有艺术宣传图案的T恤衫。文化公司对每件T恤衫的报价是6.50元,而美佳公司同类订单的正常售价为每件9.00元。

美佳公司本年度制造成本总预算的编制基础是预计本年T恤衫的产量为225 000件,而该公司的生产能力是250 000件。这225 000件T恤衫预计分200批生产。三组成本要素如下。

(1)产量级成本随印制T恤衫数量的变动而变动。产量级成本包括布料成本(3.25元/件)、油墨及其他材料成本(0.95元/件)、人工成本(0.85元/件)。

(2)批量级成本的部分成本随生产批次的变动而变动。批量级成本包括设备生产准备成本、检验成本及原料整理成本。这些成本是半变动(随批次而变)半固定的。例如,生产准备成本等于每批130元(200批计26 000元),加上29 000元的不随批量变动的固定成本(如准备工具及程序设备的成本),总计55 000元(26 000元+29 000元)。与此类似,检验成本等于每批30元加上9 000元的固定成本,总计15 000元(30×200元+9 000元)。原料整理成本等于每批40元加上7 000元的固定成本,总计15 000元(40×200元+7 000元)。

(3)工厂级成本是固定的,不随产量及批次的变动而变动。这类成本包括机器设备的折旧和保险费用(315 000元)及其他固定成本(90 000元)。

美佳公司的相关成本分析如表5-9所示。

表5-9 美佳公司的相关成本分析

成本类型	单位成本(元/件)	总成本/元
相关成本		
布料成本	3.25	3 250
油墨及其他材料成本	0.95	950
人工成本	0.85	850
单位成本小计	5.05	5 050
批量水平成本(随批次变动而变动的成本)		
准备成本	0.13	
检验成本	0.03	
原料准备成本	0.04	
批量成本小计	0.20	200
相关成本总计	5.25	5 250
非相关成本		
固定的批量水平成本	0.2	
工厂水平成本	1.8	
非相关成本合计	2.0	
总成本	7.25	

其中,固定的批量水平成本＝29 000＋9 000＋7 000＝45 000元,按美佳公司年度生产预算,平均每件成本＝45 000/225 000＝0.2元/件;工厂水平成本＝315 000＋90 000＝405 000元,按美佳公司年度生产预算,平均每件成本＝405 000/225 000＝1.8元/件。

生产该特殊订单需要与公司正常生产的T恤衫具有相同的原布料、油墨及劳动时间,单位成本为5.05元/件。此外,美佳公司每接受一笔订单会发生200元的批量成本。

这项决策的正确分析方法是识别相关成本5.25元,并将其与特种订货的价格6.50元相比较,而无须考虑无关成本,因为不论美佳公司是否接受此特殊订单,那些成本都是相同的。这样,每卖给文化公司一件T恤衫,美佳公司就会取得1.25元(6.50元－5.25元)的贡献额,即总共取得1 250元的贡献额,因此应该接受这笔订单。

一种常见的错误分析是关注每件T恤衫的总成本7.25元。如果美佳公司的管理者没有意识到其中的2.00元并不是影响决策的无关成本,那么,美佳公司就会认为单位成本7.25元高于销售价格6.50元,从而导致放弃这笔订单。

3. 特殊订单定价决策的战略因素

为了全面地进行决策分析,管理者还应考虑战略因素,如生产能力的利用情况、长期及短期定价、变动成本的变化趋势以及作业成本法的运用。

在例5-7中,美佳公司目前是满负荷运营吗?美佳公司目前有25 000件的剩余生产能力,足以接受文化公司的订单。但是如果美佳公司目前正在或接近满负荷运营,那么文化公司的订单是否会减少其他利润更高产品的销售收入呢?如果是的话,美佳公司就应考虑因收益减少而导致的机会成本。假设美佳公司正在满负荷运营,接受文化公司的订单将会造成其他T恤衫的收入减少,而那些T恤衫具有更高的贡献额3.75元(9.00元－5.25元),生产特殊订单的每件T恤衫的机会成本就是3.75元。在满负荷运营条件下,由于收入减少,接受文化公司的订单将使总利润减少2 500元。

对于暂时的削价竞争来说,价格的最低限原则上是单位变动成本或单位作业成本。在特殊情况下,价格甚至可以降到单位变动成本或单位作业成本以下,但这只是暂时现象。如果价格长期低于完全成本,甚至低于变动成本,那么最终收益将不能完全补偿企业的耗费,从而导致企业亏损或破产。

若削价竞争带来的后果是价格的稳定下降,则企业要考虑销售价格与销售量之间的平衡,以追求利润的最大值。

5.4 短期经营决策应用案例

【案例资料】

海新电器制造有限公司的经营管理人员需经常就有关产品生产的各方案做出决策,决策内容通常包括企业的生产布局、新产品的投产、多种产品生产的合理安排、材料的最佳利用、亏损产品处理等。以下是该公司在2021年所做的一个决策案例。

该公司2020年生产三种机器,型号分别为CH1、CH2、CH3,各产品生产数量占企业生产能力的比例分别为50%、40%和10%。2020年该公司的销售部门对市场需求进行预测,计划部门在初步平衡生产能力的基础上,编制了 2021 年的产品生产计划,财务部门打算据此进行产品生产的决策。

CH1 是该公司的老产品,因造价高、定价低而长期亏损。尽管 CH1 是亏损产品,但由于市场上只有其一家供应商,为了满足市场需要,公司决定继续生产。财务部门根据产品生产计划,对成本和利润做出了预测,如表 5-10 所示。

表 5-10　三种产品的成本和利润预测　　　　　　　　　　　单位:万元

项目	产品			合计
	CH1	CH2	CH3	
销售收入	654.6	630.7	138.3	1 423.6
销售成本	681.9	564.5	106.8	1 353.2
销售利润	−27.3	66.2	31.5	70.4

公司经理阅读了成本和利润预测表后,对财务部门提出了以下问题:

(1) 经过努力,公司 2021 年的目标利润能否达到 100 万元?

(2) CH1 型号的产品亏损 27.3 万元,影响了企业利润,可否考虑停产?

(3) 如果增置设备,扩大生产能力,能否增加盈利?

针对这些问题,财务部门与销售、生产等部门相关负责人一起共同研究,寻找对策。他们首先通过实地调查,获取第一手资料,然后根据所获信息制定备选方案。若干天后,他们提出了以下四种方案,供有关决策机构分析与比较,以确定其中的最优方案。

第一种方案:停止生产 CH1,CH2 和 CH3 仍按原计划生产。

第二种方案:停止生产 CH1,将多余的生产能力用于增产 CH2 和 CH3,受生产能力平衡的制约,CH2 最多增产 40%,CH3 最多增产 10%。

第三种方案:在 2021 年产品生产计划不变的情况下,将更新改造基金 10 万元用于增加 4 台生产 CH2 的设备,使 CH2 增产 10%。新设备使用期限大概为 10 年。

第四种方案:在第三种方案基础上挖掘潜力,进一步平衡生产能力,调整产品生产计划。CH2 是该公司最近几年开发的新产品,由于技艺精良、质量高,颇受用户欢迎,目前在市场上供不应求。据计划部门预测,如果压缩 CH1 30% 的生产计划,CH2 可在原方案基础上增产 36%。

财务人员在对成本资料进行分析的基础上,考虑原材料调价因素,运用回归分析法,计算出 CH1、CH2、CH3 的变动成本占销售收入的比例分别为 70%、60%、55%。

【案例要求】

请根据案例中所给的资料,结合本章学习的内容,讨论这四种方案的可行性。

【案例解析】

根据已知,CH1、CH2、CH3 的变动成本占销售收入的比例分别为 70%、60%、55%,根据表 5-10 的数据,可以得出表 5-11。

表 5-11 三种产品的成本和边际贡献 单位:万元

项目	产品			合计
	CH1	CH2	CH3	
销售收入	654.6	630.7	138.3	1 423.6
销售成本	681.9	564.5	106.8	1 353.2
其中:变动成本	458.220	378.420	76.065	912.705
固定成本	223.680	186.080	30.735	440.495
边际贡献	196.380	252.280	62.235	510.895
销售利润	−27.3	66.2	31.5	70.4

方案一的分析：

停止生产 CH1,CH2 和 CH3 仍按原计划生产,意味着停止生产 CH1 后,CH2 和 CH3 没有增加生产能力,仍按原产量生产。此时可以根据"单位限制性资源边际贡献"大小进行品种规划。

由表 5-11 可知,亏损产品 CH1 仍然提供 196.380 万元的边际贡献,而在方案一中,有关设备即使停产 CH1 也无其他用途,所以仍应保留该产品的生产。

方案二的分析：

停止生产 CH1,将多余的生产能力增产 CH2 和 CH3,受生产能力平衡的制约,CH2 最多增产 40%,CH3 最多增产 10%,运用差量分析法可编制表 5-12。

表 5-12 方案二的差量分析表 单位:万元

项目		产品			合计
		CH1	CH2	CH3	
销售收入		654.6	630.7	138.3	1 423.6
销售成本		681.9	564.5	106.8	1 353.2
其中:变动成本		458.220	378.420	76.065	912.705
固定成本		223.680	186.080	30.735	440.495
边际贡献		196.380	252.280	62.235	510.895
销售利润		−27.3	66.2	31.5	70.4
方案二	销售收入		882.98	152.13	1 035.11
	变动成本		529.788 0	83.671 5	613.459 5
	边际贡献		353.192 0	68.458 5	421.650 5

根据表 5-12 可知,采用方案二,增产 CH2 和 CH3 带来的边际贡献为 421.650 5 万元;而维持现状继续生产三种产品的边际贡献为 510.895 万元,所以方案二使得边际贡献减少了 89.244 5 万元,因此方案二不可行。

方案三的分析：

原计划不变,增加新设备需 10 万元,假设不考虑净残值和时间价值因素,按直线法计提年折旧额 1 万元,该新设备可使 CH2 增产 10%,方案三的成本、利润如表 5-13 所示。

表 5-13 方案三的成本、利润   单位:万元

项目	产品			合计
	CH1	CH2	CH3	
销售收入	654.60	693.77	138.30	1 486.67
变动成本	458.220	416.262	76.065	950.547
固定成本	223.680	186.080	30.735	440.495
增加固定成本		1		1
销售利润	−27.300	90.428	31.500	94.628

由表 5-13 可知,增加新设备后,销售利润总额为 94.628 万元,原有计划的销售利润为 70.4 万元,所以方案三可行。

方案四的分析:

在方案三的基础上,如果压缩 CH1 30%的生产计划,CH2 可在原方案基础上增产 36%,据此可得到方案四的成本、利润,如表 5-14 所示。

表 5-14 方案四的成本、利润   单位:万元

项目	产品			合计
	CH1	CH2	CH3	
销售收入	458.220	857.752	138.300	1 454.272
变动成本	320.754 0	514.651 2	76.065 0	911.470 2
固定成本	223.680	186.080	30.735	440.495
增加固定成本		1		1
销售利润	−86.214 0	156.020 8	31.500 0	101.306 8

从表 5-14 可知,方案四的销售利润总额为 101.306 8 万元,比方案三的 94.628 万元多出 6.678 8 万元,所以方案四可行。

总之,如果结合目标利润 100 万元,该公司应在四种方案中选择方案四。

本章知识点小结

本章主要讲解企业短期经营决策,核心知识点包括以下几点。

第一,短期经营决策概述:①短期经营决策的概念及种类;②短期经营决策的程序;③短期经营决策的依据;④短期经营决策中用到的典型的相关成本和无关成本。

第二,典型的产品规划与生产决策:①零部件自制与外购决策;②限制性资源的最优利用决策;③亏损产品处理决策。

第三,产品定价决策:①产品定价的基本策略;②成本加成定价法;③特殊订单定价决策。

思考与练习题

一、单项选择题

1. 下列各项中属于无关成本的是(   )。
   A. 差量成本　　　　　　　　B. 机会成本
   C. 重置成本　　　　　　　　D. 沉没成本

2. 当剩余生产能力无法转移时,企业不接受追加订货的原因是(   )。
   A. 订货价格低于单位产品成本　　B. 订货价格低于正常销售价格
   C. 订货价格低于单位相关成本　　D. 订货数量超出正常生产能力

3. 假设久泰塑料厂有剩余生产能力 1 000 机器小时,生产甲、乙、丙、丁四种产品,它们的单位边际贡献分别为 4 元、6 元、8 元和 10 元,所需的机器小时各为 4 小时、5 小时、6 小时和 7 小时,则该厂应增产的产品是(   )。
   A. 甲产品　　　B. 乙产品　　　C. 丙产品　　　D. 丁产品

4. 在零部件自制或外购决策中,无关成本是(   )。
   A. 直接材料
   B. 变动制造费用
   C. 通过外购可以避免的固定制造费用
   D. 即使外购也要发生的固定制造费用

5. 生产能力无法转移时,满足亏损产品停产的条件是(   )。
   A. 该亏损产品的单价大于其单位变动成本
   B. 该亏损产品的边际贡献大于零
   C. 该亏损产品的边际贡献小于零
   D. 该亏损产品的变动成本等于其收入

二、多项选择题

1. 一般情况下,属于相关成本的有(   )。
   A. 差量成本　　　　　　　　B. 共同成本
   C. 重置成本　　　　　　　　D. 机会成本

2. 差量成本这一概念可以用于(   )的决策。
   A. 接受追加订货
   B. 零部件是外购还是自制
   C. 不需要的设备是出租还是出售
   D. 半成品直接出售还是加工为成品后再出售

3. 在是否接受特殊价格追加订货的决策时,下列说法中正确的有(   )。
   A. 在简单条件下,只要特殊订货单价大于单位变动成本就应该接受订货
   B. 当追加订货冲击正常产销量,接受追加订货增加的贡献大于由此减少的正常收入时,则应接受订货

C. 当接受订货量需要追加专属成本时,只要追加订货的边际贡献大于专属成本,就应该接受订货
D. 如果不接受订货可将闲置设备出租,只要追加订货的边际贡献大于出租设备租金,就应该接受订货

三、综合案例题

博达公司计划生产一种新产品,它每年需要 180 000 个关键零件 A,该公司目前有剩余产能可以自制该零件,有关成本估算如表 5-15 所示。

表 5-15 生产 A 零件的成本估算　　　　　　　单位:元

直接材料	600 000
直接人工	100 000
变动制造费用	60 000
分配来的固定制造费用	65 000

由于该零件标准化程度较高,企业也可以向市场购买。已知 A 零件的购买单价为 4.25 元,平均运输成本为 0.4 元/件。假设该企业不自制零件 A,其剩余产能用来生产另一种产品,每年可因此增加边际贡献 40 000 元。

试问:该企业新产品所需的零件 A 应自制还是外购?所选方案节约的成本金额是多少?

第6章 长期投资决策

知识框架体系

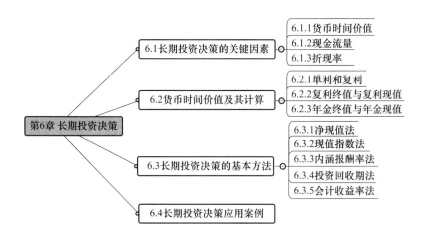

【学习目标】

本章重点讲解长期投资决策的关键因素和决策方法,通过本章的学习,需要达到以下学习目标:

1. 长期投资决策的三个关键因素(理解);
2. 长期投资决策相关现金流的计算方法(理解和应用);
3. 长期投资决策的基本方法,包括其原理、应用及优缺点(理解和应用)。

6.1 长期投资决策的关键因素

长期投资决策是指将资金长期投向某一项目的决策。以制造业为例,企业要从事生产,就需要建造厂房、购置设备。随着企业规模的扩大,当其原有产能不足时,又需要对其原有厂房和设备进行改建、扩建和更新改造,这些决策都属于管理会计中长期投资决策的范畴。

相对于短期经营决策项目而言,长期投资决策项目通常具有如下特点。

第一,投资金额大。长期投资决策项目所涉及的投资金额通常较大,它一方面对投资收益要求较严,另一方面受到企业筹资能力和筹资成本的影响。

第二,涉及时间长。长期投资决策项目是指收回时间在一年以上的投资,通常在若干年内对企业的收支产生较大影响。

第三,投资风险大。一方面长期投资决策项目的影响时间长,而时间越长,所涉及的不确定因素便越多;另一方面长期投资的金额巨大,并且一经决定执行就难以改变,这些都加大了长期投资决策的风险。因此,为了保证决策的正确性,在长期投资决策中必须考虑货币时间价值和现金流量等相关因素。

6.1.1 货币时间价值

由于长期投资决策项目的投资金额往往很大,项目跨度期很长,投资的支出和投资的回收不在同一时点,因此在决策时不能简单地将现在的投资支出和投资后若干年的收入直接相比,因为货币资金具有时间价值。

所谓货币时间价值是指在不考虑通货膨胀和风险的情况下,同一货币量在不同时间的价值量的差额。假设目前利率为10%,现在的1元钱在一年以后就不再是1元钱,而是1.1元钱,现在的1元钱与一年后的1元钱是不等值的,现在的1元钱相当于一年后的1.1元钱,这0.1元钱的差额即货币的时间价值。

要使长期投资决策项目的评价建立在客观的基础上,就必须考虑货币的时间价值,将不同时点的现金流入量和现金流出量都折算到同一时点后进行比较,因此项目建设和运营的时间是影响长期投资决策的关键因素。

6.1.2 现金流量

1. 现金流量的概念及其决策意义

现金流量是指资本循环过程中现金流入、现金流出的数量。长期投资决策项目相关的现金流量则是指特定的长期投资决策项目从其筹划、施工、投产乃至报废的整个期间内所发生的现金流入量和现金流出量的总称,它是资本预算中最基础的数据。现金流量是建立在收付实现制基础之上的收、支概念,在长期投资决策项目评价中,它比建立在权责发生制基础上的收入、成本、利润具有更重要的决策意义,主要理由如下。

首先,应用现金流量的概念可以更恰当地进行时间价值的计算。科学的投资评价离不开时间价值的计算,时间价值计算的前提是能够区分每笔款项的实际收付时间,即应以收付实现制为基础。目前会计系统中的收入、成本、利润通常是以权责发生制为基础计量的结果,部分收入、成本与现金收支的实际发生时间不符,从而导致了利润与现金流量的差异。例如,企业购建固定资产时付出的大量现金是长期投资决策项目的主要现金流出,但并没有计入成本、减少利润;相反,当固定资产的原始价值以折旧方式逐期计入各期成本时,实际上并未导致现金流出;等等。因此,为了正确计算时间价值,正确进行投资评价,应从收付实现制的角度认识项目的收入、成本,即对其未来相关的现金流量进行预测。

其次,现金流量可以更客观地说明长期投资决策项目相关的财富积聚情况,而利润则带有一定的主观随意性。从投资的初始状态看,现金流出代表着财富的转移,代表着投资的发生;从投资有效期的运作看,现金净流量代表着投资的收回,代表着财富的增长;从投资结果看,高质量的投资收益大部分应表现为现金性收益。而从利润角度却可能得出不同的结论,如企业会计利润会受到多种因素的影响,像存货计价、折旧、收入确定等会计方法的不同选择,均将导致不同的利润结果。

因此,将现金流量作为长期投资决策项目评价的基础数据更为可靠。

为了便于理解,现金流量的计量通常建立在如下假设的基础上。

第一,假设现金流量以年为时间单位发生,并且由第 0 年开始,至第 n 年结束。

第二,将年度内不同时间发生的现金流量均汇集于某时点,主要是各年年初或年末。

第三,假设年度内经营匀速发生,赊销、赊购等应计项目的期初、期末余额相当,因而其对各期现金流量的影响可忽略不计。

第四,全投资假设。即假设项目所需全部投资均为自有资金,或者说项目相关现金流量不受投资资金取得方式的影响。

2. 长期投资决策项目相关的现金流量

1) 现金流出

长期投资决策项目相关的现金流出是指该项目直接导致的企业现金流出的增加额,通常包括如下内容。

(1) 建设性投资

建设性投资包括固定资产、无形资产、开办费等方面的投资,如固定资产的购置、建造、安装、调试等支出。最为简化的建设性投资是一次性的支出,它仅表现为第 0 年的现金流出,但现实经济生活中也有不少为分期多次投入,即第 0 年开始至整个建设期结束均有此现金流出。

(2) 垫支营运资本

营运资本是指经营所需流动资产与当期流动负债的差额。长期投资决策项目相关的垫支营运资本是指项目投产前一次或分次投入的、用于应付项目投产后与该项目直接相关的材料购买、工资支付等所发生的垫付资本。垫支营运资本必须是该长期投资决策项目直接引起的,而且它在整个项目有效期内不能挪作他用,只有在该长期投资决策项目终了之后方能收回,并转移用途。当然,并不是所有长期投资决策项目均需要追加营运资本。

(3) 经营支出

经营支出包括项目投产后生产经营过程中发生的各项付现成本及各项税金,是项目投产后最主要的现金流出。其中,税金应包括营业税、消费税、所得税等,但通常不包含增值税。而且由于营业税、消费税等均在所得税前列支,已经作为企业营业总成本的一部分,因此在确定经营支出所导致的现金流出时,通常只将所得税项目单列。应该特别注意的是,年付现成本不同于各期与收入配比的营业总成本的概念,总成本中包含一部分非付现成本,如固定资产折旧、无形资产和递延资产摊销费等,它们均未构成项目生产经营中的实际现金流出,所以对现金流出没有直接影响。但是,这些非付现成本的存在,无疑会抵减各期的应税收入,从而抵减部分所得税。当然,非付现成本的抵税额既然是现金流出的减少,其性质就相当于现金流入。另外,在全投资假设下,利息费用支出通常也不包括在相关现金流出中。所以,经营支出导致的现金流出等于营业总成本加上所得税后,再减去折旧等非付现成本及利息费用。

此外,经营支出的节约额本质上应是一种现金流入,但有时也将其以负值方式计入现金流出项目。

(4) 其他现金流出

其他现金流出指除了上述内容以外的其他现金流出项目,如项目导致的营业外支出、投资的机会成本等。

2) 现金流入

长期投资决策项目的现金流入是指该项目直接引起的企业现金流入的增加额,通常包括如下内容。

(1) 经营收入

经营收入是指该项目直接引起的经营收入,如因扩大企业生产经营规模所增加的销售收入或节约的经营支出等。它是长期投资决策项目最主要的现金流入。在期初、期末应计项目基本相当的假设下,我们可将项目投产后预期实现的年销售收入额直接作为经营收入的现金流入额。

(2) 固定资产残值收入

固定资产残值收入就是长期投资决策项目终了处置固定资产所得的清理净收益,通常表现为第 n 年的一次性现金流入。至于更新改造决策中因购置新设备而处置旧设备所取得的中途变价收入,实为继续使用旧设备的机会成本,所以通常将其作为旧设备的初始投资考虑,而不作为现金流入处理。在此还应注意处置固定资产的收益或损失所导致的税收影响:当处置收入大于固定资产的账面净值时,会发生营业外收入,导致所得税支出增加,因此其对现金净流量的影响额是其净收益额减去所得税增加额的差额。

(3) 垫支营运资本的收回

长期投资决策项目终了,即可收回垫支营运资本并改为其他用途,因而它也是长期投资决策项目相关的现金流入。

(4) 其他现金流入

除上述各项以外的其他现金流入。

3) 现金流量按发生阶段分类

在现实经济生活中,通常将长期投资决策项目相关的现金流量按其在投资全过程中的发生阶段进行归类,这样既便于现金流量的预期,也更便于计算其进行项目评价时所需的时间价值。项目投资过程往往包括建设期、经营期两个阶段,最后一个经营期又叫作终结点。与此相对应,现金流量也可分为初始投资、营业现金流量、终结现金流量三类。

(1) 初始投资

初始投资是指建设期所发生的现金流量总额,主要包括购建固定资产等建设性支出及营运资本的垫支,通常表现为第 0 年或建设期内各年的现金流出。

(2) 营业现金流量

营业现金流量是指项目投产后整个生产经营期内正常经营所发生的现金流量,主要包括经营收入和经营支出两大部分。通常用经营收入和经营支出的差额,即年营业现金净流量来表示营业现金流量。营业现金流量通常表现为第 $0 \sim n$ 年间各年的现金净流入。

(3) 终结现金流量

终结现金流量是指项目寿命终结时发生的现金流量,包括固定资产的净残值收入、垫支营运资本的收回等,通常表现为第 n 年的现金流入。

4) 长期投资决策项目相关现金流量的确定

(1) 现金流量的预期

现金流量的预期是现金流量确定乃至整个长期投资决策的基础,长期投资项目决策分析中大量的前期工作就是进行现金流量的预期。

现金流量的预期必须遵循如下基本原则。一是相关性,即预期现金流量必须是投资项目直接相关的现金流入、流出量,也就是随投资项目取舍而增减的现金流量。沉没成本不能包含其中,上级主管部门或其他部门分配的成本、费用亦不能包含其中。二是应考虑机会成本,尽管机会成本并未构成实际的现金流出,但它放弃了收益的机会,减少了现金流入,因此亦是项目相关的成本（现金流出）。

现金流量的预期主要包括以下几个方面。

① 初始投资的发生金额及其发生时间的预期。不同的投资项目具有不同的初始投资，对其预期有时较简单，如机器设备的更新决策，它的初始投资往往在投资起点一次发生，发生金额以机器设备的市价为依据；有时此预期则较为复杂，如企业扩建的决策，其建设期往往较长，有的历时一年以上，资金分次投入，既涉及固定资产投资，又涉及流动资产投资。此时，最经济、有效的预期依据是有关技术管理部门（如技改部门或建设部门）的预算及其与工程承建单位的合同。

② 营业现金流量的预期。营业现金流量的预期最为关键，同时也最为复杂，它包括项目寿命期的预期、相关经营收入的预期、相关付现成本的预期等。相关经营收入的预期又包含产销量预期、售价及其变动趋势预期，预期资料主要来源于营销部门；在相关付现成本预期中，则涉及各项生产要素的投入量情况及其价格变动趋势，预期资料主要来源于生产、技术管理部门及生产资料供给部门。对于老产品，预期收入和成本可建立在对相关历史资料及其变动趋势进行分析的基础上；对于新产品，预期收入必须建立在细致的市场调研的基础上，参考行业内企业的具体情况，允分考虑市场需求和市场现有的供给数量、质量、价格等因素，而且应就试产期、达产期等不同阶段分别进行预测分析。新产品的预期成本预测则建立在有关生产、技术部门进行充分的生产、技术分析的基础上。在市场经济环境中预期营业现金流量时，无论是有关数量的预期，还是相关价格的预期，均应注意与市场对接。

③ 终结现金流量的预期。终结现金流量的内容较少、数额亦不大，对整个现金流量的影响较小，其预期也相对较为简单，通常只需根据财会部门设定的净残值率及其对项目相关的垫支流动资金预算进行分析即可。

现金流量预期正确与否是长期投资决策正确与否的关键。由于投资项目相关的现金流量所涉及的不确定因素较多，因而不可避免地存在着取数风险和取数成本的问题，其中营业现金流量的预测难度很大，尤其是经营收入：人力和精力投入得越多，取数方法选用得越稳妥，取数风险越小，但取数的外显成本会越大；反之，其外显成本会减少，但取数风险无疑会加大。所以，在此应进行取数风险与取数成本的权衡。现实中经常采用的权宜之法是：根据具体项目的预期内容，选择恰当的肯定当量系数，将预期现金流量调整为肯定当量现金流量。具体方法见《企业财务学》分册，本书从略。

（2）现金流量的计量

因为现金流量由现金流入和现金流出两部分组成，所以现金流量的计量通常是计算各期的现金净流量，其计算公式如下：

$$各期现金净流量＝各期现金流入量－同期现金流出量 \quad (6-1)$$

显然，其结果为正数时表示现金净流入，结果为负数时表示现金净流出。

现金净流量的计量有全额法和差额法两种基本方法，分别叙述如下。

① 全额法。全额法是一种对投资项目各阶段所涉及的所有现金流量全额如实计算的方法。

根据各阶段现金流量的内容，可分别计算简单投资状况下的全额现金净流量：

$$\begin{aligned}建设期某年现金净流量 &＝该年现金流入－该年现金流出\\ &＝0－（该年建设性投资额＋该年垫支流动资金额）\\ &＝－该年初始投资额\end{aligned} \quad (6-2)$$

经营期某年营业现金净流量＝该年经营收入－该年经营支出

＝该年销售收入－（该年营业总成本－折旧等非付现成本额＋该年所得税支出额）

＝该年销售收入－该年付现成本－该年所得税

＝该年税后净利＋折旧等该年非付现成本额

＝销售收入(1－税率)－付现成本(1－税率)＋

折旧等非付现成本×税率 (6-3)

终结点净现金流量＝固定资产残值净收入额＋垫支流动资金收回额 (6-4)

【例6-1】 万通汽车厂为扩建规模，建成了每年可生产4 000辆汽车的大型车间。相关数据如下。

a. 厂房及相关固定设备的投资总额为8 000万元，预计其有效年限为10年，终结时残值为20万元，用直线法计提折旧。

b. 垫支营运资金为500万元，于期初一次投入。

c. 假设每年恰好生产并销售4 000辆汽车，每辆车价格为8万元，单位成本为5万元。所得税税率为25%。

要求：试确定该投资项目的现金流量。

在现金流量各部分内容中，营业现金流量所涉及的内容最为复杂，因此一般先计算营业现金净流量。本例中的营业现金净流量以年金方式发生，无需逐期计算。年营业现金净流量的计算过程如下：

其中，
销售收入＝8×4 000＝32 000万元
销售成本＝5×4 000＝20 000万元
折旧＝(8 000－20)/10＝798万元
税前净利＝32 000－20 000＝12 000万元
所得税＝12 000×25%＝3 000万元
税后净利＝12 000－3 000＝9 000万元

所以，年营业现金净流量＝9 000＋798＝9 798万元

将项目相关的全部现金流量编制为现金净流量表，如表6-1所示。

表6-1 现金净流量表　　　　　　　　　　　　　　　　　　单位：万元

时间	第0年	第1年	第2年	第3年	第4年	第5年	第6年	第7年	第8年	第9年	第10年
固定资产投资	－80 000										
垫支流动资产	－500										500
年营业现金净流量		9 798	9 798	9 798	9 798	9 798	9 798	9 798	9 798	9 798	9 798
终结现金流量											20
各期现金净流量	－80 500	9 798	9 798	9 798	9 798	9 798	9 798	9 798	9 798	9 798	10 318

当投资项目的现金流量数据充分且能够完整表述时,或者是仅涉及单一投资项目的评价分析时,我们可以采用全额法进行现金流量的计量。

② 差额法。差额法是一种只计算备选方案(如 A 和 B)相关的各类现金流量的差量(通常用"Δ"表示差量)的方法,即

$$\Delta 初始投资 = A 方案初始投资额 - B 方案初始投资额 \tag{6-5}$$

$$\begin{aligned}\Delta 营业现金净流量 &= A 方案营业现金净流量 - B 方案营业现金净流量\\ &= \Delta 销售收入 - \Delta 付现成本 - \Delta 所得税\\ &= \Delta 税后净利 + \Delta 折旧等非付现成本\\ &= \Delta 收入 \times (1-税率) - \Delta 付现成本 \times (1-税率) +\\ &\quad \Delta 折旧等非付现成本 \times 税率\end{aligned} \tag{6-6}$$

$$\Delta 终结现金流量 = A 方案终结现金流量 - B 方案终结现金流量 \tag{6-7}$$

【例 6-2】 明信公司准备生产新产品。若转型生产,则需要淘汰原设备并购进新设备。旧设备原值为 240 000 元,已用 3 年,账面净值为 90 000 元,若继续使用,估计还可用 5 年,期满后无残值。新设备购价为 200 000 元,可用 5 年,期满无残值。使用新设备后,企业销售收入不变,但销售成本可节约 30 000 元,而且可将旧设备出售,得款 80 000 元。假设所得税税率为 25%。试计算该方案的现金流量。

此例是继续使用旧设备与更换新设备之间的选择问题。我们可以采用差额法计算两者之间的现金流量差量。分析如下:

旧设备原价及其账面净值均为沉没成本,在此只应考虑其变现价值。所以,

$$\Delta 初始投资 = -200\,000 - (-80\,000) = -120\,000 \text{ 元}$$

由资料知,旧设备年折旧额为 30 000 元,新设备年折旧额为 40 000 元(200 000/5 元),据以计算营业现金流量差量:

Δ 付现成本(1) = −30 000 元
Δ 折旧(2) = 10 000 元
Δ 税前净利(3) = 0 − (1) − (2) = 0 − 30 000 + 10 000 = 20 000 元
Δ 所得税(4) = (3) × 25% = 20 000 × 25% = 5 000 元
Δ 税后净利(5) = (3) − (4) = 20 000 − 5 000 = 15 000 元
Δ 营业现金流量(6) = (5) + (2) = 0 − (1) − (4) = 0 − (−30 000) − 5 000 = 25 000 元

再计算终结现金流量差量,即两者残值之差:

$$\Delta 终结现金流量 = 0$$

最后,将计算结果归集为差量现金流量表,如表 6-2 所示。

表 6-2 差量现金流量表 单位:元

项目	第 0 年	第 1~5 年	第 5 年
初始投资差量	−120 000		
营业现金流量差量		25 000	
终结现金流量差量			0
现金流量差量合计	−120 000	25 000	0

注意,例 6-2 中的初始投资差量负数值表示现金流出的增加额,营业现金流量差量正数值则表示现金流入的增加额。

差额法适用于多个方案间的比较和选优,而且方案相关的现金流量是用差量方式表达的。采用差额法可以简化计算。

5) 所得税对现金流量的影响

企业所得税的支付不仅会造成现金流出,还会影响现金流量的金额与时间分布。所得税的决定因素包括公司应税收入、所得税税率以及税款缴付时间,这三个因素的变动均会改变现金流量。例如,公司应税收入增加时,在给定税率的情况下,所得税额随之增加,从而导致现金流量数额增加;若所得税税率发生变动,在给定公司应税收入时,公司应缴纳的所得税也必然发生改变,从而引起现金流的改变。最后,根据资金具有时间价值这一特点,当公司延迟或提前缴纳所得税时,尽管所得税额并未改变,但由于折现率发生改变,最终还是会影响公司的现金流量。

另外,当公司收入增加时,一方面,公司现金流量会因之增加;但另一方面,收入的增加会导致所得税额上升,从而在一定程度上抵消了现金流量的净增长,即发生了一部分现金流出。这是所得税对公司现金流量的间接影响。例如,若公司获得现金收入 10 万元,所得税税率为 25%,则公司现金流量的变动额并非 10 万元,而是 7.5 万元(10 万元-10×25%万元)。

注意,所得税可通过折旧等非付现成本对现金流量造成影响。折旧等非付现成本并没有引起现金流动,但由于税法规定它们可以计入成本,从而具备了抵税作用,故称其为"税盾(Tax Shields)"。正是由于它们的抵税作用,我们在计算现金流量时必须对它们加以考虑。以下是不同折旧政策下所得税对现金流量的影响。

(1) 直线折旧法下所得税对现金流量的影响

税法允许的折旧方法包括直线折旧法、加速折旧法、双倍余额递减折旧法。我们先来看直线折旧法下所得税对公司现金流量的影响。

【例 6-3】 假设凯盛公司仅有单一的固定资产,其在期初购入,价格为 400 万元,折旧期为 5 年,期末残值为 0。在经营期,公司每年获得 450 万元的收入,每年成本(不含折旧)为 240 万元;固定资产的损耗成本每年以折旧的形式在纳税时得以扣除。公司所得税税率为 25%。现金流量分析如表 6-3 所示。

表 6-3 现金流量分析表(一) 单位:元

经营活动对现金的影响	经营活动产生的现金净流入:4 500 000-2 400 000	2 100 000
	经营活动导致所得税流出现金:2 100 000×25%	525 000
	经营活动产生的税后现金流入(不含折旧)	1 575 000
折旧对现金的影响	直线折旧额:4 000 000/5	800 000
	所得税节约额:800 000×25%	200 000
	对现金的税后影响总额	1 000 000

从例 6-3 可以看到,折旧的税盾特点使所得税少交了 20 万元,从而减少了 20 万元的现金流出,反过来可以看作增加了现金流入额 20 万元。于是,所得税通过折旧这一"工具"间接地影响了公司的现金流量。表 6-4 是对表 6-3 的另一种表述,它更能直观地显示所得税对现金

流量的影响。

由表 6-4 可知,由于税率的影响,税前金额乘以 1－25%,即可得到经营活动对现金的净影响额。由销售收入带来的税后现金流入为 337.5 万元(450×75%万元);由销售成本带来的税后现金支出为 180 万元(240×75%万元);从而经营活动对现金流量的净影响为 157.5 万元(337.5 万元－180 万元)。

然而折旧对现金流量的影响则是其数额与所得税税率的乘积,即 80×25%＝20 万元。这是因为折旧对现金流量的影响仅仅表现为对所得税的节约,所以这 20 万元视同现金流入。

最终,在所得税的影响下,现金流量的变动表现为增加了 177.5 万元的现金流入。

表 6-4 现金流量分析表(二)　　　　　单位:元

	项目年净收益	税前现金流	所得税影响	税后现金流
销售收入	4 500 000	4 500 000	1 125 000	3 375 000
销售成本(不含折旧)	2 400 000	2 400 000	600 000	1 800 000
经营活动对现金流量的净影响	2 100 000	2 100 000	525 000	1 575 000
折旧	800 000	0	－200 000	200 000
对现金的影响净值	—	2 100 000	325 000	1 775 000
税前收益	1 300 000			
所得税额	325 000			
净收益	975 000			

(2) 其他折旧法下所得税对现金流量的影响

除直线折旧法外,还有加速折旧法和双倍余额递减折旧法。在不同的折旧法下,若只是将各期节约额简单相加而不考虑时间价值,则所得税的总额是相等的。然而如第一节所述,货币时间价值是客观存在的,不能忽视。通常折旧计提得越早,所得税节约额就越大。下面便以双倍余额递减折旧法为例来说明这一差别。

沿用例 6-3(假设利率为 10%)。在直线折旧法下,每年的折旧节约所得税额为 20 万元。查附表 2-4 得 $ADF_{10\%,5}=3.791$,根据普通年金公式 $P_A=A \cdot ADF_{i,n}$ 计算的所得税节约额现值为 758 200 元(200 000×3.791 元)。

按照双倍余额递减折旧法计算每年的折旧额,如表 6-5 所示。

表 6-5 双倍余额递减折旧法下每年的折旧额　　　　单位:元

时间	期初未折旧金额 (1)	双倍余额率 $(2)=\frac{1}{5}\times 2\times 100\%$	折旧额 (3)=(1)×(2)	期末未折旧余额 (4)=(1)-(3)
第 1 年	4 000 000	40%	1 600 000	2 400 000
第 2 年	2 400 000	40%	960 000	1 440 000
第 3 年	1 440 000	40%	576 000	864 000
第 4 年	864 000	—	432 000	432 000
第 5 年	432 000	—	432 000	0

按照表 6-5 中第 4 列的折旧额计算税金节约额现值,如表 6-6 所示。

表 6-6 税金节约额现值   单位:元

时间	税率 (1)	10%的现值系数 (2)	折旧 (3)	税金节约额现值 (4)=(1)×(2)×(3)
第 1 年	0.25	0.909	1 600 000	363 640.00
第 2 年	0.25	0.826	960 000	198 336.00
第 3 年	0.25	0.751	576 000	108 187.20
第 4 年	0.25	0.683	432 000	73 764.00
第 5 年	0.25	0.621	432 000	67 068.00

5 年的税金节约额现值总数为

5 年的税金节约额现值总数 = 363 640.00 + 198 336.00 + 108 187.20 + 73 764.00 + 67 068.00
= 810 995.20 元

由计算结果可知,5 年的税金节约额现值总数比由直线折旧法得到的税金节约额现值 758 200 元高 52 795.20 元。

上面讨论了所得税通过不同折旧方法对现金流量所产生的不同影响。事实上,所得税还可以通过影响固定资产处置损益的纳税额而影响现金净流量,并可以通过改变缴纳所得税的时间来改变现金流量的现值。这两个问题的分析方法同上述两种方法类似,不再赘述。

6.1.3 折现率

由于长期投资决策项目长期性的特点,企业在进行这类项目的决策时必须考虑时间价值的因素,通常的做法就是按照某系数把项目相关的未来各期的现金流量均折算为期初某时点的现金流量值,以此作为比较项目收支的基础。这一折算过程被称为"折现",折现中所使用的系数就叫作折现率。

那么,影响折现率的因素又包括哪些呢?由于长期投资决策项目中折现率的确定主要受制于资本成本,而资本成本是指为了取得和使用资本而支付的各种费用或代价,但从投资者的角度考虑,资本成本更应该是所投资本的机会成本,它实质上是指投入资本所要求的必要投资报酬率。必要投资报酬率要考虑两方面问题:投资者要求的最低利率和其要求附加的利率。因此,管理会计学通常将折现率的影响因素概括为以下三个方面,即无风险利率、通货膨胀补偿和风险报酬。其中,后两者是投资者要求的附加利率。简述如下。

1. 无风险利率

无风险利率是指没有风险和通货膨胀情况下的均衡点利率,它就是投资者要求的最低回报水平,通常用同期无违约风险利率表示。它也是我国财政部发行的国债市场利率。

2. 通货膨胀补偿

通货膨胀发生时,资金实际价值的减少会使资金供给者产生损失,这时他们会选择股票、黄金和其他贵金属、不动产等比债券更能有效抵御通货膨胀的资产来保护自己的利益,由此资金供给减少,而相应的资金需求此时反而会增加,在资金和供给的双重制约下,原来的折现率必然上升。

利率作为资金的使用价格,是资金所有者所要求的在收回本金时获得的补偿金额。从补偿通货膨胀风险的角度对利率进行分类,可将其分为名义利率和实际利率:实际利率是指物价不变即货币购买力不变条件下的利率;名义利率则是指在发生通货膨胀从而货币实际购买力下降时的利率。由于投资者注重的是实际报酬率而非名义报酬率,因此,折现率还必须考虑通货膨胀的影响,将通货膨胀补偿作为其组成部分之一,预期通货膨胀程度越高,折现率中附加的通货膨胀补偿也越高。

3. 风险报酬

由于资本性支出不可避免地面临着更大的风险,因此必要投资报酬率还必须加入适当的风险报酬。风险有个别风险和平均风险之别,综合资本成本应该考虑平均风险及以此为基础的平均风险报酬,而特定投资项目的折现率则应考虑个别风险下的个别风险报酬。根据风险与收益对等的原则,长期投资决策面临的预期风险越大,折现率中附加的风险报酬也应越大。

按照上面的分析,我们可以用下面的公式表示折现率的构成:

$$折现率 = 无风险利率 + 通货膨胀补偿率 + 风险报酬率 \tag{6-8}$$

在长期投资决策中,我们通常把必要投资报酬率作为折现率,此时它作为投资者对长期投资决策项目所要求的最低报酬,成为项目选择时的极限利率(或称取舍率),从而在长期投资决策分析评价中发挥重要作用:它是评价长期投资决策项目可行性的财务标准。只有当项目的预期投资报酬率大于折现率时,项目才可取;反之,若项目的预期投资报酬率小于折现率,则该项目应该被舍弃。

6.2 货币时间价值及其计算

在不考虑通货膨胀和风险的情况下,同一货币量在不同时间会产生价值量的差额,这就使货币产生了时间价值。由于长期投资决策项目相对于短期经营决策项目而言,项目所涉及的时间更长,因此,为了更加准确地对长期投资决策项目进行评价,必须考虑货币的时间价值等相关因素对其的影响。

6.2.1 单利和复利

单利(Simple Interest)和复利(Compound Interest)是货币时间价值计算中两种不同的计息方法。在单利计息的情形下,货币时间价值中的利息不再计息;而在复利计息的情形下,不仅需要计算本金的利息,还需要计算利息的利息,也就是俗称的利滚利。

例如,某人存入银行 1 000 元,假定 1 年期的存款利率为 3%,则 1 年后该笔存款的本利和为 1 030 元,其中本金为 1 000 元,利息为 30 元。假定存入期限为 2 年且利率不变,则单利、复利两种计息方式下本利和的计算方法如下:

在单利下,2 年后到期的本利和 = 1 000 × (1 + 2 × 3%) = 1 060 元;

在复利下,2 年后到期的本利和 = 1 000 × (1 + 3%) × (1 + 3%) = 1 060.9 元。

上述计算结果说明:单利计息下,第一年的利息不作为第二年续存的本金;复利计息则相反,即第一年利息作为第二年续存的本金。第二年到期后,二者的本利和之差为 0.9 元(1 060.9 元 − 1 060 元),该差异数是复利下第一年利息 30 元在第二年续存后所得的利息(30 × 3% 元)。可见,复利是一种利上加利或连续复利(Continuous Compounding)的计息方法。

货币时间价值的计算采用复利计息方法。

6.2.2 复利终值与复利现值

现值即现在的价值,类似于本金;终值即未来值,类似于本利和,即一定数额的本金在若干时期后所拥有的本金和利息的总额。复利终值和复利现值适用于一次性的现金流入或流出。

1. 复利终值

复利终值就是复利计息时的本利总和。若设 P 为本金,i 为利率,n 为时期,S 为复利终值,则复利终值的计算公式为

$$S=P(1+i)^n \tag{6-9}$$

式(6-9)中,$(1+i)^n$ 被称为复利终值系数,或被称作 1 元的复利终值,亦可表示为 $CF_{i,n}$。$CF_{i,n}$ 可查附表 2-1 求得。因此,复利终值的计算公式亦可表示为

$$S=P \cdot CF_{i,n} \tag{6-10}$$

【例 6-4】 王某年初存入银行 100 000 元,定期 5 年,如果 5 年定期银行存款年利率为 6%,那么到期时本利和为多少?

例 6-4 中的问题就是求复利终值的问题。由附表 2-1 可知 $CF_{6\%,5}=1.338$,所以,

$$S=100\ 000\times(1+6\%)^5=100\ 000\times 1.338=133\ 800\ \text{元}$$

由复利终值计算公式或复利终值系数表可见:复利终值随利率和时期同方向变动,利率越大,同期的复利终值越大;时期越长,同利率的复利终值也越大。

2. 复利现值

复利现值是指一定时期后的一定货币量,按复利计息法折算所得的现在的价值。复利现值与复利终值可互为逆运算。终值是已知现在的值求未来值,现值则是已知未来值求现在的值。现值的计算亦称作折现,折算现值所用的利率亦称作折现率。

假设各符号定义同前,P 为复利现值,S 为复利终值,i 为折现率,n 为折现期,则复利现值的计算公式为

$$P=\frac{S}{(1+i)^n}=S \cdot \frac{1}{(1+i)^n} \tag{6-11}$$

式(6-11)中,$\frac{1}{(1+i)^n}$ 被称作复利现值系数,或被称作 1 元的复利现值,也叫作折现系数,可用 $DF_{i,n}$ 表示。$DF_{i,n}$ 值可查附表 2-2 求得。因此,复利现值的计算公式亦可写成如下形式:

$$P=S \cdot DF_{i,n} \tag{6-12}$$

【例 6-5】 张先生欲在 10 年后得款 200 000 元,并将其作为子女的出国费用,若 10 年定期银行存款年利率为 10%,那么他现在应一次性存多少?

例 6-5 中的问题就是求复利现值的问题。复利现值为

$$P=200\ 000/(1+10\%)^{10}$$

查附表 2-2 可知:$DF_{10\%,10}=0.386$,所以,

$$P=200\ 000\times 0.386=77\ 200\ \text{元}$$

由复利现值计算公式或复利现值系数表可见:复利现值与折现率、时期的变动方向相反,折现率越大,同期折现的复利现值越小;时期越长,相同折现率时的复利现值也越小。

6.2.3 年金终值与年金现值

年金终值与年金现值适用于分期、等额方式发生的现金流时间价值的计量。

所谓年金是指依照相同时期间隔在连续若干期收入或付出的一系列数额相等的款项。年金必须同时具备两个特征：一是时间间隔相等，比如每年收付一次；二是每次收付的数额相等。年金又包括普通年金、即付年金、递延年金、永续年金等多种形式。普通年金是指收付发生在每期期末的年金，所以又称为后付年金；即付年金是指收付发生在每期期初的年金，因而又称之为预付年金；递延年金是指前一期或前几期没有收付款项，递延到一定时期后才开始发生收付的年金，所以又称之为延期年金；永续年金是指没有确定收付款期限，近似于无穷数列的年金。

1. 年金终值

年金终值是指各期年金终值的总和，亦即若干时期内连续收付的等额款项的复利本利和。由于递延年金的终值计算与普通年金的终值计算仅计算期不同，而永续年金终值的计算意义又不大，因此下面仅介绍普通年金终值和即付年金终值的计算。

1) 普通年金终值

普通年金是最基本的年金形式，我们用 A 表示年金，用 S_A 表示普通年金终值，其他符号含义同前。

普通年金终值的计算过程如下：

$$\text{第 1 期年金的终值} = A(1+i)^{n-1}$$
$$\text{第 2 期年金的终值} = A(1+i)^{n-2}$$
$$\cdots$$
$$\text{第 } n-1 \text{ 期年金的终值} = A(1+i)$$
$$\text{第 } n \text{ 期年金的终值} = A$$

所以，$\quad S_A = A(1+i)^{n-1} + A(1+i)^{n-2} + \cdots + A(1+i) + A$

整理得

$$S_A = A \cdot \frac{(1+i)^n - 1}{i} \tag{6-13}$$

式(6-13)中，$\frac{(1+i)^n - 1}{i}$ 称为年金终值系数，或称为 1 元年金的终值，可表示为 $\text{ACF}_{i,n}$。因此年金终值的计算公式亦可写成如下形式：

$$S_A = A \cdot \text{ACF}_{i,n} \tag{6-14}$$

式(6-14)中，$\text{ACF}_{i,n}$ 可查附表 2-3 求得。

【例 6-6】 假设瑞和公司某项目在 6 年建设期内，每年年末向银行借款 1 000 万元，借款年利率为 6%。假设银行是复利计息的。要求：计算该公司在项目竣工时应付银行的本利和。

例 6-6 中的问题就是求普通年金终值的问题。普通年金终值为

$$S_A = A \cdot \text{ACF}_{6\%,6}$$

由附表 2-3 可知，$\text{ACF}_{6\%,6} = 6.975$，所以，

$$\text{普通年金终值} = 1\,000 \times 6.975 = 6\,975 \text{ 万元}$$

利用普通年金终值的计算公式还可以计算年金。假设各符号同前，年金计算公式为

$$A = \frac{S_A}{\text{ACF}_{i,n}} \tag{6-15}$$

现实经济生活中偿债基金的建立，通常就需采取这种方式。所以，年金终值系数的倒数亦可叫作偿债基金系数。

【例 6-7】 假设大学费用改革，预计一次性收取费用 50 000 元，若银行存款年利率为 3%，

则家长在孩子的 3 年高中里应每年存入多少钱?

例 6-7 中的问题就是求年金的问题:

$$年金 = S_A / \mathrm{ACF}_{i,n} = S_A / \mathrm{ACF}_{3\%,3} = 50\,000 / 3.091 \approx 16\,175.99 \text{ 元}$$

即家长每年年末需存入 16 175.99 元。

2) 即付年金终值

即付年金终值是指收付发生在每期期初的年金的终值。由于年金终值系数表是以普通年金为基础编制而成的,因此,计算即付年金终值时必须首先弄清它与普通年金终值的关系:n 期即付年金终值实际上等于 $n+1$ 期普通年金终值减 A,或者等于 n 期普通年金终值乘 $(1+i)$。也就是说,即付年金终值的计算就是在普通年金终值基础上"期数加 1,系数减 1"。因此,即付年金终值(用 S'_A 表示)的计算公式如下:

$$S'_A = A(\mathrm{ACF}_{i,n+1} - 1)$$
$$= S_A(1+i) = A \cdot \mathrm{ACF}_{i,n} \cdot (1+i) \quad (6\text{-}16)$$

【例 6-8】 李某每年年初存入银行 60 000 元,准备 5 年后用于支付购房款。若银行利率为 5%,则其 5 年后可得款多少?

例 6-8 中的问题就是求即付年金终值的问题。由上述计算公式可知,

$$S'_A = A(\mathrm{ACF}_{5\%,6} - 1) = 60\,000 \times (6.802 - 1) = 348\,120 \text{ 元}$$

或

$$S'_A = A \cdot \mathrm{ACF}_{5\%,5} \cdot (1+i) = 60\,000 \times 5.526 \times (1+5\%) = 348\,138 \text{ 元}$$

两种计算结果存在微小差异,这是因为年金终值系数的尾数进行了四舍五入。

2. 年金现值

年金现值即各期年金复利现值的总额,是指若干时期内连续收付的等额款项按复利计息法折现所得的现值总额。各类年金现值的计算如下。

1) 普通年金现值

普通年金现值的计算是其他各类年金现值计算的基础。我们用 P_A 表示普通年金现值,其他符号含义不变。

普通年金现值的计算过程如下:

$$第\ 1\ 期年金的现值 = A/(1+i)$$
$$第\ 2\ 期年金的现值 = A/(1+i)^2$$
$$\cdots$$
$$第\ n-1\ 期年金的现值 = A/(1+i)^{n-1}$$
$$第\ n\ 期年金的现值 = A/(1+i)^n$$

所以,

$$P_A = A/(1+i) + A/(1+i)^2 + \cdots + A/(1+i)^{n-1} + A/(1+i)^n$$

整理得

$$P_A = A \cdot \frac{1-(1+i)^{-n}}{i} \quad (6\text{-}17)$$

式(6-17)中,$\frac{1-(1+i)^{-n}}{i}$ 称为年金现值系数,或是 1 元年金的现值,亦可表示为 $\mathrm{ADF}_{i,n}$。因此,普通年金现值的计算公式亦可写成如下形式:

$$P_A = A \cdot \mathrm{ADF}_{i,n} \quad (6\text{-}18)$$

式(6-18)中,$\mathrm{ADF}_{i,n}$ 可查附表 2-4 求得。

【例 6-9】 鑫悦公司现有一项投资,预计 5 年内每年年末可获得现金性收益 500 万元。假设利率为 10%。问该投资预期收益的现值是多少?

例 6-9 中的问题就是求普通年金现值的问题。依据上述公式可知：
$$P_A = A \cdot \text{ADF}_{10\%,5}$$
查附表 2-4 得：$\text{ADF}_{10\%,5} = 3.791$，所以
$$P_A = 500 \times 3.791 = 1\,895.5 \text{ 万元}$$

2) 即付年金现值

由于年金现值系数表是以普通年金为基础编制的，因此，计算即付年金现值应该依据其与普通年金现值的关系。我们用 P'_A 表示即付年金现值，则
$$P'_A = A + A/(1+i) + A/(1+i)^2 + \cdots + A/(1+i)^{n-2} + A/(1+i)^{n-1}$$
可见，
$$P'_A = P_A(1+i)$$
所以，
$$P'_A = A \cdot \text{ADF}_{i,n} \cdot (1+i) \tag{6-19}$$
或者
$$P'_A = A \cdot \text{ADF}_{i,n-1} + A = A(\text{ADF}_{i,n-1} + 1) \tag{6-20}$$

显然，两者关系可以描述为：期数减 1，系数加 1。

【例 6-10】 续例 6-9，若鑫悦公司每年年初获得现金收益，其他条件不变，问该投资预期收益的现值是多少？

例 6-10 中的问题就是求即付年金现值的问题。依据上述公式可知：
$$P'_A = A \cdot \text{ADF}_{i,n-1} + A = A(\text{ADF}_{i,n-1} + 1) = A(\text{ADF}_{10\%,4} + 1)$$
计算如下：
$$P'_A = 500 \times (3.170 + 1) = 2\,085 \text{ 万元}$$
或
$$P'_A = A \cdot \text{ADF}_{i,n} \cdot (1+i)$$
$$= A \cdot \text{ADF}_{10\%,5} \cdot (1+i)$$
$$= 500 \times 3.791 \times (1+10\%)$$
$$= 2\,068.55 \text{ 万元}$$

两种计算结果存在微小差异，这是因为年金现值系数的尾数进行了四舍五入。由此可见，即付年金现值大于同等条件下的普通年金现值，其经济意义在于：对收款人而言，年初收到款项比年末收到等额款项的现值更大；而对付款人而言，年末付出款项比年初付出等额款项更经济。

3) 递延年金现值

我们用 P''_A 表示递延年金现值。m 为递延期数，$n-m$ 为普通年金期数。按照普通年金现值及复利现值的计算方法可知：
$$P''_A = P_A \cdot \text{DF}_{i,m} = A \cdot \text{ADF}_{i,n-m} \cdot \text{DF}_{i,m} \tag{6-21}$$

【例 6-11】 陈某现准备存入一笔钱，从第 3 年年末开始，每年提取 20 000 元支付学费，共需提取 5 年。若银行利率为 5%，问现在需存入多少钱？

显然，这是求递延期为 2 年的 5 期普通年金的现值问题。根据上面计算公式可知：
$$P''_A = A \cdot \text{ADF}_{5\%,5} \cdot \text{DF}_{5\%,2}$$
查附表 2-2、附表 2-4 可得： $\text{ADF}_{5\%,5} = 4.330, \text{DF}_{5\%,2} = 0.907$
所以， $P''_A = 20\,000 \times 4.329 \times 0.907 = 78\,528.06 \text{ 元}$

可见，递延年金现值比普通年金现值和即付年金现值小，而且递延期越长，递延年金现值越小。在现实经济生活中，长期投资决策项目收益的发生相对于投资支付而言多为递延发生，所以，递延年金现值的计算方式具有重要的现实意义。

4) 永续年金现值

在现实经济生活中，真正无限期支付的永续年金是不存在的。只要长期投资决策项目相

关时期较长,而且期限不确定,我们即可按永续年金方式近似计算其现值。永续年金现值计量与普通年金现值计量的区别仅在于其相关的期数 n 趋于无穷。

由普通年金现值系数的计算公式 $\mathrm{ADF}_{i,n}=[1-(1+i)^{-n}]/i$ 可知:当 n 趋于无穷时,$(1+i)^{-n}$ 趋于 0,所以 $\mathrm{ADF}_{i,n}$ 趋于 $1/i$。因此,永续年金现值(用 P_A''' 表示)的计算公式如下:

$$P_A''' = \frac{A}{i} \tag{6-22}$$

5) 系列不等额款项的终值和现值

相对于现金流的两种发生方式(一次性收付款项、以年金方式收付款项)而言,长期投资决策项目中更常见的是系列不等额款项的收付发生方式。系列不等额款项与年金的区别仅在于各期收付的款项是不等额的,其终值和现值的计算原理基本同上。

【例 6-12】 在 5 年内,赵某每年年末收到金额分别为 25 000 元、30 000 元、35 000 元、40 000 元、45 000 元的系列款项。若银行利率为 6%,则其终值和现值总额的计算结果如表 6-7 所示。

表 6-7 不等额款项现值和终值总额的计算结果 单位:元

时间	金额	终值系数	终值	现值系数	现值
第 1 年	25 000	1.262	31 550	0.943	23 575
第 2 年	30 000	1.191	35 730	0.890	26 700
第 3 年	35 000	1.124	39 340	0.840	29 400
第 4 年	40 000	1.060	42 400	0.792	31 680
第 5 年	45 000	1.000	45 000	0.747	33 615
合计	175 000	—	194 020	—	144 970

6.3 长期投资决策的基本方法

常用的长期投资决策分析方法按照是否考虑货币时间价值分为折现现金流方法和非折现现金流方法,其中考虑货币时间价值的折现现金流方法主要包括净现值法、现值指数法、内涵报酬率法,不考虑货币时间价值的非折现现金流方法主要包括投资回收期法、会计收益率法。

6.3.1 净现值法

企业项目决策中最常使用的方法是折现现金流方法,它是充分考虑长期投资决策项目时间跨度长,以及现金流量比会计利润对长期投资决策项目更重要后而采取的一种既关注现金流入和流出又考虑货币时间价值的方法。净现值法则是其中最流行和最有代表性的一种方法。

1. 净现值的确定

所谓净现值法就是将所有预期的未来现金流按照最低期望的报酬率折现为现值的方法。而最低期望报酬率取决于目标项目的风险,风险越高,最低期望报酬率也越高,折现后的未来现金流量的现值则越少。我们也可以从另一个角度将最低的期望报酬率理解为项目的筹资成本,即加权平均资本成本。我们用这个最低期望报酬率计算一个项目所有预期的现金流量的

现值之和(流入为正、流出为负),如果净现值大于零,则项目可取,反之不可取。净现值的计算公式如下:

$$净现值 = \sum_{t=1}^{n}(\text{NCF}_t \cdot \text{DF}_{i,t}) \tag{6-23}$$

式(6-23)中,NCF 表示各年的现金净流量。

净现值亦可表述为未来现金净流量的现值总额与初始投资现值总额的差额,即

净现值＝未来现金流入的现值总额－未来现金流出的现值总额－初始投资现值总额

$$= 未来现金净流量的现值总额 - 初始投资现值总额 \tag{6-24}$$

【例 6-13】 兴盛公司有 A、B 两个备选投资方案,具体如下。

A 方案:设备投资 50 000 元,有效期 5 年,期末无残值。由此而产生的年销售收入为 40 000 元,年付现成本为 15 000 元。

B 方案:设备投资 60 000 元,有效期 5 年,期末有残值 5 000 元。由此而导致的年税后净利分别为 19 000 元、17 000 元、15 000 元、10 000 元、5 000 元。

该企业采用直线法计提折旧,适用的所得税税率为 25%,则两方案的净现值各为多少?

先计算 A 方案的年营业现金净流量:

A 方案的年营业现金净流量＝销售收入－付现成本－所得税
$$= 40\,000 - 15\,000 - (40\,000 - 15\,000 - 10\,000) \times 25\%$$
$$= 21\,250 \text{ 元}$$

B 方案的年营业现金净流量＝税后净利＋折旧,因其直线法下的年折旧额为 11 000 元,所以其各年的营业现金净流量分别为 30 000 元、28 000 元、26 000 元、21 000 元、21 000 元(16 000 元＋5 000 元)。

A 方案投资有效期内各年的现金净流量为 21 250 元,因其金额相等,且发生在各年年末,可采用普通年金现值的计算方式(该企业的资本成本率为 14%),所以,

$$A \text{ 方案净现值} = 21\,250 \cdot \text{ADF}_{14\%,5} - 50\,000 = 22\,951.25 \text{ 元}$$

B 方案各年现金净流量的金额不等,而且还有期末残值,所以其未来现金净流量的现值总额如表 6-8 所示。

表 6-8 **B 方案净现值计算** 单位:元

时间	现金净流量	现值系数	现值
第 1 年	30 000	0.877	26 310
第 2 年	28 000	0.769	21 532
第 3 年	26 000	0.675	17 550
第 4 年	21 000	0.592	12 432
第 5 年	21 000	0.519	10 899
未来现金净流量的现值总额			88 723

所以, B 方案净现值＝88 723－60 000＝28 723 元

A 方案与 B 方案的净现值均大于 0,而 B 方案的净现值大于 A 方案的净现值,故应优先考虑 B 方案。

显然,净现值的确定包含两个关键步骤:

第一步,正确确定投资项目相关的所有现金流量,尤其是营业现金净流量;

第二步,运用资本成本或其他给定折现率对现金流量进行正确的现值计算。

【例 6-14】 新兴公司引入一新设备,该设备价值 100 万元,设备刚开始使用时,公司需垫支流动资金 30 万元。该设备预计使用年限为 10 年,采用直线法折旧,期末残值为 10 万元。该设备投产后每年可获销售收入 100 万元,第 1 年付现成本为 50 万元,第 2 年付现成本为 30 万元,第 3 年付现成本为 40 万元,之后 7 年的付现成本均为 35 万元。若企业所得税税率为 25%,资金成本率为 10%。试用净现值法评价该投资项目是否可行。

首先,确定相关现金流量:

    初始投资＝100＋30＝130 万元

    终结现金流量＝30＋10＝40 万元

    年折旧＝(100－10)/10＝9 万元

    第 1 年营业现金流量＝(100－50－9)×(1－25%)＋9＝39.75 万元

    第 2 年营业现金流量＝(100－30－9)×(1－25%)＋9＝54.75 万元

    第 3 年营业现金流量＝(100－40－9)×(1－25%)＋9＝47.25 万元

    第 4～10 年营业现金流量＝(100－35－9)×(1－25%)＋9＝51 万元

然后,计算净现值:

净现值＝$39.75 \text{DF}_{10\%,1} + 54.75 \text{DF}_{10\%,2} + 47.25 \text{DF}_{10\%,3} + 51 \text{ADF}_{10\%,7} \cdot \text{DF}_{10\%,3} + 40 \text{DF}_{10\%,10} - 130$

      ＝$39.75 \times 0.909 + 54.75 \times 0.826 + 47.25 \times 0.751 + 51 \times 4.868 \times 0.751 + 40 \times 0.386 - 130$

      ≈36.13＋45.22＋35.48＋186.45＋15.44－130

      ＝188.72 万元

因为净现值大于 0,所以该投资项目可行。

2. 对净现值法的评价

净现值法的使用有两个前提假设:首先,我们假设一个确定的环境,假定预期的现金流入和现金流出在指定时间内是确定发生的;其次,我们假设资本市场是完善的,项目任何时候需要额外资金,都可以用相同的利率借入或借出资金,这个利率就是最低报酬率。如果上述两个假设成立,则净现值法堪称完美。净现值意味着投资所能获取的净收益额,当净现值大于 0 时,说明投资净收益为正,投资报酬率大于资本成本,投资方案可行;当净现值小于 0 时,说明投资净收益为负,投资报酬率小于资本成本,投资方案不可行。若净现值等于 0,则说明投资方案的净收益为 0,这意味着投资项目所得的投资报酬率等于其资本成本,方案是否可行则取决于它在企业经营中的重要程度。当然,净现值大于 0 的项目也未必都可行,当我们在多个方案之间选优时,应尽可能选取净现值最大的方案。如例 6-13 中,虽然 A、B 两个方案的净现值均大于 0,但是当我们从中择一时,因为 A 方案的净现值小于 B 方案的净现值,所以从财务角度评价的话,无疑 B 方案较优。

净现值不仅是投资项目评价最重要的指标之一,还是其他折现现金流方法运用的基础。净现值法从投资净收益的角度评价投资项目的优劣,在独立、互斥方案的选优中具有重要意义。但净现值是一个绝对值指标,因而不能反映投资的相对效益状况。

6.3.2 现值指数法

现值指数法是通过计算、比较现值指数大小评价投资项目好坏的方法。其评价标准是:现值指数是否大于 1。

所谓现值指数是指未来现金净流量的现值总额和初始投资的现值总额之比,其实质是每元初始投资所能获取的未来现金净流量的现值额。计算公式如下：

现值指数＝未来现金净流量的现值总额/初始投资的现值总额

或

$$现值指数 = \frac{\sum_{t=s}^{n}(NCF_t \cdot DF_{i,t})}{\sum_{t=0}^{s-1}(NCF_t \cdot DF_{i,t})} \qquad (6\text{-}25)$$

由计算公式可知,现值指数与净现值的计算程序基本一致,其中差异仅在于最后一步的比较方式。

沿用例 6-13,则

A 方案未来现金净流量的现值总额＝21 250 • $ADF_{14\%,5}$＝72 951.25 元

A 方案的现值指数＝72 951.25/50 000＝1.459 0

如表 6-8 所示,B 方案的未来现金净流量的现值总额为 88 723 元,B 方案的现值指数＝88 723/60 000＝1.478 7。

A、B 两方案的现值指数均大于 1,说明它们均为有效方案。但 A 方案的现值指数小于 B 方案的现值指数,所以 B 方案优于 A 方案。

现值指数以每元投资所得的相对收益形式评价投资方案的优劣,故对于初始投资额差异较大的方案之间的比选,现值指数法优势明显,该方法尤其适用于资本总量有限时组合投资决策方案的评价。

6.3.3 内涵报酬率法

内涵报酬率(Internal Rate of Return,IRR)是指使投资项目的净现值等于 0 时所用的折现率。净现值计算公式如下：

$$净现值 = \sum_{t=1}^{n}(NCF_t \cdot DF_{i,t}) = 0 \qquad (6\text{-}26)$$

通过上述方程计算出来的 i 即项目内涵报酬率。内涵报酬率反映了投资项目在投资有效期内实际得到的投资报酬率。

内涵报酬率法是通过计算项目内涵报酬率指标并将其与公司资本成本比较,从而进行投资项目评价的方法。内涵报酬率法的评价依据是:内涵报酬率是否大于资本成本。若内涵报酬率大于资本成本,则方案可行;反之则不可行。在多个方案中择优时,以内涵报酬率大者为优。

1. 内涵报酬率的计算

由于投资项目相关现金流量的发生状况不同,内涵报酬率的确定通常分为两种方法。

1) 逐次测试法

当投资方案相关的现金流量以系列不等额方式发生时,适合使用逐次测试法计算项目内涵报酬率。该方法的操作程序如下。

(1) 通过估计一个折现率进行第一次净现值额的计算。如果净现值为 0 或者接近于 0,说明该折现率就是投目的内涵报酬率。

(2) 如果净现值大于 0,说明估算的折现率小于项目的内涵报酬率,需再选一个较大的折现率重新测试,并计算净现值;如果净现值小于 0,说明估算的折现率大于项目的内涵报酬率,

需再选一个较小的折现率重新测试,并计算净现值。

(3) 重复第(2)步,直到净现值为 0 或者接近于 0;或者直到求出相近的一正一负两个净现值。

(4) 如果净现值为 0 或者接近于 0,估计的折现率就是项目的内涵报酬率;如果求出了相近的一正一负两个净现值,则用插值法计算出近似的内涵报酬率,其计算公式为

$$\text{IRR} = r_1 + (r_2 - r_1) \cdot \frac{|\text{NPV}_1|}{|\text{NPV}_1| + |\text{NPV}_2|} \tag{6-27}$$

或

$$\text{IRR} = r_2 - (r_2 - r_1) \cdot \frac{|\text{NPV}_2|}{|\text{NPV}_1| + |\text{NPV}_2|} \tag{6-28}$$

其中,r_1 表示净现值为正数时的较低折现率;r_2 表示净现值为负数时的较高折现率;$|\text{NPV}_1|$ 为 r_1 折现的净现值的绝对值;$|\text{NPV}_2|$ 为 r_2 折现的净现值的绝对值。

例如,对于例 6-13 中的方案 B,若想确定其内涵报酬率,可按表 6-9 所示的过程进行。

表 6-9　内涵报酬率测试表　　　　　　　　　　单位:元

第一次测试:36%			第二次测试:32%		
NCF	DF	现值	NCF	DF	现值
30 000	0.735	22 050	30 000	0.758	22 740
28 000	0.541	15 148	28 000	0.574	16 072
26 000	0.398	10 348	26 000	0.435	11 310
21 000	0.292	6 132	21 000	0.329	6 909
21 000	0.215	4 515	21 000	0.250	5 250
NCF 现值总额		58 193	NCF 现值总额		62 281
净现值		−1 807	净现值		2 281

第一次测试的净现值为负,意味着内涵报酬率小于 36%,折现率降为 32% 后进行第二次测试,净现值为正。当内涵报酬率在 32% 和 36% 之间时,利用内插法求解可得:

$$i = 34.23\%$$

2) 简单方法

简单的方法就是先求现值系数,再借助于现值系数表求得使净现值为 0 的折现率。它适用于两种情况。

第一种情况:初始投资于期初一次投入,未来收益于期末一次收回。此时需要先求 $\text{DF}_{i,n}$,再查阅附表 2-2 求 i。

【例 6-15】 丁公司向银行借款 3 000 000 元,契约规定该公司需在两年后一次还清银行本利共计 3 779 147 元,求银行要求的内涵报酬率。

$\text{DF}_{i,3} = 3\,000\,000/3\,779\,147 \approx 0.794$,查附表 2-2 可知:$i = 8\%$。

第二种情况:投资于期初一次投入,未来收益以年金方式发生。此时需要先求 $\text{ADF}_{i,n}$,再查阅附表 2-4 求 i。

对于例 6-12 中的方案 A,其年现金净流量为 21 250 元,初始投资为 50 000 元,投资有效期为 5 年,则 $\text{ADF}_{i,5} = 50\,000/21\,250 \approx 2.353$。查阅附表 2-4 可知:$i$ 位于 28% 与 32% 之间,用内插法可求得 $i = 31.82\%$。

2. 内涵报酬率的评价

内涵报酬率能够明确各投资项目的投资报酬率，并能够通过与资本成本的直接比较评价投资项目的优劣。通常情况下，内涵报酬率法可以得到更为明确而且合理的决策结论。但是，由于现实经济生活中现金流量的发生情况非常复杂，如现金流量可能多次改变正负号、现金流量发生的时间和数量上的差异、多次重复投资等，这些都会使得内涵报酬率法的实际运用变得异常复杂，如呈现一个投资项目有多个内涵报酬率共存的现象等，因而可能影响我们进行准确的判断。

显然，上述三种折现现金流的长期投资决策分析方法各有利弊，在实际运用时，应根据投资项目的特征，选择合适的方法或综合各种方法进行妥善的评价。比如：净现值法作为一种最基础、最可靠的折现现金流方法，在实务中运用最为普遍，但因其指标是绝对数，在初始投资差异较大的投资项目之间比较其净现值额，评价结果的意义就会受到影响。此时如果结合现值指数法，往往会得到较为全面准确的分析结果。又如：内涵报酬率法可以得出方案相关的投资报酬率，但它假设所有现金流量的再投资收益率与内涵报酬率相同，显然，其假设过于简单、乐观。而净现值法则假设所有现金流量的再投资收益率与资本成本或所用折现率相同，相对更切合实际，即使随着环境、条件的变化，资本成本可能发生变化，我们也可按照整个投资有效期内各个时期预期的不同资本成本对净现值进行重新评价，而内涵报酬率却无法实现。也正因为如此，当内涵报酬率法与净现值法的决策结论不同时，人们往往以净现值法的结论为准。

6.3.4 投资回收期法

假设一家公司面临快速的科技变革，几年后的现金流量可能很不确定，在这种情况下，能迅速收回投资的项目也许比回收期长的项目风险更小一些。投资回收期法是通过计算、比较投资回收期的长短来比较投资方案好坏的方法。投资回收期亦称投资偿还期，是指从开始投资到收回全部初始投资所需要的时间，一般用年表示。投资回收期的长短除与投资方案产生的现金流量相关外，还与时间价值相关。为此，我们可将投资回收期分为静态投资回收期和动态投资回收期。

1. 静态投资回收期

静态投资回收期是指在计算、确定投资回收期时不考虑时间价值的因素，简单采用不同时期现金流入之和累计到初始投资的收回时间作为回收期。由于初始投资的收回主要依赖营业现金净流量，因此，静态投资回收期的计算因营业现金净流量的发生方式而异。

营业现金净流量以年金形式发生时，可用下列公式计算回收期：

$$\text{静态投资回收期} = \frac{\text{初始投资}}{\text{年现金净流量}} \tag{6-29}$$

营业现金净流量逐年不等额发生时，首先应计算逐年累计的现金净流量和各年年末尚未收回的投资额，然后依据尚未收回投资额的正负临界年计算其回收期。假设初始投资在第 n 年和第 $n+1$ 年之间收回，即尚未收回投资额的正负临界年为 n，则回收期计算如下：

$$\text{静态投资回收期} = n + \frac{\text{第 } n \text{ 年年末尚未收回的投资额}}{\text{第 } n+1 \text{ 年的现金净流量}} \tag{6-30}$$

沿用例 6-13，A 方案的静态投资回收期计算如下：

A 方案的静态投资回收期 = 50 000/21 250 ≈ 2.35 年

由于 B 方案各年现金净流量不同,首先计算其各年年末的累计现金净流量和尚未收回的投资额,如表 6-10 所示。

表 6-10 B 方案静态投资回收期计算表   单位:元

年份	现金净流量	累计现金净流量	尚未收回的投资额
第 1 年	30 000	30 000	30 000
第 2 年	28 000	58 000	2 000
第 3 年	26 000	84 000	(24 000)
第 4 年	21 000	105 000	
第 5 年	21 000	126 000	

可见,B 方案初始投资的收回时间为 2 年多,不足 3 年,其正负临界年为 2,依据式(6-30),B 方案的静态投资回收期计算如下:

$$B \text{ 方案的静态投资回收期} = 2 + 2\,000/26\,000 \approx 2.08 \text{ 年}$$

A、B 两方案的静态投资回收期均短于其有效期的一半,其中 B 方案的更短,因此,B 方案优于 A 方案。

静态投资回收期的计算简单易懂,但是静态投资回收期的确定没有考虑时间价值,这会使该指标值偏离实际值,可能导致投资决策评价的失误。为此,动态投资回收期逐渐得以应用。

2. 动态投资回收期

沿用例 6-13,若该企业资本成本率为 14%,其他资料如前,则两方案的动态投资回收期分别如下。

由于 A 方案各年的营业现金净流量额相等,均为 21 250 元,故可采用普通年金现值方法计算年金现值系数:

$$\text{ADF}_{14\%,n} = 50\,000/21\,250 \approx 2.353$$

如果用内插法求解,步骤如下。

查附表 2-4 得:$\text{ADF}_{14\%,3} = 2.322$,$\text{ADF}_{14\%,4} = 2.914$。显然,$n$ 应在 3 和 4 之间,用内插法求得:

$$A \text{ 方案的动态投资回收期} = 3 + \frac{2.353 - 2.322}{2.914 - 2.322} \approx 3.052 \text{ 年}$$

由于 B 方案各年营业现金净流量不同,故首先应利用复利现值系数分别折现计算其现值,然后利用静态回收期的第二种计算方式确定动态投资回收期。B 方案动态投资回收期计算表如表 6-11 所示。

表 6-11 B 方案动态投资回收期计算表   单位:元

年份	各年现金净流量 (1)	复利现值系数 (2)	折现的现金净流量 (3)=(1)×(2)	折现的现金净流量 累计数 $(4) = \sum_{t=1}^{i}(3)(i=1\sim5)$	各年尚未收回 的投资额 (5)=60 000−(4)
第 1 年	30 000	0.877	26 310	26 310	33 690
第 2 年	28 000	0.769	21 532	47 842	12 158
第 3 年	26 000	0.675	17 550	65 392	(5 392)
第 4 年	21 000	0.592	12 432	77 824	
第 5 年	21 000	0.519	10 899	88 723	

由表 6-11 可以看出，B 方案的回收期应该在第 2 年和第 3 年之间，具体计算如下：

B 方案的动态投资回收期＝2＋12 158/17 550≈2.693 年

与静态投资回收期相比，动态投资回收期考虑了时间价值，既使不同时间发生的现金流量具有了比较的基础，又使各项目回收期具有了比较的基础，因而有助于提升决策效果。

3. 对投资回收期法的评价

投资回收期法从投资收回时间快慢的角度进行选优，有利于加速资本回收，减少投资风险，这对于风险较大的资本性支出的价值判断具有非常重要的意义。

【例 6-16】 裕昌公司有两个投资方案，初始投资额均为 10 000 元，营业现金净流量如表 6-12 所示。

表 6-12　裕昌公司的营业现金净流量　　　　　　　　　　　　　　　　单位：元

方案	第 1 年	第 2 年	第 3 年	第 4 年	第 5 年
A	6 000	4 000	6 000	6 000	6 000
B	3 000	7 000	3 000	2 000	1 000

显而易见，A、B 两个方案的静态投资回收期同为 2 年，若用投资回收期法判断，则两者不相上下。但事实上两者的差异是非常明显的。首先，从局部观察回收期内的现金流入，虽然 2 年的总额同为 10 000 元，但 A 方案的大额流入发生在前，B 方案的大额流入发生在后，从货币时间价值的角度考虑，A 方案显然优于 B 方案。其次，从整体观察有效期内全部的现金流入，A 方案 5 年的总流入额为 28 000 元，B 方案 5 年的总流入额仅为 16 000 元，故 A 方案远优于 B 方案。

投资回收期的一个主要缺点是静态投资回收期没有考虑资金时间价值，容易导致决策失误，动态投资回收期虽对此进行了修正，但两者仍有一个共同的缺陷：不能衡量项目的盈利性，而盈利性是经营的主要目的。回收期短的项目并不一定比回收期长的项目的盈利性好，企业若不投资，就不存在回收期的问题，但是企业不投资，也不会有投资收益。鉴于投资回收期法的上述缺陷，它通常只能作为决策分析的一个辅助方法，管理者只能用投资回收期粗略估计一个项目的风险。

6.3.5　会计收益率法

所谓会计收益率法就是以预计项目年平均经营收益与所需初始投资额之比来衡量一个项目收益的非折现方法。这里的经营收益是权责发生制基础上项目会计收益的概念。会计收益率(Accounting Rate of Return, ARR)的公式如下：

$$会计收益率 = \frac{年平均经营收益}{初始投资额} \times 100\% \tag{6-31}$$

投资回收期法的缺点是不能衡量盈利性，而会计收益率法则可以衡量盈利性，但它的缺点是忽略了时间价值。

6.4 长期投资决策应用案例

【案例资料】

海新公司准备购入一设备,现有甲、乙两个方案可供选择。

甲方案:公司需投资 30 000 元,采用直线法计提折旧,设备使用寿命为 5 年,5 年后设备无残值,5 年内每年销售收入为 15 000 元,每年的经营成本为 4 600 元,营业税金及附加为 400 元。

乙方案:公司需投资 36 000 元,采用直线法计提折旧,设备使用寿命也是 5 年,5 年后有残值收入 6 000 元。公司 5 年内每年的收入为 17 000 元,第一年的经营成本为 5 500 元。随着设备陈旧,修理费用将逐年增加 300 元。公司的营业税金及附加为 500 元,另需垫支营运资金 3 000 元,到期可全部收回。

公司所得税税率为 40%,资金成本率为 10%。

【案例要求】

(1) 计算两个方案的现金净流量;
(2) 计算两个方案的净现值的差;
(3) 计算两个方案的内涵报酬率;
(4) 试判断应选用哪个方案。

【案例解析】

(1) 甲方案现金净流量的计算过程如下:

年折旧额 = 30 000/5 = 6 000 元

$NCF_0 = -30\ 000$ 元

$NCF_{1\sim 5} = (15\ 000 - 4\ 600 - 6\ 000 - 400) \times (1 - 40\%) + 6\ 000 = 8\ 400$ 元

乙方案现金净流量的计算过程如下:

年折旧额 = (36 000 - 6 000)/5 = 6 000 元

$NCF_0 = -36\ 000 - 3\ 000 = -39\ 000$ 元

$NCF_1 = (17\ 000 - 5\ 500 - 6\ 000 - 500) \times (1 - 40\%) + 6\ 000 = 9\ 000$ 元

$NCF_2 = (17\ 000 - 5\ 800 - 6\ 000 - 500) \times (1 - 40\%) + 6\ 000 = 8\ 820$ 元

$NCF_3 = (17\ 000 - 6\ 100 - 6\ 000 - 500) \times (1 - 40\%) + 6\ 000 = 8\ 640$ 元

$NCF_4 = (17\ 000 - 6\ 400 - 6\ 000 - 500) \times (1 - 40\%) + 6\ 000 = 8\ 460$ 元

$NCF_5 = (17\ 000 - 6\ 700 - 6\ 000 - 500) \times (1 - 40\%) + 6\ 000 + 6\ 000 + 3\ 000 = 17\ 280$ 元

(2) 甲、乙两方案的净现值的差:

$\Delta NCF_0 = -9\ 000$ 元

$\Delta NCF_1 = 600$ 元

$\Delta NCF_2 = 420$ 元

$\Delta NCF_3 = 240$ 元

$\Delta NCF_4 = 60$ 元

$\Delta NCF_5 = 8\,880$ 元

$\Delta NPV = 600 \cdot DF_{10\%,1} + 420 \cdot DF_{10\%,2} + 240 \cdot DF_{10\%,3} + 60 \cdot DF_{10\%,4} + 8\,880 \cdot DF_{10\%,5} - 9\,000$
$= -2\,371.98$ 元

（3）甲方案的内涵报酬率：

由 $8\,400 \cdot ADF_{IRR,5} - 30\,000 = 0$ 可得，$ADF_{IRR,5} = 3.571\,4$。查询附表 2-4 可知，甲方案的内涵报酬率在 12% 与 14% 之间，用插值法计算可知 $IRR_甲 = 12.38\%$。

乙方案的内涵报酬率：

$$\frac{9\,000}{1+IRR_乙} + \frac{8\,820}{(1+IRR_乙)^2} + \frac{8\,640}{(1+IRR_乙)^3} + \frac{8\,460}{(1+IRR_乙)^4} + \frac{17\,280}{(1+IRR_乙)^5} - 39\,000 = 0$$

利用插值法计算可知 $IRR_乙 = 9.52\%$。

（4）因为 $\Delta NPV < 0$，$IRR_甲 > IRR_乙$，所以应采用甲方案。

本章知识点小结

本章主要讲解企业长期投资决策的关键因素和基本方法，核心知识点包括以下几点。

第一，企业长期投资决策的关键因素，包括投资时间、项目现金流和折现率。

第二，企业长期投资决策的原理——货币资金时间价值，包括复利现值和复利终值、年金现值和年金终值，以及一系列不等额现金流的现值。

第三，企业长期投资决策的基本方法及各种方法的优缺点，包括折现现金流法和非折现现金流法两类。具体包括：净现值法、现值指数法、内涵报酬率法、投资回收期法和会计收益率法。

思考与练习题

一、单项选择题

1. （　　）是使投资项目的净现值等于 0 的折现率。

A. 内涵报酬率　　　　　　　　B. 资本成本

C. 必要投资报酬率　　　　　　D. 现值指数

2. 投资项目评价要素不包括（　　）。

A. 现金流量　　　　　　　　　B. 利润

C. 货币时间价值　　　　　　　D. 资本成本

3. 对于某投资方案，当贴现率为 16% 时，净现值为 -1\,200 元；当贴现率为 14% 时，净现值为 400 元，则该方案的内涵报酬率为（　　）。

A. 14.2%　　　B. 14.5%　　　C. 15.2%　　　D. 15.5%

二、多项选择题

1. 甲投资方案净现值为 10\,500 元，乙投资方案净现值为 8\,700 元，甲投资方案现值指数

为 1.9,乙投资方案现值指数为 2.1,则下列说法正确的有( )。

A. 甲方案优于乙方案

B. 乙方案优于甲方案

C. 若甲、乙为互斥方案,则甲方案优于乙方案

D. 若由于资本总量有限需进行择优时,则乙方案优于甲方案

2. 在考虑所得税因素后,下列( )公式能够计算经营现金流量。

A. 营业收入－付现成本－所得税

B. 税后净利＋折旧

C. 营业收入×(1－税率)＋付现成本×(1－税率)＋折旧×税率

D. 税后收入－税后成本

3. 投资回收期的缺点主要表现为( )。

A. 没有考虑时间价值因素   B. 无法衡量企业的投资风险

C. 未考虑回收期满后的现金流量情况   D. 仅能衡量投资方案的报酬率的高低

4. 当贴现率与内涵报酬率相等时,说明( )。

A. 净现值大于 0   B. 净现值小于 0

C. 净现值等于 0   D. 现值指数等于 1

5. 某企业购置一台机器,资金成本为 12%,经测试发现,当折现率为 18% 时,净现值为＋200元,据此可判断该方案( )。

A. 可行

B. 内部收益率小于 12%

C. 内部收益率大于 18%

D. 内部收益率大于 12%,但小于 18%

三、综合案例题

某公司管理团队正在讨论是否投资一条新生产线,该生产线的基本情况如下:项目初期投资需要 1 000 000 元,投资建设期 2 年,其中第一年年初投资 800 000 元,第二年年初投资 200 000元,第二年年底建成投产后方能形成正常生产能力,第二年年底项目需要垫支启动营运资金 200 000 元。新生产线预计寿命为 5 年,采用直线法计提折旧,期末净残值为 100 000 元。根据调查和预测,项目正常投产后,第一年的预计收入为 550 000 元,第二年到第五年每年的预计收入均为 880 000 元。项目运营期间,第一年付现成本为 300 000 元,以后每年的付现成本为 580 000 元。企业所得税税率为 25%,预计资金成本为 10%。

要求:

(1) 项目投资决策有哪些方法？任意选择其中一种方法说明其决策依据。

(2) 计算上述案例中项目各年的现金流量。

(3) 计算该项目的净现值(NPV),并从财务角度判断该项目是否可行。

第7章 全面预算

知识框架体系

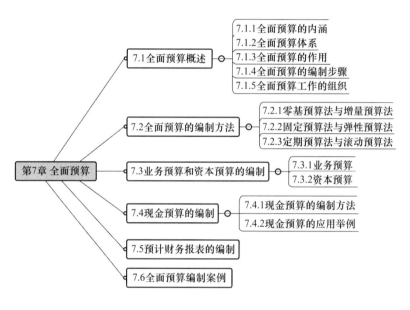

【学习目标】

本章在讲解全面预算基本理论的基础上,重点讲解了全面预算的编制方法、业务预算和资本预算的编制、现金预算的编制以及预计财务报表的编制。通过本章的学习,需要达到以下学习目标:

1. 全面预算的内涵、体系、作用和编制步骤(理解);
2. 全面预算的编制方法,包括零基预算法和增量预算法、固定预算法和弹性预算法、定期预算法和滚动预算法(掌握);
3. 业务预算的含义、编制流程和编制方法,资本预算的含义、编制方法(理解和应用);
4. 现金预算的含义、编制方法(理解和应用);
5. 预计利润表、预计资产负债表和预计现金流量表的编制(应用)。

7.1 全面预算概述

全面预算包括业务预算、资本预算和财务预算等。业务预算侧重销售和生产等预算的编制;资本预算侧重长期建设项目的投资决策等;财务预算侧重反映预算期的财务状况、经营成果和现金流量,为管理层进行资金管理、制定和控制目标利润以及进行投资、筹资等决策提供依据。本节主要介绍全面预算的内涵、体系、作用、编制步骤,以及全面预算工作的组织等内容。

7.1.1 全面预算的内涵

预算是企业在预测和决策的基础上,以表格的形式用数量和金额反映的企业未来一定时期内的经营、投资和筹资等活动的具体计划,是为实现企业的目标而对各种资源和企业活动所做的详细安排。

全面预算是指将预算编制以及预算的执行和考核深入、全面地覆盖企业的主要流程与管理职能,科学合理地预计流程中的每个关键环节的资源需求、资源耗费以及资源供应,使预算管理充分地融入企业的经营管理实践,促使企业实现其经营目标的过程。

理解全面预算的含义,需要关注以下三个方面:一是全面预算全方位地对预算管理对象进行管理,是对企业的各项运营和管理活动进行的事前、事中和事后的全过程管理;二是全面预算管理手段的全面运用,将企业计划、协调、控制、激励、评价等综合管理功能融合到一起,以整合和优化配置企业资源;三是全面预算主体的全员参与,在编制全面预算时,要求企业所有部门、单位以及岗位都要参与到企业预算的编制与实施过程中,最大限度地吸收企业流程中的各项信息,以保证预算编制的准确性和考核的合理性。

7.1.2 全面预算体系

各种预算是一个有机联系的整体,企业全面预算中的各项预算之间相互联系、相互衔接,构成了一个完整的预算体系,财务预算是全面预算体系中的最后环节。

1. 全面预算体系

一般情况下,由业务预算、资本预算和财务预算组成的预算体系称为全面预算体系。

(1) 业务预算

业务预算又称经营预算,是指与企业日常经营活动直接相关的、具有实质性基本活动的经营业务的各种预算。业务预算主要包括销售预算、生产预算、直接材料预算、直接人工预算、制造费用预算、产品成本预算、销售费用预算和管理费用预算等。

(2) 资本预算

资本预算又称专门决策预算,是指企业不经常发生的、直接反映相关决策的结果的一次性业务的重要决策预算,是实际中选方案的进一步规划。

资本预算主要涉及长期建设项目的投资决策,如企业固定资产的购置、改扩建、更新等,其预算的编制必须建立在投资项目可行性研究的基础之上,其编制依据可以追溯到决策之前搜集到的有关资料,以反映投资额需要多少、投资何时进行、资金从何筹得、投资期限多长、投产何时进行、未来每年的现金流量是多少等数据信息。

(3) 财务预算

如前所述,财务预算亦称总预算,是指运用科学的技术手段和数量方法,对未来财务活动的内容及指标所进行的具体规划,是专门反映企业未来一定期限内的预计财务状况和经营成果以及现金收支等价值指标的各种预算的总称。财务预算主要包括现金预算和预计财务报表,是全面预算体系的最后环节。

综上所述,全面预算是由业务预算、资本预算和财务预算组成的,各项预算之间相互联系、相互衔接。以制造业企业为例,本书将上述全面预算体系整理如图 7-1 所示。

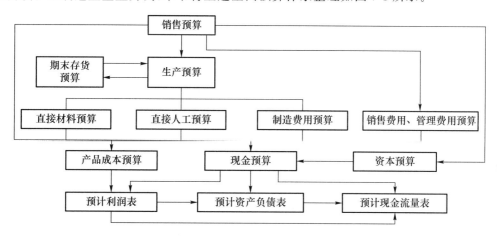

图 7-1 全面预算体系关系图

2. 财务预算体系

根据全面预算体系可知,财务预算包括反映现金收支活动的现金预算、反映企业财务状况的预计资产负债表、反映财务成果的预计利润表以及反映现金流量的预计现金流量表等内容。

(1) 现金预算

现金预算是以业务预算和资本预算为依据编制的,专门反映预算期内预计的现金收入与现金支出,以及反映企业为满足理想现金余额而进行的筹资或归还的借款等的预算。现金预算由可供使用现金、现金支出、现金余缺、现金筹措与运用四部分构成。

(2) 预计利润表

预计利润表又称利润表预算,是反映和控制企业在预算期内损益情况和盈利水平的预算,是企业预算期内营业利润、利润总额和税后利润的综合预算。预计利润表综合反映企业在计划期的预计经营成果,是企业最主要的财务预算表之一。

(3) 预计资产负债表

预计资产负债表又称财务状况预算,是反映企业预算期期末财务状况的预算。编制预计资产负债表的目的在于判断预算期内反映的财务状况的稳定性及流动性,以发现某些表现不佳的财务比率,必要时修改有关预算,改善财务状况。预计资产负债表是综合性最强的预算。

(4) 预计现金流量表

预计现金流量表是从现金的流入和现金流出两个方面反映企业预算期内各项经营活动、投资活动和筹资活动所产生的现金流量的预算。预计现金流量表的编制有利于了解企业预算期内各项现金的流转状况和各项经营能力,便于评估一些长期资金的筹集与使用方案对预算期内企业的影响程度,发现和修正企业的预算。

综上所述,财务预算体系如图 7-2 所示。

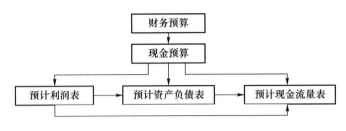

图 7-2 财务预算体系关系图

7.1.3 全面预算的作用

全面预算在企业的经营管理中起着以下重要作用。

第一,全面预算能够反映企业在预算期内的业务经营情况和财务状况,为企业管理层进行资金管理提供依据。通过全面预算,将实际数与预算数进行对比,可及时发现问题和调整偏差,使企业各级部门能够根据预算各自进行安排,按预定的目标进行,从而实现企业的财务目标,如果各级部门都完成了自己的具体目标,企业的总目标也就有了保障。

第二,全面预算能够反映预算期的经营成果,为企业管理层制定和控制目标利润等提供依据。在全面预算中,财务预算作为全面预算体系中的最后环节,可以从价值方面总体反映经营期专门决策预算与业务预算的结果,使预算执行情况一目了然;财务预算还可以作为业绩考核的标准和各部门责任考核的依据,将分解落实的预算规划目标与部门、责任人的业绩考评结合起来,成为奖勤罚懒、评估优劣的准绳,保证企业目标利润的实现。

第三,全面预算能够反映预算期内企业的资本情况和现金流量,为企业管理层的投资、筹资等决策提供依据。

全面预算不仅能从企业的经营业务、所拥有的资本以及财务状况等方面综合反映企业现金流量的具体情况,也能够反映企业筹资、投资的渠道和决策的合理性。企业是否有足够的现金流量是企业能否正常生产经营的前提,也是各业务预算最终预算结果的综合呈现。企业为了达到最终的总目标,需要根据现金流量的具体情况,综合平衡经营、投资和筹资活动,最大限度地保障生产。

总体来说,全面预算能够全面反映企业预算期内的业务经营情况、财务状况、经营成果和现金流量等情况,能够总体协调、规划企业内部各部门、各层次的经济关系和职能,能够使各部门、各层次统一服从于未来的经营总体目标的要求,能够使决策的目标具体化、系统化和定量化,能够使各部门明确各自的职责及相应的奋斗目标。

7.1.4 全面预算的编制步骤

企业在编制预算时,一般以目标利润为企业要实现的最终目标,并以此作为编制预算的前提条件。首先,通过市场调查进行销售预测,并据此编制销售预算;其次,在销售预算的基础上,编制生产预算、直接材料预算、直接人工预算、制造费用预算、销售和管理费用预算等业务预算,同时根据企业的综合安排,编制资本预算;最后,汇总不同层次、不同项目的预算,形成综合性的现金预算和预计财务报表等财务预算。

具体来说,全面预算编制的过程可以归结为以下主要步骤。

(1) 根据企业的历史基础资料,运用一定方法,编制业务预算

第一,根据销售预测编制销售预算。销售预算是整个预算的起点。

第二,根据销售预算确定的预计销售量,结合产成品的期初结存量和预计期末结存量等资料,编制生产预算。

第三,根据生产预算确定的预计生产量,先分别编制直接材料预算、直接人工预算和制造费用预算,然后汇总编制产品生产成本预算。

第四,根据销售预算编制销售费用预算和管理费用预算。

(2) 根据企业的中长期规划和生产预算等,编制各项资本预算

根据销售预算和生产预算估计所需要的固定资产投资,编制资本预算。资本预算除了包括根据经营生产的需要和准备投资建设的固定资产项目之外,也包括对外筹措的长期借款等项目。

(3) 在编制完成的各项业务预算和资本预算的基础上,编制综合性的现金预算

业务预算和资本预算编制完成后,编制综合性的现金预算的基础资料相对完善,这时,根据执行以上各项预算所产生和必需的现金流量,可以编制综合性的现金预算。现金预算反映的各项现金流量也是编制预计现金流量表的一个重要依据。

(4) 综合以上各项预算进行试算平衡,编制预计财务报表

企业的预计财务报表是企业各项预算的综合反映。预计财务报表包括预计利润表、预计资产负债表和预计现金流量表。以上三个报表的编制,一方面依据历史年度的财务报表数据,另一方面依据各项业务预算、资本预算和现金预算的编制。

7.1.5 全面预算工作的组织

编制全面预算是一项综合性的复杂工作,涉及企业的各个部门和各个层次的人员,工作的组织包括决策层、管理层、执行层和考核层等企业的各个层面,工作的组织内容涉及以下各个环节。

(1) 根据决策层的决策,下达年度企业预算的目标

企业董事会或经理办公会在决策的基础上,根据企业的发展战略以及预算期经济形势的初步预测,提出下一年度企业的预算目标,包括销售目标、成本费用目标、利润目标以及现金流量目标等,并确定预算编制的政策。各预算委员会负责将预算目标和政策下达至各预算执行单位。

(2) 根据预算目标,编制各项预算并上报

各预算执行单位根据企业预算委员会下达的预算目标和政策,结合自身的特点和预测的执行条件,提出编制本单位预算的详细预算方案,并上报企业的财务管理部门。

(3) 根据上报的各项预算,进行审查平衡

企业的财务管理部门对各预算执行单位上报的预算方案进行汇总审查、充分协调,对发现的问题提出初步调整意见,并反馈给有关预算执行单位予以修正,最终提出预算综合平衡的建议。

(4) 根据审查平衡的各项预算,提请审议批准

企业的财务管理部门在综合平衡各项预算的基础上,编制出企业汇总的预算方案,报预算委员会讨论。企业预算委员会应当责成有关预算执行单位,对于不符合企业发展战略或者预算目标的事项,进一步修订和调整。在讨论和调整的基础上,企业的财务管理部门正式编制企业的年度预算草案,并提交董事会或经理办公会审议批准。

(5)根据审议批准的预算,下达各有关部门执行

企业的财务管理部门将董事会或经理办公会审议批准的年度总预算分解成一系列的指标体系,由预算委员会逐级下达各预算执行单位予以执行。

7.2 全面预算的编制方法

企业在编制全面预算时,需要根据一定的数据和方法。常见的全面预算编制方法包括零基预算法与增量预算法、固定预算法与弹性预算法、定期预算法与滚动预算法。企业应该根据自身的特点,选取适当的预算编制方法。

7.2.1 零基预算法与增量预算法

1. 零基预算法

零基预算法是指以"零"为起点,不考虑以往会计期间所发生的费用项目或费用数额,一切以"零"为出发点,从实际需要角度分析预算期经济活动的合理性,经综合平衡,形成预算的编制方法。零基预算法适用于企业各项预算的编制,特别适用于不经常发生的预算项目或预算编制基础变化较大的预算项目。

零基预算法的编制遵循以下程序。

第一,确定预算期费用项目及水平。根据企业预算期的利润目标、销售目标和生产指标等,分析预算期内各项费用项目,并为每一个费用项目编写一套方案,明确费用开支的目的以及需要开支的费用数额,以预测费用水平。

第二,确定预算期费用项目的先后顺序。对于拟订的、预算期内的各项费用预算方案,企业要权衡轻重缓急,并对其进行排序。对于不可避免费用项目,必须优先保证资金供应;对于可避免费用项目,则需要逐项进行成本与效益分析。

第三,确定预算期费用项目的控制目标。根据企业预算期的预算费用控制总额目标,按照费用支出等级及顺序,把预算期内可供支配的资金在各个费用项目之间进行分配,优先安排不可延缓费用项目的支出,然后再按照费用项目的轻重缓急确定可延缓费用项目的开支。

由于零基预算法以"零"为起点,因此不受现有费用项目的限制,不受现行预算的约束,有利于调动各方面节约费用的积极性,加强各基层单位精打细算的决心。零基预算法的缺点是编制工作量大。

2. 增量预算法

增量预算法又称调整预算法,是指以历史期实际经济活动及其预算为基础,结合预算期经济活动及相关影响因素的变动情况,通过调整历史期经济活动项目及金额形成预算的编制方法。

增量预算法以过去的费用发生水平为基础,不需要在预算内容上进行较大的调整,它的编制遵循如下假定:第一,企业现有的业务活动是合理的,不需要进行调整;第二,企业现有的各项业务开支水平是合理的,并能在预算期内予以保持;第三,以现有各项业务活动的开支水平确定预算期内各项业务活动的预算数。

增量预算法不加分析地保留或接受原有的成本费用项目,当预算期的情况发生变化时,这可能会使原来不合理的费用继续开支而得不到控制,从而导致预算不准确,造成不必要的开支合理化的情况和预算上的浪费,不利于调动各部门实现预算目标的积极性。

7.2.2 固定预算法与弹性预算法

1. 固定预算法

固定预算法又称静态预算法,是指在编制预算时,只把预算期内正常的、可实现的某一固定的业务量水平作为唯一基础来编制预算的方法。某一固定的业务量水平可以是生产量,也可以是销售量等。

由于编制预算的业务量基础是事先假定的某个业务量,不论预算期内业务量水平实际可能发生哪些变动,都只按照事先确定的某一个业务量水平作为编制预算的基础,因此固定预算法适应性差。另外,当实际的业务量与编制预算所依据的业务量发生较大差异时,有关预算指标的实际数与预算数就会因业务量基础不同而失去可比性,因此,固定预算法可比性差。

固定预算法一般适用于经营业务稳定、生产产品产销量稳定,能准确预测产品需求及产品成本的企业,可用于编制固定费用预算。

2. 弹性预算法

1) 弹性预算法的含义

弹性预算法又称动态预算法,是指在成本性态分析的基础上,依据业务量、成本和利润之间的联动关系,按照预算期内可能的一系列业务量水平编制系列预算的方法。预算期内的业务量可以是生产量、销售量和工时等。

弹性预算是按成本性态分类并列示的,在预算执行中可以根据一定的实际业务量计算预算成本,这样便于预算执行的评价和考核。另外,弹性预算是按照一系列的业务量水平编制的,可使预算的适用范围扩大。由于弹性预算的上述特点,因此弹性预算法理论上适合编制全面预算中所有与业务量有关的预算,但在实务中,弹性预算法更多的是编制成本费用预算和利润预算,尤其是成本费用预算。

2) 弹性预算法的编制方法

运用弹性预算法编制预算,需要遵循以下基本步骤。

第一,选择编制预算业务量的计量单位。编制弹性预算要选用一个最能代表生产经营活动水平的业务量计量单位,如人工工时、实物数量或修理工时等。业务量计量单位的选择需要与所从事的工作等相匹配。

第二,确定编制预算适用的业务量范围。弹性预算法编制预算的准确性在很大程度上取决于成本性态分析的可靠性,所以确定业务量范围很重要。在确定业务量范围时,务必使实际业务量不至于超出相关的业务量范围。一般来说,业务量范围可定在正常生产能力的70%到110%之间,或以历史上最高业务量和最低业务量为其上下限。

第三,确定成本和业务量之间的数量关系,并用一定的方式来表达。

根据成本和业务量之间的数量关系,可以采用公式法和列表法两种方法编制弹性预算。

(1) 公式法

公式法是运用总成本性态模型测算预算期的成本费用数额,并编制成本费用预算的方法。根据成本性态,成本与业务量之间的数量关系可表示为

$$Y = a + bx$$

其中,Y 表示某项预算成本总额;a 表示该项成本中的预算固定成本额;b 表示该项成本中的预算单位变动成本额;x 表示预计业务量。

公式法的优点是可比性和适应性强,可在一定范围内计算任何业务量的预算成本。公式

法的缺点是按公式进行成本分解比较麻烦,对每个费用子项目甚至细目逐一进行成本分解的工作量很大。

(2) 列表法

列表法是指在预计的业务量范围内将业务量分为若干个水平,然后按照不同的业务量水平分别计算各项预算值,最后将各项预算值汇总并列入一个预算表格的方法。

列表法的优点是不管实际业务量是多少,不经过计算即可找到与业务量相近的预算成本。列表法的缺点是在评价和考核实际成本时,往往需要使用插值法来计算实际业务量的预算成本,过程比较麻烦。

3) 弹性预算法的应用举例

(1) 公式法的应用

【例 7-1】 假如永祥公司是一家生产小型农机械的企业,该企业的预算采用弹性预算法。经测算,该公司预计预算期的资料如下:修理工时为 400 小时;固定修理费用为 500 元;根据单位的标准定额资料,单位工时的变动修理费用为 5 元。

要求:运用弹性预算的公式法,测算该公司预算期的总修理费用。

分析:根据弹性预算的公式法,预算期的修理费用总额为

$$Y=a+bx=500+5\times400=2\,500\ 元$$

可见,该公司预算期内的修理费用总额为 2 500 元。因为任何成本都可用公式 $Y=a+bx$ 来近似地表示,所以只要在预算中列示 a(固定成本额)和 b(单位变动成本额),便可随时利用公式计算任一业务量 x 的预算成本总额 Y。

【例 7-2】 假如和田公司是一家生产型企业,该公司 2021 年的制造费用明细如表 7-1 所示。

表 7-1 制造费用预算(公式法)

业务量范围	300~500 人工工时	
费用项目	固定费用(元/月)	变动制造费用(元/人工工时)
机物料消耗		0.5
水费		0.3
电费		0.8
修理费	60	1.2
油料费	80	0.2
折旧费	500	
人工费用	200	
合计	840	3

要求:根据已知资料,运用公式法求解下列问题:

① 当业务量范围为 300~500 人工工时的时候,列出该公司制造费用预算总额的计算公式;

② 当业务量为 400 人工工时的时候,计算该公司的制造费用预算总额。

分析:① 由资料可知,当业务量为 300~500 人工工时的时候,固定费用合计为 840 元/月,变动制造费用为 3 元/人工工时,根据公式法可有如下公式:

$$Y=a+bx=840+3x$$

② 当业务量为 400 人工工时的时候,该公司的制造费用预算总额为

$$Y = 840 + 3 \times 400 = 2\,040 \text{ 元}$$

(2) 列表法的应用

【例 7-3】 续例 7-2，根据表 7-1，和田公司采用列表法编制的 2021 年制造费用预算如表 7-2 所示。

表 7-2 制造费用预算（列表法）

项目	1 季度	2 季度	3 季度	4 季度
业务量/人工工时	300	350	450	500
一、变动制造费用				
机物料消耗($b=0.5$ 元/人工工时)/元	150	175	225	250
水费($b=0.3$ 元/人工工时)/元	90	105	135	150
电费($b=0.8$ 元/人工工时)/元	240	280	360	400
小计	480	560	720	800
二、混合制造费用				
修理费($60+1.2x$)/元	420	480	600	660
油料费($80+0.2x$)/元	140	150	170	180
小计	560	630	770	840
三、固定制造费用				
折旧费/元	500	500	500	500
人工费用/元	200	200	200	200
小计	700	700	700	700

注：各项变动制造费用金额为各业务量与单位变动制造费用之积；修理费和油料费的金额为各业务量与单位成本的乘积再加上固定费用。

要求：当和田公司业务量为 400 人工工时的时候，运用列表法计算该公司的制造费用预算总额。

分析：首先，当业务量为 400 人工工时的时候，计算变动制造费用总额：

$$\text{变动制造费用总额} = (0.5 + 0.3 + 0.8) \times 400 = 640 \text{ 元}$$

其次，运用插值法计算混合制造费用总额。

因为业务量为 400 人工工时，处在 350～450 人工工时的范围内，则对应修理费的范围为 480～600 元。设实际业务的预算修理费为 x 元，则有

$$(400-350)/(450-350) = (x-480)/(600-480)$$

解得

$$x = 540 \text{ 元}$$

同理，因为业务量为 400 人工工时，处在 350～450 人工工时的范围内，则对应的油料费分别为 150 元和 170 元。设实际业务的预算油料费为 z 元，则由插值法可有

$$(400-350)/(450-350) = (z-150)/(170-150)$$

解得

$$z = 160 \text{ 元}$$

最后，当业务量为 400 人工工时的时候，计算制造费用预算总额：

制造费用预算总额 = 变动制造费用总额 + 混合制造费用总额 + 固定制造费用总额
$$= 640 + (540 + 160) + 700 = 2\,040 \text{ 元}$$

由上述计算可知，列表法的计算结果为 2 040 元，与公式法计算的 2 040 元一致。列表法计算出来的预算成本比较符合成本的变动规律，可以用来评价和考核实际成本，该方法计算得

出的结果比较确切并且容易为被考核人接受。

7.2.3 定期预算法与滚动预算法

1. 定期预算法

定期预算法是指在编制预算时,以不变的会计期间为预算期的一种编制预算的方法。会计期间可以是年度、季度和月份。

采用定期预算法最大的优点是实际数和预算数能够进行对比,有利于对预算执行情况进行分析和评价,因为预算期间与会计期间是相对应的。但这种方法以不变的会计期间为预算期,会使管理人员缺乏长远打算,导致一些短期行为的出现,不利于前后各个期间的预算衔接,不能适应连续不断的业务活动过程。

2. 滚动预算法

1)滚动预算法的含义

滚动预算法又称连续预算法或永续预算法,是指在编制预算时,将预算期与会计期间脱离,使预算期始终保持一个固定长度,随着预算的执行不断地补充预算,逐期向后滚动的预算方法。固定长度的预算期一般为12个月。

2)滚动预算法的编制方法

滚动预算的编制方法能使预算期始终保持12个月,且每过1个月或1个季度,立即在期末增列1个月或1个季度的预算,逐期往后滚动,因而在任何一个时期,这种方法都能使预算保持12个月的时间长度。按照滚动时间单位的不同,滚动预算法可分为逐月滚动、逐季滚动和混合滚动三种方式。

具体来说,逐月滚动是指在预算编制过程中,以"月份"为预算的编制和滚动单位,每个月调整一次预算的方法;逐季滚动是指在预算编制过程中,以"季度"为预算的编制和滚动单位,每个季度调整一次预算的方法;混合滚动是指在预算编制过程中,同时以月份和季度为预算的编制和滚动单位的方法。

按照逐月滚动方式编制的预算比较精确,但工作量较大。按照逐季滚动方式编制的预算比逐月滚动方式的工作量小,但精确度较差。混合滚动的预算方法的理论依据是:人们对未来的了解程度具有对近期预计把握较大,对远期预计把握较小的特征。

3)滚动预算法的应用举例

【例7-4】 续例7-2,根据表7-1,和田公司采用列表法编制的2021年制造费用预算如表7-3所示。

表7-3 2021年制造费用预算(列表法)

项 目	1季度	2季度	3季度	4季度
直接人工预算总工时/小时	300	350	450	500
一、变动制造费用				
机物料消耗($b=0.5$元/人工工时)/元	150	175	225	250
水费($b=0.3$元/人工工时)/元	90	105	135	150
电费($b=0.8$元/人工工时)/元	240	280	360	400
小计	480	560	720	800

续 表

项 目	1季度	2季度	3季度	4季度
二、混合制造费用				
修理费(60+1.2x)/元	420	480	600	660
油料费(80+0.2x)/元	140	150	170	180
小计	560	630	770	840
三、固定制造费用				
折旧费/元	500	500	500	500
人工费用/元	200	200	200	200
小计	700	700	700	700

假如2021年的第一季度末,该公司在编制2021年第2季度至2022年第1季度的滚动预算时,发现未来的四个季度出现以下情况:

(1) 按照水电部门的规定,水电表上涨,根据辅助生产费用按工时比例分配后,水费由原来的0.3元/人工工时上涨到0.4元/人工工时,电费由原来的0.8元/人工工时上涨到1.1元/人工工时;

(2) 公司将调整固定资产的折旧政策,政策调整后的每季度折旧费均为800元;

(3) 2022年度第1季度的预计直接人工工时为550小时,其他数据不变,

那么,根据上述变动情况,和田公司于2021年3月31日重新调整了2021年度的预算,如表7-4所示。

表7-4 2021年制造费用预算(滚动预算法)

项 目	2021			2022
	2季度	3季度	4季度	1季度
直接人工预算总工时/小时	350	450	500	550
一、变动制造费用				
机物料消耗(b=0.5元/人工工时)/元	175	225	250	275
水费(b=0.4元/人工工时)/元	140	180	200	220
电费(b=1.1元/人工工时)/元	385	495	550	605
小计	700	900	1 000	1 100
二、混合制造费用				
修理费(60+1.2x)/元	480	600	660	720
油料费(80+0.2x)/元	150	170	180	190
小计	630	770	840	910
三、固定制造费用				
折旧费/元	800	800	800	800
人工费用/元	200	200	200	200
小计	1 000	1 000	1 000	1 000
合计	2 330	2 670	2 840	3 010

通过表 7-4 可以看出，和田公司运用滚动预算法编制预算，可使预算期间依时间顺序向后滚动，保持预算的持续性，有利于企业结合近期目标和长期目标，考虑未来业务活动。在滚动预算法中，预算随时间推进不断加以调整和修订，这能使预算与实际情况更加接近，充分发挥预算的指导和控制作用。

7.3 业务预算和资本预算的编制

业务预算是全面预算的重要内容。业务预算包括销售预算、生产预算、直接材料预算、直接人工预算、产品成本预算、制造费用预算等，是编制财务预算等的基础。资本预算是全面预算的一个主要环节，编制好资本预算是后续编制现金预算的基础。资本预算涉及的期间较长，在编制预算时，需要充分考虑资本的投入和支出，以保证资本预算编制的科学性和合理性。

7.3.1 业务预算

1. 业务预算的含义

业务预算也称为经营预算，是指与企业日常经营活动直接相关的、具有实质性基本活动的经营业务的各种预算。业务预算主要包括销售预算、生产预算、直接材料预算、直接人工预算、制造费用预算、产品成本预算、销售费用预算和管理费用预算等。

2. 业务预算的编制流程

业务预算的编制是根据业务预算的基础数据，遵循如下步骤进行编制的。

第一步，编制销售预算。销售预算是整个预算的编制起点，其他预算的编制都以销售预算为基础。

第二步，编制生产预算。生产预算是为规划预算期内生产规模而编制的一种业务预算，它是在销售预算的基础上编制的，可以作为编制直接材料预算和产品成本预算的依据。

第三步，编制直接材料预算。直接材料预算是为了规划预算期内直接材料采购金额的一种业务预算。

第四步，编制直接人工预算。直接人工预算是一种既反映预算期内人工工时消耗水平，又规划人工成本开支的业务预算。直接人工预算也是以生产预算为基础编制的。

第五步，编制制造费用预算。制造费用预算通常分为变动制造费用预算和固定制造费用预算两部分。变动制造费用预算以生产预算为基础来编制。

第六步，编制产品成本预算。产品成本预算是销售预算、生产预算、直接材料预算、直接人工预算、制造费用预算的汇总。

第七步，编制销售及管理费用预算。销售费用预算是指为了实现销售预算所需支付的费用预算。管理费用是一般管理业务所必需的费用。

3. 业务预算的编制方法

下面按照以上步骤，详细讲解每一种业务预算的编制内容和方法。

1）编制销售预算

（1）销售预算的含义

销售预算是指企业在销售预测的基础上进行编制的、用于规划预算期内销售收入及现金收入的一种业务预算。销售预算是整个预算的编制起点，其他预算的编制都以销售预算为基础。

(2) 销售预算的主要内容

销售预算的主要内容包括两部分:预计销售量、预计销售单价和预计销售收入;预计现金收入。销售预算中的预计现金收入是后续编制现金预算的依据。

(3) 销售预算的编制方法

第一,预计销售量。预计销售量是根据公司对市场的预测或者以往的销货合同并结合企业当前的生产能力确定的。

第二,预计销售单价。预计销售单价是公司通过价格决策确定的。

第三,预计销售收入。预计销售收入是预计销售量和预计销售单价的乘积,其计算公式为

$$预计销售收入 = 预计销售量 \times 预计销售单价$$

第四,预计现金收入。为了向后续编制现金预算提供必要的基础资料,销售预算中需要测算预计现金收入。一般来说,预计现金收入的测算方法为

$$预计现金收入 = 本期收到上一期的预计销售收入 + 本期预计收到的销售收入$$

销售预算通常要分品种、分月份、分区域等进行编制。一般来说,为了简单起见,通常按照季度确定预计的各项销售数据。

(4) 销售预算的应用举例

【例 7-5】 假设腾飞公司是生产小家电的制造企业,有关销售预算的资料如下:

① 2021 年度资产负债表显示的应收账款余额为 5 000 元;

② 根据市场预测并结合 2021 年度的销货合同和本公司的生产能力,预计 2022 年度各季度的销售量分别为 200 台、250 台、300 台、350 台;

③ 通过价格决策,预计 2022 年度各季度的售价均为 150 元/台;

④ 假设在该公司 2022 年度各季度的销售收入中,有 70% 为本季度内能收到的货款,30% 为下一季度能收到的货款。

要求:根据上述资料编制腾飞公司 2022 年度的销售预算。

分析:根据已知资料,编制的 2022 年度的销售预算如表 7-5 所示。

表 7-5 2022 年度的销售预算

项目		1 季度	2 季度	3 季度	4 季度	合计
预计销售量/台①		200	250	300	350	1 100
预计销售单价(元/台)②		150	150	150	150	
预计销售收入/元③=①×②		**30 000**	**37 500**	**45 000**	**52 500**	**165 000**
上一年应收账款/元④		5 000				5 000
预计各季度销售收入/元	1 季度销售收入/元(30 000)⑤	21 000	9 000			30 000
	2 季度销售收入/元(37 500)⑥		26 250	11 250		37 500
	3 季度销售收入/元(45 000)⑦			31 500	13 500	45 000
	4 季度销售收入/元(52 500)⑧				36 750	36 750
预计现金收入/元⑨		26 000	35 250	42 750	50 250	154 250

表 7-5 中具体的填列说明如下。

- "预计销售量""预计销售单价""上一年应收账款"根据已知资料填列。
- "预计销售收入"是"预计销售量"与"预计销售单价"的乘积。

- 各季度的销售收入为本季度"预计销售收入"的70%与上一季度"预计销售收入"的30%之和。
- "预计现金收入"为"上一年应收账款"或上一季度"预计销售收入"的30%与本季度"预计销售收入"的70%之和。

可见,腾飞公司2022年全年的预计销售收入为165 000元,其中各季度的销售收入分别为30 000元、37 500元、45 000元、52 500元;2022年全年的预计现金收入为154 250元,其中各季度的预计现金收入分别为26 000元、35 250元、42 750元和50 250元。

需要说明的是,第4季度预计销售收入的30%的部分(15 750元)待下一年度的第1季度收取现金,此数据即后续预计资产负债表的"应收账款"期末数。

2)编制生产预算

(1)生产预算的含义

生产预算是在销售预算的基础上为规划预算期内生产规模而编制的一种业务预算。生产预算能为编制直接材料预算和产品成本预算提供依据。

(2)生产预算的主要内容

生产预算的主要内容包括:预计销售量、预计期初产成品存货、预计期末产成品存货、预计生产量。需要特别说明的是,在生产预算中,只涉及实物量指标,不涉及价值量指标。

(3)生产预算的编制方法

第一,预计销售量来自销售预算。

第二,预计期末产成品存货=下一季度销售量×规定的一定百分比。

第三,预计期初产成品存货=上一季度期末产成品存货。

第四,预计生产量=预计销售量+预计期末产成品存货-预计期初产成品存货。

由于生产量受到生产能力的限制,存货数量受到仓库容量的限制,因此编制生产预算需要考虑多方面的影响因素,需要权衡得失,选择成本最低的方案,以保证在发生意外需求时按时供货,均衡生产,节省赶工的额外支出。

(4)生产预算的应用举例

【例7-6】 续例7-5,假设腾飞公司是生产小家电的制造企业,有关生产预算的资料如下:

① 假设2022年年初编制生产预算时,预计年初存货为20台,根据长期销售趋势确定的年末存货为30台;

② 2022年各季度的预计期末产成品存货为下一季度预计销售量的10%。

要求:根据上述资料编制腾飞公司2022年度的生产预算。

分析:根据已知资料,编制的2022年度的生产预算如表7-6所示。

表7-6 2022年度的生产预算　　　　　　　　　　单位:台

项 目	1季度	2季度	3季度	4季度	全 年
预计销售量①	200	250	300	350	1 100
加:预计期末产成品存货②	25	30	35	30	30
合计③=①+②	225	280	335	380	1 130
减:预计期初产成品存货④	20	25	30	35	20
预计生产量⑤=③-④	205	255	305	345	1 110

表7-6中具体的填列说明如下。

- "预计销售量"为表7-5中销售预算的数据。

- "预计期末产成品存货"是下一季度"预计销售量"的10%;全年期末产成品存货数已知,第4季度的期末数就等于全年的年末数。
- 第1季度的"预计期初产成品存货"已知,第2、3、4季度的"预计期初产成品存货"等于上一季度的"预计期末产成品存货";全年数根据第1季度的"预计期初产成品存货"数填列。
- "预计生产量"根据计算公式"预计生产量=预计销售量+预计期末产成品存货-预计期初产成品存货"填列。

可见,腾飞公司2022年全年的预计生产量为1 110台,其中各季度的预计生产量分别为205台、255台、305台和345台。

3) 编制直接材料预算

(1) 直接材料预算的含义

直接材料预算是以生产预算为基础,同时在考虑原材料存货水平的前提下,为了规划预算期内直接材料采购金额而编制的一种业务预算。

(2) 直接材料预算的主要内容

直接材料预算的主要内容包括预计生产量、单位产品材料用量、生产需用量、预计期末存量、预计期初存量、预计材料采购量和预计现金支出等内容。

(3) 直接材料预算的编制方法

第一,预计生产量的数据来自生产预算。

第二,单位产品材料用量的数据来自标准成本资料或消耗定额资料。

第三,生产需用量是上述两项的乘积。

第四,预计期末存量和预计期初存量是根据当前情况和长期销售预测估计的。各季度的预计期末存量根据下一季度生产需用量的一定百分比确定,各季度的预计期初存量等于上一季度的期末材料存量。

第五,各季度的预计材料采购量根据公式"预计材料采购量=生产需用量+预计期末存量-预计期初存量"确定。

第六,各季度的预计现金支出包括偿还上期应付账款和本期应支付的采购货款。

(4) 直接材料预算的应用举例

【例7-7】 续例7-5,假设腾飞公司是生产小家电的制造企业,有关直接材料预算的资料如下:

① 假设根据消耗定额资料测算的2022年各季度的单位产品材料用量的消耗定额均为10千克/台;

② 假设根据长期销售预测的全年的预计期末存量为500千克;全年的预计期初存量为450千克;

③ 2022年各季度的预计期末存量为下一季度生产需用量的20%;

④ 2022年各季度的材料采购的单价均为5元;

⑤ 假设2021年年末应付账款余额为3 000元;

⑥ 假设在2022年各季度的预计采购金额中,有60%在本季度内付清,40%在下一季度内付清。

要求:根据上述资料编制腾飞公司2022年度的直接材料预算。

分析:根据已知资料,编制的2022年度的直接材料预算如表7-7所示。

表 7-7 2022 年度的直接材料预算

项 目	1 季度	2 季度	3 季度	4 季度	全 年
一、预计生产量/台①	205	255	305	345	1 110
乘：单位产品材料用量（千克/台）②	10	10	10	10	10
二、生产需用量/千克③＝①×②	2 050	2 550	3 050	3 450	11 100
加：预计期末存量/千克④	510	610	690	500	500
减：预计期初存量/千克⑤	450	510	610	690	450
三、预计材料采购量/千克⑥＝③＋④－⑤	2 110	2 650	3 130	3 260	11 150
单价（元/千克）⑦	5	5	5	5	5
四、预计采购金额/元⑧＝⑥×⑦	10 550	13 250	15 650	16 300	55 750
五、预计现金支出					
上一年应付账款/元⑨	3 000				3 000
1 季度采购金额/元（10 550）	6 330	4 220			10 550
2 季度采购金额/元（13 250）		7 950	5 300		13 250
3 季度采购金额/元（15 650）			9 390	6 260	15 650
4 季度采购金额/元（16 300）				9 780	9 780
预计现金支出合计/元⑩	9 330	12 170	14 690	16 040	52 230

表 7-7 中具体的填列说明如下。
- "预计生产量"数据来自表 7-6 的生产预算。
- "单位产品材料用量"根据已知数据填列。
- "生产需用量"是"预计生产量"与"单位产品材料用量"的乘积。
- 各季度的"预计期末存量"是下一季度"生产需用量"的 20%；全年的"预计期末存量"等于第 4 季度的"预计期末存量"。
- 各季度的"预计期初存量"是上一季度的"预计期末存量"；全年的"预计期初存量"等于第 1 季度的"预计期初存量"。
- "预计材料采购量"根据计算公式"预计材料采购量＝生产需用量＋预计期末存量－预计期初存量"填列。
- "单价"根据已知数据填列。
- "预计采购金额"为"预计材料采购量"与"单价"之积。
- 每季度的"预计现金支出"为本季度"预计采购金额"的 60% 加上上一季度的 40%。其中，第 1 季度的"预计现金支出"为"上一年应付账款"余额加上本期"预计采购金额"的 60%。

需要说明的是，第 4 季度采购金额的 40% 的部分（6 520 元）需要在下一年度的第 1 季度支付现金。此数据也是编制后续预计资产负债表中"应付账款"的期末数值。

由上述直接材料预算可知，腾飞公司 2022 年需要的预计材料采购量为 11 150 千克，各季度分别为 2 110 千克、2 650 千克、3 130 千克和 3 260 千克；预计全年采购金额为 55 750 元，各季度分别为 10 550 元、13 250 元、15 650 元和 16 300 元；预计全年现金支出为 52 230 元，各季度分别为 9 330 元、12 170 元、14 690 元和 16 040 元。

4）编制直接人工预算

(1) 直接人工预算的含义

直接人工预算是一种既反映预算期内人工工时消耗水平，又规划人工成本开支的业务预算。直接人工预算也是以生产预算为基础编制的。

（2）直接人工预算的主要内容

直接人工预算的主要内容有预计生产量、单位产品工时、人工总工时、每小时人工成本和人工总成本。

（3）直接人工预算的编制方法

第一，预计生产量数据来自生产预算。

第二，单位产品人工工时和每小时人工成本数据来自标准成本资料。

第三，人工总工时和人工总成本是在直接人工预算中计算出来的。

需要说明的是，由于人工工资都需要使用现金支付，因此，不需要另外预计现金支出，人工工资可直接参加现金预算的汇总。

（4）直接人工预算的应用举例

【例7-8】 续例7-5，假设根据标准成本资料预测的腾飞公司2022年各季度的单位产品工时为10小时，每小时人工成本为2元/小时。

要求：编制该公司的直接人工预算表。

分析：根据以上资料，编制的2022年度的直接人工预算如表7-8所示。

表7-8 2022年度的直接人工预算

项　　目	1季度	2季度	3季度	4季度	全　　年
预计生产量/台①	205	255	305	345	1 110
单位产品人工工时（小时/台）②	10	10	10	10	
人工总工时/小时③＝①×②	2 050	2 550	3 050	3 450	11 100
每小时人工成本（元/小时）④	2	2	2	2	
预计人工总成本/元⑤＝③×④	4 100	5 100	6 100	6 900	22 200

表7-8具体的填列说明如下。

- "预计生产量"数据依据表7-6生产预算填列。
- "人工总工时"是"预计生产量"和"单位产品人工工时"的乘积。
- "预计人工总成本"是"人工总工时"与"每小时人工成本"的乘积。

由表7-8可知，腾飞公司2022年的预计人工总成本为22 200元，各季度分别为4 100元、5 100元、6 100元和6 900元。

5）编制制造费用预算

（1）制造费用预算的含义

制造费用预算通常分为变动制造费用预算和固定制造费用预算两部分。变动制造费用预算以生产预算为基础来编制。

（2）制造费用预算的主要内容

制造费用预算分为变动制造费用预算和固定制造费用预算两部分。制造费用包括变动制造费用和固定制造费用两部分。变动制造费用包括间接人工、间接材料、修理费、水电费等；固定制造费用包括折旧费、管理人员工资、保险费、财产税等。

（3）制造费用预算的编制方法

第一，制造费用预算中的预计生产量依据生产预算的数据编制。

第二，变动制造费用的编制方法：如果有完善的标准成本资料，用单位产品的标准成本与产量相乘，即可得到相应的预算金额；如果没有标准成本资料，则需逐项预计计划产量需要的各项制造费用。

第三,固定制造费用的编制方法:固定制造费用通常与本期产量无关,需要逐项按每季度实际需要的支付额预计,然后求出全年数。

第四,为了便于以后编制产品成本预算,需要计算制造费用小时费用率。计算制造费用小时费用率的计算公式如下:

$$变动制造费用小时费用率 = \frac{变动制造费用总额}{人工总工时}$$

$$固定制造费用小时费用率 = \frac{固定制造费用总额}{人工总工时}$$

其中,人工总工时的数据来源于直接人工预算法。

第五,预计现金支出的编制:制造费用中除了折旧费外都需要支付现金,所以,每个季度制造费用数额扣除折旧费后,即可得出预计现金支出。计算预计现金支出是为了便于以后编制现金预算。

(4)制造费用预算的应用举例

【例7-9】 续例7-5,假设腾飞公司各项制造费用的数据如下。

变动制造费用的单位标准数据如下:间接人工为1元/台;间接材料为1元/台;修理费为2元/台;水电费为1元/台。

固定制造费用第1季度至第4季度的数据如下:修理费分别为2 000元、2 100元、2 200元和2 300元;折旧费均为1 100元;管理人员工资均为500元;保险费分别为100元、110元、120元和130元;财产税分别为125元、160元、170元和180元。

要求:请根据已知资料编制该公司的制造费用预算表。

分析:根据以上资料,编制的2022年度的制造费用预算如表7-9所示。

表7-9 2022年度的制造费用预算

项 目	1季度	2季度	3季度	4季度	全 年
一、变动制造费用					
预计生产量/台①	205	255	305	345	1 110
间接人工费用/元②	205	255	305	345	1 110
间接材料费用/元③	205	255	305	345	1 110
修理费/元④	410	510	610	690	2 220
水电费/元⑤	205	255	305	345	1 110
小计/元⑥=②+③+④+⑤	1 025	1 275	1 525	1 725	5 550
二、固定制造费用					
修理费/元⑦	2 000	2 100	2 200	2 300	8 600
折旧/元⑧	1 100	1 100	1 100	1 100	4 400
管理人员工资/元⑨	500	500	500	500	2 000
保险费/元⑩	100	110	120	130	460
财产税/元⑪	125	160	170	180	635
小计⑫=⑦+⑧+⑨+⑩+⑪	3 825	3 970	4 090	4 210	16 095
三、制造费用合计/元⑬=⑥+⑫	4 850	5 245	5 615	5 935	21 645
减:折旧/元⑭	1 100	1 100	1 100	1 100	4 400

续表

项 目	1季度	2季度	3季度	4季度	全 年
四、预计现金支出/元⑮=⑬-⑭	3 750	4 145	4 515	4 835	17 245
五、费用率					
人工总工时/小时					11 100
变动制造费用小时费用率(元/小时)					0.5
固定制造费用小时费用率(元/小时)					1.45

表7-9具体的填列说明如下。
- 对于变动制造费用部分,将各项单位标准数据与"预计生产量"相乘即可获得;"预计生产量"数据来自生产预算(见表7-6)。
- 固定制造费用部分根据各项已知数据填列。
- "预计现金支出"等于制造费用总额减去折旧。
- "变动(固定)制造费用小时费用率"等于"变动(固定)费用总额"除以"人工总工时"。"人工总工时"的数据来源于直接人工预算表(见表7-8)。

费用率计算如下:
$$变动制造费用小时费用率 = 5\,550/11\,100 = 0.5 元/小时$$
$$固定制造费用小时费用率 = 16\,095/11\,100 = 1.45 元/小时$$

由表7-9可知,腾飞公司全年的预计总制造费用为21 645元,其中变动制造费用为5 550元,各季度分别为1 025元、1 275元、1 525元和1 725元;固定制造费用为16 095元,各季度分别为3 825元、3 970元、4 090元和4 210元。上述变动制造费用5 550元和固定制造费用16 095元是编制产品成本预算的依据。

6) 编制产品成本预算

(1) 产品成本预算的含义

产品成本预算是销售预算、生产预算、直接材料预算、直接人工预算、制造费用预算的汇总。

(2) 产品成本预算的主要内容

产品成本预算的主要内容包括:产品的单位成本和总成本。

(3) 产品成本预算的编制方法

第一,单位产品成本的有关数据依据直接材料、直接人工、制造费用三个预算的数据填列。

第二,生产量来自生产预算,期末存货量和销货量来自销售预算。

第三,生产成本、存货成本和销货成本等数据,可根据单位成本和生产量、期末存货量和销售量计算得出。

(4) 产品成本预算的应用举例

【例7-10】 续例7-5,根据腾飞公司的生产预算、直接材料预算、直接人工预算、制造费用预算,可知各季度直接材料、直接人工和制造费用的各项单位投入量,以及预计生产量、预计期末存货和预计销售量。

要求:根据直接材料预算、直接人工预算、制造费用预算的各项已知资料,编制该公司2022年度的产品成本预算表。

分析：根据以上资料，编制的2022年度的产品成本预算如表7-10所示。

表7-10　2022年度的产品成本预算

项　目	单位成本			生产成本/元 ④=③×1 110	期末存货/元 ⑤=③×30	销货成本/元 ⑥=③×1 100
	计量单位 ①	单位产品投入量 ②	成本(元/台) ③=①×②			
直接材料	5元/千克	10千克/台	50	55 500	1 500	55 000
直接人工	2元/小时	10小时/台	20	22 200	600	22 000
变动制造费用	0.5元/小时	10小时/台	5	5 550	150	5 500
固定制造费用	1.45元/小时	10小时/台	14.5	16 095	435	15 950
合计			89.5	99 345	2 685	98 450

表7-10具体的填列说明如下。

- "直接材料"的"单位成本"的各项数据来源于直接材料预算(见表7-7)。
- "直接人工"的"单位成本"的各项数据来源于直接人工预算(见表7-8)。
- "变动制造费用"和"固定制造费用"中的单位成本数据来自制造费用预算(见表7-9)；"单位产品投入量"同直接人工，数据来自直接人工预算(见表7-8)。
- "生产成本"的数据1 110台，来自生产预算的"预计生产量"(见表7-6)。
- "期末存货"的数据30台，来自生产预算的"预计期末产成品存货"的年末数(见表7-6)。
- "销货成本"的数据1 100台，来自销售预算的"预计销售量"(见表7-5)。
- "生产成本""期末存货""销货成本"的各项数据为各单位成本与各产品数量的乘积。

由表7-10可知，在腾飞公司2022年度的产品成本预算中，生产成本预算为99 345元，期末存货预算成本为2 685元，销货成本预算为98 450元。

7) 编制销售及管理费用预算

(1) 销售及管理费用预算的含义

销售费用预算是指为了实现销售预算所需支付的费用预算。管理费用是一般管理业务所必需的费用。

(2) 销售及管理费用预算的主要内容

销售费用预算的主要内容包括与销售有关的销售人员工资、广告费、包装和运输费、保管费等；管理费用预算的主要内容包括管理人员薪金、福利费、保险费、办公费和折旧等。

(3) 销售及管理费用预算的编制方法

销售费用的编制方法：销售费用预算以销售预算为基础，利用本量利分析方法，对过去的销售费用进行分析，考察过去销售费用支出的必要性和效果，分析销售收入、销售利润和销售费用之间的关系，力求使费用的支出获取更多的收益。销售费用预算要和销售预算相配合，按品种、地区、用途计算具体的预算数额。

管理费用的编制方法：管理费用多属于固定成本，在编制管理费用预算时，一般以过去的实际开支为基础，充分考察每种费用的必要性，按预算期的可预见变化进行调整，以便提高费用效率。

（4）销售及管理费用预算的应用举例

【例 7-11】 续例 7-5,假设腾飞公司销售及管理费用的各项数据如下。

① 根据历史资料预测的销售费用的各项数据如下:销售人员工资为 3 000 元;广告费为 6 500 元;包装和运输费为 4 000 元;保管费为 3 700 元。

② 根据上一年度的实际数据,对本年度的因素进行调整后,管理费用的各项数据测算如下:管理人员薪金为 5 000 元;福利费为 1 800 元;保险费为 1 600 元;办公费为 2 400 元;折旧为 2 500 元。

要求:根据上述资料,编制该公司 2022 年的销售及管理费用预算表。

分析:根据以上资料,编制的 2022 年度的销售及管理费用预算如表 7-11 所示。

表 7-11　2022 年度的销售及管理费用预算　　　　　　　单位:元

项　目	金　额
一、销售费用	
销售人员工资①	3 000
广告费②	6 500
包装和运输费③	4 000
保管费④	3 700
预计销售费用小计⑤=①+②+③+④	17 200
二、管理费用	
管理人员薪金⑥	5 000
福利费⑦	1 800
保险费⑧	1 600
办公费⑨	2 400
折旧⑩	2 500
预计管理费用小计⑪=⑥+⑦+⑧+⑨+⑩	13 300
三、合计⑫=⑤+⑪	30 500
减:折旧⑬	2 500
四、预计现金支出(全年)	28 000
预计现金支出(每季度)⑭=(⑫-⑬)/4	7 000

由表 7-11 可知,腾飞公司 2022 年的销售及管理费用预算总计为 30 500 元,其中销售费用为 17 200 元,管理费用为 13 300 元。另外,由于折旧不需要支付现金,所以在计算全年的预计现金支出时应扣除折旧。计算出的每季度的预计现金支出为编制现金预算提供了基础。

7.3.2　资本预算

1. 资本预算的含义

资本预算又称专门决策预算,主要是指涉及长期建设项目的资金投放与筹集,并经常跨越多个年度的长期投资预算。一般来说,资本预算通常与项目投资决策相关。

资本预算主要包括长期的对外投资支出以及借入的长期借款等。

2. 资本预算的编制方法

资本预算的编制方法：依据项目财务可行性分析资料以及企业筹资决策资料进行编制，编制的要点是能准确反映项目资金投资支出与筹资计划。资本预算也是编制现金预算和预计资产负债表的依据。

3. 资本预算的应用举例

【例 7-12】 续例 7-5，假设腾飞公司根据公司的可行性分析资料及企业的筹资决策等资料，预测的 2022 年各项长期支出如下。

第 1 季度的投资支出为 6 000 元，第 4 季度的投资支出为 9 000 元，主要用于在建工程的投资建设。第 1 季度需要借入的长期借款为 10 000 元。

要求：根据以上资料编制该公司 2022 年度的资本预算表。

分析：根据以上资料，编制的 2022 年度的资本预算如表 7-12 所示。

表 7-12 2022 年度的资本预算 单位：元

项 目	1 季度	2 季度	3 季度	4 季度	全 年
投资支出预算	6 000	—	—	9 000	15 000
借入长期借款	10 000	—	—		10 000
合计	16 000			9 000	25 000

由表 7-12 可知，腾飞公司 2022 年全年资本预算所需资金为 25 000 元，其中第 1 季度为 16 000 元，第 4 季度为 9 000 元；投资支出需要的资金为 15 000 元，其中第 1 季度为 6 000 元，第 4 季度为 9 000 元；借入资金为 10 000 元，其中第 1 季度为 10 000 元。

7.4 现金预算的编制

现金预算是在销售预算、生产预算、直接材料预算、直接人工预算、产品成本预算、制造费用预算、资本预算等基础上进行编制的。因此，要了解现金预算的编制方法和过程，就需要从预算编制的起点逐步呈现金预算编制的整个过程。

7.4.1 现金预算的编制方法

现金预算的编制方法如下。

第一，下一季度的期初现金余额等于上一季度的期末现金余额，全年的期初现金余额指的是年初的现金余额，所以等于第 1 季度的期初现金余额。一般在编制预算时预计期初现金余额。

第二，可供使用现金等于期初现金余额与现金收入之和，计算公式为

$$可供使用现金 = 期初现金余额 + 现金收入$$

其中，现金收入的主要来源是销货取得的现金收入，数据来自销售预算。

第三，现金余缺等于可供使用现金减去现金支出，计算公式为

$$可供使用现金 - 现金支出 = 现金余缺$$

其中,现金支出包括预算期的直接材料、直接人工、制造费用、销售及管理费用等各项现金支出,相关数据来自相对应的预算。此外,现金支出还包括购买设备的费用、所得税费用、股利分配等数据。

第四,期末现金余额等于现金余缺与现金筹措之和减去现金运用,计算公式为

$$现金余缺＋现金筹措－现金运用＝期末现金余额$$

财务管理部门应根据现金余缺与理想期末现金余额的比较结果,结合固定的利息支出数额以及其他因素,确定预算期现金运用或筹措的数额。

7.4.2 现金预算的应用举例

【例 7-13】 续例 7-5,假设腾飞公司除了已经编制完成的销售预算、生产预算、直接材料预算、直接人工预算、制造费用预算、销售及管理费用预算的各项数据之外,其他数据如下。

① 经测算,腾飞公司 2022 年理想的现金余额为 9 000 元。假设现金余额不足时,该公司通过短期借款的形式补足,并要求借款为 1 000 的整数倍;短期借款的利息率为 8%,长期借款的利息率为 10%;利息按季支付。根据该公司 2021 年年末的资产负债表可知,2022 年长期借款期初余额为 15 000 元,仍未到期;短期借款期初余额为 0。

② 年初的期初现金余额为 9 500 元,下一季度的期初现金余额等于上一季度的期末现金余额。

③ 经估计,每季度所得税支出均为 5 000 元。

④ 根据购买合同,第 1 季度购买设备支出为 6 000 元,第 4 季度为 9 000 元(见表 7-12)。

⑤ 年末股利分配支出为 8 000 元。

要求:请根据上述数据资料,编制完成腾飞公司 2022 年度的现金预算。

分析:根据以上资料,编制的 2022 年度的现金预算如表 7-13 所示。

表 7-13 2022 年度的现金预算　　　　　　　　　　　　单位:元

项　　目	1 季度	2 季度	3 季度	4 季度	全　年
一、期初现金余额①	**9 500**	**9 695**	**10 905**	**15 725**	**45 825**
加:预计现金收入②(表 7-5)	26 000	35 250	42 750	50 250	154 250
二、可供使用现金③＝①＋②	**35 500**	**44 945**	**53 655**	**65 975**	**200 075**
减:现金支出					
直接材料④(表 7-7)	9 330	12 170	14 690	16 040	52 230
直接人工⑤(表 7-8)	4 100	5 100	6 100	6 900	22 200
制造费用⑥(表 7-9)	3 750	4 145	4 515	4 835	17 245
销售及管理费用⑦(表 7-11)	7 000	7 000	7 000	7 000	28 000
所得税费用⑧	5 000	5 000	5 000	5 000	20 000
购买设备支出⑨(表 7-12)	6 000			9 000	15 000
股利⑩				8 000	8 000
三、现金支出合计⑪＝④＋⑤＋…＋⑩	**35 180**	**33 415**	**37 305**	**56 775**	**162 675**

续表

项目	1 季度	2 季度	3 季度	4 季度	全 年
四、现金余缺⑫=③-⑪	320	11 530	16 350	9 200	37 400
五、现金筹措与运用					
借入长期借款⑬(表7-12)	10 000				10 000
取得短期借款⑭		—	—	1 000	1 000
归还短期借款⑮					
长期借款利息⑯	625	625	625	625	2 500
短期借款利息⑰		—	—	20	20
六、期末现金余额⑱=⑫+⑬+⑭-⑮-⑯-⑰	9 695	10 905	15 725	9 555	9 555

表 7-13 具体的填列说明如下。

- "期初现金余额"是在编制预算时预计的,即预计资产负债表的年初余额;第 2、3、4 季度的"期初现金余额"分别为上一季度的"期末现金余额"。
- "预计现金收入"根据销售预算填列,见表 7-5。
- "可供使用现金"为"期初现金余额"与"预计现金收入"之和。
- 现金支出中的"直接材料"依据直接材料预算填列,见表 7-7。
- 现金支出中的"直接人工"依据直接人工预算填列,见表 7-8。
- 现金支出中的"制造费用"依据制造费用预算填列,见表 7-9。
- 现金支出中的"销售及管理费用"依据销售及管理费用预算填列,见表 7-11。
- 现金支出中的"所得税费用"根据已知数据填列。
- 现金支出中的"购买设备支出"依据资本预算填列,见表 7-12。
- 现金支出中的"股利"依据已知数据填列。
- "现金支出合计"等于现金支出各项数额的加和。
- "现金余缺"等于"可供使用现金"减去"现金支出之和"。
- "借入长期借款"依据资本预算填列,见表 7-12。
- 已知腾飞公司上一年度长期借款余额为 15 000 元,则长期借款的利息计算如下:
  第 1、2、3 季度的长期借款利息=(15 000+10 000)×10%/4=625 元
- 短期借款的借入与归还、利息及期末现金余额的测算方法如下。

根据已知测算资料,腾飞公司理想的现金余额为 9 000 元。本例中,腾飞公司上一年度短期借款余额为 0 元,通过现金预算可知,各个季度的测算分别如下。

第 1 季度测算如下。

腾飞公司上一年度的短期借款无余额,则只需要考虑今年的短期借款利息。

该公司第 1 季度的现金余缺为 320 元,理想的现金余额为 9 000 元,由于第 1 季度需要支付长期借款利息 625 元,所以,只要现金余缺与借入长期借款之和不小于 9 000 元,就可以不用借入短期借款。

经计算可知,现金余缺+借入长期借款-长期借款利息=320+10 000-625=9 695 元,大于理想的现金余额 9 000 元,所以第 1 季度不需要借入现金,现金余额为 9 695 元(320 元+10 000 元-625 元)。

第 2 季度测算如下。

由于第 1 季度的期末现金余额为 9 695 元,即第 2 季度的期初现金余额为 9 695 元。经表 7-13 计算可知,第 2 季度的现金余缺为 11 530 元,第 2 季度需要支付长期借款利息 625 元,显然高于理想现金余额 9 000 元,所以不需要借入短期借款。期末现金余额为

$$期末现金余额 = 11\,530 - 625 = 10\,905 \text{ 元}$$

第 3 季度测算如下。

由于第 2 季度的期末现金余额为 10 905 元,即第 3 季度的期初现金余额为 10 905 元。经表 7-13 计算可知,第 3 季度的现金余缺为 16 350 元,第 3 季度需要支付长期借款利息为 625 元,支付利息后显然高于理想现金余额 9 000 元,所以仍不需要借入短期借款。期末现金余额为

$$期末现金余额 = 16\,350 - 625 = 15\,725 \text{ 元}$$

第 4 季度测算如下。

由于第 3 季度的期末现金余额为 15 725 元,即第 4 季度的期初现金余额为 15 725 元。经表 7-13 计算可知,第 4 季度的现金余缺为 9 200 元,第 4 季度需要支付长期借款利息 625 元,经测算,支付利息后的余额为 8 575 元(9 200 元 - 625 元),低于最低现金余额 9 000 元,所以需要借入短期借款。

设需要借入的短期借款为 x,则有

$$9\,200 + x - \frac{x \times 8\%}{4} - 625 = 9\,000$$

解得

$$x \approx 434 \text{ 元}$$

由于借入的短期借款必须为 1 000 元的整数倍,所以应借入短期借款 1 000 元。

借入短期借款后的现金余额为

$$借入短期借款后的现金余额 = 9\,200 + 1\,000 - 1\,000 \times 8\%/4 - 625 = 9\,555 \text{ 元}$$

需要说明的是,第 4 季度借入的 1 000 元短期借款,需要在下一个年度内偿还,所以期末短期借款的余额为 1 000 元,此数据也是预计资产负债表中短期借款的期末余额。

7.5 预计财务报表的编制

预计财务报表是企业进行财务管理的重要工具。根据企业的三大报表的口径分类,预计财务报表主要包括预计利润表、预计资产负债表和预计现金流量表。预计财务报表主要用于企业自身的财务管理,是企业控制企业资金、成本和利润总量的重要手段。由于预计财务报表可以从总体上反映一定期间内企业总体的经营情况,因而通常被称为企业的总预算。本节在介绍三大预计财务报表基本理论的基础上,重点讲解编制的方法。

1. 预计利润表的编制

1) 预计利润表的内容

预计利润表与每年度实际数额的利润表相比,内容和格式均相同,只是其数据是面向预算期编制的,是在汇总销售收入、销货成本、销售及管理费用、营业外收支、资本支出等预算的基础上加以编制的,目的是了解企业预算期内的盈利水平以及与目标利润的差距,以便及时调整部门预算,设法达到目标,或者经企业领导同意后修改目标利润。因此,预计利润表预测的是企业预算期内的经营成果,主要包括营业利润、利润总额和税后利润预算以及每股收益预算等。

第一,营业利润预算。企业一定时期的营业利润是营业收入减去营业成本、营业税金及附加、管理费用、销售费用和财务费用等的结果,营业利润预算包括营业收入、营业成本、期间费用等项目的预算。

第二,利润总额预算。利润总额等于营业利润加上营业外收入再减去营业外支出,因此,利润总额的预算包括营业外收入和营业外支出的预算。

第三,税后利润预算。税后利润等于利润总额减去所得税,因此利润总额预算包括所得税的预算。

第四,每股收益预算。在税后利润预算的基础上,每股收益预算包括基本每股收益和稀释每股收益的预算。

2) 预计利润表的编制依据

预计利润表是在汇总预算期内的销售预算、产品成本预算、制造费用预算、销售和管理费用预算、财务费用预算、营业外收支预算、资本支出预算等各业务预算资料的基础上进行编制的。因此,预计利润表的编制依据为各业务预算、资本预算和现金预算。在编制利润预算时,通常先按业务、产品分别进行编制,再按季度或年度进行企业整体的汇总编制。

具体来说,预计利润表的编制依据如下。

第一,预计的营业收入数据来自销售预算。

第二,预计的营业成本数据来自产品成本预算。

第三,销售及管理费用项目的数据来自销售及管理费用预算。

第四,财务费用的数据来自财务预算,其中利息项目的数据也可依据现金预算。

第五,所得税费用的数据依据现金预算填列。需要说明的是,所得税费用通常不是根据利润总额和所得税税率计算出来的,而是在利润规划时估计的,这是因为在确定所得税费用时存在诸多纳税调整的事项。

3) 预计利润表的应用举例

【例 7-14】 续例 7-5,假设腾飞公司 2022 年除了已经编制完成的销售预算、生产预算、直接材料预算、直接人工预算、制造费用预算、销售及管理费用预算的各项数据之外,其他数据如下。

① 财务费用全部为长期借款和短期借款的利息。

② 公司的所得税税率为 25%。

要求:根据上述资料编制该公司的预计利润表。

分析:根据以上资料,编制的 2022 年度的预计利润表如表 7-14 所示。

表 7-14 预计利润表

编制单位:腾飞公司　　　　　　　　　2022 年度　　　　　　　　　　　　　单位:元

项　目	行　次	本期金额	上期金额
一、营业收入(表 7-5)	**1**	**165 000**	—
减:营业成本(表 7-10)	4	98 450	
营业税金及附加	5	—	
销售费用(表 7-11)	6	17 200	
管理费用(表 7-11)	7	13 300	
财务费用(表 7-13)	9	2 520	
资产减值损失	10	—	
加:公允价值变动收益(损失以"—"号填列)	11		
投资收益(损失以"—"号填列)	12	—	

续表

项 目	行 次	本期金额	上期金额
二、营业利润(亏损以"-"号填列)	13	**33 530**	
加:营业外收入	14	—	
减:营业外支出	15	—	
其中:非流动资产处置损失	16		
三、利润总额(亏损总额以"-"号填列)	17	33 530	
减:所得税费用	18	20 000	
四、净利润(净亏损以"-"号填列)	19	**13 530**	

表 7-14 具体的填列说明如下。
- "营业收入"为表 7-5 中销售预算的"预计销售收入"。
- "营业成本"为产品成本预算中"销货成本"的总数(见表 7-10)。
- "销售费用""管理费用"根据表 7-11 中的销售费用和管理费用预算填列。
- "财务费用"根据现金预算中长期借款和短期借款利息之和填列(见表 7-13)。
- "营业利润"根据营业收入减去营业成本、销售费用、管理费用和财务费用等成本费用的结果填列。
- "营业外收入""营业外支出"根据给定的已知数据填列。
- "利润总额"根据计算公式"利润总额＝营业利润＋营业外收入－营业外支出"填列。
- "所得税"根据现金预算填列(见表 7-13),金额为全年的累计金额。
- "净利润"等于利润总额减去所得税。

2. 预计资产负债表的编制

企业在事业部和子公司存在的情况下,应当按事业部和子公司分别编制预计资产负债表,并进行汇总,以反映企业预算期内总体的财务状况。预计资产负债表既可反映企业预算期期末各项资产、负债和所有者权益的规模及分布的预算安排,也可在一定程度上反映企业预算期内多种财务结构的预算安排。

1) 预计资产负债表的内容

预计资产负债表是以货币单位反映预算期期末财务状况的总括性预算,与实际资产负债表的内容、格式相同,只是其数据反映的是预算期期末的财务状况。因此,预计资产负债表的内容与实际的资产负债表的项目相同,主要包括短期资产预算、长期资产预算、短期债务资本预算、长期债务资本预算和股权资本预算。其中,短期资产和长期资产分别相当于流动资产和非流动资产;短期债务资本和长期债务资本分别相当于流动负债和非流动负债;股权资本相当于股东权益。

具体来说,预计资产负债表包括以下内容。

第一,短期资产预算,主要包括现金(货币资金)、应收票据、应收账款、存货等项目的预算。

第二,长期资产预算,主要包括持有至到期投资、长期股权投资、固定资产、在建工程、无形资产等项目的预算。

第三,短期债务资本预算,主要包括短期借款、应付票据、应付账款等项目的预算。

第四,长期债务资本预算,主要包括长期借款、应付债券等项目的预算。

第五,股权资本预算,主要包括股本(实收资本)、资本公积、盈余公积和未分配利润等项目的预算。

2）预计资产负债表的编制依据

预计资产负债表是以报告期期末的资产负债表为基数，根据预算期内各种业务预算、现金预算及资本预算等有关资料编制而成的，它是编制全面预算的终点。

具体来说，预计资产负债表各项目的编制依据如下。

第一，货币资金项目依据现金预算的相关数据填列。

第二，应收账款项目依据销售预算的相关数据填列。

第三，存货项目依据直接材料预算和产品成本预算的相关数据填列。

第四，固定资产项目依据制造费用预算、销售和管理费用预算等进行填列。

第五，在建工程项目依据资本预算进行填列。

第六，短期借款项目依据现金预算的相关数据填列。

第七，应付账款项目依据直接材料预算的相关数据填列。

第八，长期借款项目依据资本预算进行填列。

第九，未分配利润项目依据预计利润表和现金预算的相关数据填列。

3）预计资产负债表的应用举例

【例7-15】 续例7-5，假设腾飞公司2022年度资产负债表的期初余额数据如表7-15所示。其中，存货的年初数依据直接材料预算（表7-7）中的数据计算得到，详见后文的填表说明。

表7-15 预计资产负债表（一）

编制单位：腾飞公司　　　　　　　　2022年1月1日　　　　　　　　单位：元

项　目	年初数	年末数	项　目	年初数	年末数
流动资产			**流动负债**		
货币资金	9 500		短期借款	0	
应收账款	5 000		应付账款	3 000	
存货	**4 040**		**流动负债合计**	3 000	
流动资产合计	**18 540**		**非流动负债**		
非流动资产			长期借款	15 000	
固定资产	**55 000**		**非流动负债合计**	15 000	
减：累计折旧			**负债合计**	18 000	
在建工程	**15 000**		**股东权益**		
非流动资产合计	**70 000**		股本	40 000	
			未分配利润	30 540	
			股东权益合计	70 540	
资产总计	88 540		**负债和股东权益合计**	88 540	

要求：请根据前文编制的销售预算、生产预算、直接材料预算、直接人工预算、制造费用预算、产品成本预算、销售及管理费用预算、资本预算、现金预算和预计利润表，编制腾飞公司2022年的预计资产负债表。

分析：根据已知资料和前文的预算表，编制的预计资产负债表如表7-16所示。

表 7-16 预计资产负债表(二)

编制单位:腾飞公司　　　　　　　　　2022 年 1 月 1 日　　　　　　　　　　单位:元

项目	年初数	年末数	项目	年初数	年末数
流动资产			**流动负债**		
货币资金	9 500	9 555	短期借款	0	1 000
应收账款	5 000	15 750	应付账款	3 000	6 520
存货	**4 040**	5 185	流动负债合计	3 000	7 520
流动资产合计	18 540	30 490	**非流动负债**		
非流动资产			长期借款	15 000	25 000
固定资产	**55 000**	55 000	非流动负债合计	15 000	25 000
减:累计折旧		6 900	负债合计	18 000	32 520
在建工程	**15 000**	30 000	**股东权益**		
非流动资产合计	70 000	78 100	股本	40 000	40 000
			未分配利润	30 540	36 070
			股东权益合计	70 540	76 070
资产总计	88 540	108 590	负债和股东权益合计	88 540	108 590

表 7-16 具体的填列说明如下。

(1) 货币资金的填列

货币资金的年初余额为现金预算(表 7-13)的期初现金余额(9 500 元),即已知的预计资产负债表的年初数;货币资金的年末金额来自现金预算(表 7-13)的期末现金余额的全年数或第 4 季度数,即 9 555 元。

(2) 应收账款的填列

应收账款的年初余额为销售预算(表 7-5)中的上年应收账款或者已知的预计资产负债表的年初数,即 5 000 元。应收账款的年末金额来自销售预算(表 7-5),可通过以下计算取得:

$$应收账款的年末金额 = 第 4 季度销售总额的 30\%(未收款部分)$$
$$= 52 500 \times 30\%$$
$$= 15 750 \text{ 元}$$

(3) 存货的填列

存货包括直接材料和产成品。

第一,存货的年初余额。

直接材料年初余额等于直接材料预算(表 7-7)中预计期初存量与单价的乘积,即

$$直接材料年初余额 = 450 \times 5 = 2 250 \text{ 元}$$

产成品年初余额的计算公式如下:

$$产成品年初余额 = (产品成本预算中的期末存货 + 销货成本 - 生产成本) \times 单位成本总额$$
$$= (30 + 1 100 - 1 110) \times 89.5 = 20 \times 89.5 = 1 790 \text{ 元}$$

存货的年初余额为上述两者相加,即

$$存货的年初余额 = 直接材料年初余额 + 产成品年初余额 = 2 250 + 1 790 = 4 040 \text{ 元}$$

第二,存货的年末余额。

直接材料年末余额等于直接材料预算(表 7-7)中预计期末存量与单价的乘积,即

直接材料年末余额＝500×5＝2 500 元

产成品年末余额的计算公式如下：

产成品年末余额＝产品成本预算中的期末存货×单位成本总额
＝30×89.5＝2 685 元

存货的年末余额为上述两者相加，即

存货的年末余额＝直接材料年末余额＋产成品年末余额＝2 500＋2 685＝5 185 元

（4）固定资产的填列

当年计提的累计折旧额＝制造费用预算（表 7-9）中的折旧额＋销售及管理费用预算
（表 7-11）中的折旧额
＝4 400＋2 500＝6 900 元

固定资产年末余额＝期初余额－当年计提的累计折旧额＝55 000－6 900＝48 100 元

（5）在建工程的填列

在建工程期末余额＝期初余额＋资本预算（表 7-12）中的投资支出预算
＝15 000＋15 000＝30 000 元

即现金预算（表 7-13）中的"购买设备支出"。

（6）短期借款的填列

短期借款期末余额＝期初余额＋现金预算（表 7-13）中的取得短期借款－归还短期借款
＝0＋1 000－0＝1 000 元

（7）应付账款的填列

应付账款的年初余额＝直接材料预算（表 7-7）中的上一年应付账款＝3 000 元

即预计资产负债表中已知的年初数。

应付账款的年末余额＝直接材料预算（表 7-7）的第 4 季度总额－第 4 季度已付款额
＝16 300－9 780＝6 520 元

即第 4 季度采购金额未付款的 40% 的部分。

（8）长期借款的填列

长期借款的期末余额＝年初余额＋资本预算（表 7-12）中的借入长期借款
＝15 000＋10 000＝25 000 元

（9）未分配利润的填列

未分配利润的年末余额＝预计利润表（表 7-14）中的净利润－现金预算（表 7-13）中的股利＋
预计资产负债表中的年初余额
＝13 530－8 000＋30 540＝36 070 元

其他未说明的数据，均来自已知的资产负债表的年初数，其中包括固定资产、在建工程的年初数。股本未发生变化，年初和年末金额相同。

3. 预计现金流量表的编制

1）预计现金流量表的主要内容

预计现金流量表与财务会计中实际现金流量表的内容和格式均相同，只是其数据反映的是企业预算期内的现金流量。因此，预计现金流量表主要包括三大部分，即经营活动产生的现金流量、投资活动产生的现金流量和筹资活动产生的现金流量。

具体来说，经营活动产生的现金流量主要包括销售商品、提供劳务收到的现金以及购买商品、接受劳务收到的现金、支付给职工和为职工支付的现金、支付的所得税款等；投资活动产生的现金流量主要包括处置固定资产而收回的现金净额、购建固定资产所支付的现金、权益性投资所支付的现金等;筹资活动产生的现金流量主要包括借款所收到的现金、偿还债务所支付的现金、发生筹资费用所支付的现金、分配股利或利润所支付的现金、偿还利息所支付的现金等内容。

2) 预计现金流量表的编制方法

预计现金流量表是在已编制的现金预算的基础上,结合企业预算期内相关的现金收支资料编制而成的。

具体来说,主要项目的编制依据如下。

第一,销售商品、提供劳务收到的现金依据销售预算进行编制。

第二,购买商品、接受劳务支付的现金依据直接材料预算进行编制。

第三,支付给职工以及为职工支付的现金依据直接人工预算编制。

第四,支付的所得税款依据现金预算编制。

第五,支付的其他与经营活动有关的现金依据制造费用预算、销售和管理费用预算的相关数据编制。

第六,购建固定资产所支付的现金依据现金预算编制。

第七,借款所收到的现金依据现金预算编制。

第八,偿还债务所收到的现金依据现金预算编制。

第九,分配股利或利润所支付的现金依据现金预算编制。

第十,偿还利息所支付的现金依据现金预算的相关数据编制。

第十一,净利润依据预计利润表编制。

第十二,固定资产折旧依据制造费用预算和管理费用预算的相关数据编制。

第十三,财务费用依据财务预算和现金预算表编制。

第十四,存货的减少(增加以"－"号填列)依据预计资产负债表的相关数据编制。

第十五,经营性应收项目的减少(增加以"－"号填列)依据预计资产负债表的相关数据编制。

第十六,经营性应付项目的增加(增加以"＋"号填列)依据预计资产负债表的相关数据编制。

3) 预计现金流量表的应用举例

【例 7-16】 续例 7-5,请依据前文的各项预算表,编制腾飞公司 2022 年度的预计现金流量表。

分析:根据前文的各项预算表,编制的腾飞公司 2022 年度的预计现金流量表如表 7-17 所示。

表 7-17 预计现金流量表

编制单位:腾飞公司　　　　　　2022 年 1 月 1 日　　　　　　单位:元

项　目	数据依据	全年金额
一、经营活动产生的现金流量		
销售商品、提供劳务收到的现金	表 7-5	154 250
经营活动现金收入合计		**154 250**
购买商品、接受劳务支付的现金	表 7-7	52 230
支付给职工以及为职工支付的现金	表 7-8	22 200

续 表

项　目	数据依据	全年金额
支付的所得税款	表 7-13	20 000
支付的其他与经营活动有关的现金	表 7-9、表 7-11	45 245
经营活动现金支出小计		**139 675**
经营活动产生的现金流量净额		**14 575**
二、投资活动产生的现金流量		
处置固定资产而收回的现金净额		—
投资活动现金收入小计		**0**
购建固定资产所支付的现金	表 7-13	15 000
权益性投资所支付的现金		—
投资活动现金支出小计		**15 000**
投资活动产生的现金流量净额		**−15 000**
三、筹资活动产生的现金流量		
借款所收到的现金	表 7-13	11 000
与筹资活动有关的其他现金收入	—	—
筹资活动现金收入小计		**11 000**
偿还债务所支付的现金	表 7-13	0
发生筹资费用所支付的现金		—
分配股利或利润所支付的现金	表 7-13	8 000
偿还利息所支付的现金	表 7-13	2 520
与筹资活动有关的其他现金支出		—
筹资活动现金支出小计		**10 520**
筹资活动产生的现金流量净额		**480**
四、现金及现金等价物净增加额		
1.将净利润调节为经营活动现金流量		
净利润	表 7-14	13 530
加:固定资产折旧	表 7-9、表 7-11	6 900
无形资产摊销		—
处置固定资产的损失(收益以"−"号填列)		—
财务费用(收益以"−"号填列)	表 7-13	2 520
存货的减少(增加以"−"号填列)	表 7-16	−1145
经营性应收项目的减少(增加以"−"号填列)	表 7-16	−10 750
经营性应付项目的增加(增加以"+"号填列)	表 7-16	3 520
经营活动产生的现金流量净额		**14 575**
2.现金和现金等价物的净增加情况		
现金的期末余额	表 7-13	9 555
减:现金的期初余额	表 7-13	9 500
现金及现金等价物净增加额		55

表 7-17 具体的填列说明如下。

(1) "销售商品、提供劳务收到的现金"依据销售预算(表 7-5)的"预计现金收入"全年数填列,为 154 250 元。

(2) "购买商品、接受劳务支付的现金"依据直接材料预算(表 7-7)的"预计现金支出"全年数填列,为 52 230 元。

(3) "支付给职工以及为职工支付的现金"依据直接人工预算(表 7-8)的"预计人工总成本"全年数填列,为 22 200 元。

(4) "支付的所得税款"依据现金预算(表 7-13)中的"所得税"填列,为 20 000 元。

(5) "支付的其他与经营活动有关的现金",等于制造费用预算(表 7-9)的"预计现金支出"(该数据已扣除"折旧")全年数加上销售和管理费用预算(表 7-11)的"预计现金支出"(该数据已扣除"折旧")全年数,即

$$支付的其他与经营活动有关的现金 = 17\ 245 + 28\ 000 = 45\ 245\ 元$$

特别需要注意的是,此处的金额为扣除"折旧"后的金额。

(6) "购建固定资产所支付的现金"依据现金预算(表 7-13)的"购买设备支出"全年数填列,为 15 000 元。

(7) "借款所收到的现金"依据现金预算(表 7-13)的"借入长期借款"与"取得短期借款"的全年数之和填列,即

$$借款所收到的现金 = 10\ 000 + 1\ 000 = 11\ 000\ 元$$

(8) "偿还债务所收到的现金"依据现金预算(表 7-13)的"归还短期借款"全年数填列,为 0 元。

(9) "分配股利或利润所支付的现金"依据现金预算(表 7-13)的"股利"全年数填列,为 8 000 元。

(10) "偿还利息所支付的现金"依据现金预算(表 7-13)的"长期借款利息"全年数和"短期借款利息"全年数之和填列,即

$$偿还利息所支付的现金 = 2\ 500 + 20 = 2\ 520\ 元$$

(11) "净利润"为预计利润表(表 7-14)中的"净利润",即 13 530 元。

(12) "固定资产折旧"为制造费用预算(表 7-9)中的"折旧"与管理费用预算中(表 7-11)的"折旧"之和,即

$$固定资产折旧 = 4\ 400 + 2\ 500 = 6\ 900\ 元$$

(13) "财务费用"根据现金预算(表 7-13)中已支付的预计利息数填列,即"财务费用"等于"偿还利息所支付的现金",为 2 520 元。

(14) "存货的减少"(增加以"一"号表示)为预计资产负债表(表 7-16)中期末存货与期初存货的差额,即

$$存货的减少(增加) = 期末存货 - 期初存货 = 5\ 185 - 4\ 040 = -1\ 145\ 元$$

(15) "经营性应收项目的减少"(增加以"一"号表示)依据预计资产负债表(表 7-16)中"应收账款"的期末数与期初数的差额填列,即

$$经营性应收项目的减少(减:增加) = 期末余额 - 期初余额 = 15\ 750 - 5\ 000 = -10\ 750\ 元$$

(16) "经营性应付项目的增加"(增加以"+"号表示)依据预计资产负债表(表 7-16)中"应付账款"的期末数与期初数的差额填列,即

$$经营性应付项目的增加(减:减少) = 期末余额 - 期初余额 = 6\ 520 - 3\ 000 = 3\ 520\ 元$$

(17) "经营活动产生的现金流量净额"根据"净利润"加减折旧、财务费用、存货、经营性应

收、应付项目的计算结果填列,该结果应该等于现金流量表中的"经营活动产生的现金流量净额",否则是错误的。

(18) "现金的期末余额"为现金预算(表 7-13)中第 4 季度的"期末现金余额",为 9 555 元。

(19) "现金的期初余额"为现金预算(表 7-13)中第 1 季度的"期初现金余额",为 9 500 元。

(20) "现金及现金等价物净增加额"为"现金的期末余额"与"现金的期初余额"的差额,即

$$现金及现金等价物净增加额 = 9\ 555 - 9\ 500 = 55 \text{ 元}$$

在编制三大预计财务报表时,要注意它们之间的勾稽关系,主要分为以下两点。

第一,注意利润表中"净利润"与资产负债表中"未分配利润"之间的勾稽关系。计算公式如下:

$$未分配利润 = 净利润 - 分配的股利 + 期初未分配利润$$

具体来说,需要注意以下几点:在计算制造费用等费用分配率时,要注意数据四舍五入造成的差异,因该差异会使得"净利润"与"未分配利润"之间不平;利润表中的"所得税"是全年数据;若利润表中的"净利润"为负数,则企业不用上缴所得税,应事先通过销售、成本等预算对净利润进行测算。

第二,注意在现金流量表附注中,用间接法调整后的"经营活动产生的现金流量净额"等于用直接法编制的"经营活动产生的现金流量净额"。在编制时,直接法中各项费用支出的数据是剔除折旧后的现金支出数据,这样才能使按照间接法和直接法分别计算的"经营活动产生的现金流量净额"相等。

7.6 全面预算编制案例

【案例资料】

大海公司是一家只生产一种产品 A 的生产企业,具体生产资料如下。

资料一:经测算,该公司预算年度内 4 个季度的销售量分别为 300 件、600 件、400 件和 450 件,销售单价均为 200 元。根据以往经验,销货款在当季可收到 70%,其余部分将在下一季度收到。预计预算年度第 1 季度可收回上年第 4 季度的应收账款 18 000 元。

资料二:大海公司预计期末存货量为下一季度销售量的 10%,预算年度第 1 季度的期初存货量为 50 件,预算年度的期末存货量为 40 件。

【案例要求】

(1) 根据资料一,编制销售预算表。

表 7-18 案例资料用表(一)

项 目	1 季度	2 季度	3 季度	4 季度	全 年
预计销售量/件①					
销售单价(元/件)②					
预计销售额/元③=①×②					

(2) 根据资料一和(1)的销售预算表,编制预计现金收入预算表。

表 7-19　案例资料用表(二)　　　　　　　　　　　　　　　　　　单位:元

项　目	1 季度	2 季度	3 季度	4 季度	全　年
预计销售额①					
收到上季度应收销货款②＝上季度①×30%					
收到本季度销货款③＝①×70%					
现金收入合计④＝②＋③					

（3）根据资料二和(1)中销售预算的预计销售量,编制该公司预算年度的生产预算表。

表 7-20　案例资料用表(三)　　　　　　　　　　　　　　　　　　单位:件

项　目	1 季度	2 季度	3 季度	4 季度	全　年
预计销售量①					
加:预计期末存货量②＝下季度①×10%					
减:期初存货量③＝上季度②					
预计生产量④＝①＋②－③					

【案例解析】

（1）根据资料一,编制的销售预算表如表 7-21 所示。

表 7-21　销售预算表

项　目	1 季度	2 季度	3 季度	4 季度	全　年
预计销售量/件①	300	600	400	450	1 750
销售单价(元/件)②	200	200	200	200	
预计销售额/元③＝①×②	60 000	120 000	80 000	90 000	350 000

（2）根据资料一和(1)的销售预算表,编制的预计现金收入预算表如表 7-22 所示。

表 7-22　预计现金收入预算表　　　　　　　　　　　　　　　　　　单位:元

项　目	1 季度	2 季度	3 季度	4 季度	全　年
预计销售额①	60 000	120 000	80 000	90 000	350 000
收到上季度应收销货款②＝上季度①×30%	18 000	18 000	36 000	24 000	96 000
收到本季度销货款③＝①×70%	42 000	84 000	56 000	63 000	245 000
现金收入合计④＝②＋③	60 000	102 000	92 000	87 000	341 000

（3）根据资料二和(1)中销售预算的预计销售量,编制的该公司预算年度的生产预算表如表 7-23 所示。

表 7-23　生产预算表　　　　　　　　　　　　　　　　　　单位:件

项　目	1 季度	2 季度	3 季度	4 季度	全　年
预计销售量①	300	600	400	450	1 750
加:预计期末存货量②＝下季度①×10%	60	40	45	40	40
减:期初存货量③＝上季度②	50	60	40	45	50
预计生产量④＝①＋②－③	310	580	405	445	1 740

本章知识点小结

本章主要讲解全面预算的基本理论和编制方法,核心知识点如下。

第一,全面预算概述。①全面预算的内涵。②全面预算体系:一般指由业务预算、资本预算和财务预算组成的预算体系。③财务预算包括现金预算、预计资产负债表、预计利润表和预计现金流量表等内容。④全面预算的编制步骤:首先编制业务预算;其次编制资本预算;再次编制现金预算;最后编制预计财务报表。

第二,全面预算的编制方法。①零基预算法与增量预算法。②固定预算法与弹性预算法。③定期预算法与滚动预算法。

第三,现金预算的编制。①现金预算是以业务预算和资本预算为依据编制的,专门反映预算期内预计现金收入与现金支出,以及为满足理想现金余额而进行筹资或归还借款等的预算。②现金预算由可供使用现金、现金支出、现金余缺、现金筹措与运用四部分构成。③现金预算的编制流程:编制销售预算;编制生产预算;编制直接材料预算;编制直接人工预算;编制制造费用预算;编制产品成本预算;编制销售及管理费用预算;编制资本预算;编制现金预算。

第四,预计财务报表的编制。①预计利润表是预测企业预算期内的经营成果的预算,主要包括营业利润、利润总额和税后利润预算以及每股收益预算等。②预计资产负债表是反映企业预算期期末财务状况的预算,主要包括短期资产预算、长期资产预算、短期债务资本预算、长期债务资本预算和股权资本预算。③预计现金流量表是从现金流入和现金流出两个方面反映企业预算期内各项经营活动、投资活动和筹资活动所产生的现金流量的预算,预算内容包括经营活动产生的现金流量预算、投资活动产生的现金流量预算和筹资活动产生的现金流量预算。

思考与练习题

一、单项选择题

1. 企业全面预算中的各项预算之间相互联系、相互衔接,构成了一个完整的预算体系,(　　)是全面预算体系中的最后环节。
   A. 财务预算　　　　　　　　　B. 生产预算
   C. 产品成本预算　　　　　　　D. 管理费用预算

2. (　　)也称为经营预算,是指与企业日常经营活动直接相关的、具有实质性基本活动的经营业务的各种预算。
   A. 财务预算　　　　　　　　　B. 业务预算
   C. 资本预算　　　　　　　　　D. 现金预算

3. (　　)亦称总预算,是指运用科学的技术手段和数量方法,对未来财务活动的内容及指标所进行的具体规划,是专门反映企业未来一定期限内的预计财务状况和经营成果以及现金收支等价值指标的各种预算的总称。

A. 产品成本预算　　　　　　　　B. 生产预算
C. 财务预算　　　　　　　　　　D. 管理费用预算

4.（　）是指以"零"为起点,不考虑以往会计期间所发生的费用项目或费用数额,一切以"零"为出发点,从实际需要出发分析预算期经济活动的合理性,经综合平衡,形成预算的编制方法。

A. 增量预算法　　　　　　　　　B. 固定预算法
C. 弹性预算法　　　　　　　　　D. 零基预算法

5.（　）又称静态预算法,是指在编制预算时,只以预算期内正常的、可实现的某一固定的业务量水平作为唯一基础来编制预算的方法。

A. 弹性预算法　　　　　　　　　B. 固定预算法
C. 增量预算法　　　　　　　　　D. 零基预算法

二、多项选择题

1. 一般将由（　　）组成的预算体系,称为全面预算体系。

A. 业务预算　　　　　　　　　　B. 资本预算
C. 财务预算　　　　　　　　　　D. 工程费用预算

2. 财务预算的内容包括（　　）。

A. 预计利润表　　　　　　　　　B. 现金预算
C. 预计资产负债表　　　　　　　D. 预计现金流量表

3. 常见的预算编制方法包括（　　）。

A. 比较预算法和比率预算法　　　B. 零基预算法与增量预算法
C. 固定预算法与弹性预算法　　　D. 定期预算法与滚动预算法

4. 现金预算由（　　）构成。

A. 可供使用现金　　　　　　　　B. 现金支出
C. 现金余缺　　　　　　　　　　D. 现金筹措与运用

5. 根据企业三大报表的口径分类,预计财务报表主要包括（　　）。

A. 预计利润表　　　　　　　　　B. 预计资产负债表
C. 产品成本预算表　　　　　　　D. 预计现金流量表

三、综合案例题

昌盛公司是一家只生产一种产品 M 的生产企业,具体生产资料如下。

资料一:经测算,该公司预算年度内 4 个季度的销售量分别为 200 件、500 件、300 件和 350 件,销售单价均为 50 元。根据以往经验,销货款在当季可收到 70%,其余部分将在下一季度收到。预计预算年度第 1 季度可收回上一年第 4 季度的应收账款 8 000 元。

资料二:假设昌盛公司期末存货量为下一季度销售量的 10%,预算年度第 1 季度的期初存货量为 50 件,预算年度的期末存货量为 40 件。

要求:(1)根据资料一,编制销售预算表。

表 7-24 综合案例用表(一)

项 目	1季度	2季度	3季度	4季度	全 年
预计销售量/件①					
销售单价(元/件)②					
预计销售额/元③＝①×②					

(2) 根据资料一和(1)的销售预算表,编制预计现金收入预算表。

表 7-25 综合案例用表(二)　　　　　　　　　　　　单位:元

项 目	1季度	2季度	3季度	4季度	全 年
预计销售额①					
收到上季度应收销货款②＝上季度①×30%					
收到本季度销货款③＝①×70%					
现金收入合计④＝②+③					

(3) 根据资料二和(1)中销售预算的预计销售量,编制该公司预算年度的生产预算表。

表 7-26 综合案例用表(三)　　　　　　　　　　　　单位:件

项 目	1季度	2季度	3季度	4季度	全 年
预计销售量①					
加:预计期末存货量②＝下季度①×10%					
减:期初存货量③＝上季度②					
预计生产量④＝①+②-③					

第8章 成本控制

知识框架体系

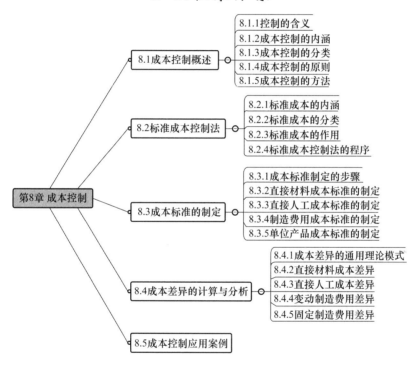

【学习目标】

本章在讲解成本控制基本理论的基础上,重点讲解了标准成本控制的基本概念、成本标准的制定和成本差异的计算与分析。通过本章的学习,需要达到以下学习目标:

1. 成本控制的内涵、分类、原则(理解);
2. 标准成本的内涵、分类、作用、程序(掌握);
3. 成本标准的制定,包括:直接材料成本标准、直接人工成本标准、制造费用成本标准以及成本标准卡的编制(理解和应用);
4. 成本差异的计算与分析,包括:直接材料成本差异、直接人工成本差异、变动制造费用差异、固定制造费用差异(理解和应用)。

8.1 成本控制概述

成本控制是管理会计的一项重要职能,其内涵有广义和狭义之分。广义的成本控制包括成本的事前控制事中控制和事后控制;狭义的成本控制仅指成本的事中控制。企业要做好成本控制工作,需要遵循目标管理原则、全面控制原则、成本效益原则、责权利相结合原则和例外管理原则等基本原则。成本控制的方法有很多,本书重点介绍标准成本控制法。

8.1.1 控制的含义

控制是确保目标或计划实现的管理过程。具体来说,控制是指通过实际与计划或标准的比较,从中发现差异尤其是异常差异,并分析差异产生的原因,针对原因有针对性地找出导致差异的因素,以迅速的信息反馈来消除不合理的差异,以保证目标或计划等顺利实施的管理过程。

一般来说,按照控制的阶段分类,控制可以分为事前控制、事中控制和事后控制。事前控制是指对各项经济活动进行事前规划、审核,确定目标成本,此阶段会编制相关控制的预测和计划等;事中控制是指随时将实际成本与目标成本进行对比,发现问题并及时予以纠正,以保证目标成本的实现,所以事中控制是过程控制;事后控制是指把日常发生的差异及产生差异的原因汇总起来并进行分析研究,探索差异升降的原因,明确经济责任,为下一个控制循环的目标或计划的确定提出改进意见,所以事后控制属于后馈控制。

控制需要遵循重要性、一贯性和可控性等原则。重要性原则是指根据差异金额的大小来决定是否需要重点关注那些过大的差异以及很可能包含某些损害企业长期利益的因素的差异,及时发现并予以纠正。一贯性原则是指对于那些虽然没有达到重要性标准但却经常发生,且产生的原因很可能是制定的标准并不符合实际情况的差异,应从标准的制定方面进行分析。可控性原则是指需要分析差异产生原因的可控或不可控的程度,对于不可控因素造成的差异,即使差异再大,也不能作为例外事件予以处理,但要提请企业管理人员予以关注。

8.1.2 成本控制的内涵

成本控制是对成本进行的控制。具体来说,成本控制是指企业在一定时期内的生产经营活动中,以预先建立的成本管理制度和目标为依据,对实际发生的成本与目标成本的差异及时发现并进行分析,找出影响成本的各种因素并采取的一系列的预防和调节措施,尽可能以最少的耗费保证完成预定的目标成本,以达到不断降低成本和提高经济效益的目的。

成本控制有广义和狭义之分。广义成本控制与前述控制的范围一致,包括事前控制、事中控制和事后控制。这种控制包括企业的方方面面,贯穿企业生产经营的全过程,对企业生产经营过程中的各个方面、各个环节、各个阶段的所有成本都进行控制,与成本预测、成本决策、成本规划、成本考核共同构成现代成本管理系统。

狭义成本控制仅指成本的事中控制,具体是对产品生产过程中构成产品成本的直接材料、直接人工、制造费用等耗费,通过科学严格的计算,分析实际成本或费用脱离标准或定额的原因,以便有针对性地采取应对的措施,将产品成本的各项实际耗费限制在预算、计划或标准的范围内,以实现全面降低成本目标的一种会计管理行为。

成本控制在管理会计中是一个关键的环节。通过开展成本控制,可以事先限定生产经营中各项费用的额度,实时地控制成本的形成,使成本不超过预先制定的标准,促进成本计划更好地发挥应有的作用。企业生产经营的主要目的是获得最大利润,而控制成本是提高利润的主要途径之一,成本控制存在于企业生产经营过程中的各个方面、各个环节和各个阶段,不仅包括控制产品设计阶段、试制阶段,还包括产品的生产阶段和销售及售后服务阶段,因此成本控制是产品生产阶段的全面控制,它可以促进企业更好地贯彻执行有关成本管理的各项法令、方针和政策,使企业的成本管理上升到一个新的水平。

8.1.3 成本控制的分类

成本控制可以从不同的角度进行分类。一般来说,除了前述控制的事前、事中和事后的普遍分类外,成本控制还可以进一步从以下角度进行分类。

1. 按成本控制的对象分类

按照成本控制对象的不同,成本控制可以分为产品成本控制和质量成本控制两大类。

产品成本控制是为了减少产品在生产过程中的耗费,对产品生产的全过程实施的控制;质量成本控制是为了确定最优质量成本,将质量管理与成本管理有机结合,以达到在质量成本决策时以确定的最优水平为质量成本控制的目标的目的。

2. 按成本控制的过程分类

按照成本控制的过程,成本控制可以分为设计和试制阶段、生产阶段、销售及售后服务阶段等三个阶段的控制。产品成本控制是对产品生产过程的全面控制。

设计和试制阶段成本控制是成本控制的第一个阶段。具体做法是在产品投产前,通过一定的技术方法确定目标成本,并根据目标成本对实际发生的成本进行控制,以保证这个阶段的成本水平符合目标成本的要求,这一阶段的成本控制是降低成本最有效的途径,属于事前成本控制。

生产阶段成本控制是成本控制的第二个阶段。具体做法是在产品的直接材料、直接人工和制造费用等形成的过程中,按照既定的目标成本衡量产品的实际成本支出水平,若两者出现偏差,及时找出差异的类型及原因,同时对实际成本超支的差异予以纠正,对实际成本节约的差异进行合理性分析,判断是否有因节约成本而危及企业长远利益的因素存在,因此这个阶段的成本属于日常成本控制。

销售及售后服务阶段的成本控制是成本控制的第三个阶段。具体做法是在产品完工进入销售以及售后环节后,分析销售和售后费用的标准成本和实际成本之间的差异,找出差异产生的原因,并进一步分析当实际销售费用高于标准销售费用时,是否促进了销售收入的增加,以及销售收入的增加是否合理;当实际销售费用低于标准销售费用时,销售费用的减少是否使得销售收入减少,以及销售收入的减少是否合理。这些因素需要根据实际情况进行综合分析和评价。

3. 按成本控制的原理分类

按照成本控制的原理,成本控制可以分为成本前馈控制、成本防护控制和成本反馈控制。

成本前馈控制是根据现代控制论的原理,对产品的设计和试制阶段进行的成本控制;成本防护控制通过建立企业内部规章制度、完善内部控制体系来控制成本;成本反馈控制是对产品成本发生过程的一种制度控制。

8.1.4 成本控制的原则

企业要做好成本控制工作,需要遵循目标管理原则、全面控制原则、成本效益原则、责权利相结合原则和例外管理原则等基本原则。

1. 目标管理原则

目标管理原则是指企业的成本控制要以目标成本为依据,在企业整体目标的框架下,把目标成本层层分解,以责任中心为单位层层落实,进行分级归口管理。这样才能将成本的控制与责任明确地联系起来,使责任单位明确责任范围,及时发现成本差异,找出成本差异的原因,并及时予以纠正,使实际成本不会偏离目标成本,达到成本控制的目的。

2. 全面控制原则

全面控制原则是指对成本控制实现全过程、全员、全方位的控制。

全过程控制是指成本控制要以产品生命周期成本形成的全过程为控制领域,对产品的设计、制造、销售及售后过程进行控制,并将控制过程中发现的缺点和问题以及成果在有关报表上加以反映,只有这样才能在最大程度上降低成本。

全员控制是指成本控制不仅要靠专职机构和人员,还应充分调动管理人员以及工程技术人员等员工参与成本控制工作的积极性,使广大员工都参与成本控制,具有控制成本的愿望和成本意识,理解成本控制是一个集体努力的过程,这样才能从每个人做起,从方方面面改进工作,降低成本。因此,要做好成本控制工作,企业需要充分调动全体员工参与成本控制的积极性。

全方位控制是指在实施成本控制的过程中,企业不仅要精打细算、节约开支,还要按照成本效益的原则,以较少的消耗取得更多的成果,实现相对的成本节约。为此,企业要以市场需求为导向,正确处理降低产品成本与提高产品质量之间的关系,在为消费者提供满意产品的同时达到降低成本的控制目的。

3. 成本效益原则

成本效益原则是指为了控制成本所花费的费用或支出必须小于成本控制所取得的收益。由于成本控制的最终目标是提高经济效益,因此在考核各项成本支出是否合理时,就要考核成本控制是否符合以尽可能少的消耗获得尽可能大的经济效益的原则。为建立某项控制,企业是需要花费一定的人力成本和物力成本的,只有当成本控制取得的效益大于其代价时,成本控制才是可行的,否则就失去了成本控制的意义。不符合成本效益原则的控制办法是没有生命力的,也是不可能持久的。

4. 责权利相结合原则

责权利相结合原则是指成本控制要达到预期目标,必须在定期考核评价成本实绩的基础之上,调动各级责任中心加强成本管理的积极性,并将成本控制的业绩好坏与责任中心的奖惩挂钩。具体做法是事先将企业的成本管理目标按照各级有关责任中心层层分解,明确规定各自应承担的成本控制责任和义务,并根据相应的职责,赋予其相应的权力,同时还要对各级有关责任中心的工作成绩进行评价与考核,对成本控制得好的责任单位及人员给予奖励,进而实现成本控制的目标。

5. 例外管理原则

例外管理原则是指企业在日常实施全面成本控制的同时,要对超常的关键问题予以特别关注,抓住那些重要的、不正常的、非常规的关键性差异进行重点调查与分析,有选择性地分配人力、物力和财力,以集中力量解决这些主要矛盾。对于那些数量小、影响不大的差异,企业可以不予重点关注,以免加大成本控制的支出,影响成本控制工作的效率。因此,为提高成本控制的工作效率,管理人员应该按照例外管理原则,对特殊事项进行重点分析并找出原因,从而采取有效措施予以纠正,这样才能事半功倍,达到成本控制的目标。

8.1.5 成本控制的方法

成本控制是一项科学性很强的工作。不同企业的具体情况不同,它们需要根据自身的情况选取合适的成本控制方法。成本控制的方法有很多,包括标准成本控制法、目标成本控制法、作业成本控制法、质量成本控制法等。

本书重点介绍实践中应用比较广泛的标准成本控制法。

8.2 标准成本控制法

标准成本控制法是成本控制中应用非常广泛的一种方法。在实践中,标准成本不仅包括单位产品的标准,也包括实际产量的标准成本总额。标准成本控制法主要包括制定标准成本、控制成本形成过程、计算和分析成本差异以及处理成本差异等几个环节。本书重点从控制环节的角度阐述标准成本控制法的应用。

8.2.1 标准成本的内涵

标准成本是指在有效的经营条件和良好的生产经营效率条件下,运用科学方法确定的应当发生的成本。

标准成本在实践中包含两种含义。

1. 成本标准

成本标准也称为单位产品的标准,是根据单位产品的标准消耗量和标准单价计算出来的。按照成本项目的不同,成本标准可分为直接材料成本标准、直接人工成本标准和制造费用成本标准。其中,按照成本计算方法的不同,制造费用成本标准的制定方法也有所区别:因为在完全成本法下,变动制造费用和固定制造费用不予区分,所以需要制定总体制造费用的成本标准;在变动成本法下,制造费用分为变动制造费用和固定制造费用,需要分别制定变动制造费用成本标准和固定制造费用成本标准,因为固定制造费用虽然不计入产品成本,但也计入了制造成本中。

成本标准分为用量标准和价格标准,相对应的各个成本项目也分为用量标准和价格标准。本书根据变动成本法构建的成本标准概念框架体系如图 8-1 所示。

2. 标准成本

标准成本是指按照成本项目反映的、在已经达到的生产技术水平和有效经营管理条件下应当发生的单位产品成本目标。

在理解标准成本的概念时,需要注意以下几点:第一,标准成本是根据对实际情况的调查,运用科学的方法制定的;第二,标准成本是按正常条件制定的,并未考虑不能预测的异常变动;第三,标准成本一经制定,只要制定的依据不变,就不必重新修订;第四,标准成本是成本控制的目标和衡量实际成本的依据。

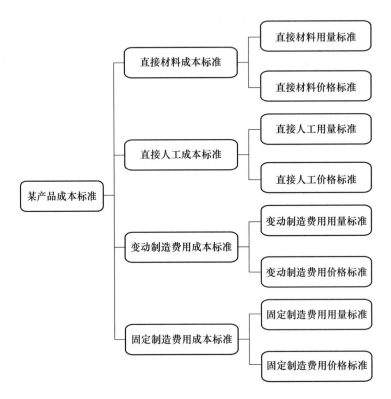

图 8-1 成本标准概念框架体系

特别需要说明的是,成本标准是"一个单位"的内涵界定,标准成本是"总额"的内涵界定。本书以"成本标准"代表单位产品的标准成本,以"标准成本"代表某种产品的标准成本总额。在实际工作中,要注意正确使用上述两个概念,避免造成混淆。

8.2.2 标准成本的分类

企业在依据生产技术和经营管理水平制定标准成本时,根据达到效率的不同,可把标准成本分为理想标准成本、正常标准成本和现实标准成本三类。

(1) 理想标准成本

理想标准成本也称为理论标准成本、最高标准成本,是指在现有生产技术条件处于最佳状态时确定的最低成本。在最佳工作状态下可以达到的成本水平,是指在排除机器故障、资源闲置、误工停顿等一切失误的前提下,由技术最熟练、工作效率最高的工作人员在满负荷生产能力下才能实现的成本水平。在现实情况下,由于影响成本的所有因素都处在最佳状态是不可能的,因此将这种状态下的成本称为理想标准成本。理想标准成本揭示的是实际成本的下降潜力,它是企业努力的方向和目标,是一种难以实现的目标成本,不能据此进行成本控制与考核。

(2) 正常标准成本

正常标准成本也称为基本标准成本,是企业在过去一段时期内实际成本均值的基础上,在正常生产经营条件下剔除生产经营活动中的不正常因素后,所应该达到的成本水平。由于正常标准成本是根据正常的耗用水平、价格和生产经营能力利用程度制定的标准成本,能够反映过去一段时期实际成本水平的平均值以及该行业的平均生产能力和技术能力,因此它是一种可以经过努力达到的成本,可以成为切实可行的控制标准和评价业绩的尺度,能够调动员工努力实现目标的积极性,能够起到应有的激励作用。在生产技术和经营管理条件变动不大的情况下,正常标准成本可以在较长时间内被采用。

(3) 现实标准成本

现实标准成本也称为现时可达成标准成本、可达到的绩效标准成本,是指在现有价格、效率和生产经营能力利用程度等生产条件下应该达到的成本水平。由于现实标准成本在制定标准成本时考虑了机器因发生故障所耗用的时间以及工人因必要的休息停工所耗用的工时,因而它是最接近实际成本的、最切实可行的标准成本,员工经过努力通常可以达到。与正常标准成本不同的是,现实标准成本需要根据现实情况的变化不断进行修改,而正常标准成本则可以在较长一段时间内固定不变。

8.2.3 标准成本的作用

标准成本制度与实际成本制度相比,在成本控制中起着更重要的作用。

(1) 标准成本可以作为预计成本或目标成本。当实际成本与标准成本之间产生差异时,可根据差异的金额分析产生差异的原因,并逐一归属差异的责任,因此标准成本可以作为衡量业绩的依据,有利于企业奖惩制度的实施。

(2) 标准成本有助于责任会计的实施,它是衡量绩效的依据。标准成本是指企业在有效率的作业下所产生的预期支出成本。实际支出成本低于标准成本时,企业才可以产生营业利润,所以标准成本可作为评估组织单位和管理者绩效的依据。

(3) 标准成本能够激励员工。标准成本可通过制定合理的标准增加员工对成本的认识,能够促进资源的有效利用,能够配合奖励制度达到降低成本的目的,能够引导员工完成任务,具有客观性、科学性和权威性,是建立工资制度和激励制度必须考虑的因素。

(4) 标准成本便于管理者实施例外管理。通过将标准成本与实际成本进行比较,企业管理者可随时发现成本管理上的偏差,当实际成本超过标准成本时,可迅速分析产生差异的原因,采取纠正措施以控制成本,从而提出改进方案,以达到例外管理的目的。

(5) 标准成本能够作为产品定价的基准。标准成本作为一种预计成本,能够为企业正确的经营决策提供有用的信息,有助于预算的建立,并可作为制定产品销售价格等方面的依据。

(6) 标准成本可简化会计账务处理工作。如果原材料、在产品、产成品和销货成本平时均以标准成本入账,期末再调整实际数与标准数差异的部分,可简化成本计算的过程,提高信息提供的速度。

8.2.4 标准成本控制法的程序

标准成本控制法需要遵循一定的程序。一般来说,标准成本控制法包括制定标准成本、控制成本形成过程、计算和分析成本差异以及处理成本差异等几个环节,其核心思想是用标准成本度量实际成本,分析和处理成本差异的目的是加强成本管理和成本控制。具体程序如下。

(1) 制定标准成本

企业可以根据以往的历史资料或者参考同行业的水平,制定切实可行的、符合企业实际情况的成本控制标准。成本控制标准是控制的参照依据,它必须符合企业的实际情况,随着企业经营目标的变化而变化。成本控制标准不能定得太高或太低,若定得太高,则容易挫伤控制者的积极性;若定得太低,则失去了控制的意义。

(2) 控制成本形成过程

制定好成本控制标准之后,要做好成本控制的日常核算工作,需根据成本效益原则,建立一套完善的成本核算系统。该系统能够提供费用开支和成本的详细资料,能够对企业的生产经营耗费和产品成本进行价值核算,为后续差异的分析和差异产生原因的挖掘提供基础。

(3) 计算和分析成本差异

成本控制标准以及成本、费用的实际开支数据确定后,就可以通过一定的方法,计算生产经营所耗费的直接材料、直接人工和制造费用的实际和标准之间的差异,同时根据计算结果对差异产生的原因进行分析,尤其要关注大额差异值以及金额不大但经常发生的差异值产生的原因,分析是标准制定的问题还是执行的问题。找出差异原因可为下一步优化控制措施提供依据。

(4) 处理成本差异

企业在找出差异产生的原因后,应明确各级管理组织和各级人员的责任和权限,根据发生的部门、地点把成本费用的差异分给有关部门的车间、工段、班组等,并赋予它们一定的权力,由它们对成本的差异进行优化与再控制,并根据成绩的好坏对有关部门的车间、工段、班组等进行绩效考核,这样才能使成本的控制在不断优化中达到最终的成本控制目标。

根据以上步骤,本书重点介绍标准成本控制法的成本标准的制定和成本差异的计算与分析。

8.3 成本标准的制定

在标准成本控制法的实施过程中,最基础的工作就是确定成本标准。成本标准的成本项目应与会计日常核算的成本项目保持一致,包括直接材料、直接人工和制造费用。本节分别从以上三个方面介绍成本标准制定的方法。

8.3.1 成本标准制定的步骤

成本标准的制定包括直接材料、直接人工和制造费用三个成本项目的成本标准的制定。无论是哪一个成本项目,在制定其成本标准时,都需要分别确定价格标准和用量标准,两者相乘即相应成本项目的成本标准,将得到的成本标准汇总后,便可获得每种产品的成本标准。

成本标准制定的具体步骤如下。

第一步,确定直接材料、直接人工和制造费用的价格标准。

直接材料的价格标准可以是单位材料的预算价格;直接人工的价格标准可以是预算小时工资率;制造费用的价格标准可以是制造费用标准分配率。

第二步,确定直接材料、直接人工和制造费用的用量标准。

直接材料的用量标准可以是材料的定额消耗量;直接人工和制造费用的用量标准可以是单位工时定额消耗量。

第三步,确定直接材料、直接人工和制造费用的成本标准。

直接材料、直接人工成本标准的计算公式如下:

直接材料成本标准＝直接材料用量标准×直接材料价格标准　　　　(8-1)

直接人工成本标准＝直接人工用量标准×直接人工价格标准　　　　(8-2)

制造费用成本标准分为以下两种情况。

完全成本法下：

制造费用成本标准＝制造费用用量标准×制造费用价格标准　　　　(8-3)

变动成本法下，需要将制造费用进一步细分为变动制造费用和固定制造费用，其成本标准的计算公式如下：

变动制造费用成本标准＝变动制造费用用量标准×变动制造费用价格标准　　(8-4)

固定制造费用成本标准＝固定制造费用用量标准×固定制造费用价格标准　　(8-5)

制造费用成本标准＝变动制造费用成本标准＋固定制造费用成本标准　　　(8-6)

第四步，计算某种产品的成本标准。

某种产品的成本标准包括直接材料成本标准、直接人工成本标准和制造费用成本标准，所以计算某种产品成本标准的公式如下：

某种产品的成本标准＝直接材料成本标准＋直接人工成本标准＋制造费用成本标准

(8-7)

第五步，确定某种产品在某种产量下的标准成本。

公式如下：

某种产品在某种产量下的标准成本＝某种产品的产量×某种产品的成本标准　(8-8)

8.3.2 直接材料成本标准的制定

如前所述，直接材料的成本标准由直接材料用量标准和直接材料价格标准组成。

1. 直接材料用量标准

直接材料用量标准是指企业在现有生产技术条件下生产单位产品所需要耗费的材料数量，一般应包括如下内容：

第一，构成产品实体的材料；

第二，生产中必要的损耗；

第三，不可避免产生的一定量的废品所需要的材料等。

直接材料用量标准应由技术工艺部门或产品设计部门运用恰当的技术方法，按单位产品耗用的各种材料分别予以确定。

2. 直接材料价格标准

直接材料价格标准是指采购部门按照供应单位提供的价格及其他因素预先确定的各种材料的费用，一般应包括如下内容。

第一，材料的单位买价。

第二，运杂费、采购费、验收费。

第三，扣除享受的现金折扣。在计算扣除享受的现金折扣时，需要运用一定的方法，根据各种材料的比重分别加以确定，使享受的现金折扣能够合理地分摊到各种材料中。

需要说明的是，由于直接材料的价格受外界因素影响较大，因此通常由专业的会计人员征求供应部门的意见后予以制定。

3. 直接材料成本标准

单位产品直接材料用量标准和价格标准确定后,就可以按照式(8-1)计算直接材料成本标准了。

4. 直接材料成本标准的应用

【例 8-1】 迅捷公司生产甲产品需耗用 A、B 两种材料,已知甲产品的生产数量为 100 件,具体耗用的直接材料如表 8-1 所示。

表 8-1 迅捷公司甲产品直接材料数据表

材料名称	预计购买价格 (元/千克)	预计采购费用 (元/千克)	预计正常用量 (千克/件)	预计损耗量 (千克/件)
A 材料	9	1	40	4
B 材料	8	0.5	30	3

要求:

(1) 计算直接材料 A 的成本标准;
(2) 计算直接材料 B 的成本标准;
(3) 计算甲产品的成本标准;
(4) 计算生产 100 件甲产品的标准成本。

解:

(1) 直接材料价格标准 A=9+1=10 元/千克

直接材料用量标准 A=40+4=44 千克/件

直接材料成本标准 A=10×44=440 元/件

(2) 直接材料价格标准 B=8+0.5=8.5 元/千克

直接材料用量标准 B=30+3=33 千克/件

直接材料成本标准 B=8.5×33=280.5 元/件

(3) 甲产品的成本标准=440+280.5=720.5 元/件

(4) 当生产 100 件甲产品时,

甲产品的标准成本=720.5×100=72 050 元

8.3.3 直接人工成本标准的制定

直接人工成本标准是由直接人工价格标准和直接人工用量标准两个因素决定的。

1. 直接人工价格标准

直接人工价格标准一般以工资率标准表示,它是由单位产品耗用的人工工时与每小时工资率的乘积所决定的,通常由劳动部门根据用工情况制定。价格标准的制定分为以下两种情况。

第一,如果采用计件工资制,标准工资率是生产单位产品所支付的生产工人工资,即计件工资单价。

第二,如果采用计时工资制,标准工资率是单位工时标准工资率,它是通过标准工资总额除以标准总工时来计算的。

标准总工时是指企业在现有生产技术条件下能够完成的最大生产能力。应该注意的是,如果同一项工作在不同情况下需要不同的技能才能完成,那么,就应该制定不同的工资率标准。

2. 直接人工用量标准

直接人工用量标准就是工时用量标准,也称工时消耗定额,是指企业在现有生产技术条件、工艺方法的基础上,考虑提高劳动生产率的要求,按照产品生产加工所经过的程序,采用一定的方法确定的单位产品所耗用的生产工人工时数。工时用量标准的制定先按零件及经过的工序、车间分别计算,然后再经技术测定,同时应考虑如下因素:

第一,产品的工时消耗定额;
第二,生产工人必要的休息和调整时间;
第三,机器设备的停工清理时间。

3. 直接人工成本标准

单位产品直接人工用量标准和价格标准确定后,就可以按照式(8-2)计算直接人工成本标准了。

4. 直接人工成本标准的应用

【例 8-2】 续例 8-1,迅捷公司生产甲产品 100 件,需要经过两道工序才能完成,所耗用的直接人工资料如表 8-2 所示(注:计算工时的时候,假定不考虑出勤率等其他因素)。

表 8-2 迅捷公司甲产品直接人工数据表

项目	直接生产工人人数/人	每人每月生产工时(8小时×20天)	每月总工时/小时	生产工人工资总额/元	预计直接加工工时(小时/件)	其他工时(小时/件)
第一工序	60	160	9 600	60 000	4	1
第二工序	50	160	8 000	40 000	2	0.5

要求:
(1)计算第一工序的直接人工成本标准;
(2)计算第二工序的直接人工成本标准;
(3)计算甲产品的直接人工成本标准;
(4)计算生产 100 件甲产品的标准成本。

解:
(1)第一工序标准工资率=60 000/9 600=6.25 元/小时
　　第一工序工时标准=4+1=5 小时/件
　　第一工序的直接人工成本标准=6.25×5=31.25 元/件
(2)第二工序标准工资率=40 000/8 000=5 元/小时
　　第二工序工时标准=2+0.5=2.5 小时/件
　　第二工序的直接人工成本标准=5×2.5=12.5 元/件
(3)甲产品的直接人工成本标准=31.25+12.5=43.75 元/件
(4)当生产 100 件甲产品时,
　　　　　　甲产品的标准成本=43.75×100=4 375 元

8.3.4 制造费用成本标准的制定

制造费用成本标准是由制造费用价格标准和制造费用用量标准两个因素决定的。在确定制造费用成本标准时,首先需要确定企业采用的是完全成本法,还是变动成本法。如果企业采用的是完全成本法,那么产品成本中包括固定制造费用,因而需要制定的是总的制造费用的成本标准;如果企业采用的是变动成本法,那么产品成本中不包括固定制造费用,但固定制造费用也是制造成本的一部分,因此,需要分别制定变动制造费用的成本标准和固定制造费用的成本标准。

下面以变动成本法为例,将制造费用分为变动制造费用和固定制造费用两部分进行成本标准的制定。

1. 变动制造费用成本标准的制定

(1) 变动制造费用价格标准

变动制造费用价格标准,也就是变动制造费用标准分配率,与企业的生产能力和变动制造费用预算直接相关。在计算变动制造费用价格标准时,一般以企业的预期生产能力为标准,用生产数量、人工工时、机器工时等计量单位来表示。

变动制造费用标准分配率的计算公式为

$$变动制造费用标准分配率 = \frac{变动制造费用预算}{直接人工标准工时总额} \times 100\% \qquad (8-9)$$

需要说明的是,若把生产数量作为生产能力标准,则只要将式(8-9)中的"直接人工标准工时总额"换作"生产数量"即可;若用机器工时表示生产能力标准,则只要将式(8-9)中的"直接人工标准工时总额"换作"机器标准工时总额"即可。

(2) 变动制造费用用量标准

变动制造费用用量标准的计算,与直接人工成本标准制定中所确定的单位产品的工时标准的计算相同。

(3) 变动制造费用成本标准

变动制造费用的标准分配率和用量标准确定后,就可以按照式(8-4)计算变动制造费用成本标准了。

2. 固定制造费用成本标准的制定

固定制造费用成本标准的制定方法与变动制造费用成本标准的制定方法基本相同。

(1) 固定制造费用价格标准

固定制造费用价格标准,即固定制造费用标准分配率的计算公式如下:

$$固定制造费用标准分配率 = \frac{固定制造费用预算}{直接人工标准工时总额} \times 100\% \qquad (8-10)$$

同变动制造费用的计算一样,若把生产数量作为生产能力标准,则只要将式(8-10)中的"直接人工标准工时总额"换作"生产数量"即可;若用机器工时表示生产能力标准,则只要将式(8-10)中的"直接人工标准工时总额"换作"机器标准工时总额"即可。

(2) 固定制造费用用量标准

固定制造费用用量标准的计算与直接人工成本标准制定中所确定的单位产品的工时标准的计算相同。

(3) 固定制造费用成本标准

固定制造费用的标准分配率和用量标准确定后,就可以按照式(8-5)计算固定制造费用成本标准了。

3. 制造费用成本标准的制定

计算得到变动制造费用成本标准和固定制造费用成本标准后,便可按照式(8-6)得到制造费用成本标准。

4. 制造费用成本标准的应用

【例8-3】 续例8-2,迅捷公司生产甲产品100件,需要经过两道工序才能完成。制造费用用量标准同直接人工用量标准,即第一工序工时标准为5小时/件,第二工序工时标准为2.5小时/件。预算的标准总工时为:第一工序9 600小时;第二工序8 000小时。制造费用的具体资料如表8-3所示。

表8-3　迅捷公司甲产品制造费用数据表　　　　　　　　　　　　　单位:元

项目	变动制造费用预算				固定制造费用			
	间接材料费用	间接人工费用	水电费用	小计	管理人员工资	折旧费	其他费用	小计
第一工序	100 000	40 000	16 000	156 000	30 000	14 000	2 200	46 200
第二工序	130 000	35 000	11 000	176 000	90 000	55 000	8 200	153 200

要求:
（1）计算变动制造费用成本标准;
（2）计算固定制造费用成本标准;
（3）计算甲产品的制造费用成本标准;
（4）计算生产100件甲产品的标准成本。

解:
（1）第一工序变动制造费用标准分配率＝156 000/9 600＝16.25元/小时
　　第一工序变动制造费用成本标准＝16.25×5＝81.25元/件
　　第二工序变动制造费用标准分配率＝176 000/8 000＝22元/小时
　　第二工序变动制造费用成本标准＝22×2.5＝55元/件
　　变动制造费用成本标准＝81.25＋55＝136.25元/件
（2）第一工序固定制造费用标准分配率＝46 200/9 600＝4.812 5元/小时
　　第一工序固定制造费用成本标准＝4.812 5×5＝24.062 5元/件
　　第二工序固定制造费用标准分配率＝153 200/8 000＝19.15元/小时
　　第二工序固定制造费用成本标准＝19.15×2.5＝47.8750元/件
　　固定制造费用成本标准＝24.062 5＋47.8750＝71.937 5元/件
（3）甲产品的制造费用成本标准＝136.25＋71.937 5＝208.187 5元/件
（4）甲产品生产100件时,
　　　　甲产品的标准成本＝208.187 5×100＝20 818.75元

8.3.5　单位产品成本标准的制定

确定直接材料、直接人工和制造费用的成本标准之后,即可汇总并制定某产品的成本标准。通常,企业通过编制成本标准卡来反映企业库存商品的成本标准的具体构成,并将其作为编制预算、控制和考核成本的依据。

【例8-4】 根据例8-1、例8-2和例8-3可以编制迅捷公司甲产品的成本标准卡,具体如表8-4所示。

表 8-4 迅捷公司甲产品的成本标准卡

成本项目		价格标准	用量标准	成本标准(元/件)
直接材料	A 材料	10 元/千克	44 千克/件	440
	B 材料	8.5 元/千克	33 千克/件	280.5
	小计	—	—	720.5
直接人工	第一工序	6.25 元/小时	5 小时/件	31.25
	第二工序	5 元/小时	2.5 小时/件	12.5
	小计	—	—	43.75
变动制造费用	第一工序	16.25 元/小时	5 小时/件	81.25
	第二工序	22 元/小时	2.5 小时/件	55
	小计	—	—	136.25
固定制造费用	第一工序	4.812 5 元/小时	5 小时/件	24.062 5
	第二工序	19.15 元/小时	2.5 小时/件	47.875 0
	小计	—	—	71.937 5
单位产品标准成本				972.437 5

8.4 成本差异的计算与分析

成本差异的计算和分析是成本控制环节非常重要的一个内容,对企业管理层十分重要。根据成本差异的计算和分析可以发现差异形成的原因,进而确定责任归属和采取有效的措施,以实现对成本的控制,促进成本的降低,提高企业的经济效益。本书在介绍成本差异通用理论模式的基础上,重点阐述标准成本控制法下直接材料成本差异、直接人工成本差异、变动制造费用差异和固定制造费用差异的计算与分析。

8.4.1 成本差异的通用理论模式

1. 需要明确的相关概念

在研究成本项目的成本差异之前,需要明确与成本差异有关的几个重要概念。

第一,实际成本。实际成本是企业生产产品过程中的实际产量下发生的各项成本项目的实际支出,其计算公式如下:

$$实际成本 = 实际用量 \times 实际价格 \tag{8-11}$$

第二,标准成本。标准成本通常是由数量标准和价格标准两个因素决定的,其计算公式如下:

$$标准成本 = 标准用量 \times 标准价格 \tag{8-12}$$

第三,成本差异。成本差异是指产品的实际成本与标准成本之间的差额,其计算公式如下:

$$成本差异 = 实际成本 - 标准成本 \tag{8-13}$$

第四,节约差。节约差也称为有利差异或顺差,它是实际成本低于标准成本时形成的差异,可用如下不等式表示:

$$节约差:实际成本 < 标准成本 \tag{8-14}$$

第五,超支差。超支差也称为不利差异或逆差,它是实际成本超过标准成本时形成的差异,可用如下不等式表示:

$$超支差:实际成本 > 标准成本 \tag{8-15}$$

2. 成本差异的通用模型

尽管形成成本差异的原因很多,但归纳起来主要有用量因素和价格因素两种,由用量因素所形成的差异称为用量差异,由价格因素所形成的差异称为价格差异。因此,成本差异的通用模型主要包含两个因素:用量差异和价格差异。

成本差异的通用模型如图 8-2 所示。

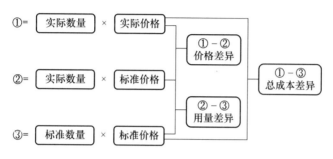

图 8-2 成本差异的通用模型

3. 成本差异的分析步骤

完整的成本差异分析包括三个步骤:一是计算各种成本差异;二是进行成本差异调查,找到差异产生的具体原因;三是确定责任的归属,并采取措施对成本控制进行改进。

8.4.2 直接材料成本差异

直接材料成本差异是指一定产量下产品的直接材料实际成本和标准成本之间的差额。直接材料成本差异包括直接材料用量差异和直接材料价格差异两部分。

1. 直接材料用量差异

(1) 直接材料用量差异的含义

直接材料用量差异是指生产过程中耗用的实际材料数量与按标准计算的标准材料数量之间的差额。

(2) 直接材料用量差异的计算公式

$$\begin{aligned}直接材料用量差异 &= (实际用量 \times 标准价格) - (标准用量 \times 标准价格) \\ &= (实际用量 - 标准用量) \times 标准价格\end{aligned} \tag{8-16}$$

(3) 直接材料用量差异的分析

对于计算出来的直接材料用量差异,要分析其产生的原因。如果由于生产过程中工人操作疏忽造成废品、废料增加,或者由于新工人上岗而造成用料浪费等,那么,责任应由生产部门承担;如果由于机器等不适用而造成材料增加,或因工艺变更等导致用料增加,那么,责任应由设备、工艺技术等部门承担;如果为了片面压低价格而购进质量低劣的材料,从而造成材料用量过多等,那么,责任应该由采购部门承担。分清责任后,各个责任部门应该采取针对性的措施,例如:生产部门要加强车间领用料的管理和监督;技术部门要关注是否需要更新技术;采购部门要加强采购原材料的质量把关等。

2. 直接材料价格差异

（1）直接材料价格差异的含义

直接材料价格差异是指对于实际采购的材料数量，按实际价格计算的价格与按标准价格计算的价格之间的差额。

（2）直接材料价格差异的计算公式

直接材料价格差异的计算根据的是一定时期的采购数量而不是耗用量，其计算公式如下：

$$直接材料价格差异 = (实际用量 \times 实际价格) - (实际用量 \times 标准价格) \tag{8-17}$$
$$= 实际用量 \times (实际价格 - 标准价格)$$

（3）直接材料价格差异的分析

直接材料价格差异产生的原因一般情况下由采购部门负责分析。在分析差异形成的原因时要具体问题具体分析，如果是因为材料采购的批量、材料的交货方式和运输方法、材料的付款方式以及材料的品质等形成的差异，需要认真分析其差异产生的合理性；若因为生产急用而市场上又缺货，从而不得不高价购买，则应先采取小批量订货的模式。总之，只有查明原因，才能落实责任，进一步改进工作。

3. 直接材料成本差异

（1）直接材料成本差异的含义

如前所述，直接材料成本差异是直接材料实际成本和标准成本之间的差额，包括直接材料用量差异和直接材料价格差异两部分。

（2）直接材料成本差异的计算公式

$$直接材料成本差异 = 实际成本 - 标准成本 \tag{8-18}$$
$$= 实际用量 \times 实际价格 - 标准用量 \times 标准价格$$

或者

$$直接材料成本差异 = 直接材料用量差异 + 直接材料价格差异 \tag{8-19}$$

（3）直接材料成本差异的分析

针对实际工作中分析出来的成本差异，企业应及时找出其产生的原因，无论是生产部门、采购部门，还是设计及技术部门，都应该将工作落到实处，使企业真正通过成本的控制达到节约成本、提高经济效益的目的。同时，在绩效考核时，企业应该要求各部门提供成本控制的业绩报告，且业绩报告应该包括差异原因的分析内容，特别要关注由于特殊原因出现的差异或者金额虽然不大但经常发生的差异。通过对差异进行分析，企业应提出避免不利差异出现的建议，并采取相应措施。

【例 8-5】 西海公司是一家生产小型家电的制造企业。该公司生产甲产品需要 A 材料和 B 材料，具体的材料耗用情况如表 8-5 所示。

表 8-5 西海公司甲产品材料耗用情况表

材料名称	实际价格(元/千克)	标准价格(元/千克)	实际用量/千克	标准用量/千克
A 材料	4	5	400	450
B 材料	6	3	500	300

要求：

（1）计算甲产品的直接材料用量差异；

（2）计算甲产品的直接材料价格差异；

（3）计算甲产品的直接材料成本差异。

解：
(1) 直接材料用量差异 A＝(实际用量－标准用量)×标准价格＝(400－450)×5＝－250 元
直接材料用量差异 B＝(实际用量－标准用量)×标准价格＝(500－300)×3＝600 元
甲产品的直接材料用量差异＝－250＋600＝＋350 元
(2) 直接材料价格差异 A＝实际用量×(实际价格－标准价格)＝400×(4－5)＝－400 元
直接材料价格差异 B＝实际用量×(实际价格－标准价格)＝500×(6－3)＝1 500 元
甲产品的直接材料价格差异＝－400＋1 500＝＋1 100 元
(3) 甲产品的直接材料成本差异＝＋350＋1 100＝＋1 450 元

8.4.3　直接人工成本差异

直接人工成本差异是指一定产量下产品的直接人工实际成本与标准成本之间的差额。直接人工成本差异包括直接人工效率差异和直接人工工资率差异。

1. 直接人工效率差异

(1) 直接人工效率差异的含义

直接人工效率差异是指直接人工的用量差异或者工时差异，是生产中实际产量耗用的实际工时与按标准计算的标准工时之间的差额。

(2) 直接人工效率差异的计算公式

$$\text{直接人工效率差异}=(\text{实际工时}-\text{标准工时})\times\text{标准工资率} \quad (8\text{-}20)$$

(3) 直接人工效率差异的分析

对于直接人工效率差异，如果是由于生产工人的拖沓误工导致的，那么，责任应该由生产部门承担；如果是由于采购的材料不达标导致的，那么，责任应该由采购部门承担；如果是由于材料或零件传递方法不正确、机器运转不正常等导致的，那么应该由相关部门一起想办法解决。总之，直接人工效率差异是评价、考核每个工时生产能力的重要指标，企业管理部门在分析直接人工效率差异时，应先找出差异的原因，然后再落实责任，从而提出改进的办法。

2. 直接人工工资率差异

(1) 直接人工工资率差异的含义

直接人工工资率差异是直接人工的价格差异，是指按实际工资率计算的人工成本与按标准工资率计算的人工成本之间的差额。

(2) 直接人工工资率差异的计算公式

$$\text{直接人工工资率差异}=\text{实际工时}\times(\text{实际工资率}-\text{标准工资率}) \quad (8\text{-}21)$$

(3) 直接人工工资率差异的分析

对于直接人工工资率差异，如果是由于直接生产工人的升级或降级使用、奖励制度未产生实效、工资率调整、加班或使用临时工、出勤率变化等导致的，通常应由劳动人事部门负责；如果差异产生原因复杂且较难控制，涉及劳动人事部门以外的生产部门或其他部门，那么，应在进行详细调查分析后，再确定责任归属。比如，在实际工作中，若在低档工作的岗位上安排技术熟练的工人，就会产生不利的工资率差异；若在高档工作的岗位上安排工资级别较低的工人，就会出现有利的工资率差异。从这个角度看，过高或者过低的工资率差异都可能存在问题，因此，劳动人事部门应该按才定岗，合理分配生产工人，适当安排技术力量等。

3. 直接人工成本差异

（1）直接人工成本差异的含义

如前所述，直接人工成本差异是指一定产量产品的直接人工实际成本与标准成本之间的差额。直接人工成本差异包括直接人工效率差异和直接人工工资率差异两部分。

（2）直接人工成本差异的计算公式

$$\text{直接人工成本差异}=\text{直接人工实际成本}-\text{直接人工标准成本}$$
$$=\text{实际工资率}\times\text{实际工时}-\text{标准工资率}\times\text{标准工时} \qquad (8\text{-}22)$$

或者

$$\text{直接人工成本差异}=\text{直接人工效率差异}+\text{直接人工工资率差异} \qquad (8\text{-}23)$$

（3）直接人工成本差异的分析

对于计算出来的直接人工成本差异，企业首先要挖掘并分析这种差异是由效率差异造成的，还是由工资率差异造成的，然后根据不同的情况落实相关责任，从而进行改进。

【例 8-6】 续例 8-5，西海公司生产甲产品的人工耗用情况如表 8-6 所示。

表 8-6 西海公司甲产品人工耗用情况表

工序名称	实际工资率(元/小时)	标准工资率(元/小时)	实际工时/小时	标准工时/小时
第一工序	8	6	100	80
第二工序	10	12	150	200

要求：

（1）计算甲产品的直接人工效率差异；

（2）计算甲产品的直接人工工资率差异；

（3）计算甲产品的直接人工成本差异。

解：

（1）直接人工效率差异(第一工序)＝(实际工时－标准工时)×标准工资率
$$=(100-80)\times6=+120 \text{ 元}$$
直接人工效率差异(第二工序)＝(实际工时－标准工时)×标准工资率
$$=(150-200)\times12=-600 \text{ 元}$$
甲产品的直接人工效率差异＝＋120＋(－600)＝－480 元

（2）直接人工工资率差异(第一工序)＝实际工时×(实际工资率－标准工资率)
$$=100\times(8-6)=+200 \text{ 元}$$
直接人工工资率差异(第二工序)＝实际工时×(实际工资率－标准工资率)
$$=150\times(10-12)=-300 \text{ 元}$$
甲产品的直接人工工资率差异＝＋200＋(－300)＝－100 元

（3）甲产品的直接人工成本差异＝－480＋(－100)＝－580 元

8.4.4 变动制造费用差异

变动制造费用差异是指一定产量下产品的实际变动制造费用与标准变动制造费用的差额，又分为变动制造费用效率差异(变动制造费用用量差异)以及变动制造费用耗费差异(变动制造费用价格差异)。

1. 变动制造费用效率差异

（1）变动制造费用效率差异的含义

变动制造费用效率差异，即变动制造费用用量差异，是指按生产中的实际工时计算的变动制造费用与按标准工时计算的变动制造费用之间的差额。

（2）变动制造费用效率差异的计算公式

变动制造费用效率差异的计算方法与直接人工效率差异的原理相同，其计算公式如下：

$$\text{变动制造费用效率差异} = (\text{实际工时} - \text{标准工时}) \times \text{标准分配率} \tag{8-24}$$

（3）变动制造费用效率差异的分析

变动制造费用效率差异产生的原因是：当实际工时脱离标准工时的时候，变动制造费用会增加或减少，所以其产生的原因与直接人工效率差异相同，同样需要生产、采购等部门一起想办法解决。无论是节约差还是超支差，都需要企业进一步进行分析，这样才能真正提高实际生产过程中工时的利用效率。

2. 变动制造费用耗费差异

（1）变动制造费用耗费差异的含义

变动制造费用耗费差异，即变动制造费用价格差异，是指按实际工时与实际分配率计算的变动制造费用和按实际工时与标准分配率计算的变动制造费用之间的差额。其计算方法与直接人工工资率差异原理相同。

（2）变动制造费用耗费差异的计算公式

$$\text{变动制造费用耗费差异} = \text{实际工时} \times (\text{实际分配率} - \text{标准分配率}) \tag{8-25}$$

（3）变动制造费用耗费差异的分析

在实际工作中，因为价格因素的影响通常不会太大，所以对于价格方面的节约或超支，不能只单纯地考虑价格因素，还需要考虑各费用的明细项目在用量方面节省或浪费的情况。管理人员在采取相关措施时，应要求各生产部门将变动制造费用明细项目的支出控制在预算之内，采用弹性预算进行必要的控制即可。

3. 变动制造费用差异

（1）变动制造费用差异的含义

变动制造费用差异是一定产量产品的实际变动制造费用与标准变动制造费用的差额。变动制造费用差异是变动制造费用效率差异与变动制造费用耗费差异之和。

（2）变动制造费用差异的计算公式

$$\begin{aligned}\text{变动制造费用差异} &= \text{实际变动制造费用} - \text{标准变动制造费用} \\ &= \text{实际分配率} \times \text{实际工时} - \text{标准分配率} \times \text{标准工时}\end{aligned} \tag{8-26}$$

或者

$$\text{变动制造费用差异} = \text{变动制造费用效率差异} + \text{变动制造费用耗费差异} \tag{8-27}$$

（3）变动制造费用差异的分析

在实际工作中，由于变动制造费用是由许多明细项目组成的，企业不方便对差异产生的具体原因进行调查分析，因此需要将变动制造费用的弹性预算列示的有关数据与实际发生数进行比较和分析，编制生产部门业绩报告，以便进行控制与考核。

【例8-7】 续例8-5，西海公司耗用的变动制造费用的资料如表8-7所示。

表 8-7　西海公司甲产品变动制造费用情况表

工序名称	实际分配率(元/小时)	标准分配率(元/小时)	实际工时/小时	标准工时/小时
第一工序	5	7	100	80
第二工序	9	6	150	200

要求：
(1) 计算甲产品的变动制造费用效率差异；
(2) 计算甲产品的变动制造费用耗费差异；
(3) 计算甲产品的变动制造费用差异。

解：
(1) 变动制造费用效率差异(第一工序)＝(实际工时－标准工时)×标准分配率
　　　　　　　　　　　　＝(100－80)×7＝＋140 元
　　变动制造费用效率差异(第二工序)＝(实际工时－标准工时)×标准分配率
　　　　　　　　　　　　＝(150－200)×6＝－300 元
　　甲产品的变动制造费用效率差异＝＋140＋(－300)＝－160 元
(2) 变动制造费用耗费差异(第一工序)＝实际工时×(实际分配率－标准分配率)
　　　　　　　　　　　　＝100×(5－7)＝－200 元
　　变动制造费用耗费差异(第二工序)＝实际工时×(实际分配率－标准分配率)
　　　　　　　　　　　　＝150×(9－6)＝＋450 元
　　甲产品的变动制造费用耗费差异＝－200＋(＋450)＝＋250 元
(3) 甲产品的变动制造费用差异＝－160＋250＝＋90 元

8.4.5　固定制造费用差异

固定制造费用主要是指企业为了获得生产能力以及维持该生产能力而发生的费用。固定制造费用差异的计算和分析方法通常有两种：二因素分析法和三因素分析法。

1．二因素分析法

所谓二因素分析法，也称为二差异分析法，是一种将固定制造费用差异分为固定制造费用耗费差异和固定制造费用能量差异的方法。

(1) 固定制造费用耗费差异

固定制造费用耗费差异也称为固定制造费用预算差异或固定制造费用支出差异，是指固定制造费用实际数与固定制造费用预算数之间的差异，是一种可控差异。

由于固定制造费用由工资、折旧、税金和保险费等许多明细项目组成，其中很多项目受生产水平变动的影响较小，主要由长期决策决定，且在短期内不会改变，因而固定制造费用耗费差异通常很小。

固定制造费用耗费差异的计算公式如下：

固定制造费用耗费差异＝实际数－预算数
　　　　　　　　　　＝实际分配率×实际工时－标准分配率×预算工时　　　(8-28)

其中，

实际工时＝实际产量×单位实际产量实际工时
预算工时＝预算产量×单位实际产量标准工时

(2) 固定制造费用能量差异

固定制造费用能量差异是固定制造费用预算数与固定制造费用标准成本之间的差额,其计算公式如下:

$$固定制造费用能量差异 = 固定制造费用预算数 - 固定制造费用标准成本 \\ = 标准分配率 \times (预算工时 - 标准工时) \quad (8\text{-}29)$$

其中,

$$标准工时 = 实际产量 \times 单位实际产量标准工时$$

2. 三因素分析法

所谓三因素分析法,也称为三差异分析法,是一种将固定制造费用差异分为固定制造费用耗费差异、固定制造费用效率差异和固定制造费用生产能力利用差异三部分的方法。固定制造费用耗费差异的计算与二因素分析法相同,固定制造费用效率差异和固定制造费用生产能力利用差异是二因素分析法中固定制造费用能量差异的分解。具体计算公式如下:

$$固定制造费用生产能力利用差异 = 标准分配率 \times (预算工时 - 实际工时) \quad (8\text{-}30)$$
$$固定制造费用效率差异 = 标准分配率 \times (实际工时 - 标准工时) \quad (8\text{-}31)$$
$$固定制造费用能量差异 = 固定制造费用生产能力利用差异 + 固定制造费用效率差异 \quad (8\text{-}32)$$

固定制造费用差异的分析模型如图 8-3 所示。

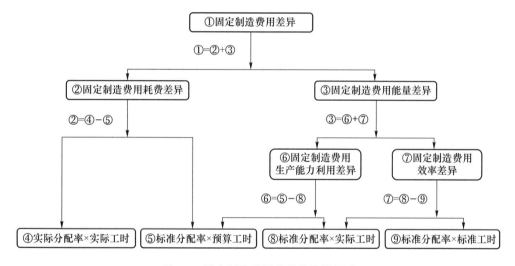

图 8-3 固定制造费用差异的分析模型

3. 固定制造费用差异分析

下面从预算、能量等不同角度分析固定制造费用差异产生的原因。

固定制造费用预算差异发生的原因主要包括:临时增加固定资产、超编制雇佣相关人员、生产人员职工培训费或差旅费的增加、预提和待摊费用计入本期费用过多以及资源价格的变动等。企业只有找出差异发生的具体原因,才能公正地落实责任,采取有效的对策。

由于固定制造费用能量差异反映的是能量的利用程度,一般不能说明固定制造费用是超支还是节约,因此可以根据三因素分析法进一步进行分析,将固定制造费用能量差异进一步分解为固定制造费用生产能力利用差异和固定制造费用效率差异。一般而言,固定制造费用效率差异产生的原因与直接人工效率差异相同;而固定制造费用生产能力利用差异产生的原因则可能是经济不景气、产品定价过高、材料供应不足或停电等。总之,针对固定制造费用能量差异,管理层应进一步查明其原因所在,以便准确地判明其责任归属。

【例 8-8】 续例 8-5,西海公司有关固定制造费用的耗用资料如表 8-8 所示。

表 8-8 西海公司甲产品固定制造费用的耗用情况表

工序名称	实际分配率(元/小时)	标准分配率(元/小时)	实际工时/小时	预算工时/小时	标准工时/小时
第一工序	12	15	100	110	80
第二工序	11	13	150	60	200

要求:
(1) 计算甲产品的固定制造费用耗费差异;
(2) 计算甲产品的固定制造费用生产能力利用差异;
(3) 计算甲产品的固定制造费用效率差异;
(4) 计算甲产品的固定制造费用能量差异;
(5) 计算甲产品的固定制造费用差异。

解:
(1) 固定制造费用耗费差异(第一工序)＝实际分配率×实际工时－标准分配率×预算工时
$$=12\times100-15\times110=-450 \text{元}$$
固定制造费用耗费差异(第二工序)＝实际分配率×实际工时－标准分配率×预算工时
$$=11\times150-13\times60=+870 \text{元}$$
甲产品的固定制造费用耗费差异＝－450＋(＋870)＝＋420 元

(2) 固定制造费用生产能力利用差异(第一工序)＝标准分配率×预算工时－标准分配率× 实际工时
$$=15\times110-15\times100=+150 \text{元}$$
固定制造费用生产能力利用差异(第二工序)＝标准分配率×预算工时－标准分配率× 实际工时
$$=13\times60-13\times150=-1\,170 \text{元}$$
甲产品的固定制造费用生产能力利用差异＝＋150＋(－1 170)＝－1 020 元

(3) 固定制造费用效率差异(第一工序)＝标准分配率×(实际工时－标准工时)
$$=15\times(100-80)=+300 \text{元}$$
固定制造费用效率差异(第二工序)＝标准分配率×(实际工时－标准工时)
$$=13\times(150-200)=-650 \text{元}$$
甲产品的固定制造费用效率差异＝＋300＋(－650)＝－350 元

(4) 固定制造费用能量差异(第一工序)＝固定制造费用生产能力利用差异(第一工序)＋ 固定制造费用效率差异(第一工序)
$$=+150+(+300)=+450 \text{元}$$
固定制造费用能量差异(第二工序)＝固定制造费用生产能力利用差异(第二工序)＋ 固定制造费用效率差异(第二工序)
$$=-1\,170+(-650)=-1\,820 \text{元}$$
甲产品的固定制造费用能量差异＝＋450＋(－1 820)＝－1 370 元

(5) 三因素法:
固定制造费用差异＝＋420＋(－1 020)＋(－350)＝－950 元
二因素法:
固定制造费用差异＝＋420＋(－1 370)＝－950 元

8.5 成本控制应用案例

【案例资料】

大鹏公司是一家生产小型家电的制造企业。该公司生产甲产品所耗用的直接材料、直接人工、变动制造费用和固定制造费用的数据分别如表 8-9、表 8-10、表 8-11、表 8-12 所示。

表 8-9 大鹏公司直接材料耗用表

材料名称	实际价格(元/千克)	标准价格(元/千克)	实际用量/千克	标准用量/千克
A 材料	6	7	580	630

表 8-10 大鹏公司直接人工耗用表

产品名称	实际工资率(元/小时)	标准工资率(元/小时)	实际工时/小时	标准工时/小时
甲产品	10	8	480	530

表 8-11 大鹏公司变动制造费用耗用表

产品名称	实际分配率(元/小时)	标准分配率(元/小时)	实际工时/小时	标准工时/小时
甲产品	7	9	480	530

表 8-12 大鹏公司固定制造费用耗用表

产品名称	实际分配率(元/小时)	标准分配率(元/小时)	实际工时/小时	预算工时/小时	标准工时/小时
甲产品	14	17	480	580	530

【案例要求】

1. 根据表 8-9,计算 A 材料的直接材料用量差异、直接材料价格差异和直接材料成本差异;

2. 根据表 8-10,计算甲产品的直接人工效率差异、直接人工工资率差异和直接人工成本差异;

3. 根据表 8-11,计算甲产品的变动制造费用效率差异、变动制造费用耗费差异和变动制造费用差异;

4. 根据表 8-12,计算甲产品的固定制造费用耗费差异、固定制造费用生产能力利用差异、固定制造费用效率差异、固定制造费用能量差异和固定制造费用差异。

【案例解析】

1. 直接材料用量差异 A ＝(实际用量－标准用量)×标准价格
   ＝(580－630)×7＝－350 元

直接材料价格差异 A ＝ 实际用量 × (实际价格 － 标准价格)
$$= 580 \times (6-7) = -580 \text{ 元}$$
直接材料成本差异 A ＝ 直接材料用量差异 A ＋ 直接材料价格差异 A
$$= -350 + (-580) = -930 \text{ 元}$$

2. 直接人工效率差异(甲) ＝ (实际工时 － 标准工时) × 标准工资率
$$= (480 - 530) \times 8 = -400 \text{ 元}$$
直接人工工资率差异(甲) ＝ 实际工时 × (实际工资率 － 标准工资率)
$$= 480 \times (10 - 8) = +960 \text{ 元}$$
直接人工成本差异(甲) ＝ 直接人工效率差异(甲) ＋ 直接人工工资率差异(甲)
$$= -400 + 960 = +560 \text{ 元}$$

3. 变动制造费用效率差异(甲) ＝ (实际工时 － 标准工时) × 标准分配率
$$= (480 - 530) \times 9 = -450 \text{ 元}$$
变动制造费用耗费差异(甲) ＝ 实际工时 × (实际分配率 － 标准分配率)
$$= 480 \times (7 - 9) = -960 \text{ 元}$$
变动制造费用差异(甲) ＝ 变动制造费用效率差异(甲) ＋ 变动制造费用耗费差异(甲)
$$= -450 + (-960) = -1\,410 \text{ 元}$$

4. 固定制造费用耗费差异(甲) ＝ 实际分配率 × 实际工时 － 标准分配率 × 预算工时
$$= 14 \times 480 - 17 \times 580 = -3\,140 \text{ 元}$$
固定制造费用生产能力利用差异(甲) ＝ 标准分配率 × 预算工时 － 标准分配率 × 实际工时
$$= 17 \times 580 - 17 \times 480 = +1\,700 \text{ 元}$$
固定制造费用效率差异(甲) ＝ 标准分配率 × (实际工时 － 标准工时)
$$= 17 \times (480 - 530) = -850 \text{ 元}$$
固定制造费用能量差异(甲) ＝ 固定制造费用生产能力利用差异(甲) ＋ 固定制造费用效率差异(甲)
$$= +1\,700 + (-850) = +850 \text{ 元}$$

三因素法：
固定制造费用差异(甲) ＝ $-3\,140 + (+1\,700) + (-850) = -2\,290$ 元

二因素法：
固定制造费用差异(甲) ＝ $-3\,140 + (+850) = -2\,290$ 元

本章知识点小结

本章主要讲解成本控制以及标准成本控制法的基本理论和基本方法，核心知识点如下。

第一，成本控制概述。①成本控制的内涵。②成本控制的分类。③成本控制的原则。

第二，标准成本控制法。①标准成本的内涵。②标准成本的分类，包括理想标准成本、正常标准成本和现实标准成本三类。③标准成本控制法的程序，包括制定标准成本、控制成本形成过程、计算和分析成本差异以及处理成本差异四个环节。

第三，成本标准的制定，包括直接材料成本标准、直接人工成本标准、制造费用成本标准以及成本标准卡的编制。

第四，成本差异的计算与分析，包括直接材料成本差异、直接人工成本差异、变动制造费用差异、固定制造费用差异。

思考与练习题

一、单项选择题

1. ( )是指对成本控制实现全过程、全员、全方位的控制。
   A. 目标管理原则 B. 全面控制原则
   C. 成本效益原则 D. 责权利相结合原则

2. ( )是以现有生产技术条件处于最佳状态为基础确定的最低成本。
   A. 理想标准成本 B. 正常标准成本
   C. 现实标准成本 D. 产品生产成本

3. ( )是指企业在现有的生产技术条件下生产单位产品所需要耗费的材料数量。
   A. 单位产品人工用量标准 B. 单位产品材料价格标准
   C. 单位产品材料用量标准 D. 单位产品人工价格标准

4. ( )是指产品实际成本与标准成本之间的差额。
   A. 成本差异 B. 价格差异
   C. 用量差异 D. 耗费差异

5. ( )是由单位产品耗用的人工工时与每小时工资率的乘积所决定的,通常由劳动部门根据用工情况制定。
   A. 单位产品人工用量标准 B. 单位产品材料价格标准
   C. 单位产品材料用量标准 D. 单位产品人工价格标准

二、多项选择题

1. 成本控制工作需要遵循的原则包括( )。
   A. 目标管理原则 B. 全面控制原则
   C. 成本效益原则 D. 责权利相结合原则

2. 按照成本控制对象的不同,成本控制可以分为( )。
   A. 产品成本控制 B. 质量成本控制
   C. 事前控制 D. 事中控制

3. 一般来说,标准成本控制法的程序包括( )。
   A. 制定标准成本 B. 控制成本形成过程
   C. 计算和分析成本差异 D. 处理成本差异

4. 成本标准的制定内容包括( )。
   A. 直接材料成本标准 B. 直接人工成本标准
   C. 制造费用成本标准 D. 成本标准卡

5. 成本差异通用模型包含的两个因素是( )。
   A. 确定利润率标准 B. 计算目标利润基数
   C. 用量差异 D. 价格差异

三、综合案例题

宏远公司是一家生产 M 产品的制造企业。该公司生产 M 产品所耗用的直接材料、直接人工和固定制造费用的数据分别如表 8-13、表 8-14、表 8-15 所示。

表 8-13　宏远公司直接材料耗用表

材料名称	实际价格(元/千克)	标准价格(元/千克)	实际用量/千克	标准用量/千克
A 材料	11	12	880	930

表 8-14　宏远公司直接人工耗用表

产品名称	实际工资率(元/小时)	标准工资率(元/小时)	实际工时/小时	标准工时/小时
M 产品	15	13	580	560

表 8-15　宏远公司固定制造费用耗用表

产品名称	实际分配率(元/小时)	标准分配率(元/小时)	实际工时/小时	标准工时/小时	预算工时/小时
M 产品	14	16	580	560	600

要求：

1. 根据表 8-13，计算 A 材料的直接材料用量差异、直接材料价格差异和直接材料成本差异；

2. 根据表 8-14，计算 M 产品的直接人工效率差异、直接人工工资率差异和直接人工成本差异；

3. 根据表 8-15，计算 M 产品的固定制造费用耗费差异、固定制造费用效率差异和固定制造费用差异。

第9章 存货控制

知识框架体系

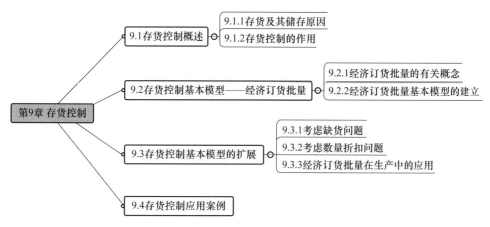

【学习目标】

本章在讲解存货控制意义和作用的基础上,重点讲解企业存货控制的方法和应用。通过本章的学习,需要达到以下学习目标:

1. 存货控制的意义和作用(理解);
2. 经济订货批量的确定方法(掌握);
3. 经济订货批量的扩展模型(理解和应用)。

9.1 存货控制概述

因为存货在企业的总资产中占有比较大的份额,所以企业对存货的管理水平和控制能力将直接影响该企业最终的资金运作效率以及财务运营能力。一个企业若要长期保持较快的资金流转速度和较高的获利能力,就应当对存货的合理化管理和控制给予足够的重视。本节主要介绍企业存货的基本构成和储存原因、存货控制的目标以及与存货相关的成本。

9.1.1 存货及其储存原因

存货是指企业在正常生产经营过程中持有或以备出售的产成品或商品,或者为了出售仍然处于生产过程中的在产品,或者在生产过程或提供劳务过程中以备耗用的材料、物料、燃料、低值易耗品、在产品、半成品、产成品及商品等。一般情况下,存货的资金占用约占工业企业总资产的30%,而在商业流通企业中的占用比例则更高。

存货的特点一般有以下三点。第一,存货是有形资产,它有别于无形资产。第二,存货具有较强的流动性。在企业中,存货经常处于不断销售、耗用、购买或重置的过程中,具有较快的变现能力和明显的流动性。第三,存货具有实效性和发生潜在损失的可能性。在正常的生产经营活动下,存货能够有规律地转换为货币资产或其他资产,但长期不能耗用或销售的存货就有可能变为积压物资,或者降价销售,从而造成企业的损失。

大多数企业会储存一定数量的存货。例如,工业企业会储存一定数量的原材料、半成品、产成品等存货,以满足生产车间加工的需要及市场的需求;商品流通企业需要设法提供不同规格和品质的商品,以满足客户购买的需要,使顾客有充分的选择余地;交通运输企业为保证运输安全,必须储备必要的运输设备维修备件,以便及时置换零部件,提供舒适、安全、便捷的交通运输服务。除了企业以外,军事后勤保障部门为满足前方战事的需要,同样需要储备各种战备物资。企业储备存货的传统理由如表9-1所示。

表9-1 企业储备存货的传统理由

1	满足生产和经营的需要,满足顾客需要,如确保按时交货
2	避免由于以下原因造成生产中断:机器出现故障;零部件有缺陷;零部件短缺;零部件供货时间推迟
3	生产过程的不稳定性
4	获取折扣优惠
5	避免存货未来价格上升带来的不利影响等

9.1.2 存货控制的作用

企业的存货是一项重要的流动资产,其价值通常占流动资产的比例较大,它是决定企业期末财务状况的一个很重要的因素。

零星采购物资的价格往往较高,而整批购买在价格上常有优惠。但是,采购过多的存货不仅会占用大量的资金,而且会增加包括存储费、保险费、维护费、管理人员工资在内的各项开支。存货占用资金是有成本的,占用过多会增加利息支出且导致利润的损失。反之,若存货不足,则会影响正常的生产和销售,使企业的生产和经营遭受损失,利润减少。以制造企业为例,其存货过多或不足的主要原因是采购和生产投入的批量存在问题。如果每一批次采购或投入的存货数量过多,就会使得库存平均水平过高,占用资金过多;如果每一批次采购或投入的存货数量过少,就有可能造成库存储备不足,从而产生停工待料的严重现象。因此,存货控制的中心问题就是存货采购和生产投入的批量问题。企业应寻求最佳的存货持有数量,在充分发挥存货功能的同时降低成本、增加收益。所以,在制定存货规划与控制策略时,企业首先应解决"订购或生产多少存货"这一基本问题。

9.2 存货控制基本模型——经济订货批量

一般情况下,企业大多采用经济订货批量这一存货控制的基本模型,以实现订货成本和储存成本之和的最小化,从而对存货的订购方式进行合理的确定。下面将对经济订货批量的概念和影响因素、经济订货批量基本模型的假设条件、经济订货批量和最低存货总成本的基本模型等有关内容进行介绍。

9.2.1 经济订货批量的有关概念

经济订货批量简称经济批量,它是使企业存货相关成本最低的每批次订购的数量,或每批次投入生产的数量。在经济订货批量情况下,企业的存货相关成本是最低的。有了经济订货批量后,企业就可以合理地安排进货或生产时间了。

在确定经济订货批量时,主要考虑以下三个影响因素:一是取得成本;二是储存成本;三是缺货成本。

1. 取得成本

取得成本是指为取得某种存货而支出的成本,它分为订货成本和购置成本。

(1) 订货成本

订货成本是指订购材料、商品时所发生的成本,包括采购人员工资、文件处理费、出差费、运输费以及采购部门固定资产计提的折旧费用等。订货成本中与订货次数无关的一部分成本,是为维持采购部门正常工作而发生的,被称为固定订货成本,如常设采购机构的基本开支等;订货成本中与订货次数有关的另一部分成本,被称为变动订货成本,如差旅费、邮资等。

(2) 购置成本

购置成本是指存货本身的价值,经常用数量与单价的乘积来确定。在一定时期内进货总量既定的条件下,无论企业采购次数如何变动,存货的进价通常是保持相对稳定的(假设物价不变且无采购数量折扣),因而购置成本属于存货控制决策的无关成本。

2. 储存成本

储存成本又称持有成本,是指储存存货所发生的成本,包括仓库存储费、保险费、财产税、占用资金支付的利息、自设仓库的管理人员工资、仓库设备的折旧费与维修费、水电照明费等。储存成本包括固定储存成本和变动储存成本,前者与储存货物的数量、储存时间无关,后者与储存货物的数量和储存时间成正比。

3. 缺货成本

缺货成本是指由于存货储存不足,不能满足企业生产和销售需要而发生的损失成本,包括订购数量优惠折扣的损失、停工待料造成的损失、紧急订货追加的成本损失、停工后加班增加的工资费用,以及失去销售机会所损失的边际贡献与企业信誉。缺货成本中有些是机会成本和无形成本,它们在计量上比较困难,会计上往往不予记录。

9.2.2 经济订货批量基本模型的建立

与存货成本有关的变量很多,为了解决比较复杂的问题,有必要简化或舍弃一些变量,先研究并解决简单的问题,然后再扩展到复杂的问题。这就需要设立一些假设,并在此基础上建立经济订货批量的基本模型。

经济订货批量基本模型的假设条件如下。

(1) 企业能够及时补充存货,即需要订货时便可立即取得存货。

(2) 能集中到货并入库。

(3) 不允许缺货,即无缺货成本。

(4) 需求量稳定且能够被预测。

(5) 存货单价不变。

(6) 企业现金充足,不会因现金短缺而影响进货。

(7) 企业所需存货市场供应充足,不会因买不到需要的存货而影响进货。

假设 T 代表年存货总成本;R 代表材料年需要量;C 代表材料的单价;S 代表每批订货成本;K 代表材料的变动储存费率(以存货金额的百分比表示);F_1 代表年固定订货成本;F_2 代表年固定储存成本;Q 代表一次采购的订货批量。则经济订货批量和最低存货总成本的基本模型可计算如下:

$$年订货成本 = \frac{R}{Q} \cdot S + F_1 = \frac{RS}{Q} + F_1 \qquad (9-1)$$

$$年储存成本 = \frac{Q}{2} \cdot CK + F_2 = \frac{QCK}{2} + F_2 \qquad (9-2)$$

式(9-1)中,$\frac{R}{Q}$ 表示采购次数,Q 越小,即每次采购的订货批量越小,则采购次数 $\frac{R}{Q}$ 越多,年订货成本越大。因此,为了降低年订货成本,订货批量要尽可能大一些。

式(9-2)中,$\frac{Q}{2}$ 代表平均储存量,因为每次采购的订货到达仓库时,储存量为 Q,在第二次采购到达前,储存量为 0,所以平均储存量为 $\frac{Q}{2}\left[\frac{(0+Q)}{2}\right]$,如图 9-1 所示。

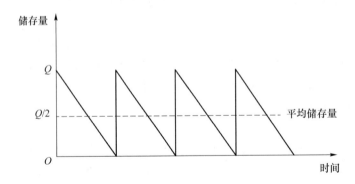

图 9-1 平均储存量

从式(9-2)和图 9-1 可知,订货批量 Q 越大,平均储存量 $Q/2$ 越大,$Q/2$ 与 CK 的乘积也越大,则年储存成本就越大。因此,从年储存成本上考虑,订货批量 Q 要尽可能小一些。

从订货成本上讲,存货采购的批量要尽可能大一些,采购的次数要少一些,这样可节约订货成本。从储存成本上讲,情况正好相反,即存货采购的批量要尽可能小一些,储存的存货要少一些,这样可降低储存成本。求解经济订货批量就是要找到最适当的订货批量,使得订货成本和储存成本两者之和的存货总成本最小。

年存货总成本的计算公式如下:

$$T = RC + \left(\frac{RS}{Q} + F_1\right) + \left(\frac{QCK}{2} + F_2\right)$$
$$= \frac{RS}{Q} + \frac{QCK}{2} + (RC + F_1 + F_2) \quad (9\text{-}3)$$

要获得年存货总成本 T 的最小值，可利用导数进行求解。

由于式(9-3)中材料购买成本 RC、年固定订货成本 F_1、年固定储存成本 F_2 之和为常数项，求导时为 0，与采购的订货批量大小无关，因此，在确定经济订货批量时，可不予考虑，则

$$T(Q) = \frac{RS}{Q} + \frac{QCK}{2}$$

$$\frac{\mathrm{d}T}{\mathrm{d}Q} = -\frac{RS}{Q^2} + \frac{CK}{2} \quad (9\text{-}4)$$

令

$$-\frac{RS}{Q^2} + \frac{CK}{2} = 0$$

则

$$Q^2 = \frac{2RS}{CK}$$

$$Q = \sqrt{\frac{2RS}{CK}} \quad (9\text{-}5)$$

式(9-5)为经济订货批量的计算公式。$Q = \sqrt{\frac{2RS}{CK}}$ 即最经济的订货批量。将 $Q = \sqrt{\frac{2RS}{CK}}$ 代入 $T(Q)$ 表达式，则

$$T = \frac{RS}{\sqrt{\frac{2RS}{CK}}} + \frac{\sqrt{\frac{2RS}{CK}} CK}{2}$$

$$T = \sqrt{2RSCK} \quad (9\text{-}6)$$

式(9-6)为经济订货批量时最低存货总成本的计算公式，也是订货批量达到经济订货批量时求解总成本的公式。

【例 9-1】 曙光公司 A 材料年需要量 R 为 1 200 件，一次订货成本 S 为 300 元，变动储存费率 K 为 20%，材料采购单价 C 为 10 元。

要求：求解经济订货批量与最低存货总成本。

经济订货批量和最低存货总成本可计算如下：

$$Q = \sqrt{\frac{2 \times 1\,200 \times 300}{10 \times 20\%}} = 600 \text{ 件}$$

$$T = \sqrt{2 \times 1\,200 \times 300 \times 10 \times 20\%} = 1\,200 \text{ 元}$$

由计算结果可知，最经济的订货批量为 600 件，此时，存货总成本最低，为 1 200 元。为了对上述结果进行检验，下面对订货批量和存货总成本进行计算，如表 9-2 所示。

表 9-2 订货批量和存货总成本计算　　　　　　　　单位：元

订货批量 Q	订货成本 $\dfrac{RS}{Q}$	储存成本 $\dfrac{QCK}{2}$	存货总成本 T
100	3 600	100	3 700
200	1 800	200	2 000
300	1 200	300	1 500
400	900	400	1 300
600	600	600	1 200
1 200	300	1 200	1 500

9.3 存货控制基本模型的扩展

以上介绍的经济订货批量的基本模型，在实际工作中往往比较复杂，会碰到各种各样的问题，因此只有对经济订货批量的基本模型进行调整，才能加以使用。下面就存货控制中经常碰到的一些变化形式进行阐述。

9.3.1 考虑缺货问题

如果生产安排允许缺货存在，那么，材料的最低储存量就可能不是零，而表现为负数，其负数是由拖欠的订货所组成的。假设订货批量为 600 件，允许缺货量为 200 件，当每次收到一定数量的订货时，要先弥补之前的缺货，因此企业最高库存量只有 400 件。企业的材料库存情况如图 9-2 所示。

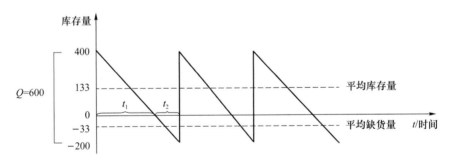

图 9-2 平均库存量

1. 平均库存量的计算

如果生产安排允许缺货存在，L 为允许缺货量，材料的最高储存量等于一次订货批量 Q 减允许缺货量，则材料的平均库存量可按下列公式计算：

$$\text{平均库存量}=\frac{(Q-L)^2}{2Q} \tag{9-7}$$

式(9-7)可推导如下。假设 t 代表两次采购的间隔时间，t_1 代表库存量为正数的时间，t_2 代表库存量为零的时间，d 代表材料的日需用量。

由于

$$t = t_1 + t_2 = \frac{Q}{d}, t_1 = \frac{Q-L}{d}, t_2 = \frac{L}{d}$$

因此

$$t_1 \text{ 期间平均库存量} = \frac{Q-L}{2} \tag{9-8}$$

$$t_2 \text{ 期间平均库存量} = 0 \tag{9-9}$$

$$t \text{ 期间平均库存量} = \frac{\frac{Q-L}{2} \cdot t_1 + 0 \cdot t_2}{t} = \frac{\frac{Q-L}{2} \cdot \frac{Q-L}{d} + 0}{\frac{Q}{d}} = \frac{(Q-L)^2}{2Q} \tag{9-10}$$

沿用例 9-1,并将上述缺货数据代入式(9-10),则平均库存量为

$$\text{平均库存量} = \frac{(600-200)^2}{2 \times 600} \approx 133 \text{ 件}$$

2. 平均缺货量的计算

根据平均库存量计算的原理,按上述方法,可得出 t 期间平均缺货量的计算公式:

$$t \text{ 期间平均缺货量} = \frac{0 \cdot t_1 + \frac{L}{2} \cdot t_2}{t} = \frac{\frac{L}{2} \cdot \frac{L}{d}}{\frac{Q}{d}} = \frac{L^2}{2Q} \tag{9-11}$$

沿用例 9-1,并将上述缺货数据代入式(9-11),则平均缺货量为

$$\text{平均缺货量} = \frac{200^2}{2 \times 600} \approx 33 \text{ 件}$$

3. 缺货情况下经济订货批量、缺货量和总费用的计算

在已知订货批量和允许缺货量的条件下,上文介绍了求解平均库存量和平均缺货量的过程。已知的订货批量和允许缺货量并不一定是允许缺货情况下的经济订货批量和最大允许缺货量。如果要在缺货情况下求解经济订货批量、最大允许缺货量和最低总费用,仍应通过对总费用求导的方式来解决。

若 G 代表单位缺货所造成的损失,则缺货情况下总费用 T 的计算公式如下:

$$T = \frac{RS}{Q} + (Q-L)^2 \frac{CK}{2Q} + \frac{GL^2}{2Q} \tag{9-12}$$

对式(9-12)求一阶导数,并令其为 0,解出 Q、L 和 T:

$$Q = \sqrt{\frac{2RS}{CK} \cdot \frac{CK+G}{G}} \tag{9-13}$$

$$L = Q \cdot \frac{CK}{CK+G} \tag{9-14}$$

$$T = \sqrt{2RSCK \cdot \frac{G}{CK+G}} \tag{9-15}$$

沿用例 9-1,将上述有关缺货数据代入式(9-12),并假定每件缺货损失为 5 元,则经济订货批量、最大允许缺货量和最低总费用为

$$Q = \sqrt{\frac{2RS}{CK} \cdot \frac{CK+G}{G}} = \sqrt{\frac{2 \times 1\,200 \times 300}{10 \times 20\%} \times \frac{10 \times 20\% + 5}{5}} \approx 710 \text{ 件}$$

$$L = Q \cdot \frac{CK}{CK+G} = \frac{710 \times 10 \times 20\%}{10 \times 20\% + 5} \approx 203 \text{ 件}$$

$$T = \sqrt{2RSCK \cdot \frac{G}{CK+G}} = \sqrt{\frac{2 \times 1\,200 \times 300 \times 10 \times 20\% \times 5}{10 \times 20\% + 5}} \approx 1\,014 \text{ 元}$$

由上述计算可知,缺货情况下的总费用约为 1 014 元,比不考虑缺货情况下的总费用 1 200 元低,这为企业存货控制决策提供了一条新的途径。

9.3.2 考虑数量折扣问题

在上述经济订货批量中,假定无论采购数量为多少,存货的价格都是固定的。如果在存货采购中,采购量增加可享受一定的价格折扣,那么,应该怎样来确定经济订货批量呢？一般可按下列步骤计算求得。

第一步,计算享受折扣后的经济订货批量。

如果计算得出的享受折扣后的经济订货批量大于采购数量的折扣起点,那么计算得出的批量即最优解。

假如原经济订货批量为 Q_1,原材料单位成本为 C_1,折扣起点为 Q_m,折扣后的材料单位成本为 C_2,折扣后的经济订货批量为 Q_2,则 $Q_1 = \sqrt{\frac{2RS}{C_1 K}}$, $Q_2 = \sqrt{\frac{2RS}{C_2 K}}$。若 $Q_2 > Q_m$,则 Q_2 为最优解。若 $Q_2 < Q_m$,则 Q_m 为订货批量,但是否为最优解,还要进行第二步计算。

第二步,计算以 Q_m 为订货批量时的新的总费用。

若计算得出的以 Q_m 为订货批量时的新的总费用小于原总费用,则 Q_m 为最优解。

假定原总费用为 T_1,新的总费用为 T_2,则 $T_1 = \frac{RS}{Q_1} + \frac{Q_1 C_1 K}{2}$, $T_2 = \frac{RS}{Q_m} + \frac{Q_m C_2 K}{2}$。若 $T_2 < T_1$,则 Q_m 为最优解；若 $T_2 > T_1$,则要进行第三步计算。

第三步,比较材料购买成本降低额和总费用的超支额。

若材料成本购买的降低额大于总费用的超支额($T_2 - T_1$),则 Q_m 为最优解；反之,则应放弃享受折扣。

沿用例 9-1,如果采购材料 1 000 件时,可享受 5% 的价格优惠,即每件 9.5 元(10×95%元),试分析是否需要享受这个折扣优惠。

第一步,计算每件采购成本为 9.5 元时的经济订货批量：

$$Q_2 = \sqrt{\frac{2 \times 1\,200 \times 300}{9.5 \times 20\%}} \approx 616 \text{ 件}$$

由于 $Q_2 < Q_m$(1 000 件),因此需要进行第二步计算。

第二步,计算折扣起点 Q_m 为 1 000 件时的新的总费用：

$$T_2 = \frac{1\,200 \times 300}{1\,000} + \frac{1\,000 \times 9.5 \times 0.2}{2} = 360 + 950 = 1\,310 \text{ 元}$$

由于原总费用 T_1 为 1 200 元, $T_2 > T_1$,因此需要进行第三步计算。

第三步,在年需要量为 1 200 件的情况下,比较材料购买成本降低额和总费用超支额。

材料购买成本降低额 = 1 200 × (10 − 9.5) = 600 元

总费用超支额 = 1 310 − 1 200 = 110 元

由上述计算可知,材料购买成本降低额＞总费用超支额,这表明折扣起点 Q_m 是有利的,即订货批量1 000件是最优解。

9.3.3 经济订货批量在生产中的应用

经济订货批量也可用于生产管理,如确定自制材料、产品投产的最优批量。经济投产批量与经济订货批量情况大致相同。如果一次性的生产批量增大一些,投产次数就可以相应地减少一些,这样生产准备费用就可以减少,但是材料、成品(包括产成品和半成品)等存货的储存成本就会增加;反之,如果一次性的生产批量减小一些,投产次数就需要增加一些,这样生产准备费用就会相应地增加,但是材料、成品等存货的储存成本就会减少。

与经济订货批量的公式类似,经济投产批量的公式可表示如下:

$$Q=\sqrt{\frac{2RS}{CK}}$$

此时,公式中各字母的含义与原来有所不同,其中,Q 为一次投产的经济订货批量;R 为产品的年总产量;S 为一次生产准备费用;C 为产品单位成本;K 为产品年储存费率(用百分比表示)。

上述公式假定一批产品全部完工后,再投入第二批进行生产。企业生产往往是一方面不断地生产、完工并入库,另一方面则从库存中不断地取用、再投入或销售,产品的储存量逐渐积累起来,最后达到规定的储存量。这种情况下的经济投产批量应大于原来的经济订货批量,证明如下。

假设 P 为生产率(单位:件/年);R' 为需求率(单位:件/年);t_1 为生产时间,存货逐步增加;t_2 为不生产时间,存货逐步减少。

制造经济订货批量 Q' 所需时间 $t_1=Q'/P$。在 t_1 时间里,产品最高储存量为 $(P-R')t_1$,因此,在整个生产间隔期 (t_1+t_2) 内,平均存货为 $(P-R')t_1/2$。

又 $t_1=Q'/P$,则平均储存费用为 $\frac{(P-R')Q'}{2P}\cdot CK$,所以总费用 T 为

$$T=\frac{RS}{Q'}+\frac{P-R'}{2}\cdot\frac{Q'}{P}\cdot CK$$

对 T 求导,则有

$$Q'=\sqrt{\frac{2RS}{CK\left(1-\frac{R'}{P}\right)}} \tag{9-16}$$

当 Q' 是最优订货批量时,最低总费用的计算公式如下:

$$T=\sqrt{2RSCK\left(1-\frac{R'}{P}\right)} \tag{9-17}$$

【例9-2】 磐石公司全年按批量生产一种产品A,按照生产计划测定未来一年的全年产量为36 000件,每日产量为400件,而企业每天需耗用该产品200件。生产该产品的每批准备成本为4 000元,每一件产品的年储存成本为16元。

要求:确定该产品的经济生产批量。

将有关数据直接代入式(9-16),则

$$Q' = \sqrt{\frac{2 \times 36\,000 \times 4\,000}{16\left(1 - \frac{200}{400}\right)}} = 6\,000 \text{ 件}$$

$$\text{最优批次} = \frac{36\,000}{6\,000} = 6$$

即经济生产批量为 6 000 件，全年最优批次为 6。

9.4 存货控制应用案例

【案例资料】

海新公司每年要用 4 000 个开关，市场价为 10 元/个，该公司陈经理从红光公司进货，无论陈经理每次买多少，红光公司都会给予 10% 的折扣。今年，陈经理收到新光公司和万昌公司的来函，新光公司提出，若陈经理一次买 200 个以上，可给予 15% 的折扣；万昌公司则提出，若陈经理一次买 100 个以上，则给予 20% 的折扣。海新公司每准备接收一次订货的成本为 300 元，每年公司所购开关的储存成本为购买价的 40%。

【案例要求】

根据以上案例，分析并判断陈经理该从哪个公司订货？

【案例解析】

根据经济订货批量公式 $Q = \sqrt{\frac{2RS}{CK}}$，依题意可得如下结果。

(1) 从红光公司订货

$$Q = 816 \text{ 个}$$

年存货总成本 $= 10 \times 90\% \times 4\,000 + \dfrac{10 \times 90\% \times 40\% \times 816}{2} + \dfrac{300 \times 4\,000}{816} \approx 38\,939.4$ 元

(2) 从新光公司订货

$$Q = 840 \text{ 个} > 200 \text{ 个}$$

年存货总成本 $= 10 \times 85\% \times 4\,000 + \dfrac{10 \times 85\% \times 40\% \times 840}{2} + \dfrac{300 \times 4\,000}{840} \approx 36\,856.6$ 元

(3) 从万昌公司订货

若采取 20% 的折扣，则 $Q = 866$ 个 $< 1\,000$ 个，此方案不可行。

由上可知，新光公司的年存货总成本 < 红光公司的年存货总成本，所以陈经理应该从新光公司订货。

本章知识点小结

本章主要讲解存货控制决策的基本理论和方法,核心知识点如下。

第一,存货的定义及储备存货的传统理由。存货是指企业在正常生产经营过程中持有或以备出售的产成品或商品,或者为了出售仍然处于生产过程中的在产品,或者在生产过程或提供劳务过程中以备耗用的材料、物料、燃料、低值易耗品、在产品、半成品、产成品及商品等。企业储备存货的传统理由包括:满足生产和经营的需要;满足顾客需要;避免由于突发情况造成的生产中断;应对生产过程的不稳定性;获取折扣优惠;避免存货未来价格上升带来的不利影响等。

第二,经济订货批量的定义及其影响因素。经济订货批量是使企业存货相关成本最低的每批次订购的数量,或每批次投入生产的数量。在确定经济订货批量时,主要考虑以下三个影响因素:一是取得成本;二是储存成本;三是缺货成本。

第三,经济订货批量的扩展模型:在分别考虑缺货、数量折扣的情况下重新确定经济订货批量,将经济订货批量模型应用到最优生产批次决策中。

思考与练习题

一、单项选择题

1. 下列各选项中,与经济订货批量无关的是(　　)。
   A. 每日消耗量　　　　　　　　B. 每日供应量
   C. 储存变动成本　　　　　　　D. 订货提前期

2. 下列各选项中,不属于订货成本的是(　　)。
   A. 采购部门的折旧费　　　　　B. 检验费
   C. 按存货价值计算的保险费　　D. 差旅费

3. 某公司使用材料 A,一次订货成本为 2 000 元,每单位成本为 50 元,经济订货批量为 2 000 元,单位资本成本率为 10%,全年用量为 8 000 个单位。该材料单位储存成本中的付现成本是(　　)元。
   A. 8　　　　　B. 3　　　　　C. 4　　　　　D. 5

4. 公司每年耗用材料 2 500 千克,每批订货成本为 160 元,每千克材料年储存成本为 20 元,则在定量采购方式下,每次采购量为(　　)千克。
   A. 100　　　　B. 200　　　　C. 300　　　　D. 400

二、多项选择题

1. 在存货决策中,通常需要考虑的成本有(　　)。
   A. 采购成本　　　　　　　　　B. 订货成本
   C. 储存成本　　　　　　　　　D. 缺货成本

2. 下列各选项中,属于缺货成本的是(　　)。
   A. 停工期间的固定成本　　　　B. 因停工待料发生的损失

C. 无法按期交货而支付的罚款 D. 停工期间的人员工资

3. 若存货过多,会( )。

A. 占用大量的流动资金 B. 增加管理费用,提高产品成本

C. 形成自然损耗 D. 增加储存成本

4. 在存货陆续供应和使用的情况下,导致经济订货批量增加的因素有( )。

A. 存货年需要量增加 B. 一次订货成本增加

C. 每日耗用量增加 D. 每日入库量增加

5. 下列说法不正确的是( )。

A. 在计算经济订货批量时,凡是与存货批量有关的成本都要考虑
B. 存货资金的应计利息属于存货储存变动成本
C. 经济订货批量与缺货成本成正向变动关系
D. 经济订货批量与变动储存成本成正比

三、综合案例题

鸿程制造公司全年某种材料的需要量 R 为 40 000 千克,每次订货的变动性订货成本 S 为 25 元,单位材料年平均变动性储存成本为 8 元,材料购买单价 C 为 11 元。试就以下各不相关的条件分别做出决策。

(1) 假设不存在商业折扣,不允许出现缺货现象,每批订货均能一次到货。试求经济订货批量及最低的相关总成本。

(2) 假设供货方规定:当一次订货批量小于 400 千克时,单价为 11 元;订货批量等于或大于 400 千克时,单价为 10.5 元。其他条件同(1)。试求经济订货批量及最低的相关总成本。

(3) 假设企业允许出现缺货,因采取补救措施而发生的单位缺货年均成本为 24.8 元,其他条件同(1)。试求经济进货批量、平均缺货量及相关总成本。

第 10 章 责任会计

知识框架体系

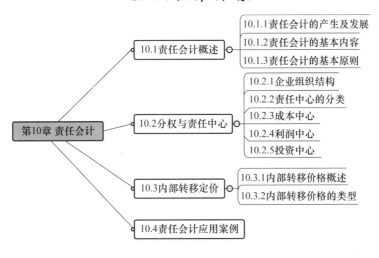

【学习目标】

本章在讲解责任会计理论的基础上,重点介绍集权与分权、责任中心的设置以及内部转移定价等内容。通过本章的学习,需要达到以下学习目标:

1. 责任会计的内容、原则和应用(了解);
2. 责任中心的概念及划分依据(理解);
3. 内部转移价格的原则与方法(理解)。

10.1 责任会计概述

为了实现企业的整体目标和战略,企业需要适应分权管理和经济责任制的要求,将全面预算形成的指标按照各个责任单位进行分解,形成责任预算。同时,企业要对责任单位的预算执行情况进行日常核算与控制,定期进行评价和考核。这种使企业内部各责任单位的生产经营活动朝着既定的目标和战略有效运行的会计工作,即责任会计。

10.1.1 责任会计的产生及发展

20世纪初,随着泰罗制的推广和应用,责任会计理念逐渐在西方国家产生和发展起来,但关于这一概念的定义至今未在理论上形成统一的观点。

通常情况下,责任会计是指以企业内部的各个责任中心为会计主体,以责任中心可控的资金运动为对象,对责任中心进行控制与考核的一种会计制度。责任会计通过建立责任中心,编制责任预算,进行差异分析,实施责任核算,评价绩效指标和编制责任报告,对企业的生产经营过程进行连续、系统、全面的控制,以期达到设定的目标。

责任会计的兴起离不开公司组织的发展及其规模的扩大。第二次世界大战后,随着科技水平的快速发展、经济结构的不断革新,市场竞争日益激烈,一部分企业凭借着先进的技术优势和创新的商业模式使经营规模不断扩大,逐步发展成具有广泛影响力的超级公司、跨国公司和跨行业公司。与此同时,这些公司内部的管理层级也逐渐增多,分支机构遍布世界各地,公司的高层管理者很难有充足的时间和精力参与到所有的决策中去,相应地,也就难以对复杂的内外部环境做出及时有效的决策。因此,日益庞大的公司制企业若想正常运作,需要转变管理思路和模式,将企业的部分权力下放给基层管理者,从而减轻高层管理者的决策负荷,使他们能够将工作重心放在企业的长远战略上。

然而,因为分权管理让各责任部门获得了部分权力,使各责任部门具有一定的相对独立性,所以可能会发生责任部门为了追求局部利益而牺牲企业整体利益的行为。因此,为了避免分权过度,失去对下属部门或单位的控制权,企业不仅需要充分协调各责任部门之间的关系,还需要加强对其责任履行情况的考核和评价。

随着分权管理和责任会计理论体系的成熟和完善,越来越多的企业将其运用到生产经营过程中去。20 世纪 80 年代,"责任会计"这一概念被引入国内,随着经济改革不断深化,为满足社会主义市场经济体制的需要,企业迫切需要一种可以明确经济责任、考核归属部门业绩的理论和方法,责任会计由此填补了这一空缺,并在经济发展过程中扮演越来越重要的角色。

10.1.2 责任会计的基本内容

责任会计的建立和实施需要一定的基础和前提。首先,企业应按照权、责、利统一的原则在内部划分不同形式的责任中心。然后,企业应根据各责任中心负责的经济业绩编制责任预算,确定考核标准,并在实施过程中建立跟踪反馈系统,对实施结果进行评价和考核,实现对各责任中心的监督和控制,最终实现企业的总体战略目标。

1. 设置责任中心

设置责任中心是实施责任会计的首要条件。所谓责任中心就是被赋予相应的管理决策权,同时必须承担相应经济责任的企业内部各级部门或单位。按照分工明确、责任可辨、业绩便于考核评价的原则,可将所属各级部门或单位划分成不同层次的若干责任中心,并明确规定其权责范围。

2. 编制责任预算

编制责任预算是将全面预算所确定的总体目标和任务进行层层分解后,按照每个责任中心所负责的经济绩效,将具体工作目标和任务落实到每个责任中心。编制责任预算的目的在于为评价和考核各级管理者建立一个具体可行的标准。管理者可依据该标准来评价自己的业绩和能力。同时,责任预算也可以作为约束管理者行为的工具,起到事先控制的作用。

3. 实施责任监控

责任预算开始实施后,随之而来的就是对执行情况进行跟踪反馈和监督控制。各责任中心通过定期编制相关责任报告,将责任预算实际执行情况和预算标准进行比较,从而找出其中的差异并进行分析。同时,各责任中心可将责任报告上报上级部门,通过相互协商共同制定整改措施,从而保证责任预算目标的实现。

另外,在实施责任监控时,为提高预算监督的效率,企业需要建立一系列专门的责任核算信息系统,包括凭证系统、账簿系统、内部结算系统、费用归集分配系统、损益确定及业绩报告系统等。

4. 进行业绩考核与评价

对各责任中心的工作情况进行全面的业绩考核,不仅是建立责任预算的主要目的,也是权、责、利三者结合的具体贯彻和最终落实。通过考核与评价,考核部门既要对各责任中心实现的业绩和目标予以肯定,也要指出经营过程中出现的问题,分析问题产生的原因并提出改进建议,从而帮助各责任中心总结经验,不断提高其工作水平。

同时,考核部门需建立行之有效的奖惩制度,对做出成绩的管理者进行奖励,对导致损失的责任人进行处罚,做到赏罚分明,充分调动基层管理者的主观能动性,从而激发各责任中心的活力和创造力,推动企业整体战略和目标的实现。

10.1.3 责任会计的基本原则

责任会计作为企业内部控制会计,通常遵循以下几个原则。

1. 责任主体原则

责任会计旨在通过落实经济责任实现对企业内各部门、各单位的协调与控制,所以其会计主体是经济责任的承担者,即企业内部划分的各个责任单位或责任中心。这就是说,实行责任会计要求会计主体与责任主体相一致。设置责任中心和明确权责范围集中体现了责任主体原则。

2. 总体最优化原则

总体最优化原则要求各责任中心目标的实现有助于企业总体目标的实现,局部目标和整体目标保持一致。建立责任会计是为了对企业各分权单位进行协调,使得各分权单位发挥各自的优势,其最终的目的是更好地服务和实现企业的整体目标,避免因为片面追求局部利益而损害整体利益。因此,在责任会计的每个工作环节中,企业都应以服从整体利益为准绳,始终遵循总体最优化原则。

3. 激励原则

实施责任会计的一个主要手段就是分权管理,其目的是调动基层管理人员工作的积极性、能动性。我们在对企业内部各分权单位进行协调、使之服从企业整体目标的同时,不能削弱分权管理的优势,而是要使这种优势得到进一步强化。

因此,责任会计倡导通过内在激励实现柔性管理,强调激发人的主观能动性,提出尽量避免依靠外在强制力和严格的规章制度进行管理。为此,在实际经营过程中,每个责任中心都应实现权、责、利三者相结合,制定的责任预算应合理可行,对责任预算执行情况的考评以及相应的奖惩措施应科学、合理,从而达到调动企业全体员工积极性的效果。

4. 可控性原则

可控性原则是指各责任中心只能对其可控制和管理的经济活动负责,即各责任中心只对其可以控制的经济活动负责,对于其权力范围之外的经济活动不承担经济责任。所以,在划分每个责任中心权责范围、编制责任预算以及实施监控和业绩考评等各个环节中,都应体现可控性原则。

5. 反馈原则

管理会计区别于传统财务会计的重要一点在于它不着眼于反映过去,而是着眼于控制现在和决策未来。在责任会计中,对责任预算执行情况进行监控和考核评价,以及实施相应奖惩措施的根本目的在于对现实情况予以反馈。反馈的信息要有利于现在和未来的责任预算执行,进而促使各责任中心改进工作方式,更好地执行责任预算,最终保证企业整体目标的实现。因此,整个责任核算信息系统本质上是一种信息反馈系统,对责任预算执行情况的监控、考评及奖惩,都是在贯彻一种反馈机制,都体现了反馈原则。

10.2 分权与责任中心

随着股份制公司、跨行业公司和跨国公司的兴起,公司的管理层级逐渐增多,加之市场环境日新月异,企业面临的内外部环境也日趋复杂。因此,公司的高级管理者很难有足够的时间和精力直接处理公司的所有事务,自然也就难以对瞬息万变的内外部环境作出及时有效的反应。为了解决这一窘境,企业有必要转变公司的管理模式,将一部分权力下放给基层管理人员,实施分权管理,让身处管理过程中的基层人员做出关键决策。在分权管理过程中,因为责任中心的管理权限以及所承担的权责不同,所以形成了多种责任中心。因此,本节主要阐述集权管理、分权管理、责任中心的相关内容。

10.2.1 企业组织结构

1. 集权管理

在传统的公司组织架构下,很多公司偏向于集权化管理。集权管理模式下,企业的管理层级少、管理宽度大,企业的经营权、决策权高度集中。高层管理者直接参与公司的生产经营,拥有公司的决策权,并直接掌控公司内部的所有部门及人员,下属部门及基层管理者只负责执行决策。

集权管理模式的优势在于它不仅有助于强化对各部门职责与行为的协调和控制,还有助于提升资源的配置与使用效率,促进企业经济效益的提升与改善。当然,集权管理模式也存在不足。权力的高度集中不仅不利于调动下级部门及基层管理者的积极性和创造性,阻碍员工的能力提升和职业发展,还会影响企业对日新月异的市场环境做出快速反应,使企业错失技术革新等带来的长期发展机遇。随着企业经营规模的扩大和管理环境的日趋复杂,集权模式下的管理在一定程度上会限制企业的长足发展和进步。

2. 分权管理

与集权管理模式相对的是分权管理模式。在分权管理模式下,企业将部分经营管理决策权适度下放给下级单位和基层管理者,使各个部门相对独立、各司其职,拥有一定的自主权。

分权管理的优点在于,它能让一线的部门或单位参与到具体的管理决策中去,从而激发员工的积极性、主动性和创造性,提高员工对企业的忠诚度和贡献度。另外,分权管理能将高层管理者从烦琐的日常事务中解放出来,使其把精力集中到关系公司远景发展和整体利益的重大事项上,从而促进企业内部人力资源的高效利用,提高公司的决策效率和快速应对能力。

然而，我们也应清醒地认识到，分权管理是一柄双刃剑。下级单位或部门的基层管理者在行使决策权时存在一定的局限性，出于对自身利益或局部利益的考虑，他们可能会做出有损公司整体利益的决定。例如：为使本部门拥有更亮眼的业绩表现，下级单位或部门的基层管理者可能会放弃能够增加公司整体利益，但无法提升本部门绩效水平的投资机会或项目；为使本部门的业绩比其他部门好，下级单位或部门的基层管理者可能会仅从自身利益出发进行决策。这些行为既破坏了企业内部的协调合作机制，又容易引发部门之间的矛盾与冲突。因此，为最大限度地发挥分权管理的优势，协调企业内部各部门、各分公司、子公司之间的利益，使其与企业整体利益最大化目标一致，就必须制定针对性的措施和方法，在赋予下级单位权力的同时，明确划分责任范围，同时加强对责任落实情况的考核和评价。责任会计就是顺应此要求发展和完善起来的一种行之有效的企业内部控制制度。

10.2.2 责任中心的分类

通常，我们可以根据责任和权限的不同将企业划分成若干个责任区域，这些责任区域就是责任中心，在其内部行使权力、承担义务的角色就是该责任中心的负责人。建立责任中心的关键是分清责任和权限，企业应结合自身实际，按照所能控制的责任范围、所能承担的责任类型以及管理的需要来建立责任中心。

按照企业内部责任单位权责范围和业务活动特点的不同，企业生产经营中的责任中心可以划分为成本中心、利润中心和投资中心三类。

10.2.3 成本中心

1. 成本中心概述

成本中心是对成本或费用负责的责任中心。狭义的成本中心仅指直接从事生产产品或提供劳务等活动，对构成产品成本或劳务成本的费用负责的责任中心；广义的成本中心还包括从事行政管理或研究开发等非生产性活动，对各种非生产性费用负责的责任中心。

成本中心的基本特征之一是没有经营决策权和投资决策权，狭义成本中心的业务范围仅限于整个经营过程中的一部分，即直接生产或提供劳务过程，其权力仅限于在生产过程中决定材料、人工和其他费用的投入，而无权决定经营过程中的其他问题，包括生产的品种、规模以及产品的销售等，所以其相应的责任范围也就仅限于成本费用，而不涉及收入或收益。至于从事行政管理或研究开发等非生产性活动的成本中心，情况类似。成本中心在提供各种职能服务的过程中只发生费用，不形成收入，或虽有收入但无权决定收入。例如，上级单位对下级的拨款收入，是否拨款以及拨款多少都是由上级单位决定的，成本中心无法控制收入。就财务指标而言，成本中心应对成本负责，且只能对成本负责，成本指标确切地反映了其所应承担的经济责任，考核部门往往通过其成本指标的完成情况对其工作业绩做出评价。

2. 成本中心的设置

成本中心是在企业内部普遍建立的一种责任中心。凡是在业务活动中有成本发生或费用支出的单位或部门，都应成为相对独立的成本中心，或被归入某个成本中心。各成本中心的层次高低不一、规模大小不一，成本控制的权责范围及具体考核指标也不相同，较高层次的成本中心通常可以包含若干个较低层次的成本中心。

成本中心并非设置得越多、划分得越细越好,因为在企业内部组织结构的较低层次上,授权往往比较模糊,相应的责任也比较模糊。例如:在同一工厂不同车间之间,同一车间不同工序之间,权责范围通常比较明确;但是在同一工序不同工人之间,权责范围就较为模糊。因此,设置成本中心的一个基本原则就是:作为相对独立的责任主体,其权责范围必须可以明确划分,承担的责任必须易于考核。

3. 成本中心的分类

若企业发生的成本或费用的性质不同,则为控制成本或费用所采取的措施也不相同。

例如,产品生产过程中耗费的直接材料、直接人工及制造费用等,其发生额与产品的产出量通常有密切联系,两者之间有较稳定的数量关系。我们一般可通过制定标准成本和编制弹性预算对这类成本或费用进行控制。发生这类成本或费用的责任中心通常被称为标准成本中心或技术性成本中心。

又如,企业内部发生的行政管理费、研究开发费、广告宣传费、职工培训费等,其发生额与产出量通常没有密切联系,有时其产出量本身就很难辨认和计量。这类费用的有效性无法通过投入产出比来评价,一般要通过严格审批制度,并尽可能实施零基预算进行控制。发生这类费用的责任中心被称为费用中心或酌量性成本中心。

值得注意的是,标准成本中心并不等同于前面提到的狭义成本中心。例如,变动销售费用是非生产性费用,不计入产品成本,不属于狭义成本中心的控制范围,但其发生数额与产出量有密切联系,可通过制定标准成本、编制弹性预算实施控制,因而对其负责的责任中心属于标准成本中心而非费用中心。

4. 产品成本与责任成本

需要特别强调的是,成本中心所要控制并应对其负责的成本是责任成本,而不是通常意义上的产品成本。通常意义上的产品成本以产品本身为对象来分配和归集成本,计算产品成本的直接目的在于反映和监督产品生产过程中发生的实际耗费,为计算并分析各种产品的盈利性提供依据。责任成本则是以责任中心为对象,按"谁负责,谁承担"的原则进行分配和归集的成本。计算责任成本的直接目的在于反映和监督责任预算的执行情况,为计算、确定并考核各责任中心的工作业绩提供依据。

根据可控性原则,按责任中心进行分配和归集的责任成本必须是各成本中心的可控成本。若某项成本为可控成本,它一般应同时具备以下三个条件:首先,在该项成本实际发生之前,成本中心能预知该成本的发生;其次,成本中心能够计量该项成本的发生数额;最后,成本中心能通过自己的行为对该项成本的实际发生过程施加有效影响,使之符合某种预定的目标或要求。凡不同时具备上述条件的成本都是不可控成本,不应计入责任成本。

关于成本的可控性,需要注意以下几点。

第一,判定某项成本可控与否,是相对某个特定成本中心而言的。对于整个企业来说,全部成本都应该是可控的,而就每个特定的成本中心而言,成本则有可控与不可控之分。某个成本中心的不可控成本,对于另一个成本中心来说可能是可控成本。例如,生产车间发生的某些制造费用,对于生产工序、班组这一层次的成本中心来说可能是不可控的,但在生产车间这一层次上则可能是可控的。

第二,某项成本可控与否,在一定条件下是可以转化的。例如,对于某基层部门在其业务活动中使用何种设备、如何取得这种设备这个问题,若必须由上级管理部门决定,则设备的折旧费或租赁费对于该基层部门来说是不可控的,它们是上级管理部门的可控成本,但如果上级管理部门将决策权下放给该基层部门,那么有关费用就变成了该基层单位的可控成本。

第三,同样是可控成本,对于决策会计与责任会计而言,其意义是不同的。决策会计所要考虑的是事前对未来将要发生的成本进行决策,成本一旦实际发生,将成为沉没成本,即与决策无关的成本。而责任会计所要考核的责任成本恰恰是事后的、已实际发生的成本,正因为该成本已实际发生,所以才能将其与预算做比较,计算分析其差异,才能反映成本中心的工作业绩,并要求成本中心对其负起经济责任。事后对责任成本进行考核评价是为了能对下一次将要发生的成本做出更为合理有效的事前决策。

因此,成本中心的各项可控成本之和构成该成本中心的责任成本。对于整个企业来说,全部成本都是可控的,即成本总额的每一个组成部分总能为某个特定的成本中心所控制,从而计入其责任成本。

5. 成本中心的财务业绩考核

由于成本中心的职责比较单一,考核也相对简单,主要集中于目标成本的完成情况,所以成本中心的考核指标主要包括责任成本差异额和责任成本差异率。它们的计算公式分别为

$$责任成本差异额 = 实际责任成本 - 预算责任成本 \tag{10-1}$$

$$责任成本差异率 = \frac{责任成本差异额}{预算责任成本} \times 100\% \tag{10-2}$$

由于成本的高低会因业务量的不同而不同,因此,在对成本中心进行业绩考核时,如果预算产量与实际产量不一致,应首先按照弹性预算的方法调整预算责任成本,然后再进行上述计算。

【例 10-1】 北方公司有甲、乙、丙三个成本中心,它们分别生产三种产品,具体资料如表 10-1 所示。

表 10-1 甲、乙、丙成本中心的相关数据

成本中心	计划产量/件	标准单位材料成本(元/件)	实际产量/件	实际单位材料成本(元/件)
甲	5 000	20	4 500	22
乙	6 000	30	6 000	28
丙	7 500	40	7 200	40

要求:计算各成本中心的责任成本差异额和责任成本差异率,并分析、评价各自的成本控制情况。

根据资料可知:

$$甲成本中心的预算责任成本 = 4\,500 \times 20 = 90\,000 \text{ 元}$$

$$甲成本中心的实际责任成本 = 4\,500 \times 22 = 99\,000 \text{ 元}$$

$$甲成本中心的责任成本差异额 = 99\,000 - 90\,000 = 9\,000 \text{ 元}$$

$$甲成本中心的责任成本差异率 = \frac{9\,000}{90\,000} \times 100\% = 10\%$$

同理,可计算出乙和丙两个成本中心的责任成本差异额和责任成本差异率,具体如表 10-2 所示。

表 10-2 成本中心预算完成情况

成本中心	标准单位材料成本(元/件)	实际产量/件	实际单位材料成本(元/件)	预算责任成本/元	实际责任成本/元	责任成本差异额/元	责任成本差异率/%
甲	20	4 500	22	90 000	99 000	9 000	10
乙	30	6 000	28	180 000	168 000	12 000	−6.7
丙	40	7 200	40	288 000	288 000	0	0

从表 10-2 中的数据不难看出,在这三个成本中心中,乙成本中心的业绩表现是最好的,其实际责任成本比预算责任成本降低了 6.7%;而甲成本中心的成本控制业绩是三个成本中心中最差的,其实际责任成本超支了 10%。这主要是因为乙成本中心的实际单位材料成本比标准单位材料成本降低了 2 元,而甲成本中心的实际单位材料成本却比标准单位材料成本增加了 2 元,从而导致其超出了预算责任成本。

10.2.4 利润中心

1. 利润中心概述

利润中心是对利润负责的责任中心。因为利润由收入与成本两方面决定,所以利润中心既要对收入负责,又要对成本负责。显然,利润中心是比成本中心处于更高层次的责任中心,每个利润中心都包含若干个成本中心。利润中心所要负责控制的成本按下属各成本中心进行分解,即形成各成本中心所要负责控制的对象。利润中心要对其权责范围内取得的全部收入和发生的全部成本以及两者综合反映的利润指标负责。

利润中心的基本特征之一是具有经营决策权,但没有投资决策权。利润中心的权责范围包括从材料采购到产品生产与销售的整个过程,所以利润中心有权决定经营过程中的各种问题,包括生产什么、生产多少、如何生产、如何销售以及以什么价格销售等。从利润中心的权责范围可以看出,利润中心不仅要对经营过程中发生的成本或费用负责,还需要对收入和利润负责。然而,利润中心无权决定企业的投资方向、投资规模及投资类型等问题,自然也就无法对投资收益指标负责。因此,利润中心应对利润负责,且也只能对利润负责,利润指标准确反映了其所应承担的经济责任,考核部门往往通过其利润指标的完成情况,对其工作业绩进行评价。

2. 利润中心的设置与分类

利润中心可以是自然形成的,也可以是人为划分的。自然形成的利润中心是能通过直接向企业外部销售产品或提供劳务而取得实际收入的利润中心,它能够在外部市场开展购销业务,相当于一个独立的企业。人为划分的利润中心则是只能在企业内部各责任中心之间按内部转让价格进行购销活动,从而取得内部收入的利润中心。人为划分的利润中心本来只是企业的一个部门或单位,为了充分贯彻激励原则,企业应最大限度调动其降低成本、提高效益的积极性,并通过引入市场机制、制定内部转移价格、实行内部结算将其建成利润中心,让其自主地开展经营活动。

3. 经营利润与责任利润

与产品成本同责任成本的关系类似,对于利润中心来说,它所要控制并应负责的利润与通常意义上的产品销售利润或营业利润也不尽相同。根据可控性原则,利润中心所要控制并应负责的利润是可控收入扣除可控成本后的剩余部分,它是将收入与费用按"谁负责,谁承担"的原则进行配比的结果,所以可将其称为责任利润,它与按"谁受益,谁承担"的原则进行配比而形成的产品销售利润或营业利润的计算口径并不完全一致。例如,某些利润中心的可控成本可能只包括变动成本而不包括固定成本,或只包括一部分固定成本,这样它们所应负责并控制的利润实际上是指边际贡献或可控毛益。

需要指出,由某个利润中心直接经手取得的收入或支付的费用,未必就是它所能控制的收入或费用;相反,它所能控制的收入或费用也有可能是经由其他责任中心来收取或支付的。所以,在计算、确定利润中心的利润指标的完成情况时,必须根据可控性原则,将有关收入与费用在各责任中心之间进行必要的划转。另外,并非任何一个既有费用支出又有收入来源的部门或单位都是利润中心。如果一个责任中心没有经营决策权,不能自主地开展经营活动,那么它就不是利润中心,因为它无法控制利润,自然也就不能对利润负责。

4. 利润中心的财务业绩考核与控制

利润中心是最终对利润负责的一类责任中心,因此,在对利润中心的业绩进行考核评价时,应以责任利润的完成情况为考核依据。通过比较一定时期内的实际利润与预算利润,可以评价利润中心的责任履行情况。具体到考核指标上的话,由于不同类型、不同层次的利润中心的可控范围不同,因此,用于评价利润中心责任利润指标也就有了多种表现形式。常见的责任利润指标有边际贡献总额、营业利润等。

(1) 利润中心的边际贡献总额

利润中心的边际贡献总额的计算公式如下:

利润中心的边际贡献总额＝该利润中心的销售收入净额－该利润中心的可控成本总额

(10-3)

值得注意的是,如果可控成本中只有变动成本,而无可控固定成本,那么式(10-3)中的可控成本总额就等于变动成本总额。

此指标应用于利润中心业绩考核的优点在于,将利润中心可以影响和控制的那部分成本费用计入该责任中心的业绩,有助于推动该责任单位及其管理者加强对成本的分析和控制,也有助于企业管理者进行部门间的横向比较和取舍。当一个部门因亏损而不能为企业带来利润时,只要它能够创造正的边际贡献总额,那么,在没有更好的方案可以选择时,就应该继续保留此部门。当然,此指标也存在不足,即其对不可控成本的忽略可能会导致部分利润中心为了自身具有好的业绩表现,而使整个企业的成本费用大幅度增加。

(2) 利润中心的营业利润

营业利润是利润中心的边际贡献总额扣除不可控成本后的余额,其计算公式为

利润中心的营业利润＝利润中心的边际贡献总额－该利润中心的不可控成本 (10-4)

将此指标作为利润中心业绩的考核指标,不仅避免了边际贡献总额指标对不可控成本忽略的不足,还能使利润中心目标与企业整体目标协调一致。在适用范围上,本指标更适合自然利润中心业绩的考核评价。虽然将营业利润作为利润中心业绩的考核指标有优势,但实施起来有一定难度。利润中心的不可控成本往往是由整个企业引发,能够为多个责任单位的生产和销售提供服务的共同成本,所以在将其直接确认、归属至某一个单位时有一定难度,企业需要根据各利润中心的实际情况,采用合适的方法进行分配。

在实践中,不可控成本通常由上级责任中心按照各利润中心的收益比例进行分配,或者按照各利润中心已签订合约的责任进行分配,有时还可能依据各利润中心的销售比例进行硬性

分配。当然,考虑这些成本费用对各利润中心而言是不可控的,也可以将其留在整个企业或者上级责任中心,不再分配给下属利润中心。

10.2.5 投资中心

1. 投资中心概述

投资中心是对投资收益负责的责任中心。投资收益是将投入资本与该项投资所产生的收益联系起来并加以综合考核的指标,所以,投资中心要对投资收益负责,就要对利润负责,从而也就要对形成利润的收入与成本负责。显然,投资中心是比利润中心处于更高层次的责任中心,每个投资中心都包含若干个下属利润中心。投资中心所要负责并控制的利润按下属各利润中心进行分解,形成各利润中心所要负责并控制的对象,而投资中心要对其权责范围内的全部投资及其产生的全部利润,以及两者联系起来加以综合反映的投资收益指标负责。

投资中心的基本特征之一是不仅具有经营决策权,还具有投资决策权,所以投资中心享有高度的自主权。实际上,所谓分权管理,是指一家大型公司被划分为若干个享有高度自主权的投资中心,而在成本中心、利润中心层次上的分权,在集中管理模式下也是存在的。投资中心在各类责任中心中处于最高层次,享有最大的权责范围,有权自主决定经营活动和投资活动中的各种问题,包括经营的方式,产品的品种,投资的方向、规模、类型等。投资中心同时也要对经营成果和投资收益负责。在一般情况下,企业最高管理层不干预投资中心的活动。

成本中心、利润中心、投资中心这三类责任中心在分权管理的企业组织结构中分别处于不同的层次。成本中心通常包括工厂、车间、工段、班组等非独立法人;利润中心通常包括分公司以及一部分工厂甚至车间,有的是独立法人,有的不是独立法人;投资中心则通常包括各事业部和一部分分公司,一般都是独立法人。

成本中心、利润中心、投资中心这三类责任中心的控制范围及三者之间的关系大体如图10-1所示。

图 10-1 成本中心、利润中心和投资中心关系图

2. 投资中心的财务业绩考核与控制

投资中心的考核评价不仅关注产出情况,还关注投入与产出之间的关系。因此,在对投资中心进行业绩考核时,不仅要关注其实现利润的高低,还要结合其投入资金情况,考核其投资报酬率和投资效果的优劣。在实践中,通常通过计算、比较和分析投资利润率、剩余收益等财务指标对投资中心的经营业绩进行考核与评价。

(1) 投资利润率

投资利润率又称投资报酬率,是投资中心获得的息税前利润与投资额之间的比值,其计算

公式为

$$投资利润率=\frac{息税前利润}{投资额}\times 100\% \quad (10\text{-}5)$$

投资额是投资中心可以控制并使用的总资产,因此,投资利润率又称总资产利润率。其中,息税前利润是扣除利息、企业所得税之前的利润,因为无论是所得税税费还是利息,都与资金如何投放、资产如何使用无关,属于投资中心的不可控因素,应被排除在投资中心经营利润之外。同时,由于利润是期间性指标,为保持分子、分母计算口径一致,在考察投资中心投入的资金或占用的资产时,应按照平均投资额或平均占用额进行计算。

投资利润率可以反映投资中心每运用一元资产对创造利润贡献的大小,主要用于考核和评价由投资中心掌握、使用的全部资产的盈利能力。在具体考核评价时,可将某投资中心的投资利润率的实际值与预算值进行比较,或者将该投资中心的投资利润率与其他利润中心的投资利润率进行比较,以发现存在的差异,并对产生差异的原因进行深入分析。

为进一步说明影响投资利润率的各个因素,可进一步将投资利润率分解如下:

$$投资利润率=\frac{销售收入}{投资额}\times\frac{息税前利润}{销售收入}=总资产周转率\times销售利润率 \quad (10\text{-}6)$$

作为广泛应用的评价投资中心经营业绩的指标,投资利润率有助于反映投资中心在增加销售、控制成本费用、加快资产周转等方面的综合盈利能力;有助于分析、比较多个投资中心的经营业绩,实现对多个投资中心经营业绩的优劣比较与分析评价;也有助于引导各投资中心选择有利的投资机会,调整资产存量,盘活闲置资产,减少不合理资产占用,实现资源的优化配置和有效使用。

当然,我们也应清醒地认识到,投资利润率也存在一定的不足,尤其是投资利润率的财务指标属性,它会使得个别投资中心为了获得高的投资利润率而减少投资,或者放弃对整个企业有利的投资项目,做出错误的投资决策。这样不仅会造成投资中心自身的本位主义和短视行为,还会影响企业的整体利益和长远发展。

【例 10-2】 西海公司是某集团的下属子公司,拥有独立的投资决策权。2021 年,该公司总资产的年初规模为 500 万元,年末规模为 700 万元。2021 年的利息费用为 20 万元,税后利润为 80 万元,所得税税率为 25%。集团要求下属子公司的投资利润率为 18%。

要求:计算 2021 年西海公司的投资利润率。

$$2021 \text{ 年该公司的平均投资额}=\frac{500+700}{2}=600 \text{ 万元}$$

$$2021 \text{ 年该公司的息税前利润}=\frac{80}{1-25\%}+20\approx 126.67 \text{ 万元}$$

$$2021 \text{ 年该公司的投资利润率}\approx \frac{126.67}{600}\times 100\%\approx 21.11\%>18\%$$

由上述计算可知,该公司实际的投资利润率约为 21.11%,高于集团要求的 18%,因此,该公司完成了预算责任目标。

(2) 剩余收益

剩余收益(Residual Income,RI)是投资中心获得的息税前利润扣减其按要求或预期获取的最低投资收益后的余额,是一个绝对值指标。其中,最低投资收益是投资中心为保证生产经营的正常、持续进行所必须达到的最低收益水平,具体等于投资总额与规定或预期获取的最低投资收益率的乘积。最低投资收益率一般可按整个企业各投资中心的加权平均投资收益率计

算得到。相应地,剩余收益的计算公式为

$$剩余收益=息税前利润-最低投资收益 \\ =息税前利润-投资总额×计划(预期)的最低投资收益率 \tag{10-7}$$

式(10-7)可进一步分解为

$$剩余收益=投资总额×投资收益率-投资总额×计划(预期)的最低投资收益率 \\ =投资总额×(投资收益率-计划(预期)的最低投资收益率)$$

作为一个绝对值指标和越大越好的正向指标,只有当剩余收益的金额大于 0 时,才说明被评价的投资中心有好的业绩表现;反之,则说明该投资中心的业绩未达到预期,经营业绩表现不佳。进一步,对某一投资项目而言,只要该项目的投资收益率高于规定或预期的最低收益率水平,就会使得选择该项目的投资中心的剩余收益增加,给企业带来利润,从而保证投资中心的决策行为与企业总体目标一致,推动投资中心做出有利于企业整体利益和长远发展的投资项目决策,避免投资中心的本位主义和短视行为,这也是剩余收益相对于投资收益率的优势。

10.3 内部转移定价

在分权管理体制下,各责任单位的责、权、利具有相对独立性,但在实际运营过程中,有的责任单位的产成品可能是企业内部其他责任单位的原材料或半成品。因此,当企业内某一责任单位向另一责任单位提供产品或服务时,管理者将面临如何制定内部交易价格,如何保障交易双方的经济利益,如何明确交易双方的权利和责任,如何建立公平、客观、可比的业绩考核体系等问题。由此,内部转移价格理论应运而生。本节将在阐述内部转移价格含义、目的和制定原则的基础上,进一步介绍内部转移价格的类型。

10.3.1 内部转移价格概述

1. 内部转移价格的含义

企业内部各责任中心在生产经营活动中既相互联系又相对独立。为了正确评价企业内部各责任中心的经营业绩,明确区分各自的经济责任,使业绩评价与考核建立在客观公正、可比的基础上,各责任中心在彼此之间发生经济往来,相互提供产品(或劳务,下同)时,需要按照一定的价格、采用一定的结算方式进行计价结算。这种计价结算并不动用企业货币资金,而是一种观念上的货币结算。计价结算过程中使用的价格称为内部结算价格,也叫内部转移价格。

2. 制定内部转移价格的目的

(1) 分清经济责任,防止责任转嫁

作为一种计量手段,内部转移价格可以确定转移产品的价值量。这种价值量既标志着提供产品的责任中心的经济责任的完成,也标志着接受产品的责任中心应该承担经济责任的开始。因此,正确制定内部转移价格,可以合理确定各责任中心应承担的经济责任,防止责任转嫁,切实维护各责任中心的正当经济权益,保证责任会计合理准确地实施。

(2) 量化工作绩效,指导经营决策

通过制定和运用内部转移价格,我们可以把有关责任中心的经济责任、工作绩效加以量化,使企业最高管理者和各职能部门的主管人员能根据企业未来一定期间的经营目标和有关的收入、成本、利润以及资金情况,在分析比较的基础上,制定正确的经营决策,选取履行经济责任、完成责任预算、实现预定目标的最佳行动方案。

3. 制定内部转移价格时应遵循的原则

为了有效发挥内部转移价格的作用,制定内部转移价格时应遵循以下原则。

(1) 目标一致性原则

责任中心是企业整体的组成部分,其目标应该与企业整体目标一致,因此,在制定内部转移价格时,既要考虑有关责任中心的利益,又要考虑企业整体的利益,并且尽可能使两方面利益达成一致,不能只顾企业整体利益而忽视责任中心利益,导致责任中心积极性受挫,或为了某个责任中心利益而损害企业整体利益,影响企业长远战略目标的实现。

(2) 公平性原则

制定的内部转移价格应该是公平合理的,需要得到提供产品的责任中心和接受产品的责任中心的认可,否则就不能作为考核各责任中心业绩的指标,也不利于调动各责任中心的积极性。

(3) 自主性原则

在目标一致的前提下,各责任中心要拥有自主制定本中心产品内部转移价格的权利。自主性是责任中心行使权利的表现,其他部门和个人不得干涉。当各责任中心不能对内部转移价格达成一致意见时,任何一方都要尊重对方的意见,无权强制要求对方执行自己的决策,这在一定程度上也体现了公平性原则。

当然,自主性的前提是目标一致。当责任双方各持己见、争执不下,并可能损害企业整体利益时,责任双方应以企业整体利益为重,将问题交由企业上级管理部门协调处理。

10.3.2 内部转移价格的类型

1. 市场价格

市场价格就是产品或劳务的市场供应价格。以市场价格为内部转移价格的前提是各责任单位必须有充分的外购、外销产品或劳务的主权,而且这些产品或劳务都具有进入竞争市场的价格优势。

市场价格通常是制定内部转移价格最好的依据,这是因为它比较客观,对买卖双方均无偏袒,而且能促使卖方努力改善经营管理。同时市场价格也最能体现责任中心的基本要求。

以市场价格为内部转移价格时,应该注意两个问题。一是中间产品可向外部出售或从外部购进,可以把市场价格作为内部转移价格,但并不等于直接将市场价格用于内部结算,而是应在此基础上,对外部售价做一些必要调整。这是因为外部售价一般包括销售费、广告费以及运输费等,而这些费用在产品内部转移时一般可避免发生。例如,在企业不同责任中心之间转移产品一般不必支付销售费用,这些费用一般也是外部售价的组成部分,因而在制定内部转移价格时,若不在市场价格中予以扣除,则节约的销售费用所带来的好处都会被供应方获得,不利于利润的公平分配。二是以市场价格为依据制定内部转移价格时,一般假设中间产品具有完全竞争的市场,或中间产品提供部门无闲置生产能力。

在把市场价格作为内部转移价格时,应尽可能使各责任中心进行内部转让,除非责任中心有充分的理由说明对外交易比内部转让更为有利。为此,以市场价格为内部转移价格要遵循以下三个原则。

(1) 当供应方愿意对内销售,且售价不高于市场价格时,使用方有购买的义务,不得拒绝"购进"。

(2) 当供应方售价高于市场价格时,使用方有转向市场购入的自由。

(3) 当供应方愿意对外部市场销售时,应具有尽量不对内销售的权利,但必须以不影响企业整体利益为前提。

以市场价格为内部转移价格也有局限性,因为企业内部转移的中间产品往往难以找到相应的市场价格作为依据。

【例 10-3】 已知 A 和 B 均为投资中心(下称"分部"),A 分部生产的 M 零件既可以在市场上直接出售,也可以作为 B 分部的原材料。M 零件的市场价格为 10 元/个,A 分部的年最大产量为 10 000 个,单位变动成本为 5 元。B 分部每年需要消耗 5 000 个 M 零件,该零件可以从市场或 A 分部进行购买,继续深加工时,每个产品需追加 5 元的变动成本,加工完成后,每个产品的对外售价为 30 元/个。

假定 A 分部的外部市场的最大销售量为 10 000 个,在这种情况下,由于 A 分部生产的产品可以完全被外部市场消化,因此可以市场价格为内部转移价格,此时,无论 A 分部是对外销售还是对内销售,或不论 B 分部是从外部购买还是从内部购买,A、B 分部和公司总体的收益都不会受到影响。A、B 分部的简易损益表(一)如表 10-3 所示。

表 10-3　A、B 分部的简易损益表(一)　　　　　　　　　　单位:元

项　目	A 分部	B 分部
销售收入	100 000	150 000
变动成本	50 000	75 000
固定成本	30 000	20 000
成本合计	80 000	95 000
营业利润	20 000	55 000

其中,A 分部销售收入=10×10 000=100 000 元;A 分部变动成本=5×10 000=50 000 元;B 分部销售收入=30×5 000=150 000 元;B 分部变动成本=15×5 000=75 000 元。

假设 A 分部的外部市场的最大销售量还是 10 000 个,但 A 分部的年最大产量为 15 000 个,则剩余生产能力为 5 000 个。在这种情况下,A 分部不应直接将市场价格用于内部结算,而应在市场价格的基础上做出一定的调整。这是因为以市场价格为内部转移价格时,对于 B 分部而言,无论是从市场购买 M 零件还是从内部购买 M 零件,购买成本都是相同的,所以 B 分部便不会主动从 A 分部购入 M 零件。如果 B 分部从市场购入 M 零件,一方面会造成 A 分部生产能力闲置,另一方面也会减少公司的营业利润。

2. 协商价格

协商价格也称议价,是企业内部各责任中心以正常的市场价格为基础,通过定期共同协商确定的双方都接受的价格。使用协商价格的前提是责任中心转移的产品应具有在非竞争性市场买卖的可能性,且在这种市场上,买卖双方有权自行决定是否买卖这种中间产品。如果买卖双方不能自行决定,或价格协商的双方发生矛盾而又不能自行解决,或双方协商的定价不能引导企业做出最优决策,那么企业高一级的管理层就要进行必要的干预。这种干预应以有限、得体为原则,不能使整个谈判出现上级领导决定一切的局面。

协商价格的上限是市场价格,下限是单位变动成本,具体价格应由各相关责任中心在这一范围内协商议定。当产品或劳务没有相应的市场价格时,只能采用议价方式来确定。各相关责任中心之间讨价还价形成的、企业内部的模拟"公允市价"可作为计价的基础。

协商价格也存在一定的缺陷:一是协商定价的过程要花费人力、物力和时间;二是协商定价的各方往往会相持不下,需高层管理者做出裁定,这样就弱化了分权管理的作用。

【例 10-4】 接例 10-3,经过 A、B 分部协商,M 零件的内部转移价格为 8 元/个,那么在这

种情况下,内部转移价格低于市场价格,就能够激励 B 分部采取内部交易的方式获取零件。A、B 分部的简易损益表(二)如表 10-4 所示。

表 10-4　A、B 分部的简易损益表(二)　　　　　　　　　　　　单位:元

项　　目	A 分部	B 分部
销售收入	140 000	150 000
变动成本	75 000	65 000
固定成本	30 000	20 000
成本合计	105 000	85 000
营业利润	35 000	65 000

其中,A 分部销售收入=10×10 000+8×5 000=140 000 元;A 分部变动成本=5×15 000=75 000 元;B 分部销售收入=30×5 000=150 000 元;B 分部变动成本=(8+5)×5 000=65 000 元。

在这种情况下,A 分部的闲置生产能力被释放,销售量增加 5 000 个,销售收入增加 40 000 元,营业利润增加 15 000 元;而 B 分部因为每个零件的购置成本降低了 2 元,总成本降低了 10 000 元,相应地,营业利润增加了 10 000 元。由此可见,如果内部转移价格低于市场价格但高于 A 分部生产 M 零件的单位变动成本,就会使得各分部收益增加,进而使整个公司的收益增加。在本例中,协商价格可在 5~10 元的范围内波动。

3. 双重价格

双重价格是指对产品或劳务的供需双方分别采用不同的转移价格。采用双重价格的原因在于,内部转移价格主要是为了对企业内部各责任中心的业绩进行评价和考核,各相关责任中心所采用的价格并不需要完全一致,可分别选用对其最有利的价格作为计价依据。双重价格有两种形式。

(1) 双重市场价格。它是指当某种产品或劳务在市场上出现几种不同价格时,供应方采用最高市场价格,使用方采用最低市场价格。

(2) 双重转移价格。它是指供应方以市场价格或议价为基础,而使用方以供应方的单位变动成本为计价的基础。

双重价格的好处是既可较好地满足供应方和使用方的不同需求,又能激励双方在经营上充分发挥其主动性和积极性。

采用双重价格的前提条件是:内部转移的产品或劳务有外部市场,供应方有剩余生产能力,而且产品或劳务的单位变动成本要低于市场价格。当采用唯一的内部转移价格不能激励各责任中心有效经营,以及不能保证责任中心与整个企业的经营目标达成一致时,应采用双重价格。

4. 成本转移价格

成本转移价格是以产品或劳务的成本为基础制定的内部转移价格。由于成本的概念不同,成本转移价格也有多种不同形式,其中应用较为广泛的成本转移价格有三种。

(1) 以产品或劳务的标准成本为内部转移价格。这种成本转移价格适用于成本中心产品的转移,它可以避免因供应方成本过高或过低对使用方带来的不利影响,调动供需双方降低成本的积极性。

(2) 以产品或劳务的标准成本加计一定的合理利润为计价的基础。这种成本转移价格的优点是能分清相关责任中心的责任,缺点是确定加成利润率时难免会带有主观随意性。

(3) 以产品(半成品)或劳务的标准变动成本为内部转移价格。这种成本转移价格符合成本习性,能够明确揭示成本与产量的关系,便于考核各责任中心的业绩,利于经营决策。这种成本转移价格的不足之处是产品或劳务中不包含固定成本,不能反映劳动生产率变化对固定成本的影响,不利于调动各责任中心提高产量的积极性。

10.4 责任会计应用案例

【案例资料】

凯盛集团公司有甲、乙两个利润中心,2021年相关成本费用指标如表10-5所示。其中,变动成本为利润中心的可控成本,租金、折旧费为不可控成本且按照2:3的比例在甲和乙之间进行分配。另外,甲生产的A半成品不仅可以在市场上出售,也可以作为乙生产B产品的零件。B产品加工完毕后可在企业外部市场上公开销售,生产一件B产品需要消耗2件A半成品,甲要求的利润率为20%,A半成品和B产品的生产资料如表10-6所示。

表10-5 利润中心成本费用指标　　　　　　　　　　单位:元

项目	利润中心 甲	利润中心 乙	合计
销售净额	1 000 000	1 200 000	2 200 000
变动成本	600 000	860 000	1 610 000
固定成本			500 000
其中:租金			200 000
折旧费			300 000

表10-6 A半成品和B产品的生产资料表

项目	产品 A	产品 B
市场价格(元/件)	80	100
单位变动生产成本(元/件)	35	
单位深加工费用(不含A半成品的成本)(元/件)		20
单位销售及管理费用(元/件)	25	45
最大产量/件	30 000	10 000
预计对外销售量/件	12 500	12 000

【案例要求】

(1) 从边际贡献总额的角度评价各利润中心的经营业绩。
(2) 基于营业利润,对各利润中心的业绩进行评价。
(3) 请选择合适的内部定价方法确定A半成品的内部转移价格。

【案例解析】

(1) 边际贡献总额＝销售净额－可控成本总额

  甲的边际贡献总额＝1 000 000－600 000＝400 000 元

  乙的边际贡献总额＝1 200 000－860 000＝340 000 元

从计算结果来看,甲的业绩明显好于乙。尽管乙的销售净额高于甲,但由于甲的成本费用控制得较好,因此其边际贡献总额要高于乙。

(2) 对固定成本按比例进行分摊:

  甲的租金＝$200\,000 \times \dfrac{2}{5}$＝80 000 元

  乙的租金＝$200\,000 \times \dfrac{3}{5}$＝120 000 元

  甲的折旧费＝$300\,000 \times \dfrac{2}{5}$＝120 000 元

  乙的折旧费＝$300\,000 \times \dfrac{3}{5}$＝180 000 元

  营业利润＝边际贡献总额－不可控成本

  甲的营业利润＝400 000－80 000－120 000＝200 000 元

  乙的营业利润＝340 000－120 000－180 000＝40 000 元

从计算结果来看,在将不可控成本在甲、乙之间进行分摊后,甲的营业利润要明显大于乙,所以从营业利润角度来看,甲的业绩要优于乙。

(3) 根据表 10-6,A 半成品的最大产量为 30 000 件,甲公司尚有闲置的生产能力为乙公司额外生产 A 产品 17 500 件(30 000 件－12 500 件),满足 B 产品 8 750 件(17 500/2 件)的生产需求,且外部市场可以容纳这些产品(8 750 件＜12 000 件),同时 A 的单位变动成本 60 元(25 元＋35 元)也小于其市场价格 80 元。此时,企业可考虑采用实际成本加成(产品标准成本加计一定的合理利润)或双重价格确定内部转移价格。

① 在实际成本加成定价法下,A 半成品的内部转移价格＝60×(1＋20％)＝72 元。此价格是甲、乙使用的唯一的内部转移价格。

② 在双重价格定价法下,提供方甲选择和适用的内部转移价格＝A 半成品的市场价格＝80 元;接受方乙选择和适用的内部转移价格＝A 半成品的单位变动成本＝60 元。甲、乙分别使用不同的内部转移价格进行内部结算或内部责任转账。

本章知识点小结

本章主要介绍责任会计的基本理论及其应用,核心知识点包括以下几点。

第一,责任会计概述。①责任会计的产生及发展。②责任会计的基本内容:设置责任中心、编制责任预算、实施责任监控、进行业绩考核与评价。③责任会计的基本原则:责任主体原则、总体最优化原则、激励原则、可控性原则、反馈原则。

第二,分权与责任中心。①集权与分权管理。②责任中心的分类:成本中心、利润中心、投资中心。

第三,内部转移定价。①内部转移价格的概念。②制定内部转移价格的目的。③制定内部转移价格需要遵循的原则:目标一致性原则、公平性原则、自主性原则。④内部转移价格的类型:市场价格、协商价格、双重价格、成本转移价格。

思考与练习题

一、单项选择题

1. 各责任中心目标的实现要有助于企业整体目标的实现,这反映了( )。
   A. 责任主体原则　　　　　　　　B. 总体最优原则
   C. 激励原则　　　　　　　　　　D. 可控性原则

2. 某生产车间作为一个成本中心,在对其进行业绩评价时,需要纳入核算的责任成本包括( )。
   A. 直接材料、直接人工和变动制造费用
   B. 直接材料、直接人工和固定制造费用
   C. 直接材料、直接人工和期间成本
   D. 直接材料、直接人工等全部可控成本

3. 以下关于双重内部转移价格的表述正确的是( )。
   A. 有利于调动买卖双方的积极性　　B. 有利于促进内部竞争
   C. 有利于维护卖方利益　　　　　　D. 有利于维护买方利益

4. 北方公司的投资中心的部门平均投资额为1 000万元,预期最低投资收益率为20%,剩余收益为200万元,则该投资中心的投资收益率为( )。
   A. 20%　　　　B. 30%　　　　C. 40%　　　　D. 50%

5. 企业内部各责任中心相互转移产品时,如果采用协商价格作为内部转移价格,那么协商价格的上限是( )。
   A. 产品的市场价格　　　　　　　B. 单位变动成本
   C. 单位产品的变动制造成本　　　D. 单位产品的固定成本

二、多项选择题

1. 下列各选项中,关于分权管理优点的表述正确的是( )。
   A. 使高级管理者从日常复杂烦琐的事务中解脱出来,专心于企业的重大决策和长远发展
   B. 提升企业的管理效率
   C. 能够调动中下层管理者的工作热情和积极性
   D. 更有利于维护公司的整体利益

2. 下列各选项中,属于生产车间可控成本的是( )。
   A. 按照车间资产比例分配的管理费用
   B. 按照机器工时计提的生产设备折旧费
   C. 由于管理不善导致的材料浪费
   D. 车间发生的间接材料成本

3. 部门投资收益率作为投资中心的评价指标,其优点包括(　　)。
A. 能够使部门业绩评价目标与公司整体目标保持一致
B. 能够直接根据现有会计数据进行核算,简单方便
C. 能够比较不同规模部门的业绩情况
D. 能够从总资产周转率和销售利润率的角度进行比较与分析

4. 下列关于内部转移价格的表述中,正确的是(　　)。
A. 协商价格通常不高于市场价格,不低于单位变动成本
B. 协商价格的确定往往需要花费较多的人力、物力和时间
C. 市场价格不适用于自然利润中心
D. 内部转移价格分为市场价格、协商价格、双重价格和成本转移价格四种

5. 责任中心的特征包括(　　)。
A. 定期进行业绩考核及评价
B. 责任、权利相结合
C. 既相互独立也相互合作
D. 在追求部门利益的同时与企业整体目标保持一致

三、计算分析题

甲公司有 A 和 B 两个部门。A 部门税前经营利润为 50 000 元,平均经营资产为 150 000 元;B 部门税前经营利润为 96 000 元,平均经营资产为 240 000 元。假定 A 部门规定最低税前投资收益率为 20%,B 部门规定最低税前投资收益率为 30%。所得税税率为 25%。

要求:

(1) 计算各部门的剩余收益。

(2) 目前 A 部门有一个投资方案,即投资 80 000 元,每年可获得税前经营利润 32 000 元。若采用剩余收益作为考核标准,试判断是否应该采纳该方案?

(3) 同样,B 部门有一个减资方案,即撤销投资 100 000 元,每年可获得税前经营利润 30 000 元。若采用剩余收益作为考核标准,试判断是否应该采纳该方案?

(4) 结合材料,简要说明剩余收益作为投资中心业绩评价标准的优点。

第11章 业绩综合评价

知识框架体系

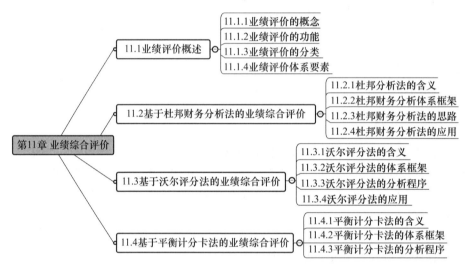

【学习目标】

本章在介绍业绩评价基本理论的基础上,重点讲解了杜邦财务分析法、沃尔评分法和平衡计分卡法。通过本章的学习,需要达到以下学习目标:

1. 业绩评价的概念、功能、分类、体系要素(掌握);
2. 杜邦财务分析法的含义、体系框架、分析思路(掌握和应用);
3. 沃尔评分法的含义、体系框架、分析程序(理解);
4. 平衡计分卡法的含义、体系框架、分析程序(理解)。

11.1 业绩评价概述

业绩评价是现代企业管理的重要方法和手段,随着世界经济一体化和经济全球化步伐的加快,企业面临着来自全球的市场竞争,企业的战略、管理方式等也随着企业内外部环境的变化而不断变化。正确运用企业业绩评价方法评判企业经营绩效,对促进企业健康发展、提升企业管理水平、增强企业竞争力具有重要的现实意义。

11.1.1 业绩评价的概念

业绩评价包括对企业经营效益和经营者业绩两个方面的评价。企业的经营效益主要表现在偿债能力、营运能力、盈利能力和发展能力等方面；经营者的业绩主要表现在经营者对企业的经营、成长和发展所做出的贡献等方面。

业绩也称绩效(Performance)，是指特定期间内某一组织的经营管理效率、效益或某个人的工作表现。绩效是一个综合的概念，从企业的角度来说，绩效是企业的盈利能力、资产营运水平、偿债能力和持续发展能力等财务绩效和顾客满意度等非财务绩效的综合体。评价(Evaluation)是一种判断，是指为达到一定的目的，依据统一的标准和规定的方法，以及运用特定的指标对事物做出价值判断的一种认识活动。

业绩评价(Performance Evaluation)又称绩效考核、绩效评估，是指运用一定的评价方法，通过选择特定的评价指标，对评价客体进行定性分析或定量评价，并依据既定的评价标准，遵循特定的程序，对评价客体绩效目标的实现程度以及为实现这一目标制定的预算执行结果做出客观、公正的综合评判。从企业角度来说，企业业绩评价是在财务会计和财务管理的基础上，运用计量经济学原理和现代分析技术对企业的经营过程进行剖析，以反映企业现实状况、预测未来发展前景的一门科学。

11.1.2 业绩评价的功能

从业绩评价的概念可知，业绩评价依据业绩考核的结果对未来进行科学合理的决策，对被评价对象进行客观公正的评判。业绩评价具有认识、考核、预测、导向等一系列功能。其中，考核功能是最基本的功能，而导向功能是从考核功能中派生出来的最重要的功能。

第一，认识功能。认识功能是指评价者根据被评价单位的基本情况，选取科学合理的指标，确定客观的定量评价的依据，量化考核被评价对象，从而避免主观印象的偏差。

第二，考核功能。考核功能是指通过对反映企业经营管理状况评价指标的测算，将测算的指标值与评价标准进行综合比较，进而对企业的经济效益、社会效益等方面做出价值判断，以便客观、公正、全面地反映和衡量企业经营管理的水平。

第三，预测功能。预测功能是指通过对企业当前业绩的评价，预测和判断企业未来经营活动的发展趋势，进而充分认识企业的过去和现在，使各相关利益主体更好地做出规划、计划和决策。

第四，导向功能。导向功能是指相关部门依据业绩评价的结果，对经营者和职工实施奖惩措施；有关管理部门也可以通过企业绩效评价的真实情况对企业进行外部监督，从而促进企业的经营与发展。

11.1.3 业绩评价的分类

业绩评价根据企业经营活动的复杂性和企业不同业务、不同部门或个人的不同考核要求，可从不同的角度分为不同的类别。

(1) 基本评价与综合评价

按照评价的深入程度,业绩评价可以分为基本评价和综合评价。

基本评价和综合评价的区别在于两者选用的评价指标所反映的深入层次不同。若选取的指标是评价企业基本层面的,则为基本评价;若选取的指标是深入评价企业总体各个方面的,则为综合评价。

作为组织,企业是一个整体,对企业的业绩评价可以是对企业某一个方面的评价,也可以是对企业整体的评价。在进行业绩评价时,根据评价的目标,我们可以从总体到具体层层深入地选择不同的评价指标,指标层次不同,评价结论的综合程度也不同。

(2) 企业绩效评价与个人绩效评价

根据业绩评价客体的不同,业绩评价可以分为企业绩效评价和个人绩效评价。

企业绩效评价是指以企业为客体的评价,不仅可以对企业的整体进行业绩评价,还可以对企业的某个或某几个部门进行评价。例如,企业内部的生产部门、营销部门、财务部门、人力资源管理部门等都可以成为企业绩效评价的一部分。个人绩效评价是对企业高层管理人员、部门经理,或者一线员工等的工作表现与业绩进行的评价,往往与激励与薪酬相联系。

(3) 财务绩效评价与非财务绩效评价

根据业绩评价内容侧重点的不同,业绩评价可以分为财务绩效评价和非财务绩效评价。

财务绩效评价是指对企业财务方面的绩效,包括盈利能力、偿债能力、营运能力和持续增长能力等进行的评价,一般运用财务方面的指标定量地进行评价;非财务绩效评价主要通过对内部流程与管理效率、客户满意度、产品质量、追求创新与成长情况等非财务指标进行定性描述或分解,并赋予这些指标不同的权重,以便更直观地进行评价。

(4) 日常业绩评价与年终业绩评价

根据业绩评价考核时间的不同,业绩评价可以分为日常业绩评价和年终业绩评价两类。

日常业绩评价是指通过日常的信息反馈和业绩考评,对有关责任单位的行为及时进行控制和调节,可以在企业的生产经营期内随时开展,以确保既定预算目标的实现。年终业绩评价旨在考核各责任单位在整个经营年度内完成既定目标的情况,为奖惩部门及其员工,编制下一年的预算提供依据,通常在年末进行。

11.1.4 业绩评价体系要素

业绩评价体系又称绩效评价系统,是一个能够对考评对象的绩效表现进行评判与分析,从而为进一步的薪酬设计与奖惩提供依据的系统。一个完整的业绩评价体系一般包括评价主体、评价客体、评价目标、评价指标、评价标准、评价方法、评价结论等要素。

(1) 评价主体

从理论上讲,各利益相关者都可以成为企业业绩评价的主体。换句话说,评价主体就是组织和开展评价的单位或个人,解决的是"由谁进行评价"的问题。各利益相关者主要包括政府部门、投资者、债权人以及企业的经营者和员工等。

第一,政府相关部门。政府相关部门包括企业的主管部门、财政与税务部门等。政府相关部门可以通过业绩考核衡量企业的经营情况,进而制定区域经济发展政策及支持企业发展的措施。若考核国有企业或国有控股企业,政府相关部门还可以根据业绩考核情况对企业的领导班子进行调整等。

第二,投资者。投资者不仅包括已经为企业投资的股东或社会公众,也包括潜在的、处于观望期的投资者。这些投资者希望通过对企业业绩的评价,获取有关企业盈利能力以及分派股利或投资收益等方面的信息,以便对自身投资风险和预期收益做出合理估计,进而做出正确的投资决策。

第三,债权人。债权人希望通过对企业业绩的评价,获取企业偿债能力方面的信息,以便做出关于企业的授信额度、付款条件、利率水平、保证条款等问题的信用决策。

此外,企业的员工、供应商等也可以作为企业业绩评价的主体,组织开展企业业绩评价活动。

(2) 评价客体

评价客体可以是整个企业,也可以是企业内部的部门或个人,解决的是"对谁进行评价"的问题。在把整个企业作为评价的客体时,需要注意的是,被评价的企业一般应是独立的法人实体,能够独立承担民事责任,能够编制完整的财务报表,能够依法正常开展各项生产经营活动,且持续经营时间至少为一个会计年度。在考核时,除了要关注并考核企业的偿债能力、营运能力以及持续发展能力等财务绩效方面的信息外,还应关注顾客满意度、社会贡献度、社会责任等非财务绩效方面的信息。

(3) 评价目标

评价目标是整个业绩评价的依据和目的,解决的是"为什么评价"的问题。企业业绩评价的目标体现在两方面:一方面是为企业的战略制定提供辅助性信息,以便摸清对企业经营有利和不利的因素,找出本企业的优势与劣势,进而确定适用于本企业的最佳战略;另一方面是为企业战略的有效实施提供控制性信息,以便组织企业内的各部门、各单位共同建立科学的组织结构,形成有效的行政管理系统,使奖惩与企业的业绩评价挂钩,建设有利于战略目标实现的企业文化。

(4) 评价指标

评价指标是评价目标的具体化和量化体现,可以是单个的财务或非财务指标,也可以是由多个指标共同构成的指标体系。在确定评价指标时,首先,应科学合理地确定各指标在整个指标体系中的地位;其次,应使用一定的方法确定各指标在整个指标体系中的权重。这样才能将被评价的内容具体化,并以此为基础对企业的经营情况进行量化和分析。

(5) 评价标准

评价标准是判断评价对象经营绩效优劣的衡量依据,解决的是"依据什么评价"的问题。评价对比的标准不同,得出的评价结论自然也不同。在实践中,企业会根据不同的评价目标选取不同的评价标准,而且同一个评价系统可能同时使用两种或两种以上不同的标准进行对比和判断。例如,对同一企业某段时期的持续发展绩效进行评价时,可以把年度预算标准或本企业历史最优水平作为评价标准,并将所确定的评价标准与同行业平均水平、国内或国外先进水平进行对比,从而做出评价,得出更加客观、合理的评价结论。

(6) 评价方法

评价方法解决的是"依据何种模式"进行业绩评价的问题。从业绩评价的发展与演变来看,业绩评价方法先后经历了观察法、成本绩效评价法、财务绩效评价法、财务与非财务绩效综合评价法等几个发展阶段。随着经济的发展,现代社会对企业贡献的关注内容不仅包含企业的盈利能力,还包括企业的社会责任等,现代社会对企业进行评价时,大多采取财务指标与非财务指标相结合的财务与非财务绩效综合评价法,主要包括杜邦财务分析法、沃尔评分法和平衡计分卡法等。

(7) 评价结论

评价结论是业绩评价系统中最终的输出信息,解决的是评价客体的"绩效究竟如何"的问题。一般来说,企业业绩评价的结论会以书面的业绩评价报告呈现出来。业绩评价报告需要阐明实际业绩水平与预定业绩目标之间的差异及其产生的原因,以便明确差异产生的影响及其责任承担者,最终得出关于被评价对象业绩优劣的结论,为企业管理者或其他各利益相关者提供参考。可见,评价结论最终可使业绩评价体系的功能得以有效的发挥。

本章从财务绩效评价和非财务绩效评价相结合的综合评价角度,选取杜邦财务分析法、沃尔评分法和平衡计分卡法三种方法阐述业绩评价的应用。

11.2 基于杜邦财务分析法的业绩综合评价

企业的财务状况是一个完整的系统,这个系统内部的各个因素是相互依存、相互作用的,任何一个因素的变动都会引起企业整体财务状况的改变。财务分析者只有深入了解企业财务状况内部各项因素的变动,才能比较全面地了解企业财务状况的全貌。而杜邦财务分析法就是利用各主要财务比率之间的内在联系综合分析企业财务状况的方法。

11.2.1 杜邦财务分析法的含义

杜邦财务分析法亦称杜邦财务分析体系,简称杜邦分析法(DuPont Analysis)。它由美国杜邦公司首创,是从财务角度评价公司盈利能力、股东权益回报水平和企业业绩的经典方法。

杜邦财务分析法的基本理论是:从评价企业的净资产收益率出发,利用各主要财务比率指标之间内在的有机联系,将指标层层分解,形成一个完整的指标体系,以揭示指标变动的原因和趋势,使分析者对企业财务情况有一个全局的了解,满足分析者全面分析和评价企业财务能力和经营业绩的需要。

杜邦财务分析法的核心是:根据各主要财务比率指标之间的内在联系,建立财务分析指标体系,综合分析企业的财务状况。采用这一方法,我们可将反映企业盈利状况的资产净利率、反映资产营运状况的资产周转率以及反映偿债能力状况的资产负债率按内在联系有机地结合起来,并可将这些比率进一步分解为多项财务指标,使财务比率分析的层次更加清晰,因果关系更加明确,为报表分析者全面、仔细地了解企业的经营和盈利状况提供便利。

杜邦财务分析法的主要作用是:帮助企业管理层更加清楚地看到影响净资产收益率的各种因素,并为其提供一张清晰的考察资产管理效率、争取实现股东投资回报最大化的路线图。

11.2.2 杜邦财务分析体系框架

杜邦财务分析体系的框架可以用如图 11-1 所示的杜邦财务分析法框架图来表示。

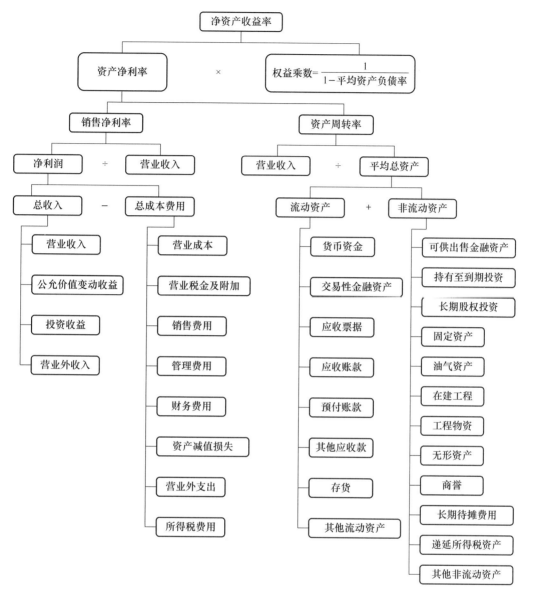

图 11-1 杜邦财务分析法框架图

上述杜邦财务分析体系主要反映了以下几种主要的财务比率关系。

(1) 净资产收益率与资产净利率及权益乘数之间的关系

$$净资产收益率 = 资产净利率 \times 权益乘数 \qquad (11\text{-}1)$$

$$权益乘数 = \frac{平均总资产}{平均净资产} = \frac{1}{1 - 平均资产负债率} \qquad (11\text{-}2)$$

(2) 资产净利率与销售净利率及资产周转率之间的关系

$$资产净利率 = 销售净利率 \times 资产周转率 \qquad (11\text{-}3)$$

$$销售净利率 = \frac{净利润}{销售收入} \times 100\% \qquad (11\text{-}4)$$

$$资产周转率 = \frac{销售收入}{平均总资产} \qquad (11\text{-}5)$$

11.2.3 杜邦财务分析法的思路

杜邦财务分析法是一个层层分解的系统,需要按照以下思路进行分析。

第一步,分析净资产收益率。净资产收益率是综合性最强的财务指标,是企业综合财务分析的核心。这一指标反映了投资者投入资本的获利能力的高低,最能体现企业经营目标完成的情况。从企业财务活动和经营活动的相互关系上看,净资产收益率的变动取决于企业商品经营、资产经营和资本经营的效率,是企业财务活动效率和经营活动效率的综合体现。

第二步,分析销售净利率。销售净利率是反映企业经营盈利能力最重要的指标。企业从事商品经营的目的在于获利,企业获利的途径从经营层面上看有两条:一是提高营业收入;二是降低成本费用。销售净利率是企业提高营业收入的结果体现,是实现净资产收益率最大化的业务保证。

第三步,分析资产周转率。资产周转率是反映企业资产营运能力最重要的指标。企业的资产由流动资产和非流动资产组成,资产周转率是衡量企业资产的构成是否合理、资产营运的效率是否高效的指标,因此,资产周转率是企业资产经营需要考虑的核心内容,反映了企业资产经营的结果,是实现净资产收益率最大化的物质基础。

第四步,分析权益乘数。权益乘数也叫财务杠杆,它会放大其他指标对企业经营的影响。权益乘数既能反映企业的资本结构状况,也能反映企业筹资活动的结果,对提高净资产收益率起着杠杆作用。企业通过分析权益乘数指标的情况,适度开展负债经营,合理安排资本结构,提高净资产收益率。

11.2.4 杜邦财务分析法的应用

【例 11-1】 雨虹公司根据其2016~2021年的资产负债表和利润表的数据,运用杜邦财务分析法计算出的相关比率如表 11-1 所示。

表 11-1 雨虹公司杜邦财务分析比率表

项 目	2021 年	2020 年	2019 年	2018 年	2017 年	2016 年
净资产收益率①=②×③ 或①=③×④×⑤	4.76%	5.33%	4.71%	3.46%	2.05%	1.81%
资产净利率②=④×⑤	1.81%	2.24%	1.97%	1.42%	0.93%	0.85%
权益乘数③=$\frac{1}{1-⑥}$	2.63	2.38	2.39	2.44	2.20	2.13
销售净利率④	3.77%	4.15%	3.39%	2.73%	1.94%	2.08%
资产周转率⑤	0.48	0.54	0.58	0.52	0.48	0.41
平均资产负债率⑥	61.96%	57.90%	58.29%	59.06%	54.50%	53.06%

根据表 11-1 可以进行如下分析。

(1) 分解出来的销售净利率和资产周转率可以反映企业的经营战略。一些企业的销售净利率较高,而资产周转率较低,两者经常呈反方向变化。例如:为了提高销售净利率,企业需要增加产品的附加值,增加资产的投入,但这会引起资产周转率的下降;与此相反,为了加快资产的周转,尤其是流动资产的周转,企业就要降低销售价格,但这会引起销售净利率的下降。一般来说,销售净利率较高的制造业,其资产周转率都较低;资产周转率很高的零售业,销售净利率也可能较低。

企业是采取"高盈利、低周转"还是"低盈利、高周转"的方针,一方面需要根据能够反映管理者运用受托资产获得利润和业绩情况的资产净利率指标进行判断;另一方面还需要考虑企业自身拥有的资源和所处的外部环境。这样才可以科学地做出经营决策。

雨虹公司2016~2021年的净资产收益率分别为1.81%、2.05%、3.46%、4.71%、5.33%和4.76%;销售净利率分别为2.08%、1.94%、2.73%、3.39%、4.15%和3.77%;资产周转率分别为0.41、0.48、0.52、0.58、0.54和0.48;权益乘数分别为2.13、2.20、2.44、2.39、2.38和2.63。由此可以看出,近6年来,雨虹公司的资产周转率并不高,而每个年度的净资产收益率均大于销售净利率,这说明该公司较高的净资产收益率主要是财务杠杆(即权益乘数)带来的。

(2) 分解出来的权益乘数,反映的是企业利用财务杠杆的程度和企业所采取的财务政策。在资产净利率不变的情况下,提高权益乘数可以提高净资产收益率,但同时会使得财务杠杆增大,进而增加财务风险。一般来说,资产净利率较高的企业,其财务杠杆较低,反之亦然。企业为了提高净资产收益率,更倾向于尽可能地提高财务杠杆,使得权益乘数增大。但因为贷款提供者根据本金收取利息,企业的利润多少与其无关,所以其更倾向于为未来经营现金流量比较稳定的企业提供贷款。因此,企业需要在提高净资产收益率的前提下,综合考虑多方面的因素,采取适合企业长远发展的财务政策。

雨虹公司2016~2021年的权益乘数分别为2.13、2.20、2.44、2.39、2.38和2.63;资产净利率分别为0.85%、0.93%、1.42%、1.97%、2.24%和1.81%。由此可见,雨虹公司的资产净利率并不高,而每个年度的净资产收益率均大于资产净利率,这说明该公司较高的净资产收益率同样是由财务杠杆(即权益乘数)带来的。

由此可见,从长远发展来看,雨虹公司应该将企业收益能力的提高与现金流量的风险管理结合起来。一方面可以选择降低价格以减少竞争,适当降低净资产收益率;另一方面也要关注权益乘数,降低财务杠杆,减少财务风险。也就是说,雨虹公司需要在盈利性与风险性之间寻找平衡。实务中经常可以看到的是:经营风险低的企业可以得到较多的贷款,其财务杠杆较高;经营风险高的企业,只能得到较少的贷款,其财务杠杆较低。资产净利率与财务杠杆呈现的这种负相关关系决定了企业净资产收益率的高低,也使得企业必须在经营战略和财务政策之间寻找平衡。

11.3 基于沃尔评分法的业绩综合评价

沃尔评分法在实践中有着广泛的应用。随着经济的发展,虽然在运用沃尔评分法进行业绩评价时,该方法所选取的财务比率在不断创新,依据的标准在不断变化,进行计分的方法在不断修正,考虑的因素也越来越周全,但这些始终没有脱离沃尔评分法的基本思想。因此,掌握沃尔评分法的基本体系和方法显得尤为重要。

11.3.1 沃尔评分法的含义

沃尔评分法是通过对选定的多项财务比率进行评分,然后计算综合得分,并据此评价企业综合财务状况的一种方法。由于创造这种方法的先驱者之一是美国学者亚历山大·沃尔（Alexander.Wole），因此被称作沃尔评分法。

11.3.2 沃尔评分法的体系框架

1. 沃尔评分法的雏形

20世纪初，亚历山大·沃尔把若干项财务比率用线性关系结合起来，并以此评价企业的信用水平。亚历山大·沃尔首先选择了7项财务比率，分别为流动比率、净资产/负债、资产/固定资产、销售成本/存货、营业收入/应收账款、营业收入/固定资产和营业收入/净资产，并分别给定了各项财务比率在100分的总分中所占的分数（即权重）；然后确定各项财务比率的标准值，并用这些财务比率的实际值与标准值相除得到的相对值乘以权重，计算出各项财务比率的得分；最后将7项财务比率的得分相加得到总分（即信用能力指数），这就是沃尔评分法的雏形。

沃尔评分法的雏形如表11-2所示。

表11-2 沃尔评分法的雏形

财务比率	权重①	标准值②	实际值③	相对值④=③/②	评分⑤=①×④
流动比率	25				
净资产/负债	25				
资产/固定资产	15				
销售成本/存货	10				
营业收入/应收账款	10				
营业收入/固定资产	10				
营业收入/净资产	5				
合计	100				

需要特别说明的是，表11-2中的"权重"之和为100，这是不变的，各项财务比率所占的权重可以根据具体情况进行调整；"标准值"可以根据具体情况采用同行业或本企业的最优值予以确定；"实际值"需要根据企业实际发生的数据计算后进行确定；"相对值"是实际值与标准值的商；"评分"是权重与相对值的乘积，根据"评分"值可判断企业的综合财务状况。

随着社会经济的发展，虽然沃尔评分法的理论框架和指标体系在不断完善，但原始的沃尔评分法为综合评价企业的财务状况提供了一个非常重要的思路。

2. 我国应用的沃尔评分法体系框架

20世纪90年代以来，我国颁布了一系列关于企业综合评价的文件。1999年6月1日，财政部、国家经贸委、人事部、原国家计委联合印发了《国有资本金效绩评价规则》及《国有资本金效绩评价操作细则》。本书以此为基础，归纳并总结了工商类竞争性企业的绩效评价指标体系。该体系主要分为财务效益状况、资产营运状况、偿债能力状况和发展能力状况四个方面，如表11-3所示。

表 11-3 工商类竞争性企业的绩效评价指标体系

内 容	权重	基本指标	权重	修正指标	权重	专家评议指标	权重
财务效益状况	42	净资产收益率	30	资本保值增值率	16	领导班子基本素质	20
		总资产收益率	12	销售利润率	14	产品市场占有率	18
				成本费用利润率	12	基础管理比较水平	20
资产营运状况	18	总资产周转率	18	存货周转率	4	在岗员工素质状况	12
		流动资产周转率		应收账款周转率	4	技术装备更新能力	10
				不良资产比率	6	行业区域影响力	5
				资产损失比率	4	行业经营发展策略	5
偿债能力状况	22	资产负债率	12	流动比率	6	长期发展能力预测	10
		已获利息倍数	10	速动比率	4		
				现金流动负债率	4		
				长期资产适合率	5		
				经营亏损挂账率	3		
发展能力状况	18	销售增长率	9	总资产增长率	7		
		资本积累率	9	固定资产更新率	5		
				三年平均利润增长率	3		
				三年平均资本增长率	3		
合计	100		100		100		100

11.3.3 沃尔评分法的分析程序

根据沃尔评分法的雏形、我国应用的沃尔评分法体系框架以及实践中的应用情况，本书归纳沃尔评分法的分析程序如下。

第一，选择各项财务比率。选择的财务比率要具有全面性、代表性和方向一致性。就全面性来说，反映偿债能力、营运能力和盈利能力的指标都应包括在内；就代表性来说，要选择那些典型的、重要的财务比率；就方向一致性来说，要选择那些增大表示财务状况改善，减小表示财务状况恶化的财务比率。

第二，确定各项财务比率的权重。根据各项财务比率指标的重要程度确定其评分，各项财务比率指标的评分之和应等于100。分配的标准是各项财务比率的重要程度，越重要的财务比率，其被分配的权重越高。对各项财务比率重要程度的判断，应结合企业的经营状况、管理要求、发展趋势等具体情况而定。从实践应用的具体情况来看，盈利能力、偿债能力和营运能力之间的比例可按5：3：2来分配。

第三，确定各项财务比率的实际值。利用企业在一定时期内的相关财务数据计算企业财务比率的实际值。

第四，确定各项财务比率的标准值。财务比率的标准值是指该指标在本企业现时条件下最理想的数值，即最优值。标准值可以是企业的历史水平，可以是竞争企业的水平，也可以是同行业的平均水平，其中比较常用的是同行业的平均水平。

第五，计算各项财务比率的评分。计算财务比率评分时，先用实际值除以标准值得到一个相对值,再用这个相对值乘以权重,得到的值即该财务比率的评分。

第六,求得各项财务比率的评分合计数。一般而言,当以同行业平均值为标准值时,若企业的综合得分为100或接近100,则表明其综合财务状况接近行业的平均水平;若企业的综合得分明显超过100,则说明其综合财务状况优于行业的平均水平;若企业的综合得分明显低于100,则说明其综合财务状况较差,应积极采取措施加以改善。

11.3.4 沃尔评分法的应用

【例11-2】 续例11-1,现根据沃尔评分法的理论框架,并结合我国应用的沃尔评分法体系和雨虹公司的具体情况,选取代表雨虹公司2021年偿债能力、营运能力和盈利能力的13项财务比率对其业绩进行评价,并假设已根据实际发生数据计算出了"实际值"。另假设雨虹公司以同行业的数据为"标准值"。

要求:运用沃尔评分法对雨虹公司进行综合业绩评价与分析。

解:第一步,确定雨虹公司综合业绩评价的财务比率。

在雨虹公司选取的13项财务比率中,偿债能力比率包括流动比率、速动比率、产权比率和资产负债率;营运能力比率包括应收账款周转率、存货周转率、流动资产周转率、固定资产周转率和资产周转率;盈利能力比率包括净资产报酬率、资产净利率、销售净利率、每股现金流量。据此可列出雨虹公司财务状况综合评价表,如表11-4所示,其中,第1列为"财务比率"。

表11-4 雨虹公司财务状况综合评价表(2021年)

财务比率	权重①	标准值②	实际值③	相对值④=③/②	评分⑤=①×④
偿债能力	30				20.32
流动比率	8	2.27	0.18	0.08	0.64
速动比率	8	2.13	0.17	0.08	0.64
产权比率	8	1.17	1.63	1.39	11.12
资产负债率	6	0.47	0.619 6	1.32	7.92
营运能力	20				22.55
应收账款周转率	2	13.53	16.57	1.22	2.44
存货周转率	3	32.64	49.90	1.53	4.59
流动资产周转率	2	1.81	4.76	2.63	5.26
固定资产周转率	3	3.52	0.76	0.22	0.66
资产周转率	10	0.50	0.48	0.96	9.60
盈利能力	50				40.418 8
净资产收益率	14	0.010 0	0.047 6	0.047 6	0.666 4
资产净利率	12	0.012 0	0.018 1	0.015 0	0.180 0
销售净利率	12	0.010 0	0.037 7	0.037 7	0.452 4
每股现金流量	12	1.29	4.21	3.26	39.12
合计	100				83.288 8

第二步,确定雨虹公司各项财务比率的权重。

根据一般财务综合分析评价的比例,并结合雨虹公司的经营状况、管理要求和发展趋势,按照5:3:2的比例来分配盈利能力、偿债能力和营运能力的权重,并将得到的结果填列在表11-4的第2列"权重①"中。同时,根据雨虹公司各项财务比率的具体情况,分别确定盈利能力、偿债能力和营运能力下各项具体财务比率的权重,各项具体财务比率的权重之和必须等于该项权重。例如,盈利能力的权重为50,那么组成盈利能力的净资产报酬率、资产净利率、销售净利率和每股现金流量的权重之和也必须为50。

第三步,确定雨虹公司各项财务比率的实际值。

根据已知数据计算雨虹公司各项财务比率的实际值,结果见表11-4中的"实际值③"。

第四步,确定雨虹公司各项财务比率的标准值。

因为比较常用的标准值是同行业的平均水平,所以假定选取同行业6家公司的数据,并根据相关数据计算出平均值(即标准值),填列在表11-4的第3列"标准值②"中。需要说明的是,在实践中要选取同行业中具有代表性的数家公司,同时把根据各自财务数据计算出的平均值作为标准值,这样才能更好地与同行业公司进行对比分析,从而科学地予以评价。

第五步,计算雨虹公司各项财务比率的评分。

先用表11-4中的"实际值③"除以"标准值②"得到"相对值④",再用"相对值④"乘以"权重①",即可得到各项财务比率的"评分⑤"。

第六步,求得雨虹公司各项财务比率的综合评分。

将表11-4中各项财务比率的"评分⑤"相加,即可得出雨虹公司的综合评分。根据表11-4,雨虹公司的综合得分为83.288 8,远远小于100,由于雨虹公司以同行业公司的数据为标准值,因此可以判定其综合财务状况低于同行业平均水平。

11.4 基于平衡计分卡法的业绩综合评价

平衡计分卡法是一种战略管理工具,它所运用的指标不仅涉及财务指标,还涉及财务、顾客、业务流程、学习与成长等非财务指标。因此,该方法不仅可以应用于财务领域,还可应用于企业业绩评价等其他管理领域。本节从业绩综合评价的应用层面,着重阐述平衡计分卡法的含义、体系框架和分析程序等内容。

11.4.1 平衡计分卡法的含义

平衡计分卡法是一套能使高层经理快速而又全面地考察企业业绩的评价系统,它从财务、顾客、业务流程、学习与成长四个角度审视自身业绩。其中,财务是最终目的,顾客是关键,业务流程是基础,学习与成长是核心。

平衡计分卡法的平衡主要表现为企业财务指标与非财务指标的平衡,长期目标与短期目标的平衡,企业目标与员工个人目标的平衡,外部环境与内部管理的平衡。平衡计分卡法中的目标和评估指标来源于组织战略,它把组织的使命和战略转化为有形的目标和衡量指标,并将其从上至下逐级分解,从而使员工的个人目标与组织战略目标有机结合起来。

11.4.2 平衡计分卡法的体系框架

平衡计分卡法以实现企业的整体目标为导向,强调整体利益最优的思想,强调企业营销、生产、研发、财务、人力资源等部门之间的协调统一,强调企业要从长期和短期、结果和过程等多个视角来思考问题,全面地考虑了各利益相关者等影响因素,建立了财务指标和非财务指标相结合的业绩评价指标体系。平衡计分卡法评价系统从财务、顾客、业务流程、学习与成长四个层面对企业进行全方位的测评和综合分析。

1. 财务层面

从财务角度看,财务评价系统是顾客、业务流程、学习与成长等层面的出发点和落脚点。该评价系统从财务目标开始,将财务目标同企业其他方面的指标和一系列经营活动相联系,以最终评价企业价值最大化或利润最大化等长期经营目标。

一般来说,企业会经历初创期、成长期、成熟期和衰退期四个阶段。因为企业处于不同生命周期阶段时,其所实现的财务目标也不同,所以运用平衡计分卡法的财务因素对企业进行业绩评价时,需要考虑企业所处的不同生命周期阶段的特点,选取不同的关键业绩指标进行评价。

第一,处于初创期和成长期的企业需要大量的投资。由于产品刚刚进入市场,企业的利润和投资活动现金流量通常为负值,因此,企业在这个阶段需要更加注重市场推广和顾客维护,尽量选择销售收入增长率、目标市场占有率、经营现金流量等能体现企业成长性的指标。

第二,成熟期企业的财务目标的侧重点在于获利能力,这个时期的企业往往通过降低成本,提高运营效率,改进质量来提高利润和现金流量,因此其通常使用的财务业绩评价指标为经营收入、营业毛利率、投入资本回报率和经济增加值等。

第三,衰退期企业的财务目标的侧重点在于获取现金流量,这个时期的企业通常使用的财务业绩评价指标为现金流量、营运资本的占用等。

根据企业所处的不同生命周期阶段,实践中常见的财务层面的业绩评价指标可归纳为表11-5。企业可以根据自身经营情况和所处行业的情况,从不同角度参考选取。

表11-5 财务层面的业绩评价指标

企业所处的生命周期阶段	评价目标	关键业绩指标
初创期和成长期	销售额的增长	销售收入增长率
		目标市场占有率
		经营现金流量
成熟期	获利能力	经营收入
		营业毛利率
		投入资本回报率
		经济增加值
衰退期	现金流量	现金流量
		营运资本的占用

2. 顾客层面

从顾客角度来说,平衡计分卡法认为,在买方市场下如何吸引顾客和如何让顾客满意,对于企业的生存和发展至关重要,因此,企业需要把提高顾客满意度作为努力的目标,并把这一目标转化为实际行动。顾客满意度的评价可以从顾客服务的情况、企业的形象和声誉以及同顾客的关系等方面入手,一般先通过调查问卷的形式获得相关信息,然后对数据进行加工,最后量化得分并做出评价。

顾客层面的评价内容包括顾客服务、企业的形象和声誉、企业同顾客的关系等。

顾客服务的评价目标包括产品功能、产品质量、产品价格和送货时间,常见的关键业绩指标包括顾客调查指标、产品退回率、价格水平、及时送货率、循环周期等。

企业形象和声誉的评价目标就是形象和声誉,常见的关键业绩指标包括产品质量调查指标、投放广告的情况。

企业同顾客关系的评价目标是顾客满意度,常见的关键业绩指标包括交货期的长短、对顾客要求做出反应的时间、顾客购买产品的感受等。

实践中常见的顾客层面的业绩评价指标如表 11-6 所示。企业在应用时可以根据自身经营情况和所处行业的情况,从不同角度参考选取。

表 11-6 顾客层面的业绩评价指标

业绩评价内容	评价目标	关键业绩指标
顾客服务	产品功能	顾客调查指标
	产品质量	产品退回率
	产品价格	价格水平
	送货时间	及时送货率、循环周期
企业的形象和声誉	形象和声誉	产品质量调查指标
		投放广告的情况
企业同顾客关系	顾客满意度	交货期的长短
		对顾客要求做出反应的时间
		顾客购买产品的感受

3. 业务流程层面

从业务流程方面看,平衡计分卡法所界定的流程是以销定产,常常需要创造新的流程。根据内部价值链模式,企业新的流程包括创新流程、经营流程和售后服务流程,其核心问题是确定企业完整的内部经营过程的价值观念、顾客目前及将来的需求以及为顾客提供的有价值的产品和售后服务,创造有效的价值管理程序,使公司保持竞争力或变成具有竞争力的公司。

创新流程的评价目标为创新,常见的关键业绩指标包括新产品的数量、专利产品收入占总收入的比例、新产品的开发周期、业务流程改善的次数。经营流程的评价目标包括提高过程质量、提高过程效率、缩短过程时间等,常见的关键业绩指标包括质量成本、产品合格率、废品率、投入产出比、单位产品成本的变化、产品销售的流程时间、产品生产的循环周期等。售后服务流程的评价目标包括提高服务质量、提高服务效率和缩短服务时间等,常见的关键业绩指标包括产品一次性合格率、单位产品成本的变动趋势、投入产出比的变动趋势、服务的循环周期等。

实践中常见的业务流程层面的业绩评价指标如表 11-7 所示。企业在应用时可以根据自身经营情况和所处行业的情况,从不同角度参考选取。

表 11-7 业务流程层面的业绩评价指标

	评价目标	关键业绩指标
创新流程	创新	新产品的数量
		专利产品收入占总收入的比例
		新产品的开发周期
		业务流程改善的次数
经营流程	提高过程质量	质量成本
		产品合格率
		废品率
	提高过程效率	投入产出比
		单位产品成本的变化
	缩短过程时间	产品销售的流程时间
		产品生产的循环周期
售后服务流程	提高服务质量	产品一次性合格率
	提高服务效率	单位产品成本的变动趋势
		投入产出比的变动趋势
	缩短服务时间	服务的循环周期

4．学习与成长层面

从学习与成长层面来看，学习与成长部分的业绩评价指标是为了衡量企业的长期发展潜力，其关键的因素包括雇员能力、信息系统、组织程序等。平衡计分卡法强调对未来进行投资的重要性，即企业必须对员工、信息系统和组织程序进行大量的投资。因为人是创新的根源，所以企业必须通过向员工提供奖励、福利等激发其积极性，通过技能应用能力培训等来提高员工素质，以增强企业的长期发展能力。

学习与成长层面的内容包括雇员能力、信息系统和组织程序等。

雇员能力的评价目标为提高员工素质，常见的关键业绩指标包括跨功能任务完成率、培训内容、培训次数和时间、重要岗位需求满足率、员工满意度、高学历员工的比例等。

信息系统的评价目标为加强企业信息系统能力，常见的关键业绩指标包括程序及时反馈率、通过信息系统及时获得产品和顾客信息的比例等。

组织程序的评价目标为增强激励和协作，常见的关键业绩指标包括员工的收入、员工提出的建议及其被采纳的数量、分红入股计划、授权指数等。

实践中常见的学习与成长层面的业绩评价指标如表 11-8 所示。企业在应用时可以根据自身经营情况和所处行业的情况，从不同角度参考选取。

表 11-8 学习与成长层面的业绩评价指标

	评价目标	关键业绩指标
雇员能力	提高员工素质	跨功能任务完成率
		培训内容、培训次数和时间
		重要岗位需求满足率
		员工满意度
		高学历员工的比例

续表

	评价目标	关键业绩指标
信息系统	加强企业信息系统能力	程序及时反馈率
		通过信息系统及时获得产品和顾客信息的比例
组织程序	增强激励和协作	员工的收入
		员工提出的建议及其被采纳的数量
		分红入股计划
		授权指数

需要说明的是,平衡计分卡法认为,使用财务指标设计的激励机制将导致企业追求局部利益最优而忽视企业整体利益最优的行为短期化。因此,平衡计分卡法引入了上面所述的有关非财务指标,这些指标有的来自企业内部,有的来自企业外部。在实际应用平衡计分卡法时,可根据组织类型的不同,灵活地调整指标类别,即不能只列示一些指标的清单,同时必须按照因果关系将各指标联系起来,如此才能应用平衡计分卡法把战略转化为行动。

11.4.3 平衡计分卡法的分析程序

由于平衡计分卡法是从财务、顾客、业务流程和学习与成长四个层面进行综合分析评价的,因此,在运用平衡计分卡法进行分析时,需要根据上述四个层面选取相关指标,并按照如下程序进行分析评价。

第一,定义企业的发展战略。由于平衡计分卡法所考察的四个层面均与企业战略密切相关,因此,定义企业的发展战略是设计一个好的财务综合分析方案的基础。

第二,选择和设计需要测评的指标。在设计指标时,需要选择能够体现企业发展战略和长远规划的、对企业有较大影响的重要指标,且指标一般不宜选取过多,每一个层面使用3~4个即可。

第三,制订切实可行的计划。由于平衡计分卡法所涉及的指标均与企业各层次的管理人员有关,因此各层次的管理人员均应参与测评,并应做好企业数据库和管理信息系统的相关工作。

第四,做好监测和反馈。平衡计分卡法是战略规划、目标制定以及资源配置过程的依据之一。在应用平衡计分卡法时,评价者应该不断地监测和反馈相关信息,每隔一定时间就要向最高主管人员报告测评情况,同时,在认为已经达到目标时,需要设定新的目标或重新修改原有的目标,使财务分析具有动态性,这样才有助于企业适应竞争激烈的市场经济环境。

本章知识点小结

本章主要讲解业绩综合评价的基本理论和评价方法,核心知识点包括以下几点。

第一,业绩评价概述。①业绩评价的概念。②业绩评价的功能:认识功能、考核功能、预测功能、导向功能。③业绩评价的分类:按照评价深入程度的不同,分为基本评价和综合评价;根据业绩评价客体的不同,分为企业绩效评价和个人绩效评价;根据业绩评价内容侧重点的不同,分为财务绩效评价和非财务绩效评价;根据业绩评价考核时间的不同,分为日常业绩评价和年终业绩评价。④业绩评价体系的要素:评价主体、评价客体、评价目标、评价指标、评价标准、评价方法、评价结论等。

第二,杜邦财务分析法的含义、体系框架、分析思路。

第三,沃尔评分法的含义、体系框架、分析程序。

第四,平衡计分卡法的含义、体系框架、分析程序。

思考与练习题

一、单项选择题

1. 业绩评价中的(　　)可以是整个企业,也可以是企业内部的部门或个人,解决的是"对谁进行评价"的问题。
   A. 评价主体   B. 评价客体
   C. 评价目标   D. 评价标准

2. (　　)是综合性最强的财务指标,是企业综合财务分析的核心。
   A. 资产净利率   B. 净资产收益率
   C. 销售净利率   D. 资产周转率

3. (　　)的核心是根据各主要财务比率指标之间的内在联系,建立财务分析指标体系,综合分析企业财务状况。
   A. 沃尔评分法   B. 平衡计分卡法
   C. 杜邦财务分析法   D. 作业成本法

4. (　　)是通过对选定的多项财务比率进行评分,然后计算综合得分,并据此评价企业综合财务状况的一种方法。
   A. 沃尔评分法   B. 平衡计分卡法
   C. 杜邦财务分析法   D. 作业成本法

5. 从(　　)层面来看,业绩评价指标是为了衡量企业的长期发展潜力,其关键的因素包括雇员能力、信息系统、组织程序等。
   A. 财务   B. 顾客
   C. 业务流程   D. 学习与成长

二、多项选择题

1. 业绩评价的功能包括(　　)。
   A. 认识功能   B. 考核功能
   C. 预测功能   D. 导向功能

2. 按照评价深入程度的不同,业绩评价可以分为(　　)。
   A. 基本评价   B. 综合评价
   C. 企业绩效评价   D. 个人绩效评价

3. 根据评价客体的不同,业绩评价可以分为(　　)。
   A. 基本评价   B. 综合评价
   C. 企业绩效评价   D. 个人绩效评价

4. 一个完整的业绩评价体系一般由( )等要素组成。
A. 评价主体和客体　　　　　　　B. 评价目标和指标
C. 评价标准和方法　　　　　　　D. 评价结论
5. 平衡计分卡法是从( )方面进行综合分析与评价的。
A. 财务　　　　　　　　　　　　B. 顾客
C. 业务流程　　　　　　　　　　D. 学习与成长

三、简答题

1. 一个完整的业绩评价体系包括哪些要素？
2. 杜邦财务分析法的分析思路是什么？
3. 平衡计分卡法评价系统包括哪几个层面？

参 考 文 献

[1] 温素彬.管理会计:理论·模型·案例[M].3版.北京:机械工业出版社,2020.
[2] 孙茂竹,支晓强,戴璐.管理会计学[M].9版.北京:中国人民大学出版社,2020.
[3] 刘运国.管理会计学[M].3版.北京:中国人民大学出版社,2020.
[4] 宋梅.管理会计[M].北京:清华大学出版社,2018.
[5] 吴大军.管理会计[M].5版.大连:东北财经大学出版社,2019.
[6] 隋静,高樱.管理会计学[M].2版.北京:清华大学出版社,北京交通大学出版社,2018.
[7] 冯巧根.管理会计[M].4版.北京:中国人民大学出版社,2020.
[8] 徐艳,张俊清.管理会计[M].2版.北京:中国人民大学出版社,2021.
[9] 蔡维灿.管理会计[M].3版.北京:北京理工大学出版社,2018.
[10] 王玉梅,曾瑶.上市公司财务报表分析[M].北京:北京邮电大学出版社,2016.
[11] 王玉梅,曾瑶.财务管理学[M].北京:北京邮电大学出版社,2020.
[12] 荆新,王华成,刘俊彦.财务管理学[M].8版.北京:中国人民大学出版社,2018.
[13] 刘俊勇.管理会计[M].北京:高等教育出版社,2020.
[14] 潘爱香.管理会计学[M].北京:经济科学出版社,2015.
[15] 潘飞.管理会计[M].4版.上海:上海财经大学出版社,2019.
[16] 孙茂竹,文光伟,杨万贵.管理会计学[M].7版.北京:中国人民大学出版社,2015.
[17] 孙茂竹,支晓强,戴璐.管理会计学[M].8版.北京:中国人民大学出版社,2018.
[18] 王东,荣立春,张萍.管理会计[M].北京:北京邮电大学出版社,2011.
[19] 加里森,诺琳,布鲁尔.管理会计[M].16版.北京:机械工业出版社,2021.
[20] 亨格瑞,达塔尔,拉詹.成本与管理会计[M].王立彦,刘应文,译.15版.北京:中国人民大学出版社,2016.

附录1　思考与练习题答案

第1章

一、单项选择题

1. A　2. B　3. D　4. C　5. A

二、多项选择题

1. AB　2. ABC　3. BCD　4. CD　5. ABCDE

三、简答题

1. 答：管理会计的基本概念框架包括管理会计的定义、目标、内容、职能、应用原则等，它是构建管理会计学的基础。

（1）管理会计的内涵分为狭义的管理会计和广义的管理会计。（2）管理会计的基本目标是向企业管理人员提供经营决策所需要的会计信息，可以从以下两个方面理解：一是为管理和决策提供信息；二是参与企业的经营管理。（3）管理会计的内容分为预测决策会计、规划控制会计和责任会计三部分。（4）管理会计的主要职能可归纳为预测、决策、规划、控制和考核评价。（5）管理会计需要遵循的原则是战略导向、融合性、适应性、成本效益原则等。

2. 答：管理会计与财务会计的联系：(1)起源相同，共同组成现代会计体系；(2)目标一致，都是为企业管理目标服务；(3)基本信息同源，都来源于企业的财务会计系统；(4)服务对象有部分相同，都为企业的内外部信息使用者提供信息；(5)某些概念相同，都使用成本、收益、利润等概念。

管理会计与财务会计的区别：(1)具体内容不同；(2)主体范围不同；(3)服务对象各有侧重；(4)信息特征和信息载体不同；(5)遵循的原则不同；(6)核算程序不同；(7)履行的职能不同；(8)所运用的方法不同；(9)对会计人员素质的要求不同；(10)核算的要求时间不同。

第2章

一、单项选择题

1. C　2. D　3. C　4. D　5. A

二、多项选择题

1. BCD 2. BC 3. BC 4. AD 5. ABCD

三、计算分析题

(1) 变动成本法下的产品单位成本＝20＋15＋10＝45 元
    完全成本法下的产品单位成本＝20＋15＋10＋10 000/2 000＝50 元

(2) 变动成本法下的营业利润＝1 500×80－1 500×45－10 000－20 000＝22 500 元
    完全成本法下的营业利润＝1 500×80－1 500×50－20 000＝25 000 元

(3) 在两种方法下,变动成本法的营业利润比完全成本法的少 2 500 元。
    原因:变动成本法下的固定制造费用全部作为期间成本,直接与当年的销售收入相配比。而在完全成本法下,期末存货被分配了 2 500 元(500×5＝2 500)的固定制造费用,所以完全成本法的营业利润比变动成本法的少 2 500 元。

第 3 章

一、单项选择题

1. B 2. B 3. D 4. B 5. B

二、多项选择题

1. ABCD 2. AC 3. CD 4. CD 5. ABCD

三、计算分析题

1. (1) 保本销售额＝24 000/60％＝40 000 元
       保本销售量＝40 000/50＝800 件
       税前利润＝75 000/(1－25％)＝100 000 元
       保利销售量＝(100 000＋24 000)/60％/50＝4 134 件

   (2) 安全边际量＝3 000－800＝2 400 件
       安全边际率＝2 400/3 000×100％＝80％

2. (1) 2021 年利润＝5 000×(60－20)－50 000＝150 000 元
       2022 年利润＝5 000×(1＋15％)×(60－20)－50 000＝180 000 元
       利润增长百分比＝(180 000－150 000)/150 000＝20％
       产销量的敏感系数＝20％/15％≈1.3

   (2) 2021 年利润＝5 000×(60－20)－50 000＝150 000 元
       2022 年利润＝5 000×[60×(1＋15％)－20]－50 000＝195 000 元
       利润增长百分比＝(195 000－150 000)/150 000＝30％
       单价的敏感系数＝30％/15％＝2

   (3) 由上述计算可知,利润对单价的敏感系数要高于对产销量的敏感系数,说明每增加百分之一的单价所带来的利润增长要高于每增加百分之一的产销量所带来的利润增长。另外,从 2022 年利润总额来看,提高单价预计实现的利润要高于提高产销量实现的利润

(195 000 元＞180 000 元)。因此,应该选择方案二。

3. (1) 每年固定成本＝80/5＋20＋40/10＝40 万元
单位变动成本＝20×15％＋20×8％＝4.6 元
(2) 盈亏平衡销售额＝40/[(20－4.6)/20]＝52 万元
安全边际率＝(20×3－52)/(20×3)×100％≈13.3％
(3) 假设可接受的奶茶最低销售价格为 x,则
$$4[x-x(15\%+8\%)]-40=10$$
解得
$$x\approx 16.23 \text{ 元}$$
所以可接受的最低销售价格为 16.23 元。

第 4 章

一、单项选择题

1. A 2. B 3. C 4. C 5. D

二、多项选择题

1. ABCD 2. BC 3. AD 4. ABCD 5. ABCD

三、综合案例题

解:(1) 从资产负债表可以看出,资产中除预付账款外均属于敏感资产,这些资产将随销售的增加而增加,因为较多的销售不仅会增加现金、应收账款,占用较多的存货,而且相应会增加一部分固定资产。而负债与所有者权益中只有应付账款、应付费用属于敏感负债,它们将随着销售的增加而增加;短期借款、长期负债、普通股等将不随销售的增加而增加;当企业税后利润不全部分配给投资者时,留用利润也将增加。

(2) 计算各敏感项目 2021 年度的销售百分比如下:

现金销售百分比＝15 000/500 000×100％＝3％
应收账款销售百分比＝30 000/500 000×100％＝6％
存货销售百分比＝90 000/500 000×100％＝18％
固定资产销售百分比＝70 000/500 000×100％＝14％
应付账款销售百分比＝30 000/500 000×100％＝6％
应付费用销售百分比＝30 000/500 000×100％＝6％

(3) 根据已知资料,2022 年度预计的销售收入为 700 000 元,因此,计算各敏感项目 2022 年度的预测值和留用利润值如下:

预计现金＝700 000×3％＝21 000 元
预计应收账款＝700 000×6％＝42 000 元
预计存货＝700 000×18％＝126 000 元
预计固定资产＝700 000×14％＝98 000 元
预计应付账款＝700 000×6％＝42 000 元
预计应付费用＝700 000×6％＝42 000 元
预计留用利润＝30 000＋700 000×6％＝72 000 元

(4) 编制 2022 年度的预计资产负债表如下。

附表 1-1　预计资产负债表　　　　　　单位:元

项　目	2021 年年末资产负债表	2021 年销售百分比/%	2022 年年末预计资产负债表
一、资产	—	—	—
现金	15 000	3	21 000
应收账款	30 000	6	42 000
存货	90 000	18	126 000
预付账款	35 000	不变动	35 000
固定资产	70 000	14	98 000
资产总额	240 000	41	322 000
二、负债	—	—	—
应付账款	30 000	6	42 000
应付费用	30 000	6	42 000
短期借款	60 000	不变动	60 000
长期负债	30 000	不变动	30 000
负债合计	150 000	12	174 000
三、所有者权益	—	—	—
普通股	60 000	不变动	60 000
留用利润	30 000	变动	72 000
所有者权益合计	90 000	—	132 000
负债和所有者权益总额	240 000	—	306 000

(5) 根据预计资产负债表,计算 2022 年度该公司的可用资金总额、需要筹措的资金数额如下:

$$可用资金总额 = 预计负债总额 + 预计所有者权益总额$$
$$= 174\ 000 + 132\ 000$$
$$= 306\ 000\ 元$$
$$公司需要筹措的资金总额 = 预计资产总额 - 可用资金总额$$
$$= 322\ 000 - 306\ 000$$
$$= 16\ 000\ 元$$

因此,该公司 2022 年度的资金需要量为 16 000 元。

第 5 章

一、单项选择题

1. D　2. C　3. D　4. D　5. C

二、多项选择题

1. ACD　2. ABCD　3. ABCD

三、综合案例题

外购方案的预期成本如下：

外购方案的预期成本 = (4.25 + 0.4) × 180 000 = 837 000 元

自制方案的预期相关成本如下：

变动成本 = 600 000 + 100 000 + 60 000 = 760 000 元

机会成本 = 40 000 元

总成本 = 760 000 + 40 000 = 800 000 元

外购成本(837 000 元)大于自制成本(800 000 元)，故应自制。

节约的成本金额如下：

差量成本 = 837 000 - 800 000 = 37 000 元

第 6 章

一、单项选择题

1. A 2. B 3. B

二、多项选择题

1. CD 2. ABC 3. AC 4. CD 5. AC

三、综合案例题

(1) 项目投资决策的方法包括：净现值法、现值指数法、内涵报酬率法、投资回收期法和会计收益率法。以净现值法为例，其决策依据为：如果净现值大于零，则项目可取，反之不可取。

(2) 形成固定资产折旧 = (1 000 000 - 100 000)/5 = 180 000 元/年

NFC_0 = -800 000 元

NFC_1 = -200 000 元

NFC_2 = -200 000 元

NFC_3 = (550 000 - 300 000) × (1 - 25%) + 180 000 × 25% = 232 500 元

$NFC_{4\sim6}$ = (880 000 - 580 000) × (1 - 25%) + 180 000 × 25% = 270 000 元

NFC_7 = 270 000 + 200 000 + 100 000 = 570 000 元

(3) NPV = 570 000 × 0.513 + 270 000 × 2.478 × 0.751 + 232 500 × 0.751 - (800 000 + 200 000 × 0.909 + 200 000 × 0.826)

= -177 518.440 元

因为该方案的净现值为负数，故不可以投资。

第 7 章

一、单项选择题

1. A 2. B 3. C 4. D 5. B

二、多项选择题

1. ABC 2. ABCD 3. BCD 4. ABCD 5. ABD

三、综合案例题

解：(1) 根据资料一编制昌盛公司的销售预算表，如附表 1-2 所示。

附表 1-2　昌盛公司销售预算表

项目	1 季度	2 季度	3 季度	4 季度	全 年
预计销售量/件①	200	500	300	350	1 350
销售单价(元/件)②	50	50	50	50	50
预计销售额/元③＝①×②	10 000	25 000	15 000	17 500	67 500

(2) 根据资料一和(1)的销售预算表编制昌盛公司的预计现金收入预算表，如附表 1-3 所示。

附表 1-3　昌盛公司预计现金收入预算表　　　　　　单位：元

项目	1 季度	2 季度	3 季度	4 季度	全 年
预计销售额①	10 000	25 000	15 000	17 500	67 500
收到上季度应收销货款②＝上季度①×30%	8 000	3 000	7 500	4 500	23000
收到本季度销货款③＝①×70%	7 000	17 500	10 500	12 250	47 250
现金收入合计④＝②＋③	15 000	20 500	18 000	16 750	70 250

(3) 根据资料二和(1)中销售预算的预计销售量编制昌盛公司预算年度的生产预算表，如附表 1-4 所示。

附表 1-4　昌盛公司生产预算表　　　　　　单位：件

项目	1 季度	2 季度	3 季度	4 季度	全 年
预计销售量①	200	500	300	350	1 350
加：预计期末存货量②＝下季度①×10%	50	30	35	40	40
减：期初存货量③＝上季度②	50	50	30	35	50
预计生产量④＝①＋②－③	200	480	305	355	1 340

第 8 章

一、单项选择题

1. B 2. A 3. C 4. A 5. D

二、多项选择题

1. ABCD 2. AB 3. ABCD 4. ABCD 5. CD

三、综合案例题

解：

1. 直接材料用量差异 A ＝(实际用量－标准用量)×标准价格
   ＝(880－930)×12＝－600 元

   直接材料价格差异(A)＝实际用量×(实际价格－标准价格)
   ＝880×(11－12)＝－880 元

   直接材料成本差异(A)＝直接材料用量差异 A＋直接材料价格差异 A
   ＝－600＋(－880)＝－1 480 元

2. 直接人工效率差异(M)＝(实际工时－标准工时)×标准工资率
   ＝(580－560)×13＝＋260 元

   直接人工工资率差异(M)＝实际工时×(实际工资率－标准工资率)
   ＝580×(15－13)＝＋1 160 元

   直接人工成本差异(M)＝直接人工效率差异(M)＋直接人工工资率差异(M)
   ＝260＋1 160＝＋1 420 元

3. 固定制造费用耗费差异(M)＝实际分配率×实际工时－标准分配率×预算工时
   ＝14×580－16×600＝－1 480 元

   固定制造费用生产能力利用差异(M)＝标准分配率×预算工时－标准分配率×实际工时
   ＝16×600－16×580＝＋320 元

   固定制造费用效率差异(M)＝标准分配率×(实际工时－标准工时)
   ＝16×(580－560)＝＋320 元

   固定制造费用能量差异(M)＝固定制造费用生产能力利用差异＋固定制造费用效率差异
   ＝＋320＋320＝＋640 元

   固定制造费用差异(M)＝－1 480＋320＋320＝－840 元（三因素法）
   固定制造费用差异(M)＝－1 480＋640＝－840 元（二因素法）

第 9 章

一、单项选择题

1. D 2. C 3. B 4. B

二、多项选择题

1. ABCD 2. BCD 3. ABCD 4. ABD 5. CD

三、综合案例题

解：

(1) $Q=\sqrt{\dfrac{2RS}{CK}}=\sqrt{\dfrac{2\times 40\,000\times 25}{8}}=500$ 千克

$$T=\sqrt{2RSCK}=\sqrt{2\times 40\,000\times 25\times 8}=4\,000\ \text{元}$$

(2) 如果订货批量为 400 件以上，公司可享受折扣，单价为 10.5 元，则折扣起点 Q_m 为 400 千克时的总费用为

$$T_1=40\,000\times 25/400+400\times 8/2=2\,500+1\,600=4\,100\ \text{元}$$

由于原总费用 T 为 4 000 元，$T_1>T$，因此需要比较年需要量为 40 000 千克时的材料购买成本降低额和总费用超支额：

$$\text{材料购买成本降低额}=40\,000\times(11-10.5)=20\,000\ \text{元}$$

$$\text{总费用超支额}=T_1-T=4\,100-4\,000=100\ \text{元}$$

材料购买成本降低额 20 000 元＞总费用超支额 100 元，表明折扣起点 Q_m 等于 400 千克是有利的，即订货批量 400 千克是最优解。

(3) $Q=\sqrt{\dfrac{2RS}{CK}\cdot\dfrac{CK+G}{G}}=\sqrt{\dfrac{2\times 40\,000\times 25}{8}\times\dfrac{(8+24.8)}{24.8}}\approx 575\ \text{件}$

$L=Q\cdot\dfrac{CK}{CK+G}=\dfrac{325\times 8}{8+24.8}\approx 79\ \text{件}$

$T''=\sqrt{2RSCK\cdot\dfrac{G}{CK+G}}=\sqrt{\dfrac{2\times 40\,000\times 25\times 8\times 24.8}{8+24.8}}\approx 3\,478\ \text{元}$

由上述计算可知，考虑缺货情况下的总费用约为 3 478 元，比不考虑缺货情况下的总费用 4 000 元更低，这就为企业存货控制决策提供了一条新的途径。

第 10 章

一、单项选择题

1. B 2. D 3. A 4. C 5. A

二、多项选择题

1. ABC 2. BCD 3. BCD 4. ABD 5. ABCD

三、计算分析题

(1) A 部门剩余收益＝50 000－150 000×20％＝20 000 元

B 部门剩余收益＝96 000－240 000×30％＝24 000 元

(2) 若采纳该方案，则

A 部门剩余收益（新）＝(50 000＋32 000)－(150 000＋80 000)×20％＝36 000 元

因为 36 000 元＞20 000 元，即采纳该方案后的剩余收益大于采纳方案前的剩余收益，所以应采纳该方案。

(3) 若采纳该方案，则

B 部门剩余收益（新）＝(96 000－30 000)－(240 000－100 000)×20％＝38 000 元

因为 38000 元＞24 000 元，即采纳该方案后的剩余收益大于采纳方案前的剩余收益，所以应采纳该方案。

(4) 对某一项目而言,只要该项目的投资收益率高于规定或预期的最低收益率水平,就会使得选择该项目的投资中心的剩余收益增加,给企业带来利润,从而保证投资中心的决策行为与企业总体目标一致,推动投资中心做出有利于企业整体利益和长远发展的投资项目决策,避免投资中心的本位主义和短视行为。

第 11 章

一、单项选择题

1. B 2. B 3. C 4. A 5. D

二、多项选择题

1. ABCD 2. AB 3. CD 4. ABCD 5. ABCD

三、简答题

1. 答:一个完整的业绩评价体系一般包括评价主体、评价客体、评价目标、评价指标、评价标准、评价方法、评价结论等要素。

2. 答:杜邦财务分析法是一个层层分解的系统,需要按照以下思路进行分析。

第一步,分析净资产收益率。净资产收益率是综合性最强的财务指标,是企业综合财务分析的核心。

第二步,分析销售净利率。销售净利率是反映企业经营盈利能力最重要的指标,是企业提高营业收入的结果体现,也是实现净资产收益率最大化的业务保证。

第三步,分析资产周转率。资产周转率是反映企业资产营运能力最重要的指标,它反映了企业资产经营的结果,是实现净资产收益率最大化的物质基础。

第四步,分析权益乘数。权益乘数既能反映企业的资本结构,也能反映企业筹资活动的结果,对提高净资产收益率起着杠杆作用。

3. 答:平衡计分卡法评价系统包括财务、顾客、业务流程、学习与成长四个层面。

附录 2 常用系数表

附表 2-1 复利终值系数表（FVIF 表）

n	1	2	3	4	5	6	7	8	9	10	11	12	13	14	15	16	17	18	19	20	25	30
1	1.010	1.020	1.030	1.041	1.051	1.062	1.072	1.083	1.094	1.105	1.116	1.127	1.138	1.149	1.161	1.173	1.184	1.196	1.208	1.220	1.282	1.348
2	1.020	1.040	1.061	1.082	1.103	1.124	1.145	1.166	1.188	1.210	1.232	1.254	1.277	1.300	1.323	1.346	1.369	1.392	1.416	1.440	1.563	1.690
3	1.030	1.061	1.093	1.125	1.158	1.191	1.225	1.260	1.295	1.331	1.368	1.405	1.443	1.482	1.521	1.561	1.602	1.643	1.685	1.728	1.953	2.197
4	1.041	1.082	1.126	1.170	1.216	1.262	1.311	1.360	1.412	1.464	1.518	1.574	1.630	1.689	1.749	1.811	1.874	1.939	2.005	2.074	2.441	2.856
5	1.051	1.104	1.159	1.217	1.276	1.338	1.403	1.469	1.539	1.611	1.685	1.762	1.842	1.925	2.011	2.100	2.192	2.288	2.386	2.488	3.052	3.713
6	1.062	1.126	1.194	1.265	1.340	1.419	1.501	1.587	1.677	1.772	1.870	1.974	2.082	2.195	2.313	2.436	2.565	2.700	2.840	2.986	3.815	4.827
7	1.072	1.149	1.230	1.316	1.407	1.504	1.606	1.714	1.828	1.949	2.076	2.211	2.353	2.502	2.660	2.826	3.001	3.185	3.379	3.583	4.768	6.276
8	1.083	1.172	1.267	1.369	1.477	1.594	1.718	1.851	1.993	2.144	2.305	2.476	2.658	2.853	3.059	3.278	3.511	3.759	4.021	4.300	5.960	8.157
9	1.094	1.195	1.305	1.423	1.551	1.689	1.838	1.999	2.172	2.358	2.558	2.773	3.004	3.252	3.518	3.803	4.108	4.435	4.785	5.160	7.451	10.604
10	1.105	1.219	1.344	1.480	1.629	1.791	1.967	2.159	2.367	2.594	2.839	3.106	3.395	3.707	4.046	4.411	4.807	5.234	5.696	6.192	9.313	13.786
11	1.116	1.243	1.384	1.539	1.710	1.898	2.105	2.332	2.580	2.853	3.152	3.479	3.836	4.226	4.652	5.117	5.624	6.176	6.777	7.430	11.642	17.922
12	1.127	1.268	1.426	1.601	1.796	2.012	2.252	2.518	2.813	3.138	3.498	3.896	4.335	4.818	5.350	5.936	6.580	7.288	8.064	8.916	14.552	23.298
13	1.138	1.294	1.469	1.665	1.886	2.133	2.410	2.720	3.066	3.452	3.883	4.363	4.898	5.492	6.153	6.886	7.699	8.599	9.596	10.699	18.190	30.288
14	1.149	1.319	1.513	1.732	1.980	2.261	2.579	2.937	3.342	3.797	4.310	4.887	5.535	6.261	7.076	7.988	9.007	10.147	11.420	12.839	22.737	39.374
15	1.161	1.346	1.558	1.801	2.079	2.397	2.759	3.172	3.642	4.177	4.785	5.474	6.254	7.138	8.137	9.266	10.539	11.974	13.590	15.407	28.422	51.186
16	1.173	1.373	1.605	1.873	2.183	2.540	2.952	3.426	3.970	4.595	5.311	6.130	7.067	8.137	9.358	10.748	12.330	14.129	16.172	18.488	35.527	66.542
17	1.184	1.400	1.653	1.948	2.292	2.693	3.159	3.700	4.328	5.054	5.895	6.866	7.986	9.276	10.761	12.468	14.426	16.672	19.244	22.186	44.409	86.504
18	1.196	1.428	1.702	2.026	2.407	2.854	3.380	3.996	4.717	5.560	6.544	7.690	9.024	10.575	12.375	14.463	16.879	19.673	22.091	26.623	55.511	112.460
19	1.208	1.457	1.754	2.107	2.527	3.026	3.617	4.316	5.142	6.116	7.263	8.613	10.197	12.056	14.232	16.777	19.748	23.214	27.252	31.948	69.389	146.190
20	1.220	1.486	1.806	2.191	2.653	3.207	3.870	4.661	5.604	6.727	8.062	9.646	11.523	13.743	16.367	19.461	23.106	27.393	32.429	38.338	86.736	190.050
25	1.282	1.641	2.094	2.666	3.386	4.292	5.427	6.848	8.623	10.835	13.585	17.000	21.231	26.462	32.919	40.874	50.658	62.669	77.388	95.396	264.700	705.640
30	1.348	1.811	2.427	3.243	4.322	5.743	7.612	10.063	13.268	17.449	22.892	29.960	39.116	50.950	66.212	85.850	111.070	143.370	184.680	237.380	807.790	2 620.000

附表 2-2　复利现值系数表（PVIF 表）

n	1	2	3	4	5	6	7	8	9	10	11	12	13	14	15	16	17	18	19	20	25	30	35	40	50
1	0.990	0.980	0.971	0.962	0.952	0.943	0.935	0.926	0.917	0.909	0.901	0.893	0.885	0.877	0.870	0.862	0.855	0.847	0.840	0.833	0.800	0.769	0.741	0.714	0.667
2	0.980	0.961	0.943	0.925	0.907	0.890	0.873	0.857	0.842	0.826	0.812	0.797	0.783	0.769	0.756	0.743	0.731	0.718	0.706	0.694	0.640	0.592	0.549	0.510	0.444
3	0.971	0.942	0.915	0.889	0.864	0.840	0.816	0.794	0.772	0.751	0.731	0.712	0.693	0.675	0.658	0.641	0.624	0.609	0.593	0.579	0.512	0.455	0.406	0.364	0.296
4	0.961	0.924	0.888	0.855	0.823	0.792	0.763	0.735	0.708	0.683	0.659	0.636	0.613	0.592	0.572	0.552	0.534	0.516	0.499	0.482	0.410	0.350	0.301	0.260	0.198
5	0.951	0.906	0.863	0.822	0.784	0.747	0.713	0.681	0.650	0.621	0.593	0.567	0.543	0.519	0.497	0.476	0.456	0.437	0.419	0.402	0.320	0.269	0.223	0.186	0.132
6	0.942	0.888	0.837	0.790	0.746	0.705	0.666	0.630	0.596	0.564	0.535	0.507	0.480	0.456	0.432	0.410	0.390	0.370	0.352	0.335	0.262	0.207	0.165	0.133	0.088
7	0.933	0.871	0.813	0.760	0.711	0.665	0.623	0.583	0.547	0.513	0.482	0.452	0.425	0.400	0.376	0.354	0.333	0.314	0.296	0.279	0.210	0.159	0.122	0.095	0.059
8	0.923	0.853	0.789	0.731	0.677	0.627	0.582	0.540	0.502	0.467	0.434	0.404	0.376	0.351	0.327	0.305	0.285	0.266	0.249	0.233	0.168	0.123	0.091	0.068	0.039
9	0.914	0.837	0.766	0.703	0.645	0.592	0.544	0.500	0.460	0.424	0.391	0.361	0.333	0.300	0.284	0.263	0.243	0.225	0.209	0.194	0.134	0.094	0.067	0.048	0.026
10	0.905	0.820	0.744	0.676	0.614	0.558	0.508	0.463	0.422	0.386	0.352	0.322	0.295	0.270	0.247	0.227	0.208	0.191	0.176	0.162	0.107	0.073	0.050	0.035	0.017
11	0.896	0.804	0.722	0.650	0.585	0.527	0.475	0.429	0.388	0.350	0.317	0.287	0.261	0.237	0.215	0.195	0.178	0.162	0.148	0.135	0.086	0.056	0.037	0.025	0.012
12	0.887	0.788	0.701	0.625	0.557	0.497	0.444	0.397	0.356	0.319	0.286	0.257	0.231	0.208	0.187	0.168	0.152	0.137	0.124	0.112	0.069	0.043	0.027	0.018	0.008
13	0.879	0.773	0.681	0.601	0.530	0.469	0.415	0.368	0.326	0.290	0.258	0.229	0.204	0.182	0.163	0.145	0.130	0.116	0.104	0.093	0.055	0.033	0.020	0.013	0.005
14	0.870	0.758	0.661	0.577	0.505	0.442	0.388	0.340	0.299	0.263	0.232	0.205	0.181	0.160	0.141	0.125	0.111	0.099	0.088	0.078	0.044	0.025	0.015	0.009	0.003
15	0.861	0.743	0.642	0.555	0.481	0.417	0.362	0.315	0.275	0.239	0.209	0.183	0.160	0.140	0.123	0.108	0.095	0.084	0.074	0.065	0.035	0.020	0.011	0.006	0.002
16	0.853	0.728	0.623	0.534	0.458	0.394	0.339	0.292	0.252	0.218	0.188	0.163	0.141	0.123	0.107	0.093	0.081	0.071	0.062	0.054	0.028	0.015	0.008	0.005	0.002
17	0.844	0.714	0.605	0.513	0.436	0.371	0.317	0.270	0.231	0.198	0.170	0.146	0.125	0.108	0.093	0.080	0.069	0.060	0.052	0.045	0.023	0.012	0.006	0.003	0.001
18	0.836	0.700	0.587	0.494	0.416	0.350	0.296	0.250	0.212	0.180	0.153	0.130	0.111	0.095	0.081	0.069	0.059	0.051	0.044	0.038	0.018	0.009	0.005	0.002	0.001
19	0.828	0.686	0.570	0.475	0.396	0.331	0.277	0.232	0.194	0.164	0.138	0.116	0.098	0.083	0.070	0.060	0.051	0.043	0.037	0.031	0.014	0.007	0.003	0.002	0.000
20	0.820	0.673	0.554	0.456	0.377	0.312	0.258	0.215	0.178	0.149	0.124	0.104	0.087	0.073	0.061	0.051	0.043	0.037	0.031	0.026	0.012	0.005	0.002	0.001	0.000
25	0.780	0.610	0.478	0.375	0.295	0.233	0.184	0.146	0.116	0.092	0.074	0.059	0.047	0.038	0.030	0.024	0.020	0.016	0.013	0.010	0.004	0.001	0.001	0.000	0.000
30	0.742	0.552	0.412	0.308	0.231	0.174	0.131	0.099	0.075	0.057	0.044	0.033	0.026	0.020	0.015	0.012	0.009	0.007	0.005	0.004	0.001	0.000	0.000	0.000	0.000
40	0.672	0.453	0.307	0.208	0.142	0.097	0.067	0.046	0.032	0.022	0.015	0.011	0.008	0.005	0.004	0.003	0.002	0.001	0.001	0.001	0.000	0.000	0.000	0.000	0.000
50	0.608	0.372	0.228	0.141	0.087	0.054	0.034	0.021	0.013	0.009	0.005	0.003	0.002	0.001	0.001	0.001	0.000	0.000	0.000	0.000	0.000	0.000	0.000	0.000	0.000

附表 2-3 年金终值系数表（FVIFA 表）

n	1	2	3	4	5	6	7	8	9	10	11	12	13	14	15	16	17	18	19	20	25	30
1	1.000	1.000	1.000	1.000	1.000	1.000	1.000	1.000	1.000	1.000	1.000	1.000	1.000	1.000	1.000	1.000	1.000	1.000	1.000	1.000	1.000	1.000
2	2.010	2.020	2.030	2.040	2.050	2.060	2.070	2.080	2.090	2.100	2.110	2.120	2.130	2.140	2.150	2.160	2.170	2.180	2.190	2.200	2.250	2.300
3	3.030	3.060	3.091	3.122	3.153	3.184	3.215	3.246	3.278	3.310	3.342	3.374	3.407	3.440	3.473	3.506	3.539	3.572	3.606	3.640	3.813	3.990
4	4.060	4.122	4.184	4.246	4.310	4.375	4.440	4.506	4.573	4.641	4.710	4.779	4.850	4.921	4.993	5.066	5.141	5.215	5.291	5.368	5.766	6.187
5	5.101	5.204	5.309	5.416	5.526	5.637	5.751	5.867	5.985	6.105	6.228	6.353	6.480	6.610	6.742	6.877	7.014	7.154	7.297	7.442	8.207	9.043
6	6.152	6.308	6.468	6.633	6.802	6.975	7.153	7.336	7.523	7.716	7.913	8.110	8.323	8.536	8.754	8.977	9.207	9.442	9.683	9.930	11.259	12.756
7	7.214	7.434	7.662	7.898	8.142	8.394	8.654	8.923	9.200	9.487	9.783	10.089	10.405	10.730	11.067	11.414	11.772	12.142	12.523	12.916	15.073	17.583
8	8.286	8.583	8.892	9.214	9.549	9.897	10.260	10.637	11.028	11.436	11.859	12.300	12.757	13.233	13.727	14.240	14.773	15.327	15.902	16.499	19.842	23.858
9	9.369	9.755	10.159	10.583	11.027	11.491	11.978	12.488	13.021	13.579	14.164	14.776	15.416	16.085	16.786	17.519	18.285	19.086	19.923	20.799	25.802	32.015
10	10.462	10.950	11.464	12.006	12.578	13.181	13.816	14.487	15.193	15.937	16.722	17.549	18.420	19.337	20.304	21.321	22.393	23.521	24.701	25.959	33.253	42.619
11	11.567	12.169	12.808	13.486	14.207	14.972	15.784	16.645	17.560	18.531	19.561	20.655	21.814	23.045	24.349	25.733	27.200	28.755	30.404	32.150	42.566	56.405
12	12.683	13.412	14.192	15.026	15.917	16.870	17.888	18.977	20.141	21.384	22.713	24.133	25.650	27.271	29.002	30.850	32.824	34.931	37.180	39.581	54.208	74.327
13	13.809	14.680	15.618	16.627	17.713	18.882	20.141	21.495	22.953	24.523	26.212	28.029	29.985	32.089	34.352	36.786	39.404	42.219	45.244	48.497	68.760	97.625
14	14.947	15.974	17.086	18.292	19.599	21.015	22.550	24.215	26.019	27.975	30.095	32.393	34.883	37.581	40.505	43.672	47.103	50.818	54.841	59.196	86.949	127.910
15	16.097	17.293	18.599	20.024	21.579	23.276	25.129	27.152	29.361	31.772	34.405	37.280	40.417	43.842	47.580	51.660	56.110	60.965	66.261	72.035	109.690	167.290
16	17.258	18.639	20.157	21.825	23.657	25.673	27.888	30.324	33.003	35.950	39.190	42.753	46.672	50.980	55.717	60.925	66.649	72.939	79.850	87.442	138.110	218.470
17	18.430	20.012	21.762	23.698	25.840	28.213	30.840	33.750	36.974	40.545	44.501	48.884	53.739	59.118	65.075	71.673	78.979	87.068	96.022	105.930	173.640	285.010
18	19.615	21.412	23.414	25.645	28.132	30.906	33.999	37.450	41.301	45.599	50.396	55.750	61.725	68.394	75.836	84.141	93.406	103.740	115.270	128.120	218.050	371.520
19	20.811	22.841	25.117	27.671	30.539	33.760	37.379	41.446	46.018	51.159	56.939	63.440	70.749	78.969	88.212	98.603	110.290	123.410	138.170	154.740	273.560	483.970
20	22.019	24.297	26.870	29.778	33.066	36.786	40.995	45.762	51.160	57.275	64.203	72.052	80.947	91.025	102.440	115.380	130.030	146.630	165.420	186.690	342.950	630.170
25	28.243	32.030	36.459	41.646	47.727	54.865	63.249	73.106	84.701	98.347	114.410	133.330	155.620	181.870	212.790	249.210	292.110	342.600	402.040	471.980	1054.800	2348.800
30	34.785	40.588	47.575	56.085	66.439	79.058	94.461	113.280	136.310	164.490	199.020	241.330	293.200	356.790	434.750	530.310	647.440	790.950	966.700	1181.900	3227.200	8730.000

i/%

附表 2-4　年金现值系数表（PVIFA 表）

n \ i/%	1	2	3	4	5	6	7	8	9	10	11	12	13	14	15	16	17	18	19	20	25	30	35	40	50
1	0.990	0.980	0.971	0.962	0.952	0.943	0.930	50.926	0.917	0.909	0.901	0.893	0.885	0.877	0.870	0.862	0.855	0.847	0.840	0.833	0.800	0.769	0.741	0.714	0.667
2	1.970	1.942	1.913	1.886	1.859	1.833	1.808	1.783	1.759	1.736	1.713	1.690	1.668	1.647	1.626	1.605	1.585	1.566	1.547	1.528	1.440	1.361	1.289	1.224	1.111
3	2.941	2.884	2.829	2.775	2.723	2.673	2.624	2.577	2.531	2.487	2.444	2.402	2.361	2.322	2.283	2.245	2.210	2.174	2.140	2.106	1.952	1.816	1.696	1.589	1.407
4	3.902	3.808	3.717	3.630	3.546	3.465	3.387	3.312	3.240	3.170	3.102	3.037	2.974	2.914	2.855	2.798	2.743	2.690	2.639	2.589	2.362	2.166	1.997	1.849	1.605
5	4.853	4.713	4.580	4.452	4.329	4.212	4.100	3.993	3.890	3.791	3.696	3.605	3.517	3.433	3.352	3.274	3.199	3.127	3.058	2.991	2.689	2.436	2.220	2.035	1.737
6	5.795	5.601	5.417	5.242	5.076	4.917	4.767	4.623	4.486	4.355	4.231	4.111	3.998	3.889	3.784	3.685	3.589	3.498	3.410	3.326	2.951	2.643	2.385	2.168	1.824
7	6.728	6.472	6.230	6.002	5.786	5.582	5.389	5.206	5.033	4.868	4.712	4.564	4.423	4.288	4.160	4.039	3.922	3.812	3.706	3.605	3.161	2.802	2.508	2.263	1.883
8	7.652	7.325	7.020	6.733	6.463	6.210	5.971	5.747	5.535	5.335	5.146	4.968	4.799	4.639	4.487	4.344	4.207	4.078	3.954	3.837	3.329	2.925	2.598	2.331	1.922
9	8.566	8.162	7.786	7.435	7.108	6.802	6.515	6.247	5.995	5.759	5.537	5.328	5.132	4.946	4.772	4.607	4.451	4.303	4.163	4.031	3.463	3.019	2.665	2.379	1.948
10	9.471	8.983	8.530	8.111	7.722	7.360	7.024	6.710	6.418	6.145	5.889	5.650	5.427	0.216	5.019	4.833	4.659	4.494	4.339	4.192	3.571	3.092	2.715	2.414	1.965
11	10.368	9.787	9.253	8.760	8.306	7.887	7.499	7.139	6.805	6.495	6.207	5.938	5.687	5.453	5.234	5.029	4.836	4.656	4.486	4.327	3.656	3.147	2.752	2.438	1.977
12	11.255	10.575	9.954	9.385	8.863	8.384	7.943	7.536	7.161	6.814	6.492	6.194	5.918	5.660	5.421	5.197	4.988	4.793	4.611	4.439	3.725	3.190	2.779	2.456	1.985
13	12.134	11.348	10.635	9.986	9.394	8.853	8.358	7.904	7.487	7.103	6.750	6.424	6.122	5.842	5.583	5.342	5.118	4.910	4.715	4.533	3.780	3.223	2.799	2.469	1.990
14	13.004	12.106	11.296	10.563	9.899	9.295	8.745	8.244	7.786	7.367	6.982	6.628	6.302	6.002	5.724	5.465	5.229	5.008	4.802	4.611	3.824	3.249	2.814	2.478	1.993
15	13.865	12.849	11.938	11.118	10.380	9.712	9.108	8.559	8.061	7.606	7.191	6.811	6.462	6.142	5.847	5.575	5.324	5.092	4.876	4.675	3.859	3.268	2.825	2.484	1.995
16	14.718	13.578	12.561	11.652	10.838	10.106	9.447	8.851	8.313	7.824	7.379	6.974	6.604	6.265	5.954	5.663	5.405	5.162	4.938	4.730	3.887	3.283	2.834	2.489	1.997
17	15.562	14.292	13.166	12.166	11.274	10.477	9.763	9.122	8.544	8.022	7.549	7.102	6.729	6.373	6.047	5.743	5.475	5.222	4.980	84.775	3.910	3.295	2.840	2.492	1.998
18	16.398	14.992	13.754	12.659	11.690	10.828	10.059	9.372	8.756	8.201	7.702	7.250	6.840	6.467	6.128	5.813	5.534	5.273	5.033	4.812	3.928	3.304	2.844	2.494	1.998
19	17.226	15.678	14.324	13.134	12.085	11.158	10.336	9.604	8.950	8.365	7.839	7.366	6.938	6.550	6.198	5.877	5.584	5.316	5.070	4.843	3.942	3.311	2.848	2.496	1.999
20	18.046	16.351	14.877	13.590	12.462	11.470	10.594	9.818	9.129	8.514	7.963	7.469	7.025	6.623	6.259	5.929	5.628	5.353	5.101	4.870	3.954	3.316	2.850	2.497	1.999
25	22.023	19.523	17.413	15.622	14.094	12.783	11.654	10.675	9.823	9.077	8.422	7.843	7.330	6.873	6.464	6.097	5.766	5.467	5.195	4.948	3.985	3.329	2.856	2.499	1.999
30	25.808	22.396	19.600	17.292	15.372	13.765	12.409	11.258	10.274	9.427	8.694	8.055	7.496	7.003	6.566	6.177	5.829	5.517	5.235	4.979	3.995	3.332	2.857	2.500	2.000
35	29.409	24.999	21.487	18.665	16.374	14.498	12.948	11.655	10.567	9.644	8.855	8.176	7.586	7.070	6.617	6.215	5.858	5.539	5.251	4.992	3.998	3.333	2.857	2.500	2.000
40	32.835	27.355	23.115	19.793	17.159	15.046	13.332	11.925	10.757	9.779	8.951	8.244	7.634	7.105	6.642	6.233	5.871	5.548	5.258	4.997	3.999	3.333	2.857	2.500	2.000
50	39.196	31.424	25.730	21.482	18.256	15.762	13.801	12.233	10.962	9.915	9.042	8.304	7.675	7.133	6.661	6.246	5.880	5.554	5.262	4.999	4.000	3.333	2.857	2.500	2.000